PM+P

PM+P

2022년
PMBOK 지침서 7판에 맞추어 예측형 개발방식과 적응형 개발방식을 통합하여 체계적이고 쉽게 설명한 **PM+P 해설서**, 새 유형의 실전문제를 분석해 만든 **PM+P 문제집** 출간. 한 번에 합격하는 데 초점을 맞추었습니다.

2018년 7월
PMBOK 지침서 6판 출간에 맞추어 전면 개편한 **PM+P** 출간. 핵심에 집중, 효율적 학습! 이란 모토로 합격을 최우선 목표로 한 **PM+P 해설서**와 **PM+P 문제집**. 초심으로 돌아가 국내 최초, 최다 수험생이 선택한 전통과 역사에 걸맞는 형식과 내용을 갖추었습니다.

2013년 7월
PMBOK 지침서 5판 출간에 맞추어 전면 개편한 **PM+P 제6판**. A4 대형판형. **PM+P 해설서**, **PM+P 최종 마무리집**, 최신의 시험경향을 반영한 **PM+P 문제집**으로 구성.
표지 문구 : PM+P, The Shortest Path to PMP

2011년 2월
PM+P 2011 문제집 출간! 2011년 최신 시험경향을 반영한 문제집!

2009년 6월
PMBOK 지침서의 ITO 중심으로 책을 구성한 **PM+P 개정5판** 발행, 시험장에 갈 때 '이것 한 권만' 있으면 되도록 **PM+P 최종 마무리집**의 내용을 대폭 보완!

2008년 3월
프로젝트 현장의 흐름을 최대한 반영하여 새로이 기획, 구성한 **PM+P 개정4판** 등장! **PM+P 수험서+최종 마무리집**, **PM+P 문제집** 총 3권 세트로 구성.

2005년 9월
수험서와 문제집을 묶어서 **PM+P 2005**가 나왔습니다. 구성과 내용을 전면 개정하여 더욱 이해가기 쉽고 체계적으로 엮었습니다.
표지 문구 : PM+P is Beyond PMP

2003년 5월
많은 수험생들이 기다리던 **PM+P 문제집**이 나왔습니다.
표지 문구 : 이 책은 수험자들이 PMP 시험에 꼭 합격할 수 있게 하려는 목적으로 저술되었다.

2002년 2월
국내 최초의 PMP 수험서인 **PM+P**가 세상에 나왔습니다.
PMP 자격 시험을 준비하는 사람들에게 도움을 주고, 아울러 프로젝트를 많이 경험해보지 못한 독자들도 《PMBOK 지침서》의 내용을 쉽게 이해하도록 기획, 구성했습니다.
표지 문구 : PMP 자격취득은 주먹구구식 프로젝트 관리에서 벗어날 수 있는 첫 걸음입니다.

**PM+P는 앞으로도 PMP 수험준비의 더 쉽고 재미나는 길을 안내하고,
PMP 수험서의 새로운 길을 열도록 노력하겠습니다.**

개정판

PM+P 문제집

PMP 합격을 위한 *PMBOK 지침서 7판* 문제집

유정근 · 김병호 지음

소동

원칙에 입각해 공부하는 것이 합격의 지름길입니다

필자는 교육현장에서 일하고 있는 강사입니다. 직장을 그만두고, 강사생활을 시작하면서 제 나름대로의 원칙을 세웠는데, 그것은 '교육생 분들께 본질적인 도움이 되는 강의를 하자' '멘토가 될 수 있는 강사가 되자'라는 것이었습니다. 지금껏 필자가 그런 강사로서의 삶을 살아왔는지는 교육을 수강하신 분들이 판단하겠지만 나름대로는 이 원칙을 지켜왔다고 자부합니다.

강의를 하기 위해서는 지속적으로 공부를 해야 합니다. 《PMBOK 지침서(PMBOK® Guide)》7판을 이해하기 위해서도 많은 공부를 했습니다. 이번 지침서에서는 두 가지 커다란 변화가 있습니다. 하나는 '자율성'과 '인간성'의 강조, 다른 하나는 '가치 중심'이라는 점입니다. 이를테면 조직의 자율구성(self-organizing)을 중시하여 개발 팀원 본인이 주체적으로 일을 처리하고 협력업체와 팀원들은 존중받아야 한다고 강조합니다. 또, 프로젝트가 프로세스 중심에서 가치(value) 중심으로 변화되고 있기에 가치를 주지 못하는 활동은 낭비요소(waste)로 간주하여 삭제하거나 줄여 나가야 한다고 서술합니다. 우리의 프로젝트 현장이 비록 책과 다르더라도 공부를 하며 옳은 방향이 무엇이고, 우리가 어디로 가야 할지 고민해 보았으면 좋겠습니다.

필자는 PMP 시험을 세 번 보았습니다. 2001년 1월 6일에 PMP 자격을 처음 취득했는데, 이때는 자격취득을 위한 환경이 열악해 강의하는 곳도 없었고, 오로지 《PMBOK 지침서》와 '리타책(Rita Mulcahy, 《PMP Exam Prep.》)'의 복사본이 전부였습니다. 필자는 이 두 책에 밑줄을 너무 그어서 해어질 정도로 공부를 했습니다. 이때 한 공부가 두고두고 머리에 남아 강의의 밑천이 되었습니다. 역시 공부는 정통파로 하는 것이 최고입니다. 두 번째 시험을 본 것은 2012년 2월 10일이었습니다. 필자가 PMP 자격을 새로이 취득한 이유는 강의가 교육생들이 합격하는 데 실제로 도움이 될까를 점검하기 위해서였습니다. 역시 옳은 방향으로 강의하고 있다는 것을 확인했습니다. 세 번째 시험은 2021년 2월 23일에 보았습니다. PMP 시험이 무엇이 얼마나 변경되었는지 확인하기 위해서였습니다. 강의에 많은 도움이 되었던 시험이었습니다.

필자가 좋아하는 일 중 하나가 교육받으신 분들이 얼마나 합격하는가를 확인하는 것입니다. 강의가 끝날 무렵 이메일 주소를 알려드리면 얼마 후 많은 분들이 합격했다고 피드백을 보내주십니다. 이 합격 소식이 강사 생활을 계속하게 하는 원동력이며, 강의의 방향타 역할을 합니다. 필자가 정기적으로 강의하는 어떤 고객사는 강의 종료 후 3개월이 지난 정도에 합격률을 계산해서 통보해줍니다. 그것이 필자의 성적표이자, 자부심입니다.

PMP 시험 문제의 특징은 ①《PMBOK 지침서》에서만 출제되지 않는다는 점입니다. 지침서를 완전히 외워도 합격하기 쉽지 않습니다. ② 공부와 시험은 다르다는 점입니다. 공부를 완벽하게 했어도 문제에 대한 적응력이 없으면 합격이 쉽지 않습니다. 학교 다닐 때 국사 책을 완전히 외워도 국사 시험에서 100점을 맞지 못하는 것과 같은 원리입니다. ③ 정답이 애매한 문제가 있다는 점입니다. 보기가 전부 맞는 문장인데 가장 최선의 보기가 무엇인지를 선택하는 문제가 많이 출제됩니다. 정말 어려운 문제이기에 PMI만 정답을 알고 있다는 생각이 듭니다.

《PM+P 문제집》을 집필하며 가장 고민했던 부분은 ③에 해당하는 'PMI만 정답을 알고 있는 상황문제'를 추가시켜야 하는가에 대한 것이었습니다. 사람마다 정답을 서로 다르게 생각하는 문제들이기에 추가해야 하는가를 고민하지 않을 수 없었습니다. PMP 시험은 문제와 정답을 공개하지 않기 때문에 논란거리가 될 것이 뻔하기 때문입니다. 그러나 《PM+P 문제집》은 수험생들에게 도움이 되는 것을 우선시했기에 이러한 문제들도 포함시켰고, 필자 나름대로 정답의 이유를 충실히 설명했습니다. 《PM+P 문제집》으로 공부하시는 분들은 이러한 필자의 고민을 이해해주셨으면 합니다.

끝으로 《PM+P 문제집》으로 공부하시는 모든 분들이 꼭 합격하시길 기원드리며, 이 책이 나오기까지 필자에게 수업을 들으셨던 2,000여 명 이상의 수강생 분들과 이메일로 교감을 나누었던 500여 명 이상의 수강생 분들에게 고맙다는 인사를 드립니다.

유정근

한 번만의 합격을 위해

수험생들이 기다리던 《PM+P 문제집》 출간 소식을 전하게 되어 기쁩니다. 《PMBOK 지침서》 7판은 이전 6판에 비해 페이지는 절반으로 줄었지만 다루는 내용은 두 배가 되었습니다. 그 결과 내용을 마인드셋을 중심으로 설명하며 상세 프로세스나 기법에 대한 설명이 줄어들었습니다. PMP 시험도 다양한 상황에 대한 대응역량을 물어보는 문제가 많이 출제되고 있습니다.

《PM+P 문제집》은 적지 않은 비용을 지불하고 PMP 시험에 응시하는 수험생들이 한 번에 합격할수 있도록 노력했습니다. 수험생들이 궁금해하는 것은 마인드셋과 같은 추상적인 이야기보다 마인드셋을 어떤 문제로 평가하는가 하는 실체일 것입니다. 기출문제의 패턴은 그래서 중요합니다. 《PM+P 문제집》은 기출문제를 분석하여 최대한 유사한 패턴의 문제를 담았습니다. 《PM+P 해설서》를 통해 이론을 학습하고 《PM+P 문제집》으로 출제되는 문제의 패턴을 이해한다면 PMP 시험에 합격할 수 있을 것이라 믿습니다.

올해로 필자가 삼성SDS에 입사한 지 30년이 되었습니다. 지난 30년을 10년 단위로 나누어볼 때 최근 10년간의 변화가 가장 크게 느껴집니다. 디지털 전환이 모든 산업에 확산되면서 소프트웨어 개발 중심의 프로젝트 관리가 확산되고 애자일의 비중이 증가하고 있는 것이 대표적인 예입니다. 그런데 앞으로의 10년은 지난 10년보다 더 큰 변화가 있을 것이라 생각합니다. 수험생마다 자격취득의 목적은 다르겠지만 수험 준비를 하시면서 《PMBOK 지침서》 7판이 그러한 변화를 어떻게 반영했는지 이해하시길 바랍니다. 수험생들이 이해하신 내용을 실전에 적용하여 이해관계자와 팀원들이 더 쾌적한 환경에서 프로젝트를 수행할 수 있길 바랍니다.

모쪼록 《PM+P 문제집》으로 시험을 준비하는 수험생들이 한 번에 좋은 결과를 얻길 바랍니다.

김병호

《PM+P 문제집》 구성체계

《PM+P 문제집》 구성체계를 한 장의 그림으로 표시하면 다음과 같다.

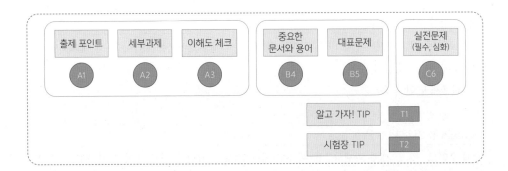

PMP 시험은 문제은행 방식으로 출제된다. 문제 내용이 주기적으로 업데이트되고 출제문제의 범위가 넓기 때문에 PMP 시험의 예상 문제를 정확하게 맞출 수 있는 문제집은 이 세상 어디에도 없다. 그렇다고 문제집이 필요 없는 것은 아니다. PMP 시험은 반드시 출제되는 시험 유형이 꼭 있기 때문이다. 《PM+P 문제집》은 반드시 출제되는 유형의 문제를 수험생들이 놓치지 않도록 구성하여 만든 책이다. 《PM+P 문제집》으로 공부하는 수험생들은 문제와 답을 외운다는 생각이 아니라 PMP 시험의 유형에 익숙해진다는 생각을 가지고 본 문제집을 대해 주었으면 좋겠다. 《PM+P 문제집》에서 제시하고 있는 문제 유형은 필자가 수년간 현장에서 강의하면서, 또한 교육생들과 많은 이메일을 주고 받으면서, 그리고 최신 문제경향을 알기 위해 PMP 시험에 세 번이나 응시하면서 직접 체득한 결과이다.

《PM+P 문제집》 구성항목을 하나하나 살펴보면 다음과 같다.

- 본 문제집은 PMI측에서 시험에 출제하겠다고 발표한 《PMP 시험 내용 요약(PMP Exam Content Outline)》을 기반으로 작성이 되었다. 따라서 크게 ①사람 ②프로세스 ③비즈니스 환경의 3개 도메인(domain)으로 구성하였다.
- 각 도메인의 내용을 공통적으로 A1~C6으로 구성했다. A1은 각 영역의 출제 포인트를 설명하여 주요 출제경향을 파악할 수 있도록 했다. A1는 시험의 구체적인 출제 방향을 설명한다. A3는 각 영역에서 가장 중요한 개념을 정확하게 이해하고 있는지 놓친 부분은 없는지 확인하도록 했다. B4~B5는 기본적으로 이해하고 암기해야 하는 내용을 문제로 표현하였다. C6는 실전문제를 필수문제와 심화문제로 나누어서 배치하였고, C6 문제의 해설에서 T1과 T2는 문제 풀이시 가장 필요한 내용을 설명해 놓았다.
- 〈실전 모의고사〉는 추후 별도로 출간할 예정이다.

● A1 출제 포인트

〈출제 포인트〉는 최근 4년간의 출제경향에 비추어 각 도메인에서 수험생들이 중점적으로 공부해야 할 부문을 쉽게 파악할 수 있도록 하였다. 즉, 각 장에 대한 거시적인 내용을 정리하였다. 《PMBOK 지침서》나 《PM+P 해설서》를 통해서 각 장을 공부한 후, 《PM+P 문제집》의 문제를 풀기 전에 〈출제 포인트〉을 꼭 읽어보자.

● A2 세부 과제

〈세부 과제〉는 PMP 시험을 주관하는 PMI가 제공하는 《PMP 시험 내용 요약》에 기술되어 있는 내용으로 시험의 구체적인 출제 방향을 설명한다. 그렇다고 해서 기술되어 있는 내용이 전부 출제된다는 의미는 아니다(전부 출제될 경우 180문제가 넘는다). 다만, 출제의 방향을 이해해야 올바른 공부의 길을 찾을 수 있기에 에서 한 번은 반드시 읽어 보아야 한다.

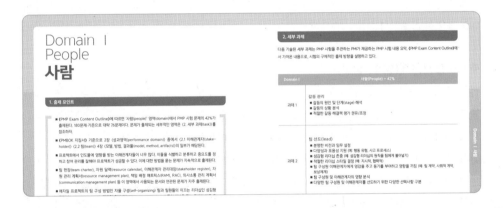

● A3 이해도 체크

PMP 시험에서 가장 어려운 유형의 문제는 '주어진 상황 속에서 프로젝트 관리자로서의 판단 문제'이다. 그런데 이 '상황판단 문제'라는 것도 결국은 《PMBOK 지침서》에서 설명하고 있는 개념을 응용한 문제이기 때문에 개념만 정확하게 이해하고 있으면 문제 풀이가 쉽다. 그래서 〈이해도 체크〉에서는 정확히 알고 있어야 하는 개념들을 단문으로 질문하였다. 질문에 대해서 설명할 수 없다면 공부가 부족한 것이다. 본인의 설명이 부족하다고 느꼈다면 〈PMBOK 가이드〉와 《PM+P 해설서》를 다시 한번 찾아서 읽고, 정확하게 소리내어 설명할 수 있도록 연습해야 한다. 머릿속으로만 '알고 있는 것 같다'고 생각하는 수준으로는 '상황판단 문제'를 풀 수 없다. 〈이해도 체크〉는 필자가 가장 고민하고 중점을 둔 부분이다.

● B4 중요한 문서와 용어 이해

PMP 시험에 자주 나오는 문제 유형 중에는 '프로젝트 관리자가 어떤 상황이다. 이러한 내용을 확인하기 위해서는 어떤 문서를 보아야 하는가?'를 묻는 문제와 '프로젝트 관리자가 어떠한 상황을 진행하고 있다. 이러한 활동을 무엇이라고 하는가?'와 같은 문제가 있다. 이러한 문제 유형은 '중요한 문서에 어떤 내용이 담겨있는지 알고 있는가?'를 질문하는 문제와 '구체적인 용어가 실제 프로젝트에서 어떤 활동인지를 알고 있는가?'를 확인하는 문제이다. 따라서 〈중요한 문서와 용어 이해〉는 PMP 시험에 자주 출제되는 문서의 내용과 용어의 실제 활동 내용을 수험생들이 익힐 수 있도록 만들었다. PMP 시험 합격을 위해서 반드시 이해해야 하는 부분이다.

● B5 대표문제
각 장에서 PMP 시험에 자주 나오는 중요한 개념을 가진 문제를 대표문제로 선정하였다. 대표문제에 대한 해설은 더욱 중요하니 반드시 숙독을 하여 이해하고 넘어가자. 대표문제의 정답과 해설은 문제 바로 아래에 배치했다. 수험생들은 정답을 맞추는 것보다는 해설이나 〈시험장 TIP〉〈알고 가자! TIP〉의 설명에 중점을 두어서 공부하자.

● C6 실전문제(필수, 심화)
〈실전문제〉는 《PMBOK 지침서》에서 시험에 나올 만한 부분을 샅샅이 찾아 만든 문제이다. 혹시라도 문제의 정답을 맞추지 못했다면 해설을 읽고 《PM+P 해설서》에서 해당 부분을 찾아 꼭 다시 한번 공부하는 것이 좋은 방법이다. 〈필수문제〉는 PMBOK에서 꼭 알아야 하는 개념 위주로 정리하였고, 〈심화문제〉는 문제를 푸는 데 두 가지 지식이 복합적으로 필요한 문제나, '상황문제(지문이 길고 실제 상황을 제시하는 문제)'를 배치하였다. 시험에 출제되는 빈도에 따라서 나눈 개념이 아니므로 오해 없기 바란다.

● T1, T2 〈시험장 TIP〉〈알고 가자! TIP〉
실전문제 해설과는 별도로 〈시험장 TIP〉과 〈알고 가자! TIP〉을 추가하였다. 〈시험장 TIP〉은 《PMBOK 지침서》에 나오지 않는 내용이지만 PMP 시험 문제 풀이에 중요한 포인트를 기술하였고, 〈알고 가자! TIP〉은 《PMBOK 지침서》에 기술된 내용을 중심으로 반드시 알아야 하는 내용을 기술하였다. 벌써 눈치를 챈 수험생이 있는지 모르겠지만 〈시험장 TIP〉과 〈알고 가자! TIP〉이 본 문제집의 핵심이다. 문제를 모두 풀어본 후, 실제 PMP 시험에 응시하기 전에 〈시험장 TIP〉과 〈알고 가자! TIP〉만 다시 한번 확인하는 것도 좋은 시험 준비 요령이 될 것이다.

PMP 시험 응시준비를 위한
우문우답 愚問愚答

다음 내용은 지금까지 필자가 교육 현장에 있으면서 직접 면담 또는 이메일을 통해 가장 많이 들었던 질문들을 모아서 그에 대한 답변을 정리한 것이다. 답변은 절대적인 것이 아니고 필자의 경험에서 나온 내용이며, 수험생의 기초 수준에 따라서 차이가 날 수 있음을 알려둔다.

Q1.《PMBOK 지침서》만 읽어도 PMP 자격을 취득할 수 있나?

《PMBOK 지침서》가 6판에서 7판으로 넘어오면서 분량이 756쪽에서 274쪽으로 확 줄었다. 예측형 생애주기와 적응형 생애주기를 전부 설명해야 하므로 오히려 내용이 늘어나는 것이 타당함에도 줄어든 것이다. 따라서《PMBOK 지침서》만 읽어서는 절대로 합격할 수 없다.

Q2. .《PM+P 해설서》와 《PM+P 문제집》만 공부하면 PMP 자격을 취득할 수 있나?

수험생의 기본기(경험과 기본지식)에 따라 달라질 수 있으나 필자들은 그것이 가능하도록 하기 위해서 집필을 했다. 《PM+P 해설서》는 《PMBOK 지침서》와는 비교도 안 될 정도로 설명이 자세하다. 또《PM+P 문제집》에는 상황문제 대처방법과 시험장에서 유용한 팁(tip)들이 설명되어 있기 때문에 두 책만 공부해도 PMP 자격취득이 가능할 것으로 생각한다. 그러나 1회 정독했다고 합격하지는 않는다. 최소한 해설서 3회, 문제집 3회 정도는 보아야 합격할 확률이 높다. 수험생 본인이 프로젝트 관리 기본지식이 부족하다면 관련 강의를 수강한 후《PM+P 해설서》와《PM+P 문제집》을 보는 것이 더욱 효과적이다.

Q3. 인터넷에 떠돌아다니는 기출문제가 합격에 도움이 되는가?

모 인터넷 커뮤니티에서 기출문제라는 것을 본 적이 있는데,《PMBOK 지침서》5판 시절의 문제가 올라와 있었고, 어떤 문제는 답도 잘못되어 있었다. 따라서 근거 없이 인터넷에 떠돌아다니는 문제는 볼 필요도 없고 보아 봤자 시간 낭비일 뿐이라고 생각한다. 미국 모 사이트에 문제가 올라온 것도 살펴본 적이 있는데 실제 출제 문제가 등재되어 있었고 답도 맞는 경우가 많았다. 그러나 그 사이트에 있는 문제가 10문제 이상 출제될 것이라고는 생각하지 않으며, 해설이 없기 때문에 문제가 살짝만 바뀌어도 정답을 맞출 수가 없다. PMI는 기출문제만 공부하여 합격하는 것을 방지하기 위해 계속 출제 문제를 변경하고 있다. 인터넷에 떠도는 문제를 찾는 데 시간을 사용하는 것보다는 차라리 그 시간에 정확한 내용을 한 자라도 더 공부하는 것이 도움이 된다. 공부는 다 했는데 불안하여 많은 문제를 풀어보고 싶다면 미국 사이트에 접속해 보는 것도 괜찮은 방법이 될 수도 있다.

Q4. 강의만 듣고 PMP 자격을 취득할 수 있나?

강의만 듣고 PMP 자격취득 시험에 합격할 수는 없다. 강의는 《PMBOK 지침서》를 체계적으로 이해하는 데 도움을 줄 뿐이다. 따라서 강의 수강 후에 스스로 공부를 해서 본인의 머릿속에 본인만의 지식체계를 만들어야 합격할 수 있다.

Q5. 강의는 어떤 강의가 좋은가?

당연한 이야기지만 실력있는 강사의 강의를 들으면 좋다. 교육생들의 머릿속에 프로젝트 관리 체계가 형성될 수 있도록 도와줄 수 있고, 시험문제의 경향에 관해서 많은 팁을 알려주는 강의가 좋다. 그러나 실력있는 강사를 찾기가 쉽지는 않다. 특히, 교육생들은 그 강사가 실력이 있는지 없는지 알기가 더 어렵다. 프로젝트 관리라는 과목을 처음 듣는 입장에서는 정확한 판단을 내리기 어렵기 때문이다. 실제로 내가 만나본 몇몇 강사들은 프로젝트 관리에 대한 전체 틀(framework)이 머릿속에 들어와 있지 않았고, PMP 시험의 유형이나 경향에 무지하신 분들도 있었다. 최근의 시험 경향에 대해서 잘 아는 강사의 강의를 듣는다면 오히려 6판 시험 때보다 공부량이 줄어들 수 있다. 시험 범위가 넓어지면서 문제가 출제되는 곳에서만 출제되는 경향이 있기 때문이다.

Q6. 적중률이 높은 문제집이 있을 수 있는가?

2005년까지는 PMI 협회에서 그렇게까지 자주 문제를 업데이트하지 않았고, 문제은행의 범위도 넓지 않았다. 그래서 적중률이 높은 문제집이 있을 수도 있었다. 특히, 수험생들 사이에 '리타책'이라고 불렸던 문제집(Rita Mulcahy, 《PMP Exam Prep.》)의 적중률이 높은 편이었다. 그러나 지금은 문제의 풀도 넓어지고, 문제 업데이트도 자주 하기 때문에 적중률이 높은 문제집이란 있을 수 없다. 따라서 문제집은 내가 취약한 곳을 찾는 수단이고, PMP 문제 유형을 익히기 위한 수단일 뿐이다. 프로젝트 관리에 관한 깊이 있는 공부 없이 문제 풀이 위주로 접근하면 PMP 시험에서 떨어질 확률을 높일 뿐이다.

Q7. 어떤 문제집을 선택하는 것이 좋은가?

실제 PMP 시험에 나오는 다양한 유형의 문제가 수록된 문제집이 좋다. 중요한 것은 최근의 시험 유형이 반영되어 있는가 여부이지 문제의 개수가 아니다. 가끔 무조건 문제 수가 많은 문제집을 선택하고선 필자에게 어떻겠냐고 확인하시는 분들이 있는데 문제가 많이 수록된 문제집 중에는 과거의 문제들을 삭제하지 않아서 문제 수가 많은 경우도 있다. 즉, 문제 수가 많은 문제집이 좋다고 생각해서 선택하면, 시험에는 나오지도 않는 이상한 문제만 풀면서 시간을 낭비하고 시험에는 떨어지는 결과를 초래할 수도 있다. 당연한 말이지만 최신 경향의 문제가 수록되어 있고, 해설이 명확한 문제집이 좋은 문제집이다.

Q8. 어떻게, 어느 정도 공부하는 것이 효과적인가?

가장 이상적인 공부 방법은 좋은 강사를 찾아서 직접(off-line) 강의를 듣고, 바로 이어서 공부 계획을 수립한 다음, 《PMBOK 지침서》를 차분히 읽고 《PM+P해설서》와 《PM+P문제집》을 활용하여 공부해서 시험을 보는 것이다. 강의 후 학습 시간은 교육생의 수준에 따라 다르겠지만 32시간(4일, 8시간)부터 48시간(6일, 8시간) 정도 공부하고 시험 보는 것이 가장 좋다. 공부 기간을 6개월로 정하는 경우도 간혹 보는데, 이 경우 집중도가 떨어지고 시간이 흐르면서 앞에 공부했던 것들을 잊어버리는 경우가 많아 오히려 합격에 장애가 된다. 가장 바람직한 것은 짧은 시간 동안 집중해서 공부하는 것이다. 필자에게 수강했던 분들을 보면 가족에게 양해를 구하고 토요일, 일요일에 회사나 독서실에서 집중적으로 공부하여 합격하는 경우가 가장 많았다.

Q9. 《PM+P 문제집》만 보면 합격할 수 있나?

절대 그렇지 않다. 계속 업데이트되는 PMP 시험 문제를 지속적으로 따라갈 수 있는 문제집은 이 세상에 없기 때문이다. 그러나 《PM+P 문제집》이 다양한 문제유형을 수록하고 있어서 합격에 도움이 된다는 말씀은 드릴 수 있다. 또한, 필자는 문제집만 보고도 합격하는 그런 자격증을 취득하고 싶은지 수험생에게 되묻고 싶다. PMP 자격증은 프로젝트 관리 체계를 열심히 공부하고, 그에 대한 자연스러운 결과로서 취득하는 것이다. 절대 목표를 PMP 자격취득으로만 잡으면 안된다. 프로젝트 관리 체계를 이해하는 데 목적을 두고 PMP 수험 준비를 해야 한다.

Q10. 회사 경험의 많고 적음이 합격에 영향을 미치는가?

《PMBOK 지침서》에 나와 있는 내용들이 실제 회사의 프로세스에 반영되어 있는 회사들이 적지 않게 있다. 이 경우 이런 회사에 다니시는 분들의 합격률이 상대적으로 높다. 필자의 강의를 들은 교육생 중에서도 그런 분들이 꽤 있었는데 아무래도 실제로 경험해 보았기에 이해도 높고, 상황문제 대처능력도 훨씬 좋았다. 《PMBOK 지침서》에 설명된 프로젝트 관리체계가 전혀 구축되어 있지 않은 회사에 다니는 수험생들은 안타깝게도 회사 경력이 PMP 시험에 거의 영향을 미치지 않는다.

Q11. 수험생의 나이가 합격에 영향을 미치는가?

나이가 젊은 수험생이 시험에 유리할 수는 있다. 나이가 많아지면 아무래도 암기력과 독해력이 떨어지기 때문이다. 그러나 나이가 PMP 시험 합격에 반드시 영향을 미친다고는 할 수 없다. 필자의 강의를 수강하고 합격하신 분들 중에서 최고령자는 60세였다.

Q12. 영어 실력이 합격에 영향을 미치는가?

공부량이 같다는 전제로 볼 때 영어에 능통하면 실제로 합격률이 높을 수 있다. 왜냐하면 《PMBOK 지침서》를 한국어 번역판으로 보지 않고 영문으로 바로 읽고 이해할 수 있기 때문이다. 영문 《PMBOK 지침서》를 읽으면 아무래도 한국어판을 읽는 것보다는 전체 문장의 의도나 용어에 대한 이해도가 높아진다. 또한 시험 문제를 영어로 보면 주어나 시제의 명확성 때문에 훨씬 유리하다. 그러나 모든 시험이 마찬가지겠지만 이 모든 것을 뛰어 넘는 것은 공부에 대한 집중도와 노력이다.

Q13. 하루짜리 문제 풀이반이 합격에 도움이 되는가?

성적이 합격선에서 조금 모자란 분들에게는 분명히 효과가 있을 것이라고 생각한다. 그러나 공부량이 많이 부족하거나 머릿속에 프로젝트 관리 체계가 정립이 되지 않은 분들에게는 효과가 거의 없다.

　개인적으로는 하루짜리 문제 풀이반을 좋아하지 않아서 강의를 하지 않는다. 조그마한 차이로 안타깝게 떨어지는 분들에게 효과가 있다는 것은 인정하지만 이 과정을 듣는다고 해서 갑자기 프로젝트 관리에 대한 이해도가 높아질 수는 없기 때문이다. 합격도 중요하지만 교육생분들이 우리 회사에서 프로젝트를 할 때 이 부분은 꼭 적용해 보고 싶다는 마음이 들게 하는 것이 진정한 프로젝트 관리 교육이라고 생각한다.

프로젝트는 목표 달성을 통해
가치(value)를 획득할 수 있어야 합니다.
이 책의 독자들은
이미 'PMP 자격취득'이라는 프로젝트를 시작하셨습니다.
부디 '합격'이라는 목표를 달성하셔서
가치를 획득하시길 기원합니다.

사람
People

People

Domain 1
사람 People

1. 출제 포인트

- 《PMP 시험 내용 요약》에 따르면 '사람(people)' 영역(domain)에서 PMP 시험 문제의 42%가 출제된다. 180문제 기준으로 대략 76문제이다. 문제가 출제되는 세부적인 영역은 '2. 세부 과제(task)'를 참조하자.

- 《PMBOK 지침서》기준으로 2장 〈성과영역(performance domain)〉 중에서 '2.1 이해관계자(stakeholder)' '2.2 팀(team)' 4장 〈모델, 방법, 결과물(model, method, artifacts)〉의 일부가 여기에 해당한다.

- 프로젝트에서 인도물에 영향을 받는 이해관계자들이 너무 많다. 이들을 식별하고 분류하고 중요도를 정하고 참여관리를 잘해야 프로젝트가 성공할 수 있다. 이에 대한 방법을 묻는 문제가 지속적으로 출제된다.

- 팀 헌장(team charter), 자원 달력(resource calendar), 이해관계자 관리대장(stakeholder register), 자원관리 계획서(resource management plan), 책임 배정 매트릭스(RAM), RACI, 의사소통 관리 계획서(communication management plan) 등 사람 영역에서 사용되는 문서와 연관된 문제가 자주 출제된다.

- 애자일 프로젝트의 팀 구성 방법인 자율구성(self-organizing) 팀과 팀원들의 이끄는 리더십인 섬김형 리더십(servant leadership), 멘토링, 감성지능(emotional intelligence) 등의 개념을 묻는 문제가 자주 출제된다.

- 분산 팀, 동일 장소 배치(co-location), 가상 팀(virtual team) 등과 같은 개념도 종종 출제된다.

- 프로젝트 팀은 사람들이 모여서 일을 하는 곳이기 때문에 사람과 사람 사이에 갈등이 발생하는 것은 당연한 일이다. 이러한 갈등을 조정하는 갈등관리 기법은 PMP 시험에서 빠질 수 없는 내용이므로 지속 출제되고 있다.

- 프로젝트 팀원들에 대한 인정과 보상은 프로젝트 성공을 위한 중요 요소이다. 따라서 이러한 내용이 기술된 문서와 보상 방법에 관한 문제가 지속 출제되고 있다.

- 팀 개발 단계를 설명하는 터크만의 사다리(Tuckman's ladder)에 관한 문제는 4~5년간 출제가 되지 않았다가 최근 다시 출제되고 있다.

2. 세부 과제

다음 기술된 세부 과제는 PMP 시험을 주관하는 PMI가 제공하는 PMP 시험 내용 요약, 《PMP 시험 내용 요약》에서 가져온 내용으로, 시험의 구체적인 출제 방향을 설명하고 있다.

Domain I	사람(People) – 42%
과제 1	**갈등 관리** ■ 갈등의 원인 및 단계(stage) 해석 ■ 갈등의 상황 분석 ■ 적절한 갈등 해결책 평가 권유/조정
과제 2	**팀 선도(lead)** ■ 분명한 비전과 임무 설정 ■ 다양성과 포용성 지원 (예: 행동 유형, 사고 프로세스) ■ 섬김형 리더십 존중 (예: 섬김형 리더십의 원칙을 팀에게 불어넣기) ■ 적절한 리더십 스타일 결정 (예: 지시적, 협력적) ■ 팀 구성원 이해관계자에게 영감을 주고 동기를 부여하고 영향을 끼침 (예: 팀 계약, 사회적 계약, 보상체계) ■ 팀 구성원 및 이해관계자의 영향 분석 ■ 다양한 팀 구성원 및 이해관계자를 선도하기 위한 다양한 선택사항 구분
과제 3	**팀 성과 지원** ■ 핵심 성과지표를 기준으로 팀 구성원의 성과 평가 ■ 팀 구성원의 발전과 성장을 지원하고 인정 ■ 적절한 피드백 방식 결정 ■ 성과 개선 검증
과제 4	**팀 구성원 및 이해관계자의 역량 강화** ■ 팀의 강점을 바탕으로 조직화 ■ 팀의 과제 책임 지원 ■ 과제 책임 설명 평가 ■ 의사결정 권한 수준을 결정하고 부여

과제 5	**팀 구성원/이해관계자에 대한 적절한 교육 제공** ■ 필요한 능력과 교육 요소 결정 ■ 교육 요구사항에 따라 교육 옵션 결정 ■ 교육을 위한 자원 할당 ■ 교육 결과 측정
과제 6	**팀 구축** ■ 이해관계자의 스킬 평가 ■ 프로젝트 자원 요구사항 추정 ■ 프로젝트 요구사항을 충족하기 위해 지속적으로 팀의 스킬을 평가하고 개선 ■ 팀을 유지하고 지식을 전달
과제 7	**팀에 대한 방해 요소, 장애물, 차단 요인을 해결하고 제거** ■ 팀에 대한 중대한 방해 요소, 장애물, 차단 요인을 파악 ■ 팀에 대한 중대한 방해 요소, 장애물, 차단 요인의 우선순위 지정 ■ 팀에 대한 방해 요소, 장애물, 차단 요인을 네트워크를 활용하여 제거하기 위한 솔루션 실행 ■ 팀에 대한 방해 요소, 장애물, 차단 요인을 해결하도록 지속적으로 재평가 작업 실시
과제 8	**프로젝트 협약 협상** ■ 협약을 위한 협상 한계 분석 ■ 우선순위를 평가하고 궁극적인 목표를 결정 ■ 프로젝트 협약의 목표가 충족되었는지 확인 ■ 협약 협상에 참여 ■ 협상 전략 결정
과제 9	**이해관계자와 협업** ■ 이해관계자의 참여 요구사항 평가 ■ 이해관계자의 요구사항, 기대사항, 프로젝트 목표를 최적으로 조율 ■ 신뢰를 형성하고 이해관계자에게 영향을 미쳐 프로젝트 목표 달성
과제 10	**공감대 형성** ■ 상황을 분석하여 오해의 원인 파악 ■ 필요한 모든 당사자의 의견을 듣고 합의에 도달 ■ 당사자의 동의에 대한 결과 지원 ■ 잠재적 오해(misunderstanding) 조사

과제 11	**가상 팀에 대한 참여 및 지원** ■ 가상 팀 구성원의 요구사항 파악 (예: 환경, 지리, 문화, 글로벌 등) ■ 가상 팀 구성원의 참여를 위한 대안적 방법 파악 (예: 커뮤니케이션 도구, 동일 장소 배치) ■ 가상 팀 구성원의 참여를 위한 옵션 실행 ■ 가상 팀 구성원 참여의 효율성을 지속적으로 평가
과제 12	**팀의 기본 규칙 정의** ■ 팀과 외부 이해관계자가 함께 조직의 원칙에 대해 의사소통 ■ 기본 규칙 준수를 장려하는 환경 조성 ■ 기본 규칙 위반 사례를 관리하고 정정
과제 13	**관련된 이해관계자 멘토링** ■ 멘토링을 위한 시간 할당 ■ 멘토링 기회를 인식하고 실천
과제 14	**감성 지능을 적용하여 팀 성과 높이기** ■ 성격지표를 사용하여 행동 평가 ■ 성격지표 분석 및 중요한 프로젝트 이해관계자의 감성적 요구사항 조정

Domain I 사람

다음은 이번 영역에서 출제되었거나 출제될 것으로 예상되는 문제들의 중요한 개념에 관한 질문을 기술했다. 눈으로만 읽고 넘어가서는 안 되고 다른 사람에게 개념을 설명하는 것처럼 답변할 수 있어야 한다. 이번 장의 문제를 풀기 전에 반드시 도전해보자.

- 이해관계자의 정의 및 식별 시기는?
- 이해관계자를 분류하는 방법은?
- 이해관계자별 프로젝트 팀 대응 방법의 차이는?
- 프로젝트의 이해관계자가 변하면 연관해서 변경해야 하는 것들은?
- 이해관계자 관리대장에 들어가야 하는 내용과 업데이트 시기는?
- 자원 달력(resource calendar)이란?
- 자원 관리 계획서에 포함되는 내용은?
- 팀 헌장(team charter)이란 무엇이며 어떠한 내용들이 포함되는가?
- 책임 배정 매트릭스(RAM)와 RACI란 무엇이며 어떠한 내용이 포함되는가?
- 예측형 생애주기와 적응형 생애주기의 팀 구성 방법의 차이는?
- 자율 구성(self-organizing) 팀의 의미는?
- 분산 팀과 동일 장소 배치(co-location)의 의미와 장단점은?
- 가상 팀(virtual team)의 구성 목적과 장단점은?
- 멘토링의 정확한 의미는?
- 내성적(introversion)과 외향적(extroversion)의 차이는?
- 판단형(judging)과 인식형(perceiving)의 차이는?
- 팀 구성시 네트워킹이란?
- 감성 지능(emotional intelligence)의 의미는?
- 갈등 관리 기법 5가지의 내용은?
- 팀원들에게 성과를 보상하는 방법은?
- 터크먼의 사다리에 나오는 5가지 단계의 의미와 특징은?
- 섬김형 리더십의 의미와 특징은?
- 의사소통 계획서에 포함되어야 하는 내용은?
- 프로젝트 팀원들에 대한 인정과 보상 관련 내용이 기술된 문서와 시행 방법은?

4. 중요한 문서와 용어

1. 다음 표에 있는 용어 설명을 읽고 알맞은 용어 번호를 보기에서 골라 용어 칸에 기입하시오.

★ 정답은 46쪽에 있습니다.

용어 설명	용어
팀 가치, 팀의 협약과 운영 지침을 규정하는 문서. 의사소통 지침, 의사결정 기준 및 프로세스, 갈등 해결 프로세스, 회의 지침 등이 기술된다.	(1)
프로젝트의 활동과 결과로 인해 영향을 받을 수 있거나 스스로 영향을 받는다고 생각하는 개인 또는 집단	(2)
각각의 특정 인적자원을 투입할 수 있는 근무일, 근무 교대시간, 정상 근무 시작 및 종료 시간, 주말과 공휴일이 표기된다. 예정된 활동 기간에 잠재적인 가용 자원(팀 자원, 장비, 자재 등)에 대한 정보는 자원 가용량 산정에 활용된다.	(3)
경험과 지식이 풍부한 사람이 그렇지 못한 사람에게 지도와 조언을 하여 실력과 잠재력을 개발하도록 돕는 것을 의미한다. 경험과 지식이 풍부한 사람이 역할 모델이 되고 개인적이며 심리 사회적인 지원을 제공한다.	(4)
최고의 팀 성과 달성을 위해 팀원의 요구사항을 이해하고, 개인적인 발전을 지원하는 것에 중점을 두면서 팀을 이끄는 행동	(5)
본인과 타인의 감성, 그리고 집단의 군중 감성을 식별하고 평가, 관리하는 능력이다. 팀에서 이것을 이용하여 프로젝트 팀원의 정서를 파악/평가/통제하며, 행동을 예견하고, 문제를 살펴 이슈에 대한 후속 처리를 지원함으로써 긴장을 해소하고 협력을 증대할 수 있다.	(6)
각 작업패키지에 배정된 프로젝트 자원을 보여주는 계통도이다. 이 도표는 작업패키지 또는 활동과 프로젝트 팀원 간의 관계를 보여준다.	(7)
팀의 사교 관계를 개선하고 협업적이고 협력적인 작업 환경을 구성하는 활동이다. 이 활동은 현황 검토 회의에서 다루는 5분짜리 의제부터 대인관계 기술 향상을 위해 현장 밖에서 전문적으로 진행되는 이벤트에 이르기까지 다양하다.	(8)
거의 대면하지 않거나 전혀 대면하지 않으면서 공통의 목표 아래 주어진 역할을 완수하는 팀원들로 구성된 집단이다.	(9)
팀의 목표를 달성하기 위해 필요에 따라 구성원들이 리더십을 발휘하는 교차 기능(cross function) 팀으로, 프로젝트 결과에 대한 책임을 공동 소유한다. 세부적으로는 작업의 실행 및 완료에 대한 책임을 공유하고, 완료된 작업을 수행하는 데 필요한 모든 기술을 갖추고 있다고 간주한다.	(10)

Domain I 사람

2. 다음 표는 브루스 터크먼(Bruce Tuckman)의 팀 개발 5단계를 설명한 것이다. 각 설명이 의미하는 단계를 보기에서 번호를 골라 빈 칸에 직접 기입하시오.

★ 정답은 46쪽에 있습니다.

용어 설명	용어
팀원들이 협력하고, 팀을 지원하는 행동과 작업 습관을 조율하기 시작한다. 또한 팀원들이 서로 신뢰하며 협업이 시작된다.	(1)
팀이 작업을 완료하고 프로젝트에서 이동한다.	(2)
프로젝트 팀원들이 만나서 프로젝트에 관해서 파악하고, 팀원들의 공식적인 책임과 역할을 인식하는 단계다. 팀원들은 독자적이며 개방적이지 않은 경향이 있다.	(3)
이 단계에 도달한 팀은 잘 구성된 단위로 운영된다. 팀원들이 상호의존적이며, 원활하고 효과적으로 문제를 해결한다.	(4)
팀이 프로젝트 작업, 기술적 의사결정, 프로젝트 관리 방식을 다루기 시작한다. 함께 일하는 방법을 찾는 과정에서 갈등이나 어려움이 있을 수 있다. 팀원들이 자신과 다른 사고와 관점에 협조적, 개방적이지 않으면 파괴적인 환경이 조성될 수 있다.	(5)

3. 다음 표에는 5가지 갈등 해결 전략이 제시되어 있다. 각 설명이 의미하는 용어를 보기에서 번호를 골라 빈 칸에 직접 기입하시오.

★ 정답은 46쪽에 있습니다.

용어 설명	용어
갈등에 대한 여러 관점을 통합하는 일이 포함된다. 다양한 관점에 대해 알아보고 여러 관점으로 사물을 보는 것을 목표로 한다. 이는 당사자 간에 신뢰가 있으며 합의에 이를 시간이 있는 경우에 효과적이다.	(1)
상황에 따라 문제가 저절로 해결되는 경우가 있고, 때로는 토론이 가열되어 사람들에게 냉각기가 필요한 경우가 있다. 이러한 경우에 사용하거나 또는 요구사항에 이의를 제기하지 않고 규제 기관이 부과한 요구사항을 준수해야 하는 경우와 같이 승자가 없는 시나리오에서도 사용된다.	(2)
갈등을 해결해야 할 문제로 취급한다. 당사자 간의 관계가 중요하거나, 각 당사자가 상대방의 문제 해결 능력에 대해 확신을 가질 때 사용된다.	(3)
모든 당사자를 완전히 만족시킬 수 없는 갈등이 있을 수 있다. 이러한 경우에 사용하는 방법으로 서로 주고 받으려는 의지가 필요하다. 이를 통해 모든 당사자가 원하는 것을 얻고 갈등이 심화되는 것을 피할 수 있다. 이 방식은 관련 당사자가 동일한 권한을 가지고 있을 때 자주 사용된다.	(4)
의견 불일치보다 중요한 목표에 도달하는 것이 더 중요할 때 유용하다. 이러한 접근 방식은 관계 속에서 조화를 유지하고, 당사자 간에 호의를 형성할 수 있다. 개인의 상대적 권한 또는 권력에 차이가 있을 때에도 사용된다.	(5)
시간이 충분하지 않을 때 사용된다. 한 당사자가 다른 당사자보다 더 큰 권력을 가지고 있을 때 사용하며, 즉시 해결해야 할 보건 및 안전 갈등이 있는 경우에 주로 사용한다.	(6)

보 기

1. 직면/문제 해결(Confronting/Problem solving)
2. 협업(Collaborating)
3. 타협(Compromising)
4. 수습/수용(Smoothing/Accommodating)
5. 강요/지시(Force/Direct)
6. 철회/회피(Withdrawal/Avoiding)

대표문제

01 지하철역을 건설하는 프로젝트를 진행하려고 한다. 그런데 주민들이 반대하고 시장에게 프로젝트를 무효화해달라고 요청할 예정이라고 한다. 프로젝트 관리자는 어떻게 해야 되는가? **(2개 선택)**

1) 주민들이 이해할 수 있도록 설명하는 자리를 만든다.
2) 시장에게 프로젝트가 리스크가 없다고 설명한다.
3) 역을 만들어서 생기는 편익을 시 홈페이지 게시판에 올린다.
4) 이해관계자들을 일일 스탠드업 회의에 참석시킨다.
5) 프로젝트를 진행하면 법적 문제가 발생할 수 있으므로 중단한다.

해 설

문제의 상황에서 해야 할 일은 중요한 이해관계자인 주민들의 반발을 무마하는 일이다. 따라서 보기 1)과 3)이 정답이다. 보기 2)는 주민이 아닌 시장에게 설명하는 것이라 정답이 될 수 없다. 보기 4) 일일 스탠드업 회의는 15분 정도 진행하는 짧은 회의이기 때문에 다른 이해관계자가 참관은 할 수 있으나 참여는 할 수 없는 구조이다. 꼭 도움이 되는 활동이 아니기에 정답이 될 수 없다. 보기 5)처럼 프로젝트를 함부로 중단해서는 안 된다. 프로젝트 관리자는 프로젝트에 대한 주변 환경 변화시 프로젝트 중단 여부를 스폰서 등 경영진에게 문의는 할 수 있지만 스스로 중단을 결정할 권한은 없다.

정답 1), 3)

시험장 TIP

PMP 시험에서는 4개 보기 중에서 정답 1개 선택하기, 보기 5개 중에서 정답 2개 또는 3개 선택하기 등 다양한 형식으로 문제가 출제된다.

시험장 TIP

PMP 시험은 미국의 PMI에서 출제하는 시험 문제이다. 따라서 국내적 시각으로 문제에 접근하면 정답을 고르지 못할 수 있다. 글로벌한 시각, 〈PMBOK 가이드〉에 근거한 사고로 문제에 접근을 해야 정답을 고를 수 있다.

02 스프린트 도중 수석 엔지니어에게 홍역이 발생했다. 팀 코치로서 어떻게 해야 하는가?

　　1) 기능 관리자에게 전화하여 팀의 새 수석 엔지니어를 요청한다.
　　2) 수석 엔지니어의 이탈이 팀에 얼마나 많은 영향을 미치는지 팀원들과 협의한다.
　　3) 다른 사람들에게 초과 근무를 하도록 요청한다.
　　4) 출시일을 연기한다.

해 설

스트린트는 애자일 방법론 중 하나인 스크럼에서 사용하는 반복(iteration)을 의미하는 용어이다. 보기가 전부 정답일 가능성이 있는데 가장 적합한 것이 무엇인가를 묻고 있는 질문이다. 먼저, 보기 1)은 정답 후보이기는 하지만 가장 좋은 답변은 아니다. 팀에서 수석 엔지니어가 없이 일을 진행할 수 있는지, 없다면 얼마나 팀이 어려워질지 영향도를 알아보는 것이 먼저이기 때문이다. 보기 3)도 현실적인 상황에서는 취할 수 있는 조치이나 다른 사람들에게 초과 근무를 요구하는 것이 지속 가능한 개발을 추구하는 애자일의 원칙과 일치하지 않기 때문에 정답이 될 수 없다. 보기 4)도 경우에 따라 출시일 연기가 필요할 수 있지만 이것은 모든 상황을 검토하고 여러 이해관계자가 협의하여 진행할 일이다. 팀 코치가 쉽게 결정할 수 있는 사항이 아니다. 정답은 현재의 상황을 파악하는 것이 우선이므로 보기 2)이다.

정답 2)

시험장 TIP

애자일 원칙 12가지 Principles behind the agile manifesto
우리는 다음과 같은 원칙을 따른다.
1. 우리의 최우선 과제는 가치 있는 소프트웨어를 빠르고 지속적으로 인도하는 것을 통해 고객을 만족시키는 것이다.
2. 개발 후반에도 요구사항 변경을 환영한다. 애자일 프로세스는 고객의 경쟁 우위를 위해 변경을 활용한다.
3. 짧은 타임 스케일을 선호하여 몇 주에서 몇 달까지 작동하는 소프트웨어를 자주 인도한다.
4. 비즈니스 담당자와 개발자들은 프로젝트 내내 매일 함께 일해야 한다.
5. 동기 부여된 개인을 중심으로 프로젝트를 구축한다. 그들에게 필요한 환경과 지원을 인도하고, 그들이 그 일을 완수할 수 있도록 신뢰한다.
6. 개발 팀에 정보를 전달하는 가장 효율적이고 효과적인 방법은 대면 대화이다.
7. 작동하는 소프트웨어는 진척 상황 측정의 중요한 수단이다.
8. 애자일 프로세스는 지속 가능한 개발을 촉진한다. 스폰서, 개발자 및 사용자는 일정한 속도를 유지할 수 있어야 한다.
9. 우수한 기술력과 우수한 설계에 대한 지속적인 관심은 민첩성(agility)을 향상시킨다.
10. 단순성, '꼭 필요하지 않은 것을 최대한 덜 개발하는 기술'은 필수적이다.
11. 최고의 아키텍처, 요구사항 및 디자인은 자율 구성 팀에서 나온다.
12. 팀은 정기적으로 보다 효과적인 방법을 반영한 다음 그에 따라 행동을 조율하고 조정한다.

■ 공부하는 것과 시험 보는 것은 다르네요. 《PMBOK 지침서》를 열심히 봤다고 합격했을까?' 하는 생각이 듭니다.

■ 집에서 시험을 보는 것이 훨씬 안정감을 주어 집중이 잘 되는 것 같습니다.

■ 정말 오랜만에 '공부'라는 것을 해 본 것 같습니다.

■ PMP 시험을 준비하면서 '공부'라는 것도 오랜만에 해 봤지만 생각할 수 있는 시간을 가지게 된 것이 더 큰 소득인 것 같습니다.

■ '애자일을 우리 회사에서 적용할 수 있을까?'를 생각하다가 공부 시간을 낭비했습니다.

실전문제 답안지

번호	1	2	3	4	5	6	7	8	9	10	11	12	13	14	15	16	17	18	19	20
정답																				
번호	21	22	23	24	25	26	27	28	29	30	31	32	33	34	35	36	37	38	39	40
정답																				
번호	41	42	43	44	45	46	47	48	49	50	51	52	53	54	55	56	57	58	59	60
정답																				
번호	61	62	63	64	65	66	67	68	69	70	71	72	73	74	75	76	77	78	79	80
정답																				
번호	81	82	83	84	85	86	87	88	89	90	91	92	93	94	95	96	97	98	99	
정답																				

번호	1	2	3	4	5	6	7	8	9	10	11	12	13	14	15	16	17	18	19	20
정답																				
번호	21	22	23	24	25	26	27	28	29	30	31	32	33	34	35	36	37	38	39	40
정답																				
번호	41	42	43	44	45	46	47	48	49	50	51	52	53	54	55	56	57	58	59	60
정답																				
번호	61	62	63	64	65	66	67	68	69	70	71	72	73	74	75	76	77	78	79	80
정답																				
번호	81	82	83	84	85	86	87	88	89	90	91	92	93	94	95	96	97	98	99	
정답																				

Project Manager + Professional

실전문제

★ 정답은 46쪽에 있습니다.

필수문제

01 애자일 접근법에서 강조하고 있는 대면 협업 (face-to-face collaboration)의 장점은 무엇인가?

1) 팀 구성원이 디자인 및 코드에서 공통 언어를 사용할 수 있다.
2) 예정된 검사보다 더 많은 피드백이 가능하다.
3) 의사소통 지연 및 오해를 제거할 수 있다.
4) 팀 구성원의 실수를 바로 잡을 수 있다.

02 자율 구성 팀(self-organizing team)의 장점은 다음 중 무엇인가?

1) 자신의 일을 한다.
2) 그들이 좋아하는 곳에 앉는다.
3) 팀이 자체 결정을 한다.
4) 프로젝트 기반 결정을 한다.

03 다음 중 이해관계자에 관한 설명으로 틀린 것은?

1) 이해관계자는 착수시에 집중 식별하며, 이후 지속적으로 식별한다.
2) 프로젝트 진행 도중 중요한 이해관계자가 가지는 불만사항은 프로젝트 이슈로 관리한다.
3) 프로젝트 이해관계자가 프로젝트의 중요한 의사결정에 반드시 참여할 필요는 없다.
4) 프로젝트 이해관계자는 프로젝트에 미치는 영향력에 따라 유형을 나누어서 관리해야 한다.

04 팀이 다른 프로젝트 이해관계자와 진행 상황을 공유하는 가장 좋은 방법은 무엇인가?

1) 정보상황판(Information radiators)
2) 스크럼 스크럼(Scrum of scrums)
3) 일일 스탠드업 회의(Daily stand-up meetings)
4) 회고(Retrospectives)

05 다음 중 일반적으로 이해관계자 유형 분류시 활용할 수 있는 차원이 아닌 것은?

1) 관심도
2) 영향도
3) 참여수준
4) 개인적 친밀도

06 다음 중 관리와 비교되는 리더십의 특징에 해당하지 않는 것은 무엇인가?

1) 관계적 힘을 사용하여 팀원들에게 영향을 미침
2) 사람들과의 관계에 집중
3) 정해진 바를 올바르게 수행
4) 비전, 동기부여 및 영감에 집중

07 다음 중 이해관계자 식별시 일반적으로 파악해야 하는 정보가 아닌 것은?

1) 관심사항(Interest)
2) 참여 형태(Involvement)
3) 상호관계(Interdependency)
4) 근무 연수

08 다음 중 이해관계자 관리대장(stakeholder-register)에 포함되는 정보의 유형이 아닌 것은?

1) 관계정보(Relationship information)
2) 식별정보(Identification information)
3) 평가정보(Assessment information)
4) 이해관계자 분류(Stakeholder classification)

09 프로젝트의 이해관계자들은 일반적으로 어떤 특징을 가지고 있는가?

1) 항상 같은 목표를 가지고 있다.
2) 항상 다른 목표를 가지고 있다.
3) 목표에 대해 다양한 관점을 가지고 있다.
4) 모든 이해관계자들은 항상 프로젝트를 성공시

켜야 한다고 생각한다.

10 다음 중 일반적으로 이해관계자가 참여해야 하는 의사결정 상황이 아닌 것은?

1) 범위변경에 관한 의사결정
2) 품질 목표에 관한 의사결정
3) 완료 일정 변경에 관한 의사결정
4) 프로젝트 인력의 투입시기에 관한 의사결정

11 어떤 이해관계자가 프로젝트에 많은 변경을 야기시키는 것으로 유명하다. 이 상황을 관리하기 위해서 프로젝트 관리자가 프로젝트 초기 단계에 실행할 수 있는 최선의 방법은 무엇인가?

1) 이해관계자에게 불필요하게 많은 변경을 제출하지 말라고 미리 말한다.
2) 가능하다면 프로젝트 초기 단계부터 이해관계자를 참여시킨다.
3) 이해관계자의 활동을 또 다른 프로젝트로 전환시키기 위한 방법을 찾아 이해관계자의 상사에게 말한다.
4) 스폰서에게 그 이해관계자를 이해관계자 명단에서 빼달라고 요청한다.

12 프로젝트 팀원 중 A와 B 두 사람이 기술적 접근방법을 두고 이견을 보이고 있다. 프로젝트 관리자는 두 사람의 갈등이 심해지자 워크숍을 하기로 계획하고 워크숍에 가서 해결책을 도출할 때까지 더 이상 불필요한 논쟁은 하지 않도록 중단시켰다. 프로젝트 관리자는 어떤 갈등 해결전략을 사용하고 있는가?

1) 철회, 회피(Withdraw/Avoid)
2) 수습, 수용(Smoothing/Accommodating)
3) 협업(Collaborating)
4) 타협(Compromising)

13 당신은 IT 프로젝트의 관리자다. 감리 팀(audit team)에서 당신에게 팀원의 자격 요구사항과 교육 계획에 관한 정보를 어디에서 볼 수 있는지 물어보았다. 이것을 어디에서 찾을 수 있는가?

1) 프로젝트 팀 배정표(Project team assignments)
2) 자원분류체계(RBS, Resource Breakdown Structure)
3) 자원 관리 계획서(Resource management plan)
4) 자원달력(Resource calendar)

14 당신은 글로벌 프로젝트의 관리자다. 전 세계적으로 팀원들을 선발하여 프로젝트를 진행하는 도중 팀원들이 문화적, 언어적 차이로 인해 불만을 많다는 것을 알게 되었다. 이럴 때 프로젝트 관리자는 무엇을 해야 하는가?

1) 회의(Meeting)
2) 팀 빌딩(Team building)
3) 갈등 관리(Conflict management)
4) 가상 팀(Virtual team)

15 다음 중 책임 배정 매트릭스(RAM, Responsibility Assignment Matrix)를 적용하는 목적으로 적절하지 않은 상황은?

1) 프로젝트 팀원들이 수행할 업무를 표현하기 위해
2) 프로젝트에 대한 이해관계자들의 보상 수준을 결정하기 위해
3) 작업패키지에 대하여 프로젝트 팀원들의 책임을 배정하기 위해
4) 각 단계나 업무를 완료할 때 승인의 권한이 누구에게 있는지 확인하기 위해

16 RACI 차트는 무엇의 한 종류인가?

1) 네트워크(Network)

2) 흐름도(Flowchart)

3) 책임 배정 매트릭스(RAM, Responsibility Assignment Matrix)

4) 계층구조형 도표(Hierarchical-type chart)

17 브루스 터크먼(Bruce Tuckman)의 팀 구축 5단계 중에서 프로젝트 수행방식, 기술적 이슈를 토의하는 단계는 무엇인가?

1) 형성(Forming)

2) 표준화(Norming)

3) 스토밍(Storming)

4) 수행(Performing)

18 당신은 프로젝트 관리자로서 프로젝트를 진행하고 있다. 이때, 프로젝트에 사용할 표준 업무 양식을 결정했다. 브루스 터크먼의 이론에 따르면 당신은 어느 시기에 있는가?

1) 형성(Forming)

2) 표준화(Norming)

3) 스토밍(Storming)

4) 수행(Performing)

19 당신은 프로젝트 관리자로서 프로젝트를 지금 막 시작했다. 고객이 프로젝트에 꼭 필요한 해당 전문가를 사전에 배정하고 싶어한다. 프로젝트 관리자인 당신도 그 의견에 동의한다. 당신은 무엇을 해야 하는가?

1) 인사 팀에 얘기해서 해당 전문가를 빼 달라고 부탁한다.

2) 고객에게 승인을 받고, 프로젝트 헌장에 명시한다.

3) 고객에게 사전배정은 불가능하다고 말한다.

4) 변경요청서를 작성해 달라고 말한다.

20 프로젝트에서 실시되는 인정과 보상(recog-

nition and reward)에 관한 설명이다. 잘못된 설명은 무엇인가?

1) 팀원 보상을 위한 최초 계획은 자원 관리 계획서에 기술된다.

2) 일반적으로 상여금(incentive)이 팀원 동기부여에 가장 좋은 효과를 나타낸다.

3) 프로젝트가 완료되기까지 기다리기보다는 생애주기 전반에 거쳐 성과를 인정해 주는 것이 바람직한 전략이다.

4) 인정과 보상 대상자를 결정할 때 문화적 차이를 고려해야 한다.

21 다음 중 가상 팀(virtual team)을 잘못 설명한 것은?

1) 같은 목적을 공유하지만 같은 장소에서 프로젝트를 수행하는 것은 아니다.

2) 이메일, 화상회의, 메신저와 같은 협업 도구를 통해 원격으로 의사소통한다.

3) 다른 프로젝트 조직 형태보다 의사소통 계획에 대한 중요성이 크다.

4) 기업 내부 인력으로 구성되지 않고 기업 외부의 인력으로만 구성된다.

22 프로젝트 관리자인 당신은 프로젝트 팀원들과 회의를 하고 있다. 하지만 회의 분위기가 어수선하다. 팀원들은 잡담을 하며, 주제와 관련 없는 발표를 한다. 프로젝트 관리자의 문제점은 무엇인가?

1) 리더십이 약하다.

2) 관리자가 회의 안건을 가지고 있지 않다.

3) 팀 헌장을 제정하지 않았거나 이것을 팀원들과 의사소통 하지 않았다.

4) 의사소통 관리 계획서가 잘못되었다.

23 프로젝트 진행 중 두 팀원이 기술적으로 의견

이 다르다. 갈등 중인 팀원들이 해야 할 일은?

1) 스폰서에게 이야기한다.
2) 둘이 만나서 대화한다.
3) 프로젝트 관리자에게 중재를 요청한다.
4) 그냥 각자의 방식으로 진행한다.

24 프로젝트의 CPI는 1.03, SPI는 1.01 이다. 팀원은 20명이고, 고객은 지금까지 완료한 산출물을 불만 없이 받아들였다. 프로젝트를 위한 하청계약도 없다. 고객과 스폰서는 프로젝트의 상태를 만족해하고 있지만, 프로젝트 팀원 중 성과가 가장 좋은 팀원이 불만을 가지고 있어 그 인력의 생산성이 떨어지는 상태다. 다음 중 프로젝트 관리자가 해야 할 가장 옳은 일은?

1) 프로젝트 팀원에 대한 보상 시스템을 검토한다.
2) 프로젝트의 일정을 앞당기기 위해 노력한다.
3) 일정 연장을 위해 고객과 만난다.
4) 고객으로부터 문서상으로 변경요청서를 받는다.

25 프로젝트 관리자는 팀원들과 협의하여 프로젝트에서 지켜야 하는 행동과 관련하여 팀 헌장(team charter)을 수립했다. 이러한 팀 헌장을 지키도록 강요 혹은 집행(enforce)하는 것은 누구의 책임인가?

1) 프로젝트 관리자
2) 모든 팀원들
3) 인사 팀
4) 프로젝트 관리자와 상위 관리자

26 프로젝트 회의 중에 기술적인 이해충돌로 기술자 간 다툼이 발생했다. 이 문제가 해결되지 않으면 프로젝트 일정에 심각한 문제가 생길 것이다. 프로젝트 관리자는 어떻게 해야 하는가?

1) 갈등 중인 기술자와 충분한 이야기를 나누어 본다.
2) 이슈 기록부에 등록하고 관리 담당자를 지정한다.
3) 스폰서 및 이해관계자에게 사실을 알린다.
4) 리스크 관리대장에 등재하고 관리한다.

27 당신은 가상 팀(virtual team)에서 일하는 관리자다. 여러 명의 프로젝트 팀원과 동시에 화상회의를 하고 있는 중에 팀원 한 명이 자꾸 다른 사람 말을 자르고 있다. 프로젝트 관리자인 당신은 어떻게 해야 하는가?

1) 그 자리에서 팀원에게 그러지 말라고 이야기한다.
2) 회의가 끝나고 바로 그 팀원을 불러서 그러지 말라고 말한다.
3) 그 팀원을 프로젝트 팀에서 제외시킨다.
4) 성과 평가를 나쁘게 준다.

28 애자일 프로젝트의 의사소통이 효과적인 이유는 무엇인가?

1) 릴리스와 반복 계획은 팀 구성원을 일관되게 유지하게 하고 매일 동기화하면서 혼돈을 제거하며 반복 시연을 통해 팀이 인도물에 집중할 수 있게 한다.
2) 애자일 의사소통 방법은 더 완벽하고 상세하게 작성된 요구사항 및 사양에 중점을 두고 팀이 변경을 더욱 효과적으로 관리할 수 있도록 한다.
3) 서면 보고서보다 차트와 다이어그램을 사용하면 명확하고 대상이 분명한 의사소통이 이루어지며 월별 검토에 고객이 참여하면 요구사항이 변경되지 않는다.
4) 일일 반복 계획을 통해 변경사항을 관리할 수 있으며 주간 정기 회의를 통해 장애를 신속하게 식별하여 효과적으로 관리하거나 제거할 수 있다.

29 당신은 애자일로 진행되는 프로젝트의 리더이다. 당신의 최우선 과제는 무엇인가?

1) 갈등 및 의견 불일치 해결
2) 팀원들에게 영양소를 제공
3) 팀원들이 프로젝트에서 달성하고자 하는 것을 이해하도록 보장
4) 팀의 성과 관리

30 애자일 팀이 집중(focus on)해야 할 것이 아닌 것은 무엇인가?

1) 실수를 반영하고 개선하는 방법
2) 피드백 루프를 사용하여 능력이 부족한 개발자를 발견
3) 빠른 실패를 통한 학습
4) 시행 착오를 통한 프로세스 개선

31 애자일 접근법에서 리더십과 관리의 관계는 다음 중 무엇인가?

1) 리더십은 경영의 모든 측면을 대체한다.
2) 리더십은 관리의 한 줄기이다.
3) 관리와 리더십이 함께 사용된다.
4) 관리와 리더십은 양립할 수 없다.

32 애자일 접근법을 사용하는 프로젝트 팀에서 누가 작업 실행에 대한 최고의 통찰력을 가지고 있어야 하는가?

1) 프로젝트 관리자
2) 팀원
3) 스크럼 마스터
4) 제품책임자

33 다음 중에서 섬김형 리더의 중요한 역할 중 하나는 무엇인가?

1) 장애요소 제거
2) 갈등 해결

3) 반복에 포함할 스토리 결정
4) 팀 구성원에게 작업 할당

34 린(lean) 원칙 중 하나는 학습 확대(amplify learning)이다. 이것은 무엇을 의미하는가?

1) 각 반복 후에 배운 교훈을 문서화한다.
2) 팀원들이 일을 시작하기 전에 광범위한 훈련을 받도록 한다.
3) 각 경험과 사건에서 최대한 많이 배운다.
4) 짝을 이루어 서로 배운다.

35 애자일 프로젝트에서 작업은 누구에 의해서 할당되는가?

1) 스크럼 마스터
2) 팀 자체
3) 제품책임자
4) 프로젝트 관리자

36 스크럼(scrum)을 처음 사용하는 팀에서 두 팀원이 서로 대립하며, 일일 스탠드업 회의를 방해하고 있다. 스크럼 마스터는 어떻게 해야 하는가?

1) 스탠드업 회의가 끝날 때까지 기다렸다가 대립하는 팀원들과 대화한다.
2) 파괴적인 상황을 바로잡기 위해 즉시 개입한다.
3) 문제를 기록한 다음 스프린트 회고(sprint retrospective)에서 문제를 제기한다.
4) 권한이 부여된 자율 구성 팀이 문제를 해결하기를 기다린다.

37 스크럼 마스터는 팀을 위한 일일 스탠드업 회의를 용이하게 하고 있다. 스크럼 마스터가 2주 동안 휴가를 가게 되었다면 이 기간 동안 일일 스탠드업 회의에서는 무엇을 해야 하는가?

1) 제품책임자가 해당 기간 동안 대신 촉진해야

한다.

2) 회의는 스크럼 마스터가 돌아올 때까지 연기되
어야 한다.

3) 회의는 진행자의 유무에 관계 없이 실시되어야
한다.

4) 팀은 이메일 또는 다른 의사소통 수단을 통해
상태를 서로에게 알려야 한다.

38 스크럼 마스터는 일일 스크럼 회의 중 두 팀원
사이에서 반복되는 마찰을 발견했다. 스크럼
마스터는 다음 단계에 무엇을 해야 하는가?

1) 일일 스크럼 회의 중에 직접, 즉시 문제 해결을
시도한다.

2) 일일 스크럼 회의 후에 문제를 탐색하고 해결하
기 위해 회의를 예약한다.

3) 자율 구성 팀이 팀 충돌 문제를 정리해야 하므
로 마찰을 무시한다.

4) 마찰로 인해 팀의 생산성이 저하되기 전에 교
체할 새로운 자원을 요구한다.

39 섬김형 리더(servant leader)의 핵심 기술은
다음 중 무엇인가?

1) 작업 관리

2) 성과 관리

3) 실행

4) 능동적 청취

40 애자일 프로젝트에서 코치는 어떻게 갈등을
처리해야 하는가?

1) 갈등이 심하지 않다면 팀이 해결하도록 해야
한다.

2) 갈등은 즉시 처리되어야 한다.

3) 갈등은 무시되어야 한다.

4) 갈등은 피해야 한다.

41 잘 운영되고 있는 애자일 팀이 경험하게 되는
압력은 다음 중 무엇인가?

1) 고객(client) 압력

2) 동료 압력

3) 제품책임자(product owner) 압력

4) 고객(customer) 압력

42 팀원과 대화할 때 애자일 프로젝트 관리자는
다음 중 무엇을 수행해야 하는가?

1) 팀원들에게 일방적 요구가 아닌 요청으로 표현
하여 일을 하도록 한다.

2) 중요한 결정을 내려야 할 때 팀원의 의견과 감
정을 무시한다.

3) 팀원들을 불행하게 만들 수 있는 일을 하도록
요청할 때 조심스럽게 진행한다.

4) 팀의 기분을 고려하지 않고 문제의 장점을 기
반으로 팀이 동의하지 않아도 결정한다.

43 회사의 CEO가 애자일로 진행 중인 프로젝트
에 상태 정보를 요청했다. 프로젝트 팀은 무엇
을 해야 하는가?

1) 제품책임자에게 상태보고서를 제공해야 한다.

2) 팀원들에게 상태 정보를 수집하도록 요청해야
한다.

3) 정보상황판이 어디에 있는지 보여준다.

4) 상태 점검회의를 위해 팀을 모은다.

44 당신은 애자일 팀을 구성하려고 한다. 팀에서
열린 자리를 놓고 후보들을 인터뷰할 때, 당신
은 어떤 능력을 가지고 있는 사람을 찾아야 하
는가?

1) 타인의 감정을 이해하고 영향을 줄 수 있는
사람

2) 남에게 도움을 청하지 않고 독립적으로 일할
수 있는 사람

3) 다른 사람들 사이의 스트레스와 갈등을 해결할 수 있는 사람

4) 다른 사람이 변화와 과제를 관리하도록 지원할 수 있는 사람

45 애자일 프로젝트에서 양방향 의사소통에 대한 강조는 다음 중 무엇을 의미하는가?

1) 분산된 팀은 효과적으로 의사소통하기 위해 노력해야 한다.

2) 애자일 팀은 가능한 광범위하게 지식을 공유해야 한다.

3) 고객은 팀의 아이디어, 리스크 및 우려를 요청하고 진지하게 받아들여야 한다.

4) 이해관계자는 팀의 진행 상황을 지속적으로 파악해야 한다.

46 감성 지능(emotional intelligence)의 일부가 아닌 것은 무엇인가?

1) 우리 자신의 감정을 통제하는 능력

2) 우리 자신의 감정을 식별, 평가 및 영향을 미치는 능력

3) 다른 사람들의 감정을 식별, 평가 및 영향을 미치는 능력

4) 다른 사람들의 감정을 통제하는 능력

47 제품책임자가 매우 강압적이고 팀원들이 성취할 수 있는 것보다 더 많은 일을 받아들이도록 강요하는 경향이 있어 팀이 기진맥진한 상황이다. 이 문제를 해결하는 가장 좋은 방법은 무엇인가?

1) 프로젝트 관리자는 제품책임자와 상의하여 팀 소진의 리스크를 설명해야 한다.

2) 팀은 추정 값에 버퍼를 채워 여유공간을 마련한다.

3) 제품책임자를 교체해야 한다.

4) 더 많은 팀원을 추가하여 작업이 고르게 분산되도록 해야 한다.

48 반복을 통하여 프로젝트를 진행하는 동안 중요한 기능이 주말에 배포될 예정이다. 팀 구성원들 중 한 명은 반드시 대기 지원 상태에 있어야 하지만 팀 구성원들 중 누구도 이 작업에 참여하기를 원하지 않는다. 이 상황을 어떻게 해결해야 하는가?

1) 최고참 팀원이 배정되어야 한다.

2) 추첨으로 작업을 수행할 사람을 결정해야 한다.

3) 팀은 협의하여 작업을 수행할 사람을 결정해야 한다.

4) 기능관리자가 작업에 참여해야 하는 사람을 결정해야 한다.

49 지리적으로 분산된 프로젝트 팀에 가장 적합한 모델은 다음 중 어느 것인가?

1) 팀원들의 근무 장소 수가 상대적으로 적은 팀. 각 위치의 팀이 분리된 서브 시스템을 개발하는 완전한 개발 그룹으로 구성되는 경우

2) 동일한 시간대의 위치하며 풍부한 통신 채널을 활용하면서 동일한 시스템에서 작업하는 경우

3) 팀원들의 근무 장소 수가 상대적으로 적은 팀. 작업은 기능적 구분선을 따라 한 위치에서 설계되고 다른 위치에서 코딩되며 다른 위치에서 테스트되는 경우

4) 많은 장소에서 분리된 서브 시스템을 개발하고 테스트는 각 위치에 하며 상대적으로 적은 인원일 경우

50 분산된 애자일 팀은 _____.

1) 공동 배치된 팀보다 일반적으로 덜 효율적이다.

2) 허용되지 않는다

3) 공동 배치된 팀과 다른 방식으로 조직을 운영

한다.

　4) 공동 배치된 팀보다 더 효율적이다.

51 스폰서가 애자일 팀의 동일 장소 배치가 불가능하다고 말했다. 가장 좋은 대응은 무엇인가?

　1) 팀이 동일 장소 배치가 되어야 한다고 주장한다.

　2) 워터폴 방법론을 사용한다.

　3) 기술을 통한 효과적인 의사소통 체계를 만든다.

　4) 조치가 필요하지 않다.

52 스머드는 의사소통(osmotic communication)에 대한 내용 중 맞는 설명은 무엇인가?

　1) 고객과 개발 팀 간의 의사소통

　2) 스머드는 의사소통은 분산된 팀에 특히 잘 작동한다.

　3) 이것은 관련 기술에 의해서 분산된 팀에서도 달성될 수 있다.

　4) 이것은 협업(collaborate) 팀에만 가능하다.

53 팀 리더가 고성과(high performance) 팀으로 애자일 팀을 운영한다면 팀 내 상황은 어떠할 것으로 예상되는가?

　1) 의견 불일치 없이 매끄럽게 협업한다.

　2) 팀원들이 서로의 의견에 동의하지 않는 일이 발생할 수 있다.

　3) 프로젝트의 이익에 대한 의견 불일치시 억제하는 법을 배운다.

　4) 프로젝트가 진행됨에 따라 더 강한 의견을 제시하고 더 동의하지 않게 된다.

54 애자일 프로젝트의 스폰서는 다음 중 어떤 질문에 관심을 집중할 것으로 예상되는가?

　1) 프로젝트가 예산과 시간 내에 예상 가치를 제공할 수 있는가?

　2) 팀은 프로젝트 비전을 이해하고 있는가?

　3) 스크럼 마스터가 정확하게 기능의 우선순위를 정하고 있는가?

　4) 제품책임자가 최종 사용자의 요구사항을 이해하고 있는가?

55 애자일 프로젝트 팀원들은 다음 중 어떠한 경우에 문제를 해결하는 데 더 효과적인가?

　1) 보상과 처벌에 의욕이 있을 때

　2) 개발의 스토밍 단계에 있을 때

　3) 그들이 실수할 수 있는 허가를 받았다고 느끼도록 할 때

　4) 스스로 알아서 일할 수 있도록 할 때

56 고성과 애자일 팀에는 다음 중 어떤 특성이 있는가?

　1) 합의 중심, 권한 공유, 낮은 신뢰

　2) 자율 구성, 계획 중심, 권한 공유

　3) 합의 중심, 권한 부여, 계획 중심

　4) 건설적인 의견 불일치, 권한 공유, 자율 구성

57 애자일 팀이 공동으로 사용하는 개방된 환경에 함께 앉아있는 것의 가장 중요한 이점은 무엇인가?

　1) 스머드는 의사소통이 감소되지만 공간을 더 효율적으로 사용하게 된다.

　2) 회의실의 필요성이 줄어듦에 따라 비용이 절감되고 팀은 구성원의 정확한 위치를 추적할 수 있다.

　3) 팀원들이 업무에 더욱 집중할 수 있으며, 파트너와의 거리가 줄어들면 페어 프로그래밍이 더 쉬워진다.

　4) 의사소통이 개선되며, 팀원들 간의 장벽이 없어지고 서로를 이해하기 쉽다.

58 지난번 반복 이후 팀 인원이 6명에서 14명으로

증가했다. 결과적으로, 현재 반복에서 팀이 사용할 공간이 줄어들어 일일 스탠드업 회의 동안 혼잡하고 불편하게 되었다. 이로 인해 일일 스탠드업 회의를 완료하는 데 소요되는 이상적인 시간보다 오래 걸리게 되었고, 팀에 일정상 문제가 발생했다. 이 정보를 바탕으로 프로젝트 관리자는 무엇을 수행해야 하는가?

1) 일일 스탠드업 회의를 전화 회의 형식으로 변경하면 공간에 문제가 없다.
2) 회의 시간을 늘리고 팀 일정을 업데이트한다.
3) 각 팀 구성원에게 향후 스탠드업 회의를 최적화하기 위해 발언 시간을 할당한다.
4) 팀을 하위 팀으로 나누고 별도의 스탠드업 회의을 진행하도록 한다.

59 팀의 문제 해결 능력을 향상시키는 데 가장 도움이 되는 것은 무엇인가?

1) 논쟁과 의견 불일치를 최소한으로 유지하는 데 집중한다.
2) 실수와 문제를 서로 나누도록 격려한다.
3) 경험이 풍부한 팀원에게 동료를 멘토링하도록 요청한다.
4) 그들의 제안을 채점하고 팀 공간에 리더 보드를 게시하여 경쟁을 장려한다.

60 당신은 애자일 팀의 코치로서 팀 구성원들이 무엇을 수행해야 한다고 생각하는가?

1) 문제가 생길 때마다 당신에게 찾아온다.
2) 일일 스탠드업 회의에서 모든 문제를 보고한다.
3) 작업이 진행됨에 따라 대부분의 문제를 집단적으로 해결한다.
4) 자체적으로 최상의 솔루션을 찾는다.

61 두 팀원이 사용자 스토리를 구축하는 방법에 대한 의견이 다르다. 어떻게 해야 하는가?

1) 팀 코치는 갈등의 수준을 평가하고 적절하게 개입해야 한다.
2) 스크럼 마스터는 프로젝트 진행에 장애가 되고 있으므로 그 문제를 결정해야 한다.
3) 제품책임자에게 문의한다.
4) 팀원들이 모여 이 문제를 논의하고 집단적 해결책을 내놓아야 한다.

62 당신은 분산된 애자일 팀을 이끌도록 지명되었다. 의사소통을 최대한 원활하게 하기 위한 최선의 선택은 다음 중 무엇인가?

1) 팀원에게 자신의 사진을 공유하도록 요청한다.
2) 모든 프로젝트 의사소통에 공통 언어를 마련한다.
3) 모든 사람들이 서로 만날 수 있는 초기 대면회의를 마련한다.
4) 모든 사람들이 의사소통을 더 잘 할 수 있도록 일반적인 근무 시간을 정한다.

63 당신은 글로벌 프로젝트의 관리자다. 각 국가에 있는 팀원들에게 보상과 인정을 해주고 싶다. 프로젝트 관리자인 당신은 어떻게 해야 하는가?

1) 모든 팀원들을 공평하게 대우한다.
2) 각 국가의 문화와 팀원들의 특성을 고려한다.
3) 특정 인원이 소외감을 느끼지 않도록 은밀하게 행동한다.
4) 프로젝트 관리자가 원하는 보상을 한다.

64 당신은 프로젝트 진행 중 투입된 프로젝트 관

리자다. 프로젝트 거버넌스를 개발하려고 하는데, 고참 사원(시니어 팀 멤버)이 반대를 한다. 이 상황에서 당신은 어떻게 해야 하는가?

1) 책임과 역할을 명확히 한다.
2) 거버넌스 개발에 참여시켜서 결과에 합의한다.
3) 의사소통 관리 계획서를 업데이트한다.
4) 리스크관리 계획서를 업데이트한다.

65 당신은 예측형 프로젝트의 관리자다. 기능부서로부터 자원을 얻어야 하는데 회사 전체의 인력이 부족하여 쉽지가 않은 상황이다. 이러한 상황에서 프로젝트 관리자는 어떻게 해야 하는가?

1) 인사부서에 이메일로 공문을 보낸다.
2) 프로젝트 계획서를 만들 때 기능부서장을 참여시켜서 회의를 한다.
3) 기능부서장에게 관련된 문서를 보낸다.
4) 기능부서장에게 프로젝트만 끝나면 바로 보내준다고 한다.

66 당신은 여러 개의 프로젝트를 동시에 수행 중인 프로그램 관리자다. 각 프로젝트마다 서로 인력이 부족하다고 한다. 프로그램 관리자인 당신은 어떻게 해야 되는가?

1) 한 프로젝트에 자원을 집중시킨다.
2) 실력이 부족하더라도 대체 인력을 찾아본다.
3) 가상 팀 구성을 고려한다.
4) 경영진과 협상을 한다.

67 현재 프로젝트의 일정이 지연되고 있다. 일정이 지연되는 여러 가지 이유 중 하나는 우수한 인력의 성과가 떨어졌기 때문이다. 프로젝트 관리자는 그 인력에 대해 어떠한 조치를 해야 하는가?

1) 업무 배정을 다시 한다.

2) 해당 팀원에게 멘토링이나 교육을 실시한다.
3) 해당 팀원을 면담한다.
4) 그 팀원을 해제 발령한다.

68 프로젝트 관리자는 자동제어 시스템용 응용 프로그램을 만드는 프로젝트에서 중요한 문제에 직면하고 있다. 프로젝트의 최종 산출물은 지금부터 2주 후에 납품되어야 한다. 또한 프로젝트는 의무적인 정부 관련 정책을 준수해야 한다. 그 외에도 프로젝트 관리자는 고객 만족을 위해 성능 향상이 필요한 몇 가지 변경 사항이 있다는 것을 알고 있다. 이 모든 상황에서 수석 테스트 매니저는 프로젝트 관리자에게 장기 휴가를 요청하고 있다. 프로젝트 관리자가 가장 먼저 다루어야 할 가장 중요한 문제는 무엇인가?

1) 성능 향상을 위한 변경을 통합하기 위해 변경 통제 프로세스를 실행한다.
2) 나중에 예상치 못한 결과를 피하기 위해 최종 인도물에 지연이 발생할 수 있다고 고객에게 알린다.
3) 제품이 정부 관련 정책을 준수하는지 확인하고 고객에게 보고한다.
4) 수석 테스터의 대체자를 검토하고 그가 떠나기 전에 지식 전수를 완료했는지 확인한다.

69 업무를 잘하는 팀원 때문에 다른 팀원들이 불만이 많다. 프로젝트 관리자인 당신은 어떻게 해야 하는가?

1) 공평하게 성과급을 지급한다.
2) 2인 1조로 작업을 진행한다.
3) 잘하는 팀원만 성과보상을 실시한다.
4) 개인의 능력에 따라 교육을 진행한다.

70 당신은 특정 지역에 공장을 건설하는 프로젝

트의 관리자다. 이해관계자의 요구사항이 다
양하고 복잡하게 얽혀 있어서 이것을 정확하
게 파악하는 것이 힘들다. 이 상황을 해결하려
면 어떻게 해야 하는가?

1) 이해관계자 참여 관리를 한다.

2) 의사소통 관리 계획을 검토한다.

3) 이해관계자와 이해관계자 요구사항 모두에 대
해서 우선순위와 등급을 부여한다.

4) 이해관계자 식별 프로세스를 수행한다.

71 당신은 마을을 관통하는 고속도로를 건설 중
인 프로젝트의 관리자다. 주민들이 소음 및 환
경오염이 예상된다며 도로를 점거한 상황이다.
이러한 일이 발생하지 않게 하려면 무엇을 잘했
어야 하는가?

1) 의사소통 관리 계획서 작성

2) 이해관계자 식별 및 참여 관리

3) 정성적 리스크 분석

4) 자원 관리

72 프로젝트 초기에 식별되지 않았던 이해관계자
가 범위변경을 요청했다. 이러한 일을 방지하
려면 무엇을 검토해야 했는가?

1) 이해관계자 참여 관리 계획서

2) 이해관계자 관리대장

3) 의사소통 관리 계획서

4) 리스크관리 계획서

73 프로젝트 팀원들이 전부 재택근무로 전환되었
다. 프로젝트 관리자는 무엇을 변경하여야 하
는가?

1) 리스크 관리대장

2) 자원 달력(Resource calendar)

3) WBS

4) 의사소통 관리 계획서

74 좋은 성과를 내던 팀원이 퇴직하고 새로운 개
발자가 왔다. 새로 투입된 개발자의 기술력이
많이 떨어진다. 프로젝트 관리자는 어떻게 해
야 되는가?

1) 기존 인력보다 기술력이 떨어지므로 새로 투입
된 인력을 돌려보낸다.

2) 외주 인력을 새로 선발한다.

3) 면담 후 교육을 보낸다.

4) 기술력 있는 팀원을 선발하기 위해 기능부서장
과 협의한다.

75 일에서 성과를 내던 팀원이 갑자기 퇴사를 한
다고 프로젝트 관리자에게 알려왔다. 프로젝
트 관리자는 어떻게 해야 하는가?

1) 퇴사를 허락하지 않는다

2) 기능부서장과 협의한다.

3) 대체 인력을 선발한다.

4) 리스크 관리대장에 등재한 후 개별 면담을 실
시한다.

76 예측형 프로젝트를 많이 수행했던 회사가 적
응형 프로젝트로 방식을 전환하려고 한다. 이
를 위해 적응형 방식에 경험이 있는 개발자에
게 직원 교육을 맡겼다. 그런데 개발자가 교육
받는 팀원들에게 적응형이 좋다는 것을 강요하
고 있다. 이 개발자는 어떤 유형인가?

※ ❶과 ❷에서 보기를 하나씩 골라 마우스로 끌어 정
답란에 마우스로 가져다 놓는 방식

77 팀에서 회의를 할 때마다 자기 의견을 강하게 주장하는 팀 멤버가 있다. 이 팀원 어떤 유형인가?

※ ❶과 ❷에서 보기를 하나씩 골라 마우스로 끌어 정답란에 마우스로 가져다 놓는 방식

78 프로젝트의 중요한 이해관계자가 옆 본부의 본부장으로 영전되었다. 그래도 여전히 프로젝트의 이해관계자이다. 프로젝트 관리자인 당신은 무엇을 변경해야 하는가?

1) 이해관계자 관리대장
2) 이해관계자 참여 관리 계획서
3) 의사소통 관리 계획서
4) 리스크 관리 계획서

79 프로젝트 팀원이 여러 국가에 분산되어 진행되고 있는 프로젝트가 있다. 현재 이 프로젝트는 팀원들 간의 여러 가지 문제로 인하여 어려움에 처해 있다. 프로젝트 관리자는 팀 구성원 간의 불신을 완화하고 문화적 장벽을 무너뜨리고 의사소통을 개선하기 위해 다음 중 어떤 조치를 취해야 하는가?

1) 팀의 문제를 명확하게 문서화하기 위해 이메일을 통해서만 의사소통하도록 요청한다.
2) 이 문제를 경영진과 논의하고 팀을 함께 배치할 것을 권고한다.
3) 성능을 모니터링하고 다음 회고에서 세부 사항을 논의한다.
4) 한 번에 두 개의 지역과 매일 스탠드업 회의를

개최한다.

80 프로젝트 팀원들이 여러 국가에 분산되어 있어 회의를 할 시간이 맞지 않는다. 프로젝트 관리자인 당신은 어떻게 하는 것이 좋은가?

1) 필요한 때 회의를 한다.
2) 담당자가 스스로 알아서 하게 한다.
3) 소규모 회의를 자주 한다.
4) 불만이 있더라도 프로젝트 관리자가 회의 시간을 지정한다.

81 예측형 프로젝트 경험이 많은 팀원들과 이번에 신규 Scrum 프로젝트를 진행하게 되었다. 팀원들이 해당 프로젝트 착수 및 수행에 어려움을 겪고 있고 팀원들 역할과 책임이 불명한 것이 가장 큰 이슈라면 프로젝트 관리자는 무엇을 하여야 하는가?

1) 애자일 헌장(agile charter)를 검토하여 팀의 불명확한 역할과 책임을 확인한다.
2) 팀 헌장을 검토하여 역할과 책임을 확인한다.
3) 프로젝트 스폰서와 관련 이슈사항을 논의한다.
4) 팀원들과 자주 회의를 실시하여 R&R을 협의한다.

82 당신은 애자일로 진행하는 프로젝트의 관리자이다. 새로 합류한 개발자의 능력이 날이 갈수록 좋아지고 있다. 그런데 현재 이 개발자에게 불만이 많다는 사실을 알게 되었다. 프로젝트 관리자인 당신은 이 팀원에 대해서 어떻게 보상해 주어야 하는가?

1) 승진시켜 관리자 업무를 맡긴다.
2) 연간 성과 보상에 적용한다.
3) 장기간 진행하는 교육에 보낸다.
4) 회고 때 격려한다.

83 능력 있는 프로젝트 팀원 한 명이 퇴사하고 새로운 개발자가 합류했다. 새로 들어온 개발자는 프로젝트에 대한 이해도가 낮고 적응을 어려워하는 중이다. 프로젝트 관리자인 당신은 어떻게 해야 하는가?

1) 팀원을 멘토링한다.
2) 진행 프로젝트 설명을 위해 회의를 잡으라고 시킨다.
3) 팀원을 격려한다.
4) 업무를 재분배한다.

84 인도물을 성공적으로 인도하기 위해서 고급 기술자 3명이 필요한 상황이지만 현재 프로젝트 팀에는 고급 기술자가 1명만 배정되어 있다. 이때, 프로젝트 관리자가 취할 수 있는 조치는 무엇인가? (3가지 선택)

1) 팀 전체 교육
2) 멘토링 / 코칭
3) 고급 기술자 여러 명 추가
4) 팀원들과 반복 동안 구현할 수 있는 우선순위 선정 및 일정변경 예측
5) 외부 전문 업체를 활용

85 직급은 낮지만 일을 아주 잘하는 팀원이 있다. 이번에 프로젝트 관리자로 승진을 시키고 싶은데 이해관계자들에게 어떻게 전달하면 좋은가?

1) 회의록에 적어 둔 내용을 정리해서 보낸다.
2) 프로젝트 결과 중 해당 팀원이 참여한 내용을 취합해서 보낸다.
3) PMO에서 관리하는 템플릿을 참조하여 추천서를 작성해서 보낸다.
4) 연말에 해당 팀원의 실적을 보고한다.

86 애자일 프로젝트에서 팀에 들어오고 싶어하는

직원이 있다. 프로젝트 관리자는 어떻게 해야 하는가?

1) 들어오도록 허용한다.
2) 들어오지 못하게 한다.
3) 프로젝트 관리자가 상황에 맞게 판단한다.
4) 팀 멤버는 자원최적화를 바탕으로 이루어졌다고 설명한다.

87 업무성과가 좋은 프로젝트 팀원에게 그동안 공개적으로 칭찬하는 것을 피해왔다. 이로 인해 팀원이 이직을 할까 걱정된다. 프로젝트 관리자는 어떻게 해야 하는가?

1) 팀원을 승진시킨다.
2) 공개적으로 포상을 한다.
3) 개인적인 보상을 해준다.
4) 연말 성과평가를 좋게 해 준다.

88 애자일로 프로젝트를 진행하고 있다. 프로젝트에는 현재 거버넌스가 없는 상황이다. 프로젝트 관리자는 어떻게 해야 하는가?

1) 이해관계자에게 비공식적인 거버넌스가 없는지 문의한다.
2) 기존에 있는 거버넌스 중 우리 상황에 맞는 걸 고른다.
3) 자율 구성 팀에서 논의하여 만든다.
4) PMO에게 거버넌스를 지정해 달라고 한다.

89 프로젝트 수행 중에 한 팀원의 인도물이 산출되지 않고 일정이 지연되고 있어 확인해 보았더니, 그 팀원에게 청각 장애가 있었다. 프로젝트 관리자는 어떻게 해야 하는가?

1) 팀 내에서 문제에 대해 토의를 하고 접근할 수 있는 방안을 구상한다.
2) 팀원을 HR 전문의에게 보내 상담치료를 받게 한다.

3) 따로 일정을 만들어 해당 팀원과 문제에 대해 이야기하고 공감대를 형성한다.

4) 프로젝트 관리자가 별도로 배려를 해준다.

90 프로젝트 수행 중에 한 팀원의 인도물이 산출되지 않고 일정이 지연되고 있어서 확인해 보았더니 그 팀원에게 청각 장애가 있었다. 프로젝트 관리자는 어떻게 해야 하는가?

1) 네트워킹

2) 갈등 관리

3) 감성 지능

4) 영향력 행사

91 프로젝트 팀에서 반복주기를 사용하여 소프트웨어 개발을 진행 중인 상황에 다른 프로젝트 팀의 관리자가 우리 팀의 팀원에게 지속적으로 업무를 지시하고 있다. 프로젝트 관리자인 당신은 어떻게 하는 것이 좋은가?

1) 우리 팀원에게 지시를 거절하라고 한다.

2) 다른 프로젝트의 관리자와 만나 이야기를 한다.

3) 스폰서에게 이야기한다.

4) 다른 프로젝트의 관리자에게 RAM(Responsibility Assignment Matrix)을 확인시켜 준다.

92 모든 이해관계자가 모이는 공동 회의가 진행되는 중이다. 팀원 중 한 명이 중요한 이유가 있어 배정된 업무를 하지 못한다고 말했다. 프로젝트 관리자는 어떻게 해야 하는가?

1) 팀원에게 변경요청서를 작성하게 한다.

2) 스폰서에게 에스컬레이션한다.

3) 원인 파악을 위해 팀원과 따로 협의한다.

4) 의사소통 관리 계획서를 참고하고 업데이트한다.

93 프로젝트에 배정된 신규 팀원이 프로젝트의 내용을 잘 몰라서 혼란스럽다고 한다. 프로젝트 관리자는 어떻게 해야 하는가?

1) 새 팀원을 교육 과정에 등록시킨다.

2) RACI를 검토하게 한다.

3) 새 팀원에게 프로젝트 헌장을 검토하게 한다.

4) 자원 관리 계획서 검토 후에 멘토링을 한다.

94 신규 팀원이 프로젝트에 배정이 되었다. 신규 팀원이 프로젝트의 내용을 잘 이해하지 못해 성과가 떨어지고 있다. 프로젝트 관리자는 어떻게 해야 하는가? (2가지를 고르시오)

1) 해당 인력에게 필요한 것이 무엇인지 파악하고 코칭한다.

2) 필수 교육을 전부 받게 한다.

3) 기술문서를 전달하고 쉬운 일부터 시킨다.

4) 기능부서장에게 다른 인원을 요청한다.

5) 외부 전문 인력을 고용한다.

95 프로젝트 관리자는 팀원들이 문서화 작업을 하느라 정작 업무는 제대로 하지 못하고 있음을 알게 되었다. 이를 해결하기 위해 어떻게 해야 하는가?

1) 프로젝트가 끝날 때까지 모든 문서활동을 보류한다.

2) 문서화 업무를 팀원에게 할당한다.

3) 문서화 작업이 가능한 추가 인원을 선발한다.

4) 문서화 작업을 개선한다.

96 프로젝트가 글로벌 가상 팀으로 운영되고 있는데, 의사소통에 문제가 있다. 프로젝트 관리자는 무엇을 먼저 해야 하는가?

1) 동일 장소(co-location)에서 일하게 한다.

2) 의사소통 계획서를 검토하고 해당 방법에 적합한 의사소통 방법을 선택한다.

3) 의사소통의 근본 원인이 무엇인지 확인해본다.

4) 이슈 관리대장에 관련 이슈를 등록한다.

97 왼쪽에 있는 단계의 특성을 오른쪽에 있는 터크만의 사다리 단계로 끌어서 놓으시오.

특성		단계
팀원들이 논쟁하며, 공개적으로 협력하지 않는다.		Ajourning
팀원들이 다른 프로젝트에 재할당된다.		Forming
팀원들은 독립적이며, 사일로(Silo)에서 작업한다.		Storming
팀원들은 신뢰감을 가지고 그들의 업무 습관을 맞추어 간다.		Norming
팀원들은 독립적이고,효과적으로 일한다.		Performing

98 프로젝트 진행 중 중요한 변경사항이 발생했다. 변경사항과 관련하여 사전에 회의하고자 하는데, 중요한 이해관계자가 회의에 올 수 없다고 한다. 프로젝트 관리자는 어떻게 해야 하는가?

1) 프로젝트 스폰서에게 보고 후 해결을 요청한다.

2) 이해관계자와 미리 만나서 의견을 묻는다.

3) 변경통제위원회(CCB) 회의 진행 후 이해관계자에게 통보한다.

4) 이해관계자에게 다음부터는 참석하라고 통보한다.

99 프로젝트 팀원이 회사 정책에 따라 재택 근무를 신청했다. 프로젝트 관리자는 이러한 변경 상황을 어떻게 처리해야 하는가?

1) 의사소통 관리 계획서에 등록하고 의사소통 스타일을 업데이트한다.

2) 자원 달력(resource calendar)을 업데이트한다.

3) RACI 차트를 업데이트한다.

4) 팀 헌장(team charter)을 업데이트한다.

정답과 해설

중요한 문서와 용어 정답

1 (1) 6 (2) 10 (3) 7 (4) 4 (5) 8 (6) 1 (7) 5 (8) 9 (9) 3 (10) 2

2 (1) 3 (2) 5 (3) 1 (4) 4 (5) 2

3 (1) 2 (2) 6 (3) 1 (4) 3 (5) 4 (6) 5

실전문제 정답

번호	1	2	3	4	5	6	7	8	9	10	11	12	13	14	15	16	17	18	19	20
정답	3)	3)	3)	1)	4)	3)	4)	1)	3)	4)	2)	1)	3)	2)	2)	3)	3)	3)	2)	2)

번호	21	22	23	24	25	26	27	28	29	30	31	32	33	34	35	36	37	38	39	40
정답	4)	3)	2)	1)	3)	1)	2)	1)	3)	2)	3)	1)	3)	2)	2)	3)	2)	4)	1)

번호	41	42	43	44	45	46	47	48	49	50	51	52	53	54	55	56	57	58	59	60
정답	2)	1)	3)	3)	3)	4)	1)	3)	1)	1)	3)	3)	2)	3)	3)	4)	4)	3)	2)	3)

번호	61	62	63	64	65	66	67	68	69	70	71	72	73	74	75	76	77	78	79	80
정답	4)	3)	2)	2)	3)	3)	3)	4)	4)	3)	2)	2)	4)	3)	4)	외향적 판단형	외향적 판단형	1)	2)	3)

번호	81	82	83	84	85	86	87	88	89	90	91	92	93	94	95	96	97	98	99	
정답	4)	4)	1)	1), 2), 5)	3)	3)	2)	3)	3)	3)	3)	3)	1), 3)	4)	3)	4)	해설 참조	2)	1)	

실전문제 해설

기본 문제 해설

01 대면 협업은 말 그대로 서로 얼굴을 보고 의사소통을 하며 협업하는 것을 말한다. 이렇게 하면 의사소통 지연이나 오해를 방지할 수 있다. 다른 보기들은 대면 협업하고는 상관이 없는 내용이다.

정답 3)

02 자율 구성 팀이라고 해서 자신의 일을 하지는 않는다. 프로젝트 팀의 일을 한다. 따라서 보기 1)은 정답이 될 수 없다. 보기 2)는 장점이라고 하기에는 너무 사소한 일이다. 보기 4)는

틀린 말은 아니지만 다른 프로젝트도 프로젝트 기반의 결정을 하기 때문에 정답이라고 보기 어렵다. 보기 3)이 자율 구성 팀만의 장점을 더 확실하게 표현하고 있으므로 정답은 보기 3)이다. 자율 구성 팀은 프로젝트 관련 의사결정시 관리자의 지시 없이 팀 자체 결정을 하기에 소속감 및 책임감이 높으며 일을 더 적극적으로 한다.

정답 3)

03 프로젝트 이해관계자는 착수시에 집중 식별해야 하며, 이후에는 지속적으로 식별하고 그들의 관심사항을 분석해야 한다. 또한, 프로젝트를 성공적으로 마무리하기 위해서는 프로젝트 진행 도중 중요한 이해관계자가 가지는 불만사항을 프로젝트 이슈 기록부에 등재하여 관리해야 한다. 그 밖에 중요한 사항으로는 프로젝트 이해관계자들을 프로젝트에 미

치는 영향력에 따라 유형을 나누어서 관리해야 한다는 점이다. 보기 3)은 잘못된 설명이다. 프로젝트 이해관계자는 프로젝트의 중요한 의사결정에 반드시 참여시켜야 한다. 이들을 배제하고서 프로젝트의 중요한 의사결정을 진행하면 정상적인 프로젝트 종료가 불가능하고, 프로젝트 팀과 이해관계자 간의 의견차이(gap)를 줄이기 좀처럼 어려울 수 있다.

정답 3)

04 애자일 팀이 진행 상황을 다른 프로젝트 이해관계자와 공유하기 위해 가장 널리 사용하는 도구는 '정보상황판'이다. '스크럼 스크럼'은 복잡한 솔루션을 제공하기 위해 2개의 애자일 팀이 함께 프로젝트를 진행하는 방법을 제공하는 확장된 애자일 기술이다. '일일 스탠드업 회의'는 팀 내에서 진행사항을 공유하는 짧은 시간 상자(time box) 회의이다. '회고'는 주로 팀의 개선을 위한 것이며 진행 상황을 공유하는 것을 목적으로 하지 않고 팀의 프로세스를 개선하는 데 중점을 둔다. 따라서 정답은 보기 1)이다.

정답 1)

05 프로젝트 관리자는 한정된 시간을 가지고 있기 때문에 가능하면 효과적으로 이해관계자들을 관리해야 한다. 그러기 위해서는 이해관계자들의 유형을 분류해야 하는데, 일반적으로 관심도(interest), 영향도(influence), 참여도(involvement)로 분류한다. 개인적 친밀도도 중요할 수 있으나, 모든 프로젝트에 개인적 친밀도를 가진 사람이 있을 수 없기에 일반적인 분류시 활용하지 않는다.

정답 4)

06 보기 1), 2), 4)는 리더십의 특징이다. 리더십의 특징에 해당하지 않는 것은 정해진 바를 올바르게 수행한다는 보기 3)이다. 정해진 바를 올바르게 수행하는 것은 관리(management)의 특징이다. 리더십은 올바른 방향을 찾아가는 것이다.

정답 3)

알고 가자! TIP

관리와 리더십의 차이

Management	Leadership
팀을 지휘	팀의 일부
방향을 제시	질문을 던짐
작업 중심	사람 중심
바르게 일을 함	일의 바른 방향을 찾음
현상 유지	리스크 감수
변화에 대응	변화를 만듦
규칙을 따름	규칙을 개정

07 일반적으로 이해관계자를 식별한다는 것은 관심사항, 참여형태, 상호관계, 영향력에 관한 정보를 파악한다는 것이다. 물론, 근무 연수가 영향력에 포함될 수도 있으나 일반적으로는 포함시키지 않는다.

정답 4)

알고 가자! TIP

이해관계자 식별에 필요한 정보

이해관계자 식별시 파악해야 하는 정보를 구체적으로 알아보면 다음과 같다.

■ **관심사항**: 이해관계자 본인에게 긍정적인 영향을 높이고, 부정적인 영향을 최소화하는 관심사항을 파악해야 한다.

■ **참여 형태**: 프로젝트 진행 도중 언제 어떻게 참여하고 어떤 역할을 수행하는지 파악해야 한다.

■ **상호관계**: 이해관계자 간 업무의 상호관계를 파악해야 한다. 상호관계는 업무의 전후관계일 수도 있고, 정치적 관점에서 상충관계이거나 동일한 목표를 가지는 관계일 수도 있다.

■ **영향력**: 이해관계자가 프로젝트 성공과 실패에 미치는 영향력을 분석해야 한다.

08 이해관계자 관리대장(stakeholder register)은 프로젝트 헌장을 입력물로 받아서 이해관계자 분석을 통해 만들어진다. 일반적으로 이해관계자 관리대장(stakeholder register)에 포함되는 정보의 유형은 식별 정보(identification information), 평가 정보(assessment information), 이해관계자 분류(stakeholder classification)이다. 관계 정보(relationship information)라는 용어는 없다. 또한 이해관계자들 간의 상호관계는 파악할 수 있으나 이를 공식적으로 이해관계자 관리대장에 기록하지는 않는다고 기억하면 좋겠다.

정답 1)

09 프로젝트 이해관계자들의 이해관계는 때때로 상충되기도 한다. 즉, 프로젝트의 결과가 특정 이해관계자에게는 긍정적으로, 또 다른 이해관계자에게는 부정적으로 영향을 미칠 수 있다는 뜻이다. 물론, 모든 이해관계자가 프로젝트 성공이라는 동일한 목표와 방향을 가지는 것이 가장 좋은 상태이겠으나 실제로는 프로젝트의 성공에 대해서 생각이 다른 경우가 있다. 이해관계자들 모두가 항상 같은 목표를 가지고 있지 않으며 마찬가지로 항상 다른 목표를 가지고 있지도 않다. 따라서 보기 1)과 2)는 모두 틀린 문장이다. 일반적으로 프로젝트의 이해관계자들은 프로젝트의 목표에 대해 다양한 관점을 가지고 있기 때문에 프로젝트 관리자는 이들을 프로젝트에 적극적으로 참여시켜 합의된 의사결정을 하도록 하는 것이 프로젝트 성공의 중요한 요소 중 하나이다.

정답 3)

10 이해관계자를 프로젝트의 중요한 의사결정에 참여시키는 이유는 이해관계자의 관심사항을 충족시키고, 프로젝트 목표에 대한 공감대를 형성하기 위해서다. 보기 1), 2), 3)은 프로젝트에 중대한 영향을 미치는 결정이므로 의사결정시 이해관계자를 참여시켜 프로젝트 목표에 대한 공감대를 형성할 수 있도록 해야 한다. 그러나 보기 4) 프로젝트 인력의 투입시기 결정은 예측형 프로젝트에서는 프로젝트 관리자의 고유권한으로 굳이 이해관계자의 의사결정을 받을 필요가 없으며, 적응형 프로젝트에서는 자율 구성 팀이기 때문에 팀원들의 협의에 의해서 결정된다.

정답 4)

11 이해관계자는 프로젝트의 인도물에 영향을 받는 사람 또는 조직이기에 프로젝트 관리자가 이해관계자의 프로젝트 참여여부를 이야기할 수 없다. 최선의 방법은 프로젝트 초기부터 좋은 관계를 유지하며, 중요한 의사결정에 참여시키는 것이다. 《PMBOK 지침서》에서는 이해관계자의 참여가 프로젝트의 성공에서 아주 중요하기 때문에 이들을 체계적으로 관리할 필요가 있다고 언급하고 있다.

정답 2)

12 문제의 요점은 워크숍에서 해결할 때까지 불필요한 논쟁을 하지 않도록 했다는 것이다. 이것은 철회, 회피(withdraw/avoid)에 해당한다. 철회, 회피(withdraw/avoid)는 실제적 또는 잠재적 갈등 상황으로부터 물러서는 것으로 더 잘 준비되거나 다른 사람에 의해 해결되기를 기대하며 이슈를 연기하는 것을 의미한다. 따라서 정답은 보기 1)이다.

정답 1)

알고 가자! TIP

갈등 관리 기법 6가지

《PMBOK 지침서》에서 제시하는 갈등 해결 기법은 6가지가 있다. PMP 시험에서 자주 출제되는 영역이므로 반드시 세부 내용을 이해해야 한다.

갈등 관리 기법	세부 내용
직면/문제 해결 (Confronting/ Problem solving)	갈등을 해결해야 할 문제로 취급한다. 당사자 간의 관계가 중요하거나, 각 당사자가 상대방의 문제 해결 능력에 대해 확신을 가질 때 사용된다.
협업 (Collaborating)	갈등에 대한 여러 관점을 통합하는 일이 포함된다. 다양한 관점에 대해 알아보고 여러 관점으로 사물을 보는 것을 목표로 한다. 이는 당사자 간에 신뢰가 있으며 합의에 이를 시간이 있는 경우에 효과적이다.
타협 (Compromising)	모든 당사자를 완전히 만족시킬 수 없는 갈등이 있을 수 있다. 이러한 경우에 사용하는 방법으로 서로 주고받으려는 의지가 필요하다.

	이를 통해 모든 당사자가 원하는 것을 얻고 갈등이 심화되는 것을 피할 수 있다. 이 방식은 관련 당사자가 동일한 권한을 가지고 있을 때 자주 사용된다.
수습/수용 (Smoothing/ Accommodating)	의견 불일치보다 중요한 목표에 도달하는 것이 더 중요할 때 유용하다. 이러한 접근 방식은 관계 속에서 조화를 유지하고, 당사자 간에 호의를 형성할 수 있다. 개인의 상대적 권한 또는 권력에 차이가 있을 때에도 사용된다.
강요/지시 (Force/Direct)	시간이 충분하지 않을 때 사용된다. 한 당사자가 다른 당사자보다 더 큰 권력을 가지고 있을 때 사용하며, 즉시 해결해야 할 보건 및 안전 갈등이 있는 경우에 주로 사용한다.
철회/회피 (Withdrawal/ Avoiding)	상황에 따라 문제가 저절로 해결되는 경우가 있고, 때로는 토론이 가열되어 사람들에게 냉각기가 필요한 경우가 있다. 이러한 경우에 사용하거나 또는 요구사항에 이의를 제기하지 않고 규제 기관이 부과한 요구사항을 준수해야 하는 경우와 같이 승자가 없는 시나리오에서도 사용된다.

13 보기 1) 프로젝트 팀 배정표(project team assignments)는 팀원을 확보한 후 팀원들의 역할과 담당 업무를 기록한 문서다. 보기 2) 자원분류체계(RBS)는 팀 자원과 물적자원을 범주와 자원 유형에 따라 분류한 계층구조 목록이다. 이것은 프로젝트의 인적자원 배정을 확인하고 분석할 때 사용된다. 보기 4) 자원 달력은 특정 인적자원을 투입할 수 있는 근무일, 근무 교대시간, 정상 근무시간 등이 표기된 것이다. 또한 프로젝트 기간 중 식별된 팀 자원과 물적자원을 사용할 수 있는 시기와 기간이 명시된다. 보기 3) 자원 관리 계획서는 프로젝트 자원을 분류, 할당, 관리 및 복귀시키는 방법에 대한 지침을 제공하는 문서다. 이 계획서에는 자원 식별, 자원 확보, 역할 및 담

당 업무, 프로젝트 조직도, 교육 전략, 팀 빌딩(team building) 방법, 자원계획, 인정 계획(recognition plan) 등의 내용이 포함된다. 따라서 정답은 자원 관리 계획서이다. 자원 관리 계획서에 포함되는 내용은 시험에 자주 출제된다. 다음의 〈알고 가자! TIP〉을 참조하기 바란다.

정답 3)

알고 가자! TIP

자원 관리 계획서 포함 내용
- 자원 식별
- 자원 확보
- 역할 및 담당 업무
- 프로젝트 조직도
- 프로젝트팀 자원 관리
- 교육
- 팀 빌딩(Team building)
- 자원통제
- 인정 계획(Recognition plan)

14 팀 빌딩(team building)은 팀의 사교 관계를 개선하고 협업적이고, 협력적인 작업 환경을 구성하는 활동이다. 현장 밖에서 전문 이벤트를 진행하는 등 다양하게 수행할 수 있으며, 이러한 비공식적 의사소통 및 활동은 신뢰를 구축하고 바람직한 작업 관계를 확립하는 데 도움이 된다. 또한 원격지에서 떨어져 일을 할 때 더욱 효과를 발휘한다. 갈등 관리는 프로젝트 팀원들 개인 간의 견해 차이에 의해서 발생되는 문제를 관리하는 것이다. 따라서 정답은 2)이다.

정답 2)

15 책임 배정 매트릭스(RAM, Responsibility Assignment Matrix)는 작업패키지 또는 프로젝트를 완료하기 위한 활동과 프로젝트 팀원 사이의 연결을 보여주는 데 사용된다. 그러나 이해 관계자들의 보상 수준이 명시되지는 않는다. 프로젝트 팀원들의 보상 수준이 명시된 문서는 자원 관리 계획서(resource management plan)이다.

정답 2)

16 RACI 차트는 작업패키지 별로 책임과 역할을 배정할 때 사용되는 책임 배정 매트릭스(RAM, Responsibility Assignment Matrix)의 한 종류다.

정답 3)

17 터크먼의 팀 구축 5단계에서 프로젝트 수행방식, 기술적 이슈를 토의하는 단계는 스토밍(storming)이다. 이 단계에서 팀원들이 서로의 역할을 명확히 인식하고 협력하지 않으면 팀워크 붕괴라는 최악의 결과를 초래할 수도 있다.

정답 3)

18 '형성'은 역할과 담당 업무를 파악하는 단계로서, 표준업무 양식을 결정하지 않는다. '스토밍'은 프로젝트 작업, 기술사항을 결정하고 프로젝트관리 방식을 결정하는 단계이다. 이 시기에 팀원들이 자신과 다른 사고와 관점에 협력적, 개방적이지 않으면 파괴적인 환경이 조성될 수도 있다. 문제에서 사용할 표준 업무 양식을 결정했으므로 정답은 보기 3) 스토밍이다.

정답 3)

19 이 문제는 사전배정(pre-assignment)을 하는 방법을 묻고 있다. 우리나라에서는 일반적으로 사전배정을 싫어하는 편이다. 고객의 강요 때문에 다른 프로젝트에서도 활용할 수 있는 희소자원을 회사의 사정에 대한 고려 없이 배정해야 하기 때문이다. 그러나 《PMBOK 지침서》에서는 프로젝트의 성공만을 생각하므로 사전배정도 나쁘게 보지 않는다. 보기 1)은 우리나라 같은 환경에서는 있을 수 있는 일이지만 미국에서는 인사 팀이 이러한 작업에 참여하지 않는다. HR 매니저는 채용만 담당한다고 생각하는 것이 좋다. 따라서 보기 1)은 정답이 아니다. 보기 3)은 문제의 의도와 맞지 않으므로 정답이 아니다(고객도 원하고, 프로젝트 관리자도 원하는 상황에 맞지 않는다). 보기 4)는 프로젝트 초기이기에 변경요청서 작성은 정답이 될 수 없다. 변경요청서는 반드시 기준선(baseline)이 있어야 작성할 수 있는 문서고, 기준선을 변경하기 위한 것이 변경요청서이기 때문이다. 문제의 의도에 맞는 정답은 보기 2)이다. 프로젝트가 경쟁 입찰의 일환으로 특정인의 배정을 약속했거나 프로젝트가 특정인의 전문성에 의존하는 경우에 사전배정이 발생할 수 있다. 사전배정은 프로젝트 헌장에 기술하여 확보할 수 있다.

정답 2)

20 아주 중요하고 어려운 문제다. 팀원 보상을 위한 최초 계획은 자원 관리 계획서에 기술된다. 따라서 보기 1)은 맞는 설명이다. 또한 프로젝트가 완료되기까지 기다리기보다는 생애주기 전반에 거쳐 성과를 인정해 주는 것이 바람직한 전략이기 때문에 보기 3)도 맞는 설명이다. 간단하게 생각해보면 보기 4)가 틀린 문장이라고 생각하기가 쉽다. 공정하게 평가하는 것이 맞는 방법이라고 생각하기 때문이다. 물론, 공정성도 중요하지만 인정과 보상을 실시하는 이유는 팀원의 단합을 높이기 위해서이다. 때문에 대상자를 결정할 때 문화적 차이도 고려해야 한다. 보기 2)가 틀린 문장이다. 상여금도 훌륭한 보상이 될 수 있지만, 무형의 보상이 상여금과 동일하거나 좀 더 큰 효과를 발휘할 수 있다. 《PMBOK 지침서》에서는 팀원들이 개인의 성장, 성취, 인정, 자신의 전문 기량 발휘를 통해 새로운 도전을 접하는 기회를 갖게 될 때 상여금보다 더욱 큰 동기 부여를 얻는다고 설명한다.

정답 2)

21 가상 팀(virtual team)은 지리적으로 넓게 분포된 인력이나 장애를 가진 인력까지도 공통의 목표로 묶어서 자신의 역할을 하도록 구성할 수 있는 등 장점이 많다. 또한 여러 가지 기술

을 활용하여 지리적으로 떨어진 팀원 간에도 근접성을 확보하여 이슈를 논의할 수 있어 팀 개발 측면에서도 장점이 있는 방법이다. 가상 팀은 이메일, 화상회의, 메신저와 같은 IT 기술의 발달로 실현될 수 있으며 재택근무도 가능하게 하고 출장 경비 때문에 외면했던 프로젝트도 할 수 있게 하는 장점이 있다. 그러나, 아무래도 팀원이 한 장소에서 근무하는 것보다는 의사소통 측면에서 불리하다. 문제에서 보면 보기 4)가 잘못된 설명으로 가상 팀은 기업 외부의 인력만으로 구성되지는 않는다.

정답 4)

22 의외로 정답을 보기 1)로 생각하는 분들이 많은데 정답은 보기 3)이다. 팀 헌장은 팀 가치, 협약 및 팀의 운영 지침을 규정하는 문서로서, 프로젝트 팀원들에게 허용되는 행동을 명확히 규정하고 있다. 초기부터 명확한 지침을 정하면 오해를 줄이고 생산성을 높일 수 있기 때문에 제정하는 것으로 주로, 행동강령, 의사소통, 의사결정 또는 회의 예절 등의 주제를 기술하고 있다. 팀 헌장은 사람 영역에서 중요한 개념이므로 잘 기억해두자.

정답 3)

알고 가자! TIP

팀 헌장에 기술되는 내용
- 팀 가치
- 의사소통 지침
- 의사결정 기준 및 프로세스
- 갈등 해결 프로세스
- 회의 지침
- 팀 협약

---

23 문제에서 잘 보아야 하는 것은 프로젝트 관리자가 해야 하는 일을 묻고 있는 것이 아니고, 팀원들이 해야 할 일을 묻고 있다는 것이다. 갈등은 갈등을 일으키는 당사자가 해결하는 것이 가장 먼저고, 당사자들이 해결이 안될 때는 프로젝트 관리자가 팀의 이슈로 해결하는 것이 좋다. 따라서 정답은 2)다.

정답 2)

24 CPI와 SPI가 1을 넘고 있다는 것은 프로젝트 진행상 원가와 일정에는 문제가 없다는 것을 의미한다. 따라서 보기 2)와 3)은 정답이 될 수 없다. 또한 고객이 불만 없이 산출물을 받아들였다는 문구를 보아 보기 4)도 답이 아니다. 현재 프로젝트의 문제는 프로젝트에서 가장 성과가 좋은 팀원이 불만이 있다는 것이므로 프로젝트 팀원에 대한 보상 시스템을 검토하는 것이 정답이다.

정답 1)

25 팀 헌장(team charter)은 프로젝트 팀원들에게 허용되는 행동을 명확히 규정한 문서다. 초기부터 명확한 지침을 정하면 오해를 줄이고 생산성을 높일 수 있다. 팀 헌장이 수립된 이후에, 팀 헌장에 명시된 규칙을 준수할 책임은 모든 프로젝트 팀원이 공동으로 진다.

정답 2)

26 굉장히 헷갈리는 문제다. 갈등으로 볼 것인가? 이슈로 볼 것인가? 리스크로 볼 것인가? 를 판단하는 문제다. 먼저 보기 3)은 프로젝트 관리자의 능동적인 태도가 아니므로 정답에서 제외한다. 그 다음으로 '다툼이 발생했다'라고 했으므로 이미 발생한 사건이다. 따라서 리스크는 아니다. 리스크는 아직 발생하지 않아야 하는 불확실한 사건이기 때문이다. 그럼 부정적 리스크가 발생한 이슈로 볼 것인가? 가능성이 있기 때문에 정답 후보다. 여기서 주목해야 할 것은 보기 1)이다. 이 문제는 갈등인가? 갈등은 자원 희소성, 일정 우선순위, 개개인의 작업 방식, 견해차 등에서 발생할 수 있다. 문제의 내용은 팀원 간 갈등이 확실해 보인다. 따라서 이슈보다는 갈등으로 보는 것이 타당하다. 그러므로 정답은 보기 1)이다.

정답 1)

27 보기 3)과 4)는 좀 과한 처벌이기에 정답이 아니다. 보기 1)은 많은 사람들 앞에서 직접적인 질책을 하는 것이므로 정답이 아니다. 질책은 개별적으로 하는 것이 좋다.

정답 2)

28 예측형 프로젝트는 시작시 기간과 예산을 예측(확정)하고 프

로젝트를 진행하기 때문에 프로젝트 진행 중 발생되는 변경을 엄격히 통제하려고 한다. 또한 요구사항과 사양을 가능하면 상세하게 작성하여 변경이 발생하지 않기를 원한다. 보기 2)가 이것에 대한 설명이기 때문에 이 문제의 정답이 될 수 없다. 보기 3)은 애자일 프로젝트에서는 월별 검토가 없기 때문에 정답이 될 수 없다. 애자일 프로젝트는 반복이 종료될 때마다 반복 검토와 회고를 진행하기에 월별 검토라는 개념 차체가 없다. 보기 4)에서 일일 반복 계획이라는 것은 프로젝트 관리에서 없는 용어이므로 정답이 될 수 없다. 보기 1)이 애자일 프로젝트에서의 의사소통에 대한 설명으로 맞는 설명이다.

정답 1)

29 약간 어려운 문제이다. 오답을 배제하는 방법을 사용해 보자. 보기 4)는 전통적인 프로젝트의 관리자가 하는 일이다. 애자일 프로젝트는 정보상황판을 통해 성과를 공유하며 리더가 성과를 관리하지 않는다. 그러므로 정답이 아니다. 보기 1) 갈등관리는 예측형 프로젝트 관리자에게는 중점을 두어야 하는 업무이지만 적응형 프로젝트의 관리자에게 팀원 관리는 중점 업무가 아니다. 보기 2)는 애자일 리더의 중요한 업무 중 하나이기는 하지만 이것은 팀원들의 사기가 저하되거나 팀의 성과가 저하되었을 때 취하는 행동이기에 최우선 과제로 보기는 어렵다. 프로젝트는 성공하는 것이 목적이므로 정답은 보기 3)이다. 참고로 보기 2)의 영양소는 도구, 보상, 격려를 의미한다.

정답 3)

30 비교적 쉬운 문제이다. 보기 2)만 틀린 문장이고 나머지는 전부 맞는 설명이다. 애자일 팀은 피드백 루프를 사용하여 개별 팀 구성원의 성과를 파악할 수도 있으나 팀에서 집중해야 할 일은 아니다. 애자일 프로젝트에서는 팀원들의 개별적인 성과보다는 팀 차원의 성과 평가를 더 중요하게 생각한다.

정답 2)

31 리더십(leadership)과 관리(management)를 비교해 보면 리더십은 '올바른 일을 찾아서 행동하는 것'이고, 관리는 '이미 정해진 일을 올바르게 하는 것'이다. 리더십과 관리는 어느 것

이 더 '좋다' '나쁘다'의 개념이 아니라 둘 다 필요한데 다른 관점이란 것을 기억해야 한다. 프로젝트에서는 다양한 관리 기법이 필요하다. 그 위에 리더십을 쌓으면 프로젝트 성공에 많은 기여를 할 것이다. 따라서 프로젝트 리더는 성공을 거두기 위해 리더십과 관리를 모두 적용해야 한다. 관리와 리더십의 조합을 통해 팀 생산성을 가장 잘 높일 수 있다.

정답 3)

32 애자일 접근 방식에서 프로젝트 팀은 팀원들이 자율적으로 구성한 팀이며, 업무 분장도 팀원들 간의 협의에 의해서 이루어지고, 작업도 팀원들에 의해서 실제로 수행되기 때문에 팀원들이 작업의 실행에 있어서 최상의 통찰력을 가지고 있다고 간주한다. 애자일 프로젝트의 특성이므로 잘 이해해야 한다.

정답 2)

33 섬김형 리더의 4가지 중요한 역할은 ① 팀을 방해로부터 보호하고, ② 진행 방해 요소를 제거하고, ③ 프로젝트 비전을 전달하고, ④ 영양소를 제공하는 것이다. 섬김형 리더들은 갈등을 해결하는 데 앞장서면 안 되고 먼저 팀이 스스로 문제를 해결하도록 돕는 역할을 수행한다. 따라서 보기 2)는 정답이 아니다. 반복에 포함할 스토리 결정은 제품책임자가 하기 때문에 보기 3)도 정답이 될 수 없다. 애자일 접근법에서는 팀에서 협의하여 작업 할당을 하기에 보기 4)도 정답이 될 수 없다. 정답은 보기 1)이다.

정답 1)

34 학습 확대(amplify learning)는 의사소통을 조기에 자주 촉진하고 가능한 빨리 피드백을 받아서 학습한 내용을 토대로 프로세스 등을 조정하는 것을 의미한다. 따라서 정답은 보기 3)이다.

정답 3)

35 애자일 원칙의 열한 번째를 보면 '최고의 아키텍처, 요구사항 및 디자인은 자율구성 팀에서 나온다'고 되어 있으며, 애자일 접근 방식은 기본적으로 자율구성 팀으로 구성된다. 즉, 팀 자체에서 모든 작업을 수행할 수 있다고 간주한다. 애

자일 프로젝트는 프로젝트 관리자나 스크럼 마스터나 코치에게서 작업을 할당 받는 방식이 아니라 팀 전체가 협의해서 작업을 분배하는 방식을 따른다. 따라서 정답은 보기 2)다.

정답 2)

36 스크럼 마스터는 스크럼 프로세스를 유지하고 팀의 관행(practice)을 촉진하고 팀이 원칙에 집중하도록 보장하는 역할을 수행하기 때문에 회의가 방해를 받아 진행이 되지 않으면 즉시 개입하여 회의가 원활하게 진행되도록 해야 한다. 특히, 일일 스탠드업 회의는 시간이 15분밖에 되지 않기 때문에 더욱 방해를 받으면 안 된다.

정답 2)

37 일일 스탠드업 회의는 개발 팀원들 간의 정보 공유를 위해 진행하는 회의이다. 따라서 보기 1)처럼 제품책임자가 대신 촉진하는 것은 맞지 않는다. 보기 2)처럼 스크럼 마스터가 없다고 회의를 연기하는 것 역시 옳은 방법이 아니다. 보기 4)는 팀원들이 얼굴을 마주보고 하는 회의가 아니기에 원칙에서 어긋난다. 일일 스탠드업 회의는 일부 인원이 휴가 등으로 불참하더라도 실시되어야 한다.

정답 3)

38 일일 스탠드업 회의는 매일 15분 정도 진행하는 짧은 회의이므로 꼭 필요한 주제만 이야기해야 한다. 절대 중요하고 무거운 주제를 다루는 회의가 아니다. 따라서 중요한 문제가 있으면 회의 후에 별도의 시간을 확보하여 진행하는 것이 옳은 방법이다. 단, 회의의 진행을 방해하는 문제가 발생하면 그 즉시 스크럼 마스터가 참여하여 회의의 진행이 원활하게 진행되도록 해야 한다. 문제에서는 지금 회의가 방해받고 있는 상황이 아니므로 별도의 회의 시간을 확보하여 진행하는 것이 좋다.

정답 2)

39 애자일 접근 방식은 팀을 강화하는 방법으로 섬김형 리더십(servant leadership)을 강조한다. 섬김형 리더십은 기술 작업을 수행하고 비즈니스 가치를 달성하는 사람이 리더, 코치 또는 스크럼 마스터가 아니라 팀원이라는 것을 인정하고, 팀의 성과를 극대화하기 위해서 팀원들의 요구와 발전을 이해하고 해결하는 데 초점을 맞추는 리더십이다. 따라서 섬김형 리더십의 핵심 기술은 보기 4) 능동적 청취이다. 보기 1)부터 3)까지는 전통적인 프로젝트 관리자의 행동방식이다.

정답 4)

40 많은 사람들이 같이 일하는 프로젝트에서 갈등은 자연스러운 것으로 본다. 따라서 즉시 처리할 필요는 없지만 그렇다고 무시되어서도 안 된다. 또한 피하면 좋겠지만 자연스러운 것이기 때문에 피할 수 있는 것도 아니다. 갈등을 해결할 책임은 일차적으로 팀원 개인에게 있다. 갈등이 고조되면 먼저 상황을 관찰하고 분쟁의 양쪽면을 보고 있는지 확인해야 한다. 조치를 취하기 전에 문제에 대한 적절한 관찰, 대화 및 직관을 위한 시간이 필요하다. 즉, 처음에는 즉시 해결하려고 시도하지 않고 불만사항을 간단히 듣고 그룹의 에너지를 느끼고 갈등의 수준을 평가해야 한다. 그러나 갈등 상황이 증폭되면 애자일 리더, 코치, 스크럼 마스터는 갈등을 해결해야 할 의무가 있기 때문에 해결을 위해 참여해야 한다. 정답은 보기 1)이다.

정답 1)

41 애자일 팀은 자율구성 팀으로 구성된다. 팀 안에서 모든 작업을 처리할 수 있으며, 작업도 팀에서 협의하여 할당한다. 따라서 고객이나 제품책임자나 프로젝트 관리자로부터 받는 압박은 없다. 다만, 일일 스탠드업 회의 같은 곳에서 투명하게 업무 현황을 공유하기 때문에 비공식적으로 동료들의 압력을 받게 된다.

정답 2)

42 보기 2)와 4)는 정당하지 않으므로 정답이 될 수 없다. 보기 3)은 맞는 이야기 같지만, 시험에서는 이상적인 상황을 이야기하기 때문에 정답이 될 수 없다. 쉽게 설명하면 현실에서는 야근과 같이 팀원들을 불행하게 하는 일을 요청할 수 있지만 시험에서는 팀원들을 그러한 상황에 놓이지 않도록 하는 것을 정답으로 본다. 팀원들을 불행하게 만드는 일이 정답일 수는 없다. 따라서 정답은 보기 1)밖에 없다.

정답 1)

43 애자일 프로젝트에서는 특별한 경우가 아니면 상태보고서를 작성하지 않는다. 애자일 프로젝트는 기본적으로 '정보상황판(information radiator)'을 통해 프로젝트 현황을 공유한다고 생각하는 것이 좋다. 정보상황판은 대형 차트, 그래프, 프로젝트 데이터 요약 등 프로젝트 진행 정보를 가시적으로 보여주는 애자일 용어이다. 이러한 도구는 대개 노출을 최대화하기 위해 통행량이 많은 지역에 표시되며, 이해관계자들에게 프로젝트 상태를 신속하게 알릴 수 있다. 애자일 프로젝트에서는 숨기는 정보가 없으므로 CEO는 프로젝트에 부담을 주는 상태보고서를 작성하라고 하는 것보다 정보상황판을 보는 것이 더 좋은 방법이다.

정답 3)

44 어려운 문제이다. 일단, 보기 2)는 애자일 프로젝트는 협업을 강조하기 때문에 정답이 될 수 없다. 보기 3)과 4)는 애자일 프로젝트가 아니더라도 괜찮은 사람들이기 때문에 애자일 프로젝트만을 위해 필요한 사람들은 아닌 것 같다. 따라서 정답이 아니다. 애자일 프로젝트는 자율 구성 팀이기 때문에 협업적으로 일을 하고, 갈등 상황에서 서로 이야기로 풀어갈 수 있는 사람이 필요하다. 또한 '다른 사람들의 감정을 이해하고 영향을 미친다'는 것이 감성 지능의 한 측면이라는 것을 인식하면 정답을 찾기가 쉬워진다. 감성 지능은 애자일 팀에서 사용하는 중요한 기술이므로 이것이 가장 좋은 답변이다.

정답 1)

45 애자일 프로젝트에는 비즈니스에서 팀으로 그리고 팀에서 비즈니스로 정보가 전달되는 양방향 의사소통이 필요하다. 나열된 모든 보기가 올바른 문장이지만 보기 3)만 양방향 의사소통을 설명하고 있다.

정답 3)

46 감성 지능은 감성 자제력을 포함하여 우리 자신의 감정과 다른 사람들의 감정을 식별, 평가 및 영향을 미치는 능력을 다룬다. 그러나 다른 사람들의 감정을 통제할 수는 없다. 따라서 정답은 보기 4)다.

정답 4)

47 보기 2)처럼 버퍼를 활용할 수는 있으나 이것은 리스크에 대비하는 용도이다. 제품책임자의 강압 때문에 버퍼를 활용하는 것은 옳은 방법이 아니다. 이것이 습관이 되면 프로젝트 팀이 항상 과다하게 자원계획을 수립하게 되어 각종 데이터의 신뢰성을 떨어뜨릴 리스크가 있기 때문이다. 보기 3)은 인력을 쉽게 교체하는 것이기에 PMP 시험에서는 정답이 될 수 없으며, 더욱이 제품책임자는 비즈니스측 인력이므로 프로젝트 팀의 의견으로 교체하는 것이 불가능하다. 보기 4)는 많은 이해관계자들이 협의해서 진행해야 할 방법이기에 쉬운 의사결정 사항이 아니라 정답이 될 수 없다. 가장 좋은 정답은 보기 1)이다.

정답 1)

시험장 TIP

PMP 시험은 문제를 해결하기 위해 인력을 교체하는 것을 정답으로 하는 경우가 거의 없다. 예를 들어, 팀원의 능력이 떨어질 때 '교체한다'가 보기로 나오면 이는 정답이 아니다. 팀원을 멘토링하거나 교육을 보내는 보기가 정답이다. 인력의 교체는 항상 최후의 수단이기 때문에 보기 중 다른 방법이 없는지 먼저 살펴야 한다.

48 어떻게 보면 도덕 시험 같은 이런 문제는 의외로 자주 출제되는 문제유형이다. 일단, 보기 4)는 애자일 프로젝트에 기능부서장의 역할이 없으므로 정답이 될 수 없다. 보기 1)과 2)는 현실적일 수는 있으나 애자일 원칙에는 맞지 않기에 정답이 될 수 없다. 당연한 말 같지만 정답은 보기 3)이다. 애자일 팀은 자율구성 팀이다.

정답 3)

49 분산 팀은 시간대에 제한을 받지 않고 다른 시간대에서도 작업이 가능하기 때문에 보기 2)는 정답이 아니다. 오히려 다른 시간대에 작업하는 것을 원하기에 분산 팀을 가동하는 경우도 있다(24시간 개발을 위해서). 보기 3)은 분산 팀이 기능적 구분선보다는 한 지역에서 완료되는 형태를 더 선호하기 때문에 정답이 될 수 없다. 정답은 보기 1)과 보기 4) 중에서 선택해야 하는데, 분산 팀은 상대적으로 근무 장소 수가 적을 때가 효과적이며, 많은 인원이 필요할 때 사용한다. 인원이

적은 경우 굳이 분산 팀을 구성하지 않는다.

정답 1)

50 애자일 팀을 분산 팀으로 운영하는 것이 가능하기에 보기 2) 는 정답이 아니다. 분산 팀이라고 해서 동일 장소 배치 팀과 다른 방식으로 조직 운영이 되지 않기 때문에 보기 3)도 정 답이 아니다. 일반적으로 동일 장소 배치 팀이 분산 팀보다 는 효율적이기에 보기 4)도 정답이 아니다. 따라서 정답은 보 기 1)이다. 분산 팀이 멀리 있는 인력도 팀원으로 선발할 수 있기에 인력을 구성할 때 많은 장점이 있지만 아무래도 의사 소통에 약간의 어려움이 있을 수 있으므로 공동 배치 팀보 다는 효율 면에서 떨어질 수밖에 없다.

정답 1)

51 스폰서는 프로젝트에 자금을 지원하는 역할은 하는 사람이 나 조직이다. 따라서 스폰서가 불가능하다고 했으면 불가능 하다. 그래서 보기 1)은 정답이 될 수 없다. 방법론과 동일 장 소 배치와는 아무 상관이 없기에 보기 2)도 정답이 아니다. 보 기 4)와 같이 아무 조치가 필요하지 않다는 것도 정답이 될 수 없다. 정답은 보기 3)이다. 동일 장소 배치가 불가능하면 분산 팀을 구성해야 하기 때문에 효과적인 의사소통 체계를 구축 하는 것이 가장 중요하게 대응해야 할 일이다.

정답 3)

52 스머드는 의사소통은 가까운 위치에서 함께 일하는 팀원들 사이에 흐르는 유용한 정보를 말한다. 따라서 보기 1)과 2)는 정답이 될 수 없다. 정답은 보기 3)과 4) 중에서 선택해야 한 다. '협업 팀에서만 가능한가? 분산 팀이라도 관련 기술에 의 해서 가능할 수 있는가?'가 관건이다. 비과학적으로 접근해 보면 '~만' 영어로 'only'가 문장 중에 들어 있는 경우 정답일 가능성이 떨어진다. 반대로, '~도 가능하다'라는 표현은 정 답에 가까울 수 있다. 비과학적이지만 시험에서는 도움이 된 다. 과학적으로 보면, 분산 팀이더라도 정보 기술의 발달로 실시간 화상회의 등을 통해 동일 장소 배치 팀보다는 비효율 적이지만 스머드는 의사소통이 가능하다. 따라서 정답은 보 기 3)이다. 만약, 보기 4)가 협업(collaborate)이 아니라 동일 장소 배치(co-location)였다면 더욱 어려운 문제가 될 뻔했다.

알고 가자! TIP

스머드는 의사소통(Osmotic communication)

영어로 osmotic communication이라고 하는데 책마 다 다른 용어로 번역하여 '침투적 의사소통' '삼투 의사소통' 이라고도 한다. 다른 용어도 꼭 기억해 두면 좋겠다. 필자 는 '스머드는 의사소통'으로 번역하는 것이 이해하기가 좋 아서 이 용어를 사용한다. '스머드는 의사소통'은 가깝게 일하는 팀 구성원들 사이에 서로 대화하면서 흐르는 유용 한 정보를 말한다. 예를 들어, 팀원 A가 팀원 B에게 빌드 서버를 다시 시작하는 방법을 묻는다. 이때, 옆에 있던 팀 원 C가 곧 그 서버를 사용할 것이기에 대화를 이어받는다. 결과적으로 팀의 지식이 자연스럽게 흘러간다. 이러한 의 사소통 방법은 팀이 동일 장소에 배치되어 있을 때 잘 작동 을 하고 팀워크를 향상시키는 중요한 이점 중 하나이다. 알 리스테어 콕크번(Alistair Cockburn)은 스머드는 의사소통 을 사람들로부터 방출되는 에너지장에 비교했다. 너무 멀 리 떨어져 있으면 혜택을 받을 수 없으며 장애물이 없이 가 까이 있는 경우에만 모든 혜택을 누릴 수 있다. 다만, 분산 팀이더라도 한쪽 벽에 커다란 모니터를 설치한 후 양쪽 모 두 24시간 켜 놓고 있으면 동일 장소 배치 팀보다는 효과가 떨어지지만 비슷한 효과를 거둘 수는 있다.

53 보기 1)이 정답으로 눈에 들어오면 안 된다. 현대적 관점에서 갈등은 피할 수 없는 자연스러운 것으로 본다. 북한을 생각 해 보자. 다른 의견 하나 없이 일사불란하게 움직이니 효율 적인 조직으로 생각되는가? 브루스 터크만의 팀 개발이론을 보더라도 항상 스토밍 단계를 거쳐야만 표준화 단계에 접근 할 수 있다. 팀 리더가 고성과팀으로 팀을 이끌고 있다면 팀 내의 갈등이나 의견불일치가 팀에서 감당할 수 있는 범위 내 에서 관리되는 것이지, 의견불일치 없이 일사불란하게 일하 는 것이 아니다. 따라서 보기 1)은 정답이 될 수 없다. 보기 2) 가 정답이다. 애자일 팀원들이 함께 일을 할 때 팀원들은 스 토밍 단계를 거쳐야 하므로 서로 자주 의견이 맞지 않을 것으 로 예상된다. 보기 3)의 경우처럼 의견이 불일치하면 서로 토 론을 해서 상대방의 생각을 이해하고 합의에 도달하도록 노 력하는 것이 올바른 방법이지 억제하는 것이 올바른 방법은 아니다. 보기 4)의 경우 스토밍 단계가 지나면 표준화 단계로

Domain | 사람

가야 하기에 점점 의견 차이가 줄어들어가는 것이 좋은 방향이지 더 동의하지 않는 상황이 발생한다는 것은 바람직하지 않은 상황이다.

정답 2)

54 스폰서는 가치 전달의 큰 그림에 초점을 맞추고 있다. 이 역할자는 프로젝트가 예산과 시간에 맞춰 기대 가치를 전달하도록 할 책임이 있다. 따라서 정답은 보기 1)이다. 일반적으로 애자일 프로젝트에서 제품 비전을 팀에게 전달하는 것은 제품책임자의 역할이기에 보기 2)는 정답이 될 수 없다. 보기 3)은 우선순위를 스크럼 마스터가 정하는 것이 아니고 제품책임자가 하기 때문에 정답이 아니다. 보기 4)는 제품책임자가 최종 사용자의 요구사항이 충족되는지 확인할 책임이 있으나, 이것이 스폰서의 관심사항은 아니다.

정답 1)

55 보기 1)은 전통적인 프로젝트에서는 도움이 될 수 있는 사항이지만 애자일 프로젝트에서 보상과 처벌은 팀원에게 동기를 부여하는 방식이 아니다. 보기 2)는 스토밍 단계에 있는 것만으로는 문제가 해결되지 않기에 정답이 될 수 없다. 보기 4)는 문제를 해결할 때는 협업적으로 해결하는 것이 좋으므로 정답이 될 수 없다. 정답은 보기 3)이다. 위협을 느끼면 문제 해결을 위한 적극성이 줄어들기 때문에 현명한 답을 찾기가 더 어렵다.

정답 3)

56 보기 1)은 낮은 신뢰 때문에 정답이 될 수 없다. 고성과 팀은 팀원들 사이의 신뢰도가 높다. 보기 2)와 보기 3)은 계획 중심이 아니어서 정답이 될 수 없다. 애자일 팀이 계획을 수립하지 않는 것은 아니다. 다만, 워터폴 방식의 프로젝트처럼 모든 계획을 전부 수립한 후 프로젝트를 진행하지 않는다. 또한 애자일 선언문을 보면 계획보다는 변경에 대응하는 것을 더욱 중요하게 여긴다는 것을 알 수 있다. 따라서 계획 중심은 정답이 될 수 없다. 정답은 보기 4)이다. 성과가 우수한 애자일 팀은 안정적인 환경에서 건설적인 의견 불일치를 환영한다. 개선이 이루질 수 있다고 믿기 때문이다. 또한 자율적으로 조직화가 이루어지고 팀 내 권한이 공유되어 팀원들

사이의 신뢰도가 높고, 합의 중심이다.

정답 4)

알고 가자! TIP

〈애자일 선언문〉
Manifesto for Agile Software Development
We are uncovering better ways of developing software by doing it and helping others do it. Through this work we have come to value:
Individuals and interactions over processes and tools
Working software over comprehensive documentation
Customer collaboration over contract negotiation
Responding to change over following a plan
That is, while there is value in the items on the right, we value the items on the left more.

애자일 소프트웨어 개발을 위한 선언문
우리는 소프트웨어를 수행하고 다른 사람들이 소프트웨어를 개발하도록 함으로써 소프트웨어를 개발하는 더 좋은 방법을 찾고 있다. 이 사업을 통해 우리는 다음의 가치를 얻게 되었다.
프로세스 및 도구보다는 개인 및 상호작용을
포괄적인 문서보다는 작동하는 소프트웨어를
계약 협상보다는 고객 협업을
계획에 따르는 것 보다는 변경에 응답을
왼쪽 항목의 가치를 인정하지만 오른쪽 항목을 더 중요하게 여긴다.

---

57 애자일 팀이 공동의 개방된 환경에 함께 근무하는 가장 큰 이유는 스며드는 의사소통을 잘하기 위해서이다. 스며드는 의사소통은 사람들로부터 방출되는 에너지장과 같아서 너무 멀리 떨어져 있으면 혜택을 받을 수 없다. 장애물이 없이 가까이 있는 경우에만 모든 혜택을 누릴 수 있다. 따라서 정답은 보기 4)이다. 보기 1), 2)처럼 애자일 프로젝트에서는 공간 활용이나 비용 절감이 개방된 환경의 목적이 될 수 없다. 보기 3)에서 더욱 집중할 수 있다는 표현은 잘못된 설명이다. 개방된 환경은 집중도면에서 아무래도 취약하다. 팀원들의 업무 집중도를 위해서라면 동굴(cave) 공간을 활용하는 것이

더욱 효과적이다.

정답 4)

58 일일 스탠드업 회의는 기본적으로 대면(face-to-face) 회의를 선호한다. 따라서 보기 1)은 정답이 될 수 없다. 또한 이 회의는 15분 정도의 타임 박스 내에서 진행하도록 되어 있기 때문에 회의 시간을 늘린다는 보기 2)도 정답이 될 수 없다. 일일 스탠드업 회의의 목적은 개발 팀의 다른 팀원에게 해당 직원이 진행했던 작업, 현재 수행 중인 작업, 진행 상황을 방해하는 항목이 있는지를 공유하기 위한 회의이기에 발언 시간을 할당하는 것은 옳은 방법이 아니다. 따라서 보기 3)도 정답이 될 수 없다. 정답은 보기 4)이다. 팀원이 14명이면 애자일에서 이상적으로 생각하는 인원(6~9명)보다는 많으므로 팀을 하위 팀으로 나누어서 진행하는 것이 최선의 방법이다.

정답 4)

59 보기 1)처럼 논쟁과 의견 불일치를 최소화하면 문제에 대한 최상의 해결책을 찾는 데 필요한 건전한 토론이 제약을 받는다. 따라서 정답이 아니다. 보기 3)은 애자일 팀은 팀 구성원이 아닌 팀 코치 또는 스크럼 마스터가 멘토링을 수행하기에 정답이 아니다. 보기 4)에서 경쟁을 장려하기 위해 리더보드에 점수를 게시하는 것은 애자일의 존중 및 팀 권한 부여 원칙과 일치하지 않기 때문에 정답이 아니다. 보기 2)는 사람들이 자신의 실수와 문제를 공개적으로 공유할 수 있는 환경을 만드는 것이므로 애자일에서 원하는 바이다. 이를 통해 문제를 보다 신속하게 해결할 수 있을 뿐만 아니라 더 넓은 관점으로 더 나은 솔루션을 얻을 수도 있다. 정답은 보기 2)이다.

정답 2)

60 애자일 팀원들은 작업이 진행됨에 따라 대부분의 기술적 문제를 스스로 해결해야 한다. 이러한 접근 방식은 팀이 스스로 기술력을 가진 교차가능 팀(cross function)이라는 전제를 가지고 있기 때문에 가능하다. 따라서 보기 1)은 정답이 될 수 없다. 보기 2)에서 일일 스탠드업 회의는 진행 시간이 짧기 때문에 장애요인이 있다는 것을 이야기할 수는 있어도 모든 문제를 보고하는 형태는 아니다. 보기 3)과 4) 두 보기의 내용이 비슷한 것 같지만 약간 다르다. 보기 4)가 정답 같이 보이지만 팀이 필요에 따라서는 외부 전문가를 초빙해서 최상의 솔루션을 찾는 경우도 있으므로 정답은 보기 3)이다.

정답 3)

61 권한이 부여된 애자일 팀에서 기술 분쟁을 해결하는 것은 팀원들 스스로의 책임이다. 따라서 보기 1)은 정답이 될 수 없다. 또한, 애자일 접근법에서는 팀원들 사이의 협의에 의한 의사결정을 중요하게 생각하기에 보기 2)처럼 스크럼 마스터의 독자적인 결정을 좋아하지 않는다. 따라서 정답이 될 수 없다. 보기 3)의 제품책임자는 기본적으로 고객 쪽 인력으로 기능을 결정하고 우선순위를 정하는 업무에 초점을 맞추지 기술적 구축 방법에는 관여하지 않는다. 따라서 보기 4)가 맞는 설명이다.

정답 4)

심화문제 해설

62 모두가 맞는 말이기 때문에 정답을 고르기가 어렵다. 정답은 보기 3)으로, 가능하면 모든 사람을 만날 수 있는 초기 대면 회의를 설정하는 것이 프로젝트 후반에 원격 의사소통을 개선하는 효과적인 방법이다. 사람은 한 번이라도 상대를 대면하게 되면 그 이후에 일반적으로 메일을 보내거나 전화 등을 하는 것을 훨씬 수월하게 여긴다. 얼굴 한번 본 적도 없고 대화 한번 해보지 않은 사람에게는 아무래도 여러 가지 의사소통을 하는 것이 쉽지 않다. 보기 2)나 4)처럼 일반적인 근무 시간이나 공용 언어를 정의하면 도움이 될 수 있지만 이러한 행동은 일부 문화에서 반발이 있을 수 있다. 보기 1)과 같이 사진을 공유하는 것도 도움이 되지만 보기 3)보다는 못하다.

정답 3)

63 보상은 개인이 중요하게 생각하는 요구를 충족시키는 경우에만 효과적이다. 강의를 할 때 이 문제에서 의외로 보기 1)을 선택하는 분들이 많았다. 그러나 기계적인 공평보다는 보

기 2)와 같이 문화적 차이와 개인차를 고려하는 것이 좋다. 따라서 보기 1)은 정답이 아니다. 보기 3)도 정답이 될 수 없다. 인정과 보상은 절대로 은밀하게 진행하면 안 된다. 은밀하게 진행하다가 노출이 되면 팀워크가 무너질 수 있기 때문이다. 보기 4)도 정답이 아니다. 팀원이 원하는 보상을 할 때 효과가 크기 때문이다.

정답 2)

64 일반적인 상황에서 갈등 해결에 가장 좋은 방법은 협업, 문제 해결(collaborate / problem solve)이다. 문제에서 주어진 상황은 프로젝트 관리자와 고참 사원 간에 갈등이 발생한 것이다. 따라서 가장 좋은 방법은 거버넌스 개발에 고참 사원을 참여시켜 같이 개발하고 합의하는 것이다. PMP 시험에서는 관련자들이 다 같이 회의를 해서 의사결정하는 방식을 선호한다. 또한 팀 거버넌스와 같은 중요한 의사결정은 팀원들의 헌신(commitment)을 이끌어내는 것이 중요하기 때문에 더욱 합의가 중요하다.

정답 2)

65 예측형 프로젝트에서 인력을 확보하는 문제이다. 먼저, 보기 1)은 정답이 아니다. PMP 시험에서 인사부서는 주로 채용과 직원 복리를 담당한다고 이해해야 하기 때문이다. 또한 공문은 주로 회사 대 회사 간에 사용하는 공식적 의사소통 방식으로 부서 간에는 사용하지 않는다. 보기 4)도 정답이 아니다. 사실적인 표현이지만 너무 단편적이다. 보기 3)은 인력이 부족한 상황에서 문서만 보낸다고 인력을 보내주지는 않기에 정답이 될 수 없다. 정답은 보기 2)이다. 관련 이해관계자들을 의사소통의 장에 적극적으로 참여시켜 높은 가시성을 제공하고 자원을 배정받는 것이 가장 좋은 방법이다.

정답 2)

66 투입할 수 있는 인력이 없다는 것이 문제인 상황이다. 따라서 외부 조달이 답이 될 수 있지만 보기에 없다. 보기 1) 한 프로젝트에 자원을 집중시키는 것은 다른 프로젝트를 버린다는 뜻인데, 그것이 가능한지 문제만 봐서는 알 수가 없다. 이것은 굉장히 위험한 일이기에 정답으로 부적절하다. 보기 4) 경영진과 협상을 하는 것도 별 의미가 없기에 정답이 아니다.

정답은 보기 2)와 3) 중에서 골라야 하는데, 둘다 대안이 될 수 있다. 둘 중에서 어느 것이 더 좋은 답일까? 보기 2)의 경우 실력이 부족한 대체 인력은 추후에 문제가 될 수 있기 때문에 가장 좋은 정답으로 보기 어렵다. 보기 3)의 가상 팀을 구성한다는 것은 팀원을 확보할 때 새로운 가능성을 창출할 수 있는 방법이기 때문에 가장 좋은 정답이다.

정답 3)

67 프로젝트 관리자가 가장 먼저 해야 할 일은 그 팀원의 성과가 떨어지는 이유를 파악하는 일이다. 업무가 본인의 주 전공이 아니면 업무 배정을 다시 하면 되고, 실력이 부족하면 교육을 보내면 된다. 따라서 보기 3)처럼 팀원과 면담을 실시하는 것이 정답이다. 보기 4)와 같이 팀원을 해제 발령하는 것은 성급한 결정이다.

정답 3)

68 프로젝트에 여러 가지 문제가 있는데, 지금 가장 시급한 문제는 당연히 얼마 남지 않은 납기에 수석 테스트 매니저가 장기 휴가를 간다는 것이다. 휴가를 허락하지 않을 수는 없다. 대체자를 알아보고, 지식 전수가 잘 되었는지 확인하는 것이 가장 급한 일이다. PMP 시험에서 휴가를 허락하지 않는다는 것은 정답이 될 수 없다.

정답 4)

69 한 팀원이 특별하게 뛰어나면 그에 보조를 맞추어야 하는 팀원들이 스트레스를 받을 수 있다. 그렇다고 하여 잘하는 팀원을 못하게 하는 것은 논리에 타당하지 않다. 프로젝트 관리자가 할 수 있는 가장 좋은 해결책은 다른 팀원들에게 교육을 진행하여 실력을 키울 수 있는 기회를 주는 것이다. 따라서 정답은 보기 4)다.

정답 4)

70 이해관계자의 모든 요구사항이 똑같이 중요하다고 생각하면 안 된다. 프로젝트에 영향을 미치는 수준이 높은 사람의 요구사항이 가장 중요한 요구사항이고, 반드시 달성해야 하는 요구사항이다. 그래야 프로젝트 완료 승인을 받을 수 있기 때문이다. 따라서 이해관계자들을 중요도(권한)에 따라

분류해야 하고, 그들의 요구사항도 중요도에 따라 분류해야 한다. 그러면 중요한 것과 그렇지 않은 것이 명확히 구분된다.

정답 3)

71 보기 1)은 정답 같지만 정답이 아니다. 왜냐하면 의사소통 관리 계획서는 식별된 이해관계자를 기반으로 그들의 정보 요구사항을 파악한 후 만들어지기 때문이다. 이해관계자 식별을 잘했고, 그들과 의사소통도 잘했고, 참여 관리도 잘했다면 문제와 같은 상황이 발생하지 않았을 것이다. 즉, 의사소통 관리 계획서 작성 이전에 이해관계자 식별과 그들의 중요도에 대한 평가가 소홀했던 것이 근본적인 문제라고 볼 수 있다. 따라서 정답은 보기 2)다.

정답 2)

72 이해관계자가 잘못 식별된 것이 문제이기 때문에 이해관계자가 잘 식별되었는지 검토해야 한다. 따라서 정답은 보기 2)다.

정답 2)

73 프로젝트 팀원들이 전부 재택근무로 전환이 되었으면 프로젝트 관리계획서에 팀원들의 근무형태에 대해 기록으로 남겨야 한다. 또한 의사소통 관리 계획서와 팀 헌장을 변경해야 한다. 의사소통 관리 계획서에는 의사소통 방법, 주기 등이 기록되어 있기 때문에 재택근무로 전환시 의사소통 방법과 주기 등을 변경해야 할 수 있다. 팀 헌장은 팀원들이 지켜야 하는 기본 규칙을 정한 문서이기에 이 역시 재택근무 전환시 변경이 필요하다. 따라서 정답은 보기 4)이다. 보기 1) 리스크 관리대장도 재택근무하는 것 자체를 리스크로 식별하여 업데이트할 수도 있으나 반드시 해야 한다고 보기 어려워 정답으로 하기에는 보기 4)보다 못하다. 보기 2)의 자원 달력은 특정 인적자원을 투입할 수 있는 근무일, 근무 교대 시간, 정상 근무 시작 및 종료 시간, 주말과 공휴일이 표기되는 문서이므로 정답이 될 수 없다.

정답 4)

74 보기 1)처럼 투입된 인력을 돌려보내는 것은 시험에서도 실제에서도 거의 발생하기 힘든 일로 정답이 될 수 없다. 보기 2),

4)처럼 새로운 인력을 선발하는 것도 이미 투입된 인력을 무시하는 행위이기 때문에 정답이 될 수 없다. PMI의 관점에서는 새로운 팀원에게 문제가 있을 때 멘토링을 통해 보완하는 것이 가장 좋은 방법이라고 생각하므로 정답은 보기 3)이다.

정답 3)

75 보기 1)처럼 직원에게 도움이 되지 않는 방법은 정답이 될 수 없다. 보기 2)와 3)은 정답이 될 수 있긴 하지만 보기 4)를 먼저 한 후에 해도 되기 때문에 이러한 경우 보기 4)가 정답이다. PMP 시험에서는 우선적으로 해야 할 일이 있으면 그것을 먼저 한 후에 다음 행동을 하는 것을 옳다고 본다.

정답 4)

76 '내성적'은 본인의 의도나 생각을 밖으로 잘 표출하지 않는 것을 의미하며, '외향적'은 반대의 경우이다. '판단형'은 본인의 기준에 따라서 무엇을 판단하여 강요하는 성향이고, '인식형'은 있는 그대로를 받아들이는 성향이다. 따라서 정답은 외향적, 판단형이다.

정답 외향적, 판단형

77 76번과 같은 유형의 문제이나, 상황만 약간 바꾸었다. PMP 시험에서는 이렇게 상황만 살짝 바꾼 문제도 많이 출제된다.

정답 외향적, 판단형

78 중요한 이해관계자의 직급 또는 부서가 변경되었을 때 변경사항을 업데이트하려면 어떻게 해야 하는지 묻는 문제이다. 더 근본적으로는 어느 문서에 이러한 내용들이 기록되어 있느냐를 물어보는 문제이다. 이해관계자의 직급 또는 부서명과 같은 내용은 이해관계자 관리대장에 기록되어 있다. 따라서 정답은 보기 1)이다.

정답 1)

79 보기 1)은 오히려 자유로운 의사소통을 방해하는 활동이므로 정답이 될 수 없으며, 보기 3)은 성능을 모니터링한다고 하였으므로 문제의 본질에서 벗어나 있다. 보기 4)의 스탠드업 회의도 프로젝트의 진척현황을 공유하는 관행이므로 문제의 내용과는 상관이 없다. 따라서 정답은 보기 2)밖에 없

다. 동일장소 배치(co-location)는 분산 팀의 의사소통 문제를 해결할 수 있는 좋은 방법 중 하나이다.

정답 2)

80 서로 시간대가 다른 여러 국가에 팀이 분산되어 있을 때 회의는 어떻게 하는 것이 좋은가를 묻는 문제이다. 먼저, 보기 1)은 정답이 될 수 없다. 필요한 때 회의를 한다고 하면 어떤 국가의 팀원들은 회의를 하는 시각이 새벽이 될 수 있기 때문이다. 이러한 시간에 회의를 할 수는 없다. 보기 2) 담당자가 스스로 알아서 하게 한다는 것은 방임이고 책임 회피이기에 정답이 될 수 없다. 보기 4)도 팀원들의 지속적인 불만을 야기할 수 있으므로 정답이 될 수 없다. 회사가 팀원들에게 불합리한 것을 강요하는 것은 정답이 될 수 없기 때문에 정답은 보기 3)밖에 없다.

정답 3)

81 애자일 헌장은 프로젝트 헌장과 마찬가지로 프로젝트를 착수를 공식화하는 문서이며, 조직의 자원을 프로젝트에 투입할 수 있도록 허락하는 문서이다. 이 문서에서는 프로젝트의 목표, 목적, 구성 및 접근 방식을 설명하고 범위가 변경될 수 있으며 프로젝트의 일부 측면을 알 수 없음을 인정한다. 따라서 애자일 헌장은 범위를 완전히 지정하지 않고 프로젝트에 대해 계획된 목표에 중점을 둔다. 또한 팀이 최종 제품을 반복하는 데 사용할 프로세스 및 접근 방식과 프로젝트 결과를 확인하는 데 사용되는 승인 기준에 대해 설명한다. 그러나 팀원들의 역할과 책임에 대한 설명은 포함되어 있지 않다. 따라서 보기 1)은 정답이 아니다. 팀 헌장도 팀에서 지켜야할 기본 규칙이 설명되어 있는 문서로 팀원들의 역할과 책임은 명시되어 있지 않다. 애자일 프로젝트에서 팀원들의 책임과 역할은 팀 내에서 협의하여 결정하도록 되어 있다. 정답은 보기 4)이다.

정답 4)

82 애자일 프로젝트의 관리자는 애자일 관행을 촉진하고 팀원들이 원칙에 집중하도록 하는 역할을 주로 한다. 따라서 전통적인 방식 그 중에서도 프로젝트형(projectized) 조직 구조의 프로젝트 관리자보다는 권한이 훨씬 적다. 애자일 팀은 자율적으로 운영되는 자율 구성 팀이기 때문이다. 그러므로 강력한 인사권을 행사하는 보기 1), 2), 3)은 정답이 될 수 없다. '회고'는 프로젝트의 어느 부분을 검토하든 관계 없이 개발 팀 구성원이 프로젝트 수행 방법과 팀워크를 점검하고 개선할 수 있도록 하는 회의이기 때문에 회고 때 격려하는 것이 가장 적합하다. 정답은 보기 4)이다.

정답 4)

83 보기 1), 2), 3), 4)가 모두 정답이 될 수 있다. 이러한 문제가 PMP 시험에서 가장 어려운 문제이다. 이러한 경우에는 가장 먼저 해야 될 활동이나 가장 좋은 것을 정답으로 골라야 한다. 보기 중에서 가장 최고의 답변은 무엇일까? 정답은 보기 1)이다. 보기 2)처럼 설명을 해주거나 보기3)처럼 격려해 주는 것도 좋은 방법이기는 하지만 보기 1)보다는 못하다. 멘토링은 경험과 지식이 풍부한 사람이 멘티(mentee: 멘토링을 받는 사람)에게 지도와 조언을 하면서 실력과 잠재력을 개발하는 것을 말한다. 보기 4)는 나중에 생각해도 되는 해결책이기에 정답이 될 수 없다.

정답 1)

84 일단 보기 3)은 정답이 될 수 없다. 고급 기술자 1명이 배정되어 있다고 문제에서 언급했는데, 또 다시 고급 기술자 여러 명을 추가한다는 것은 문제의 의도와 상반된다. 또한 보기 4)도 정답이 될 수 없다. 반복 동안 구현될 수 있는 우선순위 선정은 제품책임자의 역할이기 때문이다. 따라서 보기 1), 2), 5)가 정답이다.

정답 1), 2), 5)

85 관리자로 승진시키기 위해서는 단순히 정리만 해서 보고하는 것이 아니라 정식 추천 양식을 사용하면 좋을 것이다. 또한 프로젝트 관리자에 대한 자격 등을 관리하는 곳이 PMO이므로 PMO에서 관리하는 템플릿을 참조하는 것이 좋겠다.

정답 3)

86 애자일 프로젝트에서 프로젝트 관리자는 팀원 선발에 대한 권한이 없다. 또한 기본적으로 애자일 프로젝트 팀은 자율 구성(self-organization) 팀이다. 따라서 보기 1), 2)처럼 들어

오도록 허용하거나 들어오지 못하게 할 수 없다. 마찬가지로 보기 3)도 프로젝트 관리자가 상황을 판단하여 팀원을 받을 것인지 말 것인지 결정한다는 의미이기 때문에 정답이될 수 없다. 정답은 보기 4)이다.

정답 4)

87 포상과 승진은 다른 개념이다. 프로젝트에서 거둔 좋은 성과에 보상이나 포상을 하는 것은 당연하지만 승진은 회사의 절차에 따라 이루어져야 한다. 따라서 보기 1)은 정답이 될 수 없다. 보기 3)처럼 개인적인 보상을 하는 것은 공적인 업무인 회사 일을 하는데 있어서 바람직하지 않다. 또한 보기 4)처럼 연말 성과평가를 좋게 해준다는 것은 너무 시간이 흐른 뒤의 일이기 때문에 보상을 통한 효과를 기대하기가 어렵다. 보상은 공개적인 절차에 의해 하는 것이 옳기에 정답은 보기 2)밖에 없다.

정답 2)

88 보기 1)은 비공식적인 거버넌스를 사용하면 안되기 때문에 정답이 될 수 없다. 정답은 보기 2)와 3) 중에서 골라야 하는데 둘 다 좋은 방법이라 둘 중에 더 좋은 방법을 찾아야 한다. 더 좋은 방법은 자율 구성 팀에서 논의하여 만드는 것이다. 기본적으로 애자일 프로젝트는 자율 구성 (selforganizing) 팀이라는 것을 잊어서는 안된다. 따라서 정답은 보기 3)이다.

정답 3)

89 보기의 모든 내용들이 정답 후보가 될 수 있다. 이러한 경우에는 항상 조금이라도 더 나은 방안을 정답으로 골라야 한다. 보기 1)은 문제의 내용이 기술적인 문제가 아니고 개인적인 문제인데 이것을 팀 내 토의 주제로 하는 것이기에 정답이 될 수 없다. 보기 2)는 팀원이 장애가 있는 것이지 병적인 문제를 가지고 있는 것이 아니기 때문에 정답이 될 수 없다. 정답은 보기 3)과 4) 중에서 골라야 하는데 보기 3)이 정답으로 더 좋아 보인다. 아무리 좋은 솔루션도 당사자와 협의하여 공감대를 형성한 후에 하는 것이 좋다.

정답 3)

90 위의 문제와 유사하지만 보기만 바꾼 문제이다. 네트워킹은 좋은 팀원을 확보하거나 유지하기 위해 프로젝트 관리자가 사용하는 기법이고, 갈등 관리는 팀원들 사이에 갈등상황이 발생했을 때 사용하는 기법이다. 보기 4)는 팀 내의 문제를 해결하기 위해서 프로젝트 관리자의 공식적 권한을 사용하는 방법이다. 감성 지능이란 자신의 감정과 다른 사람의 감정을 점검하는 능력, 그 감정들을 구별하는 능력, 그리고 이러한 정보를 이용하여 자신의 사고와 행동을 이끄는 능력을 의미한다. 즉 감성 지능은 감정 정보처리 능력이다. 감정 정보처리 능력은 자신과 다른 사람들의 감정을 정확하게 지각하고, 인식하며, 적절히 표현하는 능력으로 자신과 타인의 감정을 적합하게 그리고 효과적으로 조정할 수 있다. 또한 동기 부여, 계획수립, 목표 성취를 위해 감정들을 이용하여 자신의 행동을 이해하고 이끈다. 따라서 정답은 보기 3)밖에 없다.

정답 3)

91 쉬울 것 같으면서도 어려운 문제이다. 먼저, 다른 프로젝트의 관리자가 우리 팀원에게 업무를 지시하는 이유를 알 필요가 있다. 이유를 들어보는 것이 먼저이고, 들어본 뒤 만약 이유가 합당하지 않다면 그러지 말라고 경고해야 한다. 문제에 팀이 반복주기를 사용한다고 했으므로 애자일 접근방식을 적용 중이라는 사실을 알 수 있다. 애자일 프로젝트에서는 팀원이 해당 프로젝트에 100% 헌신한다고 생각한다. 따라서 다른 프로젝트의 관리자가 업무를 지시할 이유가 없다. 보기 1)처럼 하는 것은 팀원에게 어려운 일을 떠넘기는 행위일 수도 있어 정답에서 멀다. 보기 3)도 정답 후보일 수는 있지만 더 좋은 보기가 있다면 그것이 정답이다. 보기 4)는 가장 정답처럼 보여서 수험생들을 속이기에 좋은 보기이다. 그러나 RAM은 프로젝트 내부의 업무 분장표이므로 RAM을 다른 프로젝트의 관리자에게 확인시켜준다는 것은 불필요한 행동이다. 가장 좋은 정답은 보기 2)이다.

정답 2)

92 전통적인 프로젝트에서는 협의를 하기는 하지만 프로젝트 관리자가 일반적으로 업무를 배정한다. 애자일 프로젝트에서는 팀원들 간에 협의를 진행하여 업무를 배정한다. 따라

서 보기 1)과 2)는 절대로 정답이 될 수 없다. 정답은 보기 3) 밖에 없다. 보기 4)의 의사소통 관리 계획서는 프로젝트 진행 상태나 이슈에 대해서 이해관계자 사이에 의사소통하는 방법을 정의한 문서이기에 문제의 내용하고는 아무 관계도 없다.

정답 3)

93 보기 1)도 정답 후보가 될 수 있지만 팀원에 대한 충분한 검토 후 교육과정에 등록시키는 것이 옳기 때문에 정답과는 멀다. PMP 시험에서는 충분한 협의나 검토 없이 바로 대책을 시행하는 것은 정답일 가능성이 적다. 보기 2)의 RACI는 프로젝트 팀원들에 대한 업무 배정 내용이 나와 있는 표로 이것을 검토한다고 해서 프로젝트의 내용을 알게 되지는 않는다. 따라서 정답이 될 수 없다. 보기 4)의 자원 관리 계획서는 필요한 자원(인력)에 대한 자격이나 교육 수준에 대해서 미리 정의를 해놓은 문서이다. 이것을 검토한다고 해서 문제 상황에 도움이 될까? 의문이 있다. 그러나 멘토링을 한다는 내용은 좋은 것이기에 정답 후보이다. 보기 3)의 프로젝트 헌장은 프로젝트에 대한 모든 중요한 내용(범위, 일정, 원가, 이해관계자, 리스크 등)이 포함된 문서이기에 이것을 보면 프로젝트를 한눈에 볼 수 있다. 따라서 보기 3)은 문제의 상황을 해결하는 데 가장 좋은 방법이다. PMP 시험에서는 조금이라도 더 좋은 보기를 정답으로 해야 하므로 정답을 보기3)으로 선택하였으나, 만약 보기 3)이 없다면 보기 4)를 정답으로 고를 수 있다.

정답 3)

94 보기 1)은 PMP 시험에서 가장 좋아하는 보기이다. 무엇이 필요한지 먼저 파악하고 코칭을 하는 것이어서 정답으로 최고이다. 보기 2)는 필수 교육을 전부 받게 할 필요가 있을까 하고 생각하게 만드는 과한 조치여서 정답이 될 수 없다. 보기 4)와 보기 5)는 인력에 약간의 문제가 있다고 교체를 하는 것은 신규 인력을 무시하는 것이므로 정답이 될 수 없다. 따라서 정답은 보기 1)과 3)이다.

정답 1), 3)

95 보기 1)은 꼭 필요한 문서작업이 있을 수 있으므로 과격한 행

동이다. 보기 2)는 상황 해결에 전혀 도움이 되지 않는다. 보기 3)은 해결책이 될 수 있기에 정답 후보일 수 있다. 그러나 가장 좋은 방법은 아니다. 보기 4)가 가장 좋은 방법으로서 가장 PMP 시험에서 원하는 정답이다.

정답 4)

96 보기 1)은 문제에 대한 해결책 중 하나로 나쁜 방법은 아니지만 가장 먼저 할 일은 아니다. 보기 2)도 문제의 근본 원인을 파악하는 것은 아니므로 정답 후보는 될 수 있지만 정답이 되기엔 어렵다. 정답은 보기 3)과 4) 사이에서 골라야 한다. 근본 원인을 파악하는 것이 먼저 해야 할 일일까? 아니면 이슈 관리대장에 등록하는 일이 먼저 해야 하는 일일까? 근본 원인을 파악하는 일은 시간이 걸리는 일이므로 이슈관리대장에 등록하는 일을 먼저 해야 한다. 그래야 현재 어떤 이슈가 있는지 현황 파악이 되고, 현 상황이 어느 단계인지를 알 수 있기 때문이다. 이슈 등록을 나중에 하면 원인 파악이 완료될 때까지 이슈가 등록되지 않을 수 있다.

정답 4)

97 '팀원들이 논쟁하며, 공개적으로 협력하지 않는다'는 것은 스토밍(storming) 단계를 의미하고, '팀원들이 다른 프로젝트에 재할당된다'는 것은 해산(adjourning) 단계를 의미한다. '팀원들은 독립적이며, 사일로(silo)에서 작업한다'는 것은 형성(forming) 단계를 의미한다. 여기서 사일로(silo)는 의사소통이 없는 공간을 의미한다. '팀원들은 신뢰감을 가지고 그들의 업무 습관을 맞추어 간다'는 것은 표준화(norming) 단계를 의미하고, '팀원들은 독립적이고, 효과적으로 일한다'는 것은 수행(performing) 단계를 의미한다.

정답 해설 참조

98 가장 좋은 해결책은 이해관계자를 설득하여 회의에 참석시키는 것이다. 그것이 어렵다면 회의 전에 이해관계자를 만나서 의견을 들어보는 것이 좋다. 보기 1)처럼 다른 사람에게 해결을 요청하는 것은 PMP 시험에서 정답인 경우가 거의 없다. PMP 시험은 프로젝트 관리자가 문제 해결을 위해 어떻게 적극적으로 행동해야 하는가를 물어보는 시험인데 경영진에게 보고하거나 요청하는 태도는 책임을 떠넘기거나

무책임한 행동으로 보일 수 있기 때문이다. 보기 3)도 회의 결과를 이해관계자에게 통보하는 식이기에 바람직한 행동이 아니며 보기 4) 역시 너무 형식적이고 이해관계자를 적극적으로 프로젝트에 참여시키려고 하는 마인드가 보이지 않기 때문에 정답이 될 수 없다. 정답은 보기 2)이다. PMP 시험에서는 이해관계자들이 프로젝트 관련 활동에 적극적으로 참여할수록 프로젝트의 성공 가능성이 높아진다고 믿는다. 따라서 이해관계자들이 적극적으로 참여할 수 있도록 프로젝트 관리자가 지원하는 것이 정답이다.

정답 2)

99 보기 2)자원 달력은 특정 인적자원을 투입할 수 있는 근무

일, 근무 교대시간, 정상 근무시간 등이 표기된다. 즉, 자원의 활용과 관련된 일정을 기록하고 관리하는 문서이다. 따라서 근무 장소 변경에 대한 내용은 포함이 되지 않기에 업데이트가 필요 없다. 보기 3) RACI 차트는 작업별 자원 할당 내용이 기록되는 문서로서 이것도 역시 근무 장소 변경과는 상관이 없다. 보기 4) 팀 헌장은 팀 가치, 협약 및 팀의 운영 지침을 규정하는 문서로서 프로젝트 팀원들에게 허용되는 행동을 규정하는 문서이기 때문에 이것도 역시 근무장소를 기록하지는 않는다. 따라서 정답은 보기 1)이다. 재택근무를 하게되면 대면회의가 쉽지 않으므로 의사소통 방법을 업데이트할 필요가 있다.

정답 1)

프로세스
Process

Domain II
프로세스 Process

1. 출제 포인트

- 《PMP 시험 내용 요약》에 따르면 '프로세스(process)' 영역(domain)에서 PMP 시험 문제의 50%가 출제된다. 180문제 기준으로는 대략 90문제이다. 시험이 출제되는 세부적인 영역은 '2. 세부 과제(task)'를 참조하자.

- 《PMBOK 지침서》 기준으로는 2장 〈성과 영역(performance domain)〉 중에서 '2.2 팀(team)'을 제외한 전 영역과 4장 〈모델/방법/결과물(model, method, artifacts)〉 중 일부도 해당된다.

- 프로젝트에서 제품을 만드는 거의 모든 활동이 이 영역에 해당되기 때문에 오히려 문제가 50%밖에 출제되지 않는다는 것이 이상하게 여겨진다.

- 예측형과 적응형 기준으로는 거의 적응형 생애주기(애자일)에서 출제가 된다. 예측형도 알아야 하겠지만 적응형 프로젝트에 대한 확실한 이해가 필요하며 특히, 예측형과 적응형의 차이에 관해서도 잘 알고 있어야 한다.

- 과거 《PMBOK 지침서》 기준으로 범위, 일정, 원가, 품질에 대한 문제가 현저히 줄어들었다. 특히, 기성고 관련해서는 계산 문제가 한 문제도 출제가 되지 않고 있으며 기본 개념만 알면 되는 정도로 축소되었다. 일정도 주공정법을 이용한 일정 계산 문제가 한 문제도 출제되지 않고 있다. 애자일 프로젝트 관련해서는 애자일 전문가 자격시험인 PMI-ACP 시험에서 자주 출제되는 애자일 프로젝트 추정(estimates)과 속도(velocity) 관련 내용이 출제되지 않고 있다.

- 《PMBOK 지침서》 7판은 프로세스 중심이 아니고 나열식이다. 그럼에도 불구하고 6판 기준으로 프로세스의 선후 관계나 산출물을 묻는 예측형 프로젝 관련된 문제가 종종 출제된다. 이와 연관된 문제는 본 《PM+P 문제집》 내 〈알고 가자! TIP〉에서 자세히 설명했다.

2. 세부 과제

다음 기술된 세부 과제는 PMP 시험을 주관하는 PMI가 제공하는 PMP 시험 내용 요약, 《PMP 시험 내용 요약》에서 가져온 내용으로, 시험의 구체적인 출제 방향을 설명하고 있다.

Domain II	프로세스(Process) – 50%
과제 1	**빠르게 비즈니스 가치를 실현하도록 프로젝트 실행** ■ 점증적으로 가치를 실현할 수 있는 기회 평가 ■ 프로젝트 전체에서 비즈니스 가치 알아보기 ■ 최소 상품성 제품을 찾기 위해 필요에 따라 프로젝트 과제를 나누도록 팀을 지원
과제 2	**의사소통 관리** ■ 모든 이해관계자의 의사소통 요구사항 분석 ■ 모든 이해관계자를 위한 의사소통 방법, 채널, 빈도, 세부적 수준 결정 ■ 프로젝트 정보와 업데이트를 효과적으로 전달 ■ 전달 내용을 이해하고 피드백을 받았는지 확인
과제 3	**리스크 평가 및 관리** ■ 리스크 관리 옵션 결정 ■ 반복적으로 리스크를 평가하고 우선순위 지정
과제 4	**이해관계자 참여** ■ 이해관계자 분석 (예: 권력 관심 그리드, 영향력, 영향) ■ 이해관계자 범주 분류 ■ 범주별로 이해관계자 참여 ■ 이해관계자 참여를 위한 전략을 개발, 실행, 검증

과제 5	**예산과 자원 계획 및 관리** ■ 프로젝트 범위와 과거 프로젝트에서 얻은 교훈을 바탕으로 예산 요구사항을 추정 ■ 향후 예산 관련 요청 예측 ■ 예산 변화를 감시하고 거버넌스 프로세스를 필요에 따라 조정 ■ 자원 계획 및 관리
과제 6	**일정 계획 및 관리** ■ 프로젝트 과제 추정 (마일스톤, 의존관계, 스토리 포인트) ■ 벤치마크 및 과거 데이터 활용 ■ 방법론 기반으로 일정 준비 ■ 방법론 기반으로 진행 상황 측정 ■ 방법론 기반으로 필요에 맞게 일정 수정 ■ 다른 프로젝트 및 운영 활동과 조정
과제 7	**제품/인도물의 품질 계획 및 관리** ■ 프로젝트 인도물에 요구되는 품질 표준 결정 ■ 품질 격차에 따라 개선을 위한 옵션 권유 ■ 프로젝트 인도물의 품질을 지속적으로 조사
과제 8	**범위 계획 및 관리** ■ 요구사항 결정 및 우선순위 지정 ■ 범위 나누기 〔예: 작업분류체계(WBS), 백로그〕 ■ 범위 감시 및 확인
과제 9	**프로젝트 계획 활동 통합** ■ 프로젝트 단계 계획 통합 ■ 의존관계, 격차, 지속적 비즈니스 가치를 위한 통합된 프로젝트 계획 평가 ■ 수집된 데이터 분석 ■ 정보에 근거한 프로젝트 결정을 내리기 위해 데이터를 수집 및 분석 ■ 중대한 정보 요구사항 결정
과제 10	**프로젝트 변경사항 관리** ■ 변경의 필요성을 예측하고 수용 (예: 변경 관리 지침 준수) ■ 변경에 대처하기 위한 전략 결정 ■ 방법론에 따라 변경 관리 전략 실행 ■ 변경에 대한 대응 방법을 결정하여 프로젝트 진행

과제 11	**조달 계획 및 관리** ■ 자원 요구사항 및 필요성 정의 ■ 자원 요구사항 전달 ■ 공급업체 계약 관리 ■ 조달 전략 계획 및 관리 ■ 인도 솔루션 개발
과제 12	**프로젝트 인도물 관리** ■ 프로젝트 인도물 관리를 위한 요구사항(무엇을, 언제, 어디서, 누가 등) 결정 ■ 프로젝트 정보가 최신 상태(예: 버전 관리)이고 모든 이해관계자가 접근할 수 있는지 확인 ■ 프로젝트 인도물 관리의 효율성을 지속적으로 평가
과제 13	**적절한 프로젝트 방법론 방법 및 실무사례 결정** ■ 프로젝트 요구사항, 복잡성, 규모 평가 ■ 프로젝트 실행 전략 권유 (예: 계약, 자금) ■ 프로젝트 방법론 접근방식 권유 (예: 예측, 애자일, 혼합형) ■ 프로젝트 생애주기 전반에서 반복적이고 점증적 실무사례 활용 (예: 교훈, 이해관계자 참여, 리스크)
과제 14	**프로젝트 거버넌스 구조 확립** ■ 프로젝트를 위한 적절한 거버넌스 결정 (예: 조직 거버넌스 반복) ■ 에스컬레이션 경로 및 한계선 정의
과제 15	**프로젝트 이슈 관리** ■ 리스크가 이슈로 변하는 시점 인식 ■ 프로젝트 성공을 달성하기 위한 최적의 조치를 취하여 이슈 공략 ■ 이슈를 해결하기 위한 접근방식에 관해 관련 이해관계자와 협업
과제 16	**프로젝트 연속성을 위한 지식 전달 보장** ■ 팀 내에서 프로젝트 책임 논의 ■ 업무 환경에 대한 기대사항 요약 ■ 지식 전달을 위한 접근방식 확인
과제 17	**프로젝트/단계 종료 또는 이동 계획 및 관리** ■ 프로젝트 또는 단계를 성공적으로 종료하기 위한 기준 결정 ■ 이동할 준비가 되었는지 여부 확인 (예: 운영 팀 또는 다음 단계로 이동) ■ 프로젝트 또는 단계를 마무리하기 위한 활동 종결 (예: 마지막으로 얻은 교훈, 회고, 조달, 자금, 자원)

다음은 이번 영역에서 출제되었거나 출제될 것으로 예상되는 문제들의 중요한 개념에 관한 질문을 기술했다. 눈으로만 읽고 넘어가서는 안 되고 다른 사람에게 개념을 설명하는 것처럼 답변할 수 있어야 한다. 이번 장의 문제를 풀기 전에 반드시 도전해보자.

- 유사산정, 모수산정, 3점 산정, 상향식 산정법의 특징은?
- 일정단축 방법(crashing, fast tracking)의 개념과 활용방법은?
- 애자일 릴리스 기획(agile release planning)의 의미는?
- 반복 번다운 차트(iteration burndown chart)란?
- 선후행 도형법(PDM, Precedence Diagramming Method)을 사용하는 4가지 논리적 관계와 의미는?
- 주공정법(CPM, Critical Path Method)이란?
- 원가관리 계획서에 기술되는 중요한 항목은?
- 우발사태 예비(contingency reserve)와 관리 예비(management reserve)의 차이점은?
- 원가산정 방법의 종류는?
- 계획가치(PV), 획득가치(EV), 실제원가(AC)의 의미는?
- 일정차이(SV), 원가차이(CV), 일정 성과지수(SPI), 원가 성과지수(CPI)의 의미는?
- 품질관리 계획서 작성시 도구 및 기법은?
- 품질비용의 종류와 실제 사례는?
- 품질관리 계획서에 포함되는 내용은?
- 친화도, 인과관계도, 히스토그램, 산점도를 작성하는 방법과 사례는?
- 품질감사(audit)의 목적은?
- 문제 해결 순서는?
- 품질개선 방법의 의미와 도구는?
- 의사소통 방법(communication method) 3가지와 사례는?
- 의사소통 채널 수 계산방법은?
- 의사소통 관리 계획서 포함되는 내용은?
- 리스크와 이슈의 차이와 이로 인한 대응 방법의 차이는?
- 개별 프로젝트 리스크와 포괄적 프로젝트 리스크의 차이는?
- 리스크 관리 계획서에 포함되는 항목은?
- 리스크 분류체계(RBS)에 속한 분류 내용은?
- 리스크 식별 프로세스의 도구 및 기법은?
- 리스크 관리대장에 포함되는 항목은?
- 감시 목록(watch list), 2차 리스크(secondary risk), 잔존 리스크(residual risk), 대체방안(fallback plan)의 의미와 발생 의미는?
- 위협과 기회에 대한 리스크 대응 전략의 종류와 사례는?

- 우발사태 계획(contingency plan)이란?

- 터크먼의 사다리에 나오는 5가지 단계의 의미와 특징은?

- 프로젝트 착수회의(kickoff meeting)의 목적과 시행 시기는?

- 예측형 생애주기에서 단계(phase)의 의미는?

- 요구사항 추적 매트릭스의 용도는?

- 예측형 프로젝트에서 요구사항을 확정하는 방법은?

- 고객 요구사항 정의서와 범위기술서의 차이는?

- 작업 분류체계(WBS)와 작업패키지(work package)의 차이는?

- 문제 해결(problem solving) 순서는?

- 리스크와 이슈의 차이는?

- 리스크 관리대장에 포함되는 내용은?

- 이슈기록부에 포함되는 내용은?

- 임시 대응책(work around)의 의미는?

- 제품책임자(product owner)의 책임과 역할은?

- 애자일 프로젝트 관리자(스크럼 마스터, 코치)와 예측형 프로젝트 관리자의 차이는?

- 일일 스크럼 회의(daily scrum meeting)의 목적과 실시 방법은?

- 반복 검토(iteration review)와 회고(retrospective)의 차이는?

- 기준선(baseline)의 의미와 만들어지는 시기는?

- 완료의 정의(DOD, definition of done)란 무엇인가?

- 리스크 식별 방법은?

- 조달 감사(procurement audit)의 목적은?

- 제품 백로그에 포함되는 내용과 업데이트 시기는?

- 위험 기반 스파이크란?

- 사용자 스토리(user story)의미와 포함되는 내용은?

- 리팩토링(refactoring)의 의미와 실시 시기는?

- 프로젝트 헌장의 의미와 승인권자는?

- 조달 SOW(Statement Of Work)의 목적과 포함되는 내용은?

- 고정가계약, 원가정산계약, 시간자재계약의 특징은?

- 순현재가치(NPV)의 의미는?

- 예측형 프로젝트에서 일정을 확정하는 프로세스는?

- 교훈(lessons learned)의 의미와 예측형/적응형에서 나타나는 차이는?

4. 중요한 문서와 용어

1. 다음 표에 있는 용어 설명을 읽고 알맞은 용어 번호를 보기에서 골라 용어 칸에 기입하시오. (중복 가능)

★ 정답은 110쪽에 있습니다.

용어 설명	용어
과거 유사한 활동 또는 프로젝트의 선례 데이터를 이용하여 활동이나 프로젝트의 기간 또는 원가를 산정하는 방법.	(1)
법적으로 또는 계약에 따라 요구되거나 작업의 성격상 내재된 의존관계를 의미하며, 이 관계에는 대개 물리적 제한이 따른다. 기초 공사가 끝날 때까지 지상 건물을 세울 수 없는 건설 프로젝트나 PC 구매가 끝나야 OS를 설치할 수 있는 상황을 관계의 예로 들 수 있다.	(2)
일정 모델의 논리 네트워크 경로에서 일정에 유연성이 허용되는 기간을 결정하고 프로젝트의 최소 기간을 산정하는 데 사용되는 방법.	(3)
빠른 시일 내 완수할 작업은 상세하게 계획하고 미래의 작업은 상위 수준으로만 계획하는 방식의 반복적 기획기법이다. 이 기법은 애자일 또는 워터폴 접근방식을 사용할 때 작업패키지, 상세 미분류 작업패키지 및 릴리스 기획에 적용할 수 있는 점진적 구체화의 한 형태다.	(4)
일반적으로 순차적으로 수행되는 활동이나 단계를 일정기간의 특정 구간에서 동시에 수행하는 방식의 일정단축방법.	(5)
이것은 때로 우선 논리, 선호 논리 또는 소프트 로직이라고 한다. 즉, 필요에 따라 병행작업이 가능한 관계를 의미한다.	(6)
알고리즘을 이용하여 선례 정보와 프로젝트 모수를 기준으로 원가 또는 기간을 계산하는 산정방법.	(7)
자원을 추가 투입하여 최소한의 추가 비용으로 일정기간을 단축하기 위해 사용되는 방법.	(8)

보기

1. 공정압축법(Crashing)
2. 공정중첩 단축법(Fast tracking)
3. 유사산정(Analogous estimating)
4. 모수산정(Parametric estimating)
5. 의무적 의존관계(Mandatory dependency)
6. 임의적 의존관계(Discretionary dependency)
7. 주공정법(Critical path method)
8. 연동기획(Rolling wave planning)

2. 다음 표에 있는 도구 및 기법 설명을 보고 알맞은 번호를 보기에서 골라 용어 칸에 기입하시오.

★ 정답은 110쪽에 있습니다.

도구 및 기법 설명	용어
두 변수 간의 관계를 보여주는 그래프로서 한 축에는 프로세스, 환경 또는 활동의 요소, 다른 한 축에는 품질 결함을 표시하여 그 관계를 보여줄 수 있다.	(1)
프로세스가 안정적인지 또는 성과예측이 가능한지 여부를 판별하는 데 사용된다. 최고 및 최저 사양한 계는 요구사항을 기준으로 하며, 허용되는 최댓값과 최솟값을 반영한다.	(2)
매트릭스를 형성하는 행과 열 사이에 존재하는 다양한 요인, 원인, 목표 들 사이의 관계 강도를 보여주는 데 사용된다.	(3)
하나 이상의 투입물을 하나 이상의 산출물로 변환하는 프로세스를 위해 존재하는 일련의 단계와 분기 가능성을 보여주기 때문에 프로세스 맵이라고도 한다. 이것은 수평 가치사슬에 존재하는 운영 절차의 상세사항을 대응시켜 프로세스의 전반적인 순서, 활동, 의사결정 지점, 분기 루프, 병렬 경로를 보여준다.	(4)
필요한 조치를 수행했는지 확인하기 위해 또는 일련의 요구사항이 충족되었는지 여부를 확인하기 위해 사용되는 체계적인 도구로, 일반적으로 항목별로 구성된다.	(5)
피시본 다이어그램 또는 이유분석(why-why) 다이어그램 또는 이시카와(Ishikawa) 다이어그램이라고 한다. 이러한 유형의 도표는 식별된 문제기술서의 원인을 개별 분기로 분할하여 문제의 주 원인 또는 근본 원인을 식별하는 데 도움을 준다.	(6)
수치 데이터를 시각적으로 표현한 것으로, 인도물 당 결함 수, 결함 원인의 순위, 각 프로세스의 부적합 횟수, 프로젝트 또는 제품 결함에 대한 기타 정보를 보여줄 수 있다.	(7)
잠재된 품질 관련 문제에 유용한 데이터의 효과적인 수집을 촉진하는 방식으로, 사실을 구성하는 데 사용된다. 특히, 결함 식별을 위한 검사를 수행하면서 속성 데이터를 수집할 때 유용하다.	(8)

보 기

1. 인과관계도(Cause and effect diagram)
2. 순서도(Flowchart)
3. 점검기록지(Check sheet)
4. 점검목록(Checklist)
5. 히스토그램(Histogram)
6. 관리도(Control chart)
7. 산점도(Scatter diagram)
8. 매트릭스도(Matrix diagram)

3. 다음 표에 있는 리스크 대응 전략 용어 설명을 보고 알맞은 용어 번호를 보기에서 골라 용어 칸에 기입하시오.

★ 정답은 110쪽에 있습니다.

용어 설명	용어
위협의 존재는 인지하지만 선제적 조치는 취하지 않는다. 이 전략은 우선순위가 낮은 위협에 적절하며 다른 방법으로 위협을 처리할 수 없거나 비용 면에서 효과적이지 않은 경우에도 채택할 수 있다.	(1)
리스크 관리 및 위협 발생시 영향을 감수하기 위해 제3자에게 위협의 책임을 넘기는 것이다. 이 경우, 일반적으로 위협을 떠맡는 쪽에 리스크에 대한 보수를 지불하게 된다.	(2)
기회의 소유권을 제3자에게 전달하여 기회가 발생하는 경우 일부 이점을 공유하는 것이다. 이것은 프로젝트의 기회를 포착할 가능성을 가장 높일 수 있도록 기회의 담당자를 신중히 선택하는 것이 중요하다.	(3)
프로젝트 팀이 위협을 제거하거나 그 영향으로부터 프로젝트를 보호하기 위해 조치를 취하는 경우이다. 즉, 발생 확률이 높고 부정적이 영향이 커서 우선순위가 높은 위협에는 이 방법이 적절하다. 프로젝트 관리계획서의 일부 변경 또는 위협을 모두 제거하여 발생 확률을 0%로 만들기 위한 대응 전략으로, 주로 목표 변경이 포함된다.	(4)
조직에서 확실한 기회 실현을 위해 우선순위가 높은 기회(opportunity)에 선택할 수 있다. 이 전략은 특정 기회가 반드시 나타나도록, 발생 확률을 100%까지 늘려 해당 기회와 관련된 편익 확보를 추구한다.	(5)
프로젝트 팀 또는 프로젝트 스폰서가 위협이 프로젝트 범위를 벗어나거나 제안된 대응책이 프로젝트 관리자의 권한을 넘어설 수 있다는 데 동의하는 경우 적절한 방법이다. 프로젝트 수준이 아닌 프로그램 수준, 포트폴리오 수준 또는 조직의 기타 관련 부서에서 관리한다.	(6)
기회의 확률 또는 영향을 증가시키기 위해 사용한다. 일반적으로 기회가 발생한 후 편익을 향상시키는 것보다 빠른 증대 조치가 효과적이다. 기회 발생 확률은 원인에 집중해서 증가시킬 수 있다.	(7)
발생 확률 또는 위협의 영향을 줄이기 위한 조치를 수행한다. 일반적으로 위협이 발생한 후 손해를 복구하는 것보다 빠른 완화 조치가 효과적이다. 가급적 단순한 프로세스 채택, 많은 실험의 수행 또는 안정적인 판매자 선정 등이 예다.	(8)

보기

1. 에스컬레이션(Escalate)
2. 회피(Avoid)
3. 전가(Transfer)
4. 완화(Mitigate)
5. 수용(Accept)
6. 활용(Exploit)
7. 공유(Share)
8. 증대(Enhance)

4. 다음 표에는 이해관계자의 참여 정도를 표현하는 용어가 제시되어 있다. 용어 설명을 보고 알맞은 용어를 보기에서 골라 용어 칸에 기입하시오.

★ 정답은 110쪽에 있습니다.

용어 설명	용어
프로젝트와 잠재적인 영향력을 인식하고 변화를 지지하는 상황	(1)
프로젝트와 잠재적인 영향력을 인식하고 있으나 변화에 저항	(2)
프로젝트와 잠재적 영향력을 인식하지 못함	(3)
프로젝트와 잠재적인 영향력을 인식하고 프로젝트 성공을 위해 적극적으로 참여하는 상황	(4)
프로젝트를 인식하고 있으나 아직 지원도 저항도 하지 않는 상황	(5)

보 기

1. 무인식(Unaware)　　2. 저항(Resistant)　　3. 중립(Neutral)　　4. 지원(Supportive)　　5. 리딩(Leading)

5. 다음 표에 있는 용어 설명을 보고 알맞은 용어 번호를 보기에서 골라 용어 칸에 기입하시오.

★ 정답은 110쪽에 있습니다.

용어 설명	용어
공급자에게는 지정된 제품, 서비스 또는 인도물의 제공 의무를 지우고, 수요자에게 금전 또는 적정 대가의 지불 의무를 지우는 쌍방 간의 구속력을 지닌 합의서	(1)
프로젝트 범위와 제품 범위를 포함하여 전체 범위를 기술하며, 가정, 제약, 프로젝트의 인도물 등을 상세히 설명한 문서	(2)
입찰서 또는 제안서를 제출하기에 앞서 모든 유망한 공급자와 수요자가 참석하는 회의다. 모든 유망한 공급자에게 조달사항을 충분히 이해시키고, 특혜를 받는 입찰자가 없도록 하기 위한 것이다.	(3)
조달문서 개발부터 계약 종결에 이르기까지 조달 프로세스를 관리하는 방법을 기술하는 문서	(4)
프로젝트 범위기준선으로부터 개발되며, 프로젝트 범위에서 관련 계약 안에 포함되는 부분만을 정의한 문서	(5)
유력한 공급자에게 제안서를 의뢰하기 위해 사용되며, 각 공급자가 정확하고 완벽한 답변서를 작성할 수 있도록 지원하고, 수요자가 답변을 쉽게 평가할 수 있도록 구성되는 문서	(6)
이전에 자격이 검증된(승인된) 유력 판매자 목록이다. 부실한 성과를 근거로 실격되어 목록에서 제외되는 판매자가 발생할 수 있기 때문에 조달통제 프로세스 결과에 따라 판매자 목록을 업데이트한다.	(7)
조달 프로세스에 대한 체계적인 심사 활동이다. 이와 관련된 권리와 의무는 조달계약서에 명시해야 한다.	(8)

보 기

1. 조달문서(Procurement document)
2. 계약서(Contract)
3. 조달 작업기술서(Procurement SOW)
4. 조달감사(Procurement audit)
5. 조달관리 계획서(Procurement management plan)
6. 프로젝트 범위기술서(Project scope statement)
7. 입찰자 회의(Bidder conference)
8. 사전심사 통과 판매자 목록(Prequalified seller list)

6. 다음 표에 있는 용어 설명을 보고 알맞은 용어 번호를 보기에서 골라 용어 칸에 기입하시오.

★ 정답은 110쪽에 있습니다.

용어 설명	용어
제품이나 인도물의 가치를 제공하기 위해 작업을 수행하는 일정 시간 동안의 주기	(1)
반복 기간 중 달성한 작업을 검토하기 위해 반복 작업이 종료되는 시점에 이해관계자들과 팀이 개최하는 회의. 이 회의에서는 완료된 작업과 완료되지 않은 작업이 있는지 확인하며 제품을 제품책임자에게 시연(demo)한다.	(2)
팀에서 전날의 진척 상황을 검토하고, 오늘의 목표를 알리며, 발생했거나 예상되는 모든 장애물을 소개하는 간단한 일일 협업 회의	(3)
병목현상과 과도한 약속을 파 악하는 데 도움을 주기 위해 작업 진척을 표시하는 시각화 도구. 이를 통해 팀은 작업 흐름을 최적화할 수 있다.	(4)
가치를 인도할 수 있는 최소의 기능이나 요구사항을 의미하며, 이를 통해 솔루션의 최초 출시 범위를 정의하는 데 이용되는 개념	(5)
반복의 가장 끝에서 프로세스, 제품, 팀워크를 개선할 목적으로 이해관계자들이 자신의 작업과 인도물을 논의하기 위해 정기적으로 갖는 워크숍	(6)
다음 반복을 통해 완수할 수 있는 기능을 식별하기 위해 백로그 내용을 점진적 구체화하고 우선순위를 조정하는 업데이트 활동	(7)
여러 차례의 반복 과정을 거쳐 인도될 것으로 예상되는 날짜, 기능 또는 결과에 대한 기대치를 설정하는 계획	(8)
사용자 스토리보다 큰 개념으로 아직 덜 분할된 상태의 기능이나 사용자 스토리를 의미한다. 따라서, 제품 백로그 목록의 아래쪽에 위치	(9)
대략 1~3일 분량의 작업을 포함하는 기능 내 소규모 비즈니스 기능 덩어리로 정의된다. 애자일 팀에 의해 일반적으로 제품 기능을 이것으로 분류하여 인덱스 카드에 쓰거나 요구사항 관리 도구에 입력한다. 또한, 이것은 해당 기능을 '사용자' 관점에서 작성한 것이기에 중요하다.	(10)
제품을 구축하기 위해 수행해야 하는 모든 기능의 우선순위 목록이며 모든 제품 요구사항에 대한 단일 소스 역할을 한다. 여기에는 구축될 특징들, 기능들, 요구사항들, 품질 속성들(즉, 비기능적 요구사항들), 개선사항들 및 수정사항들을 포함한다.	(11)
임박한 반복을 수행하는 데 필요한 백로그 항목, 인수기준, 작업 노력 등의 세부사항을 명확히 하는 계획 회의	(12)
고객이 사용할 수 있는 수준으로 완료된 인도물로 간주하기 위해 충족해야 할 모든 기준을 명시한 점검목록	(13)
사용자 스토리 구현에 필요한 업무량을 상대 수준 산정으로 사용하는 단위	(14)
프로젝트 이해관계자들 사이에 정보를 공유하기 위해 팀 내에 가장 잘 보이는 곳에 설치하는 가시적이고 물리적인 현황판이다. 적시에 지식 공유를 가능하게 한다.	(15)

01 한 병원에서 의료비 청구, 환자 데이터 및 기록 관리를 담당하고 의사의 진료 보고서와 입력을 관리하기 위해 내부 중요 시스템 중 하나에 대한 프로젝트를 진행하고 있다. 이때 프로젝트 관리자는 식별된 리스크를 어떻게 분류해야 하는가? 왼쪽의 리스크 유형과 오른쪽의 사례를 각각 알맞게 연결하시오.

리스크의 유형	사례
기술적 리스크	문서 및 사용자 매뉴얼 준비에 필요한 자원의 가용성은 프로젝트 팀이 원래 계획한 것이 아니다.
상업적 리스크	프로젝트 관리자가 사용할 수 없는 파일의 출력 형식을 적시에 데이터 및 기록 관리 시스템과 인터페이스 할 수 있어야 한다.
관리적 리스크	의료 기기에 대한 인터페이스는 공급업체의 지원을 필요로 한다.
외부적 리스크	시스템에 통합하기 위한 규정 준수 및 승인 표준이 필요하다.

해설

이 문제는 《PMBOK 지침서》 6판에서 RBS(Risk Breakdown Structure)의 예시로 제시되었던 것이다. 최근 《PMBOK 지침서》 7판을 기초로 한 PMP 시험에서 다양한 형식의 문제가 지속적으로 출제되고 있다. 1. 기술적 리스크에는 1) 범위정의, 2) 요구사항 정의, 3) 추정/가정, 제약조건, 4) 기술 프로세스, 5) 기술, 6) 기술적 인터페이스 등이 해당된다. 문제에서 '프로젝트 관리자가 사용할 수 없는 파일의 출력 형식을 적시에 데이터 및 기록 관리 시스템과 인터페이스할 수 있어야 한다'가 해당된다. 2. 관리적 리스크에는 1) 프로젝트 관리, 2) 프로그램 관리, 3) 운영 관리, 4) 조직, 5) 자원, 6) 의사소통 등이 해당된다. 문제에서 '문서 및 사용자 매뉴얼 준비에 필요한 자원의 가용성은 프로젝트 팀이 원래 계획한 것이 아니다'라는 것이 관리상의 리스크를 의미한다. 3. 상업적 리스크에는 1) 계약 약관과 조건, 2) 내부 조달, 3) 공급자와 벤더, 4) 하도급 업체, 5) 고객의 안정성, 6) 파트너십과 조인트 벤처 등이 해당된다. 문제에서 '의료 기기에 대한 인터페이스는 공급업체의 지원을 필요로 한다' 는 것이 상업적 리스크이다. 4. 외부적 리스크는 1) 입법, 2) 환율, 3) 장소/시설, 4) 환경/날씨, 5) 경쟁, 6) 규제 등이 해당된다. 문제에서 '시스템에 통합하기 위한 규정 준수 및 승인 표준이 필요하다'는 것이 외부적 리스크이다.

정답 해설 참조

02 프로젝트 실행 중 리스크 책임자(risk owner)가 대응 전략을 실행하기 위해 동력 엔진의 임계 속도를 모니터링하고 있다. 리스크 평가 및 관리 프로세스 단계에서 동력 엔진은 다음과 같은 특성을 갖는 것으로 정의되었다.

1,600rpm(분당 속도) → 작동이 중지되고 시스템이 충돌

1,500rpm(분당 속도) → 허용되는 최대 속도 경고

1,400rpm(분당 속도) → 동력 감소 및 엔진 제동

다음 설명 중 옳은 것은?

1) 1,600rpm은 프로젝트 이슈이다. 1,500rpm은 프로젝트 리스크이다. 1,400rpm은 대응 전략을 촉발하는 트리거 이벤트이다.

2) 1,600rpm은 프로젝트 이슈이다. 1,500rpm은 대응 전략을 촉발하는 트리거 이벤트이다. 1,400rpm은 프로젝트 리스크이다.

3) 1,600rpm은 프로젝트 리스크이다. 1,500rpm은 대응 전략을 촉발하는 트리거 이벤트이다. 1,400rpm은 프로젝트 이슈이다.

4) 1,600rpm은 대응 전략을 촉발하는 트리거 이벤트이다. 1,500rpm은 프로젝트 이슈이다. 1,400rpm은 프로젝트 리스크이다.

해 설

이슈와 리스크를 구분할 수 있어야 한다. 리스크는 발생할지 안 할지 또한 영향도가 어느 정도일지 등 불확실한 사건이나 상황(uncertain event or condition)을 의미한다. 리스크가 발현되면 프로젝트에 긍정적이든 부정적이든 영향을 미칠 수 있다. 반면, 이슈는 이미 리스크가 실현되어서 프로젝트에 나쁜 영향을 미친 상태를 의미한다. 리스크 중에는 일정 임계치를 넘어서면 바로 리스크 대응 전략이 실행되어 이슈가 되지 않도록 해주어야 하는 경우가 있는데, 이때의 임계치를 트리거라고 한다. 따라서 가장 낮은 단계인 1,400rpm이 리스크 상태이고, 1,500rpm이 리스크 대응전략을 실행시키는 트리거이다. 1,600rpm은 이미 프로젝트에 나쁜 영향이 미친 이슈 상태이다. 보기 2)가 정답이다.

정답 2)

실전문제 답안지

번호	1	2	3	4	5	6	7	8	9	10	11	12	13	14	15	16	17	18	19	20
정답																				
번호	21	22	23	24	25	26	27	28	29	30	31	32	33	34	35	36	37	38	39	40
정답																				
번호	41	42	43	44	45	46	47	48	49	50	51	52	53	54	55	56	57	58	59	60
정답																				
번호	61	62	63	64	65	66	67	68	69	70	71	72	73	74	75	76	77	78	79	80
정답																				
번호	81	82	83	84	85	86	87	88	89	90	91	92	93	94	95	96	97	98	99	100
정답																				
번호	101	102	103	104	105	106	107	108	109	110	111	112	113	114	115	116	117	118	119	120
정답																				
번호	121	122	123	124	125	126	127	128	129	130	131	132	133	134	135	136	137	138	139	140
정답																				
번호	141	142	143	144	145	146	147	148	149	150	151	152	153	154	155	156	157	158	159	
정답																				

Project Manager + Professional

실전문제 답안지

절 취 선

번호	1	2	3	4	5	6	7	8	9	10	11	12	13	14	15	16	17	18	19	20
정답																				
번호	21	22	23	24	25	26	27	28	29	30	31	32	33	34	35	36	37	38	39	40
정답																				
번호	41	42	43	44	45	46	47	48	49	50	51	52	53	54	55	56	57	58	59	60
정답																				
번호	61	62	63	64	65	66	67	68	69	70	71	72	73	74	75	76	77	78	79	80
정답																				
번호	81	82	83	84	85	86	87	88	89	90	91	92	93	94	95	96	97	98	99	100
정답																				
번호	101	102	103	104	105	106	107	108	109	110	111	112	113	114	115	116	117	118	119	120
정답																				
번호	121	122	123	124	125	126	127	128	129	130	131	132	133	134	135	136	137	138	139	140
정답																				
번호	141	142	143	144	145	146	147	148	149	150	151	152	153	154	155	156	157	158	159	
정답																				

Project Manager + Professional

실전문제

★ 정답은 110쪽에 있습니다.

기본문제

01 프로젝트 관리자가 범위관리 프로세스에 따라 업무범위를 명확히 정의하고, 범위달성을 위한 일정과 예산 계획을 수립했다. 또한, 불필요한 변경을 통제하기 위해 공식적인 변경통제 프로세스를 구축하여 이에 따라 변경사항을 통제했다. 프로젝트 관리자는 지금 어떤 종류의 생애주기를 적용하고 있는 것인가?

1) 예측형 생애주기(Predictive life cycle)
2) 증분형 생애주기(Incremental life cycle)
3) 적응형 생애주기(Adaptive life cycle)
4) 제품 생애주기(Product life cycle)

02 다음 중 프로젝트 생애주기와 제품 생애주기에 대해 맞게 설명한 문장은?

1) 제품 생애주기는 일반적으로 프로젝트 생애주기 주기보다 짧다.
2) 프로젝트 생애주기는 일반적으로 제품 생애주기 내에 포함된다.
3) 제품 생애주기는 프로젝트 생애주기에 대한 다른 표현이다.
4) 프로젝트 생애주기 마지막 단계는 제품의 폐기다.

03 다음 중 프로젝트 생애주기와 단계(phase)에 대해 올바르게 설명한 것은?

1) 프로젝트 생애주기가 몇 개의 단계(phase)로 구성된 경우, 한 단계의 종료가 공식적으로 완료됐다는 것은 다음 단계의 업무를 시작해도 된다는 의미다.
2) 프로젝트 단계 종료시, 완료된 산출물의 정확성(correctness)에 대한 확인을 하지만 인수(acceptance)는 프로젝트가 완전히 종료된 후 최종 산출물에 대해 수행한다.

3) 단 하나의 단계만으로 구성된 프로젝트가 있을 수 있다.
4) 같은 업종의 프로젝트들은 통일된 프로젝트 단계를 갖는다.

04 예측형으로 진행하는 프로젝트에서 프로젝트 관리자가 새로운 프로젝트를 시작했다. 프로젝트 관리자는 프로젝트에 대한 그의 권한 수준을 알고 싶어한다. 다음 중 어느 문서에서 권한의 상세 내용을 찾을 수 있는가?

1) 조직의 인사매뉴얼(Organizational HR manual)
2) 프로젝트 헌장(Project charter)
3) 프로젝트 관리 계획서
4) 협약서(Agreement)

05 프로젝트 관리 방법론을 제정하고, 소프트웨어나 템플릿을 제공하며, 회사 전체 관점에서 프로젝트를 통합 관리하는 조직을 무엇이라고 하나?

1) 프로젝트 관리오피스(PMO)
2) 변경통제위원회(CCB)
3) 스폰서
4) 경영진

06 프로젝트 진행 중 기준선(baseline) 변경이 필요한 변경요청이 발생했다. 프로젝트 관리자는 이 변경요청을 변경통제 위원회로 이관하여 위원회의 승인을 받았다. 그런데 변경통제 위원회의 명단에서 중요한 고객과 스폰서가 빠져 있는 것을 확인했다. 프로젝트 관리자는 어떻게 해야 하는가?

1) 기준선을 변경하는 변경요청의 최종 승인권자는 변경통제 위원회이므로 승인은 전부 받은 것이다. 다음 활동을 하면 된다.
2) 스폰서에게 구두로 보고를 한다.

3) 중요한 고객의 승인은 반드시 필요하므로 스폰서는 제외하더라도 중요한 고객의 승인을 받는다.

4) 변경통제 위원회에 포함되지 않는 중요한 고객과 스폰서의 승인을 모두 받아야 한다.

07 당신은 예측형으로 진행하고 있던 프로젝트에 새로운 프로젝트 관리자로 배정을 받았다. 프로젝트의 전반적인 이해를 위해서 당신은 무엇을 살펴봐야 하는가?

1) 프로젝트 범위기술서(Project scope statement)

2) 작업분류체계(WBS)

3) 프로젝트 헌장(Project charter)

4) 리스크 관리대장(Risk register)

08 프로젝트 진행 중 예기치 않은 문제에 직면하게 된 프로젝트 관리자가 이를 이슈 기록부에 기록했다. 다음 중 일반적으로 이슈 기록부에 등재되는 사항이 아닌 것은 무엇인가?

1) 이슈 제기자와 발생 시점

2) 우선순위

3) 이슈 방법론

4) 최종 해결책

09 프로젝트 관리자는 그의 두 번째 프로젝트를 진행하고 있다. 두 번째 프로젝트의 업무 범위가 날이 갈수록 증가하고 있어 프로젝트 관리자에게 도움이 필요한 상황이다. 프로젝트 관리자는 작년에 두 번째 프로젝트와 유사한 프로젝트를 회사에서 진행했다는 사실을 알았다. 프로젝트 관리자는 무엇을 해야 하는가?

1) 이전 프로젝트 관리자를 만나서 도움을 요청한다.

2) 프로젝트 관리오피스(PMO)로부터 이전 프로젝트의 교훈 정보를 받는다.

3) 프로젝트의 범위가 완전히 늘어날 때까지 지켜본다.

4) 모든 이해관계자들에게 범위를 늘리면 안 된다고 이메일을 보낸다.

10 당신은 예측형 프로젝트의 관리자이다. 프로젝트가 종료 단계를 앞두고 프로젝트 범위와 인수 기준 등을 다시 한번 확인하고 싶어졌다. 어떠한 문서를 보아야 하는가?

1) 요구사항 문서(Requirements documentation)

2) 프로젝트 범위기술서(Project scope statement)

3) 프로젝트 범위관리 계획서(Project scope management plan)

4) 프로젝트 헌장(Project charter)

11 작업분류체계(WBS) 구성요소 중 프로젝트의 원가, 자원, 일정을 산정하는 기준이 되는 것은 무엇인가?

1) 작업패키지(Work package)

2) 작업분류체계 사전(WBS dictionary)

3) 태스크(Task)

4) 활동(Activity)

12 당신은 예측형으로 진행되는 프로젝트의 관리자로 작업분류체계(WBS)를 만들려고 한다. 프로젝트를 효율적으로 관리하기 위해서 프로젝트 업무를 작은 업무 단위로 분할할 때, 작업(task)을 어느 정도까지 분할해야 하는지에 관해 잘못 설명한 것은?

1) 의미 있는 결과를 가질 때까지

2) 더 이상 논리적으로 분할할 수 없을 때까지

3) 한 사람에 의해서 수행 가능할 때까지

4) 현실적인 일정 추정이 가능할 때까지

13 프로젝트 관리자인 당신은 프로젝트에서 서로 다른 팀원이 동일한 업무를 동시에 수행하고 있다는 사실을 발견했다. 현재 프로젝트의 상태는 SPI=0.9이고, CPI=0.8이다. 프로젝트 관리자인 당신은 어떤 문서를 확인해야 하는가?

   1) 프로젝트 범위기술서(Project scope statement)
   2) 자원분류체계(RBS)
   3) 작업분류체계(WBS)
   4) 의사소통 관리 계획서(Communication management plan)

14 프로젝트 관리자인 당신은 최근 시작한 프로젝트의 착수회의를 마무리하고 요구사항 정의를 준비하고 있다. 이때, 참조할 수 있는 내용이 아닌 것은?

   1) 프로젝트 범위기술서(Project scope statement)
   2) 프로젝트 헌장(Project charter)
   3) 이해관계자 관리대장(Stakeholder register)
   4) 이해관계자 참여 계획서(Stakeholder engagement plan)

15 임시 대표이사 때 프로젝트가 승인되었고 대표이사가 변경되었다. 새로운 대표이사가 선임되고 새로운 이해관계자로 등록되었다. 프로젝트 관리자는 무엇을 해야 하는가?

   1) 새로운 대표이사의 요구사항이 무엇인지 파악한다.
   2) 변경통제를 실시한다.
   3) 새로운 대표이사의 요구사항에 맞게 원가, 일정 기준선을 변경한다.
   4) 프로젝트 종료 단계를 실시한다.

16 인사 팀에서 갑자기 당신을 진행 중인 프로젝트의 관리자로 배정했다. 이전 프로젝트 관리자는 이미 다른 회사로 이직한 상황이다. 발령

을 받아 가보니 프로젝트 헌장은 있으나, 작업분류체계(WBS)가 없어 팀원들이 우왕좌왕하며 업무를 수행하고 있다. 심지어 본인이 무슨 업무를 해야 하는지 모른 채 대기하는 인력도 있었다. 당신이 취해야 하는 가장 바람직한 행동은 무엇인가?

   1) 이전 프로젝트 관리자의 잘못을 파악하여, 경영진에게 보고한다.
   2) 프로젝트의 현황을 파악하여 프로젝트 헌장을 수정하고, 작업분류체계(WBS)를 작성한다.
   3) 작업분류체계 사전(WBS dictionary)을 근거로 업무를 진행하라고 팀원들을 독려한다.
   4) 프로젝트 관리자 발령을 거절한다.

17 프로젝트에서 완성된 인도물에 대한 검수 중 문제가 발생했다. 고객은 중요한 기능이 누락되었다고 인수를 거부했다. 프로젝트 작업을 확인해 보니 계획된 작업은 전부 수행되었다. 그렇다면 프로젝트 관리자는 무엇을 확인해 보아야 하는가?

   1) 의사소통 관리 계획서
   2) 작업분류체계(WBS)
   3) 요구사항 문서
   4) 프로젝트 범위기술서

18 프로젝트 팀에서 검수가 완료된 인도물을 고객에게 전달했다. 하지만 고객이 인수하지 않겠다고 하고 있다. 이를 예방하기 위해 프로젝트 관리자가 했어야 하는 것은 무엇인가?

   1) 요구사항 추적 매트릭스를 주기적으로 관리해야 했다.
   2) 품질관리를 해야 했다.
   3) 작업분류체계(WBS) 작성을 명확히 수행해야 했다.
   4) 요구사항 수집을 정확히 수행해야 했다.

19 프로젝트 관리자인 당신은 모든 팀원을 선발하기 전에 활동 기간을 산정했다. 프로젝트 팀 구성 동안, 당신은 당초 계획되었던 것보다 경쟁력 수준이 낮은 팀원을 얻었다는 것을 알게 되었다. 이와 같은 경우에 당신은 어떻게 해야 하는가?

1) 해당 팀원을 프로젝트에서 제외시킨다.
2) 팀원들에게 야근을 해서 당초 일정을 맞추라고 요구한다.
3) 변경된 경쟁력 수준에 맞게 활동 기간을 조정하고 프로젝트 일정단축을 위한 대안을 찾는다.
4) 고객에게 프로젝트의 일정이 늦어질 것이라고 말한다.

20 연구개발 출신의 팀원들이 프로젝트 관리자인 당신에게 작업이 너무 창조적이어서 활동(activity)에 대한 정확한 기간 산정치를 제공하기 어렵다고 말했다. 당신은 활동의 기간을 산정하기 위해 과거 프로젝트로부터 단위작업당 작업시간을 가져와 사용하기로 결정했다. 이것은 무엇의 예인가?

1) 모수산정(Parametric estimating)
2) 3점 산정(Three-point estimating)
3) 유사산정(Analogous estimating)
4) 몬테카를로 시뮬레이션(Monte carlo simulation)

21 케이블(cable)을 늦게 배달한 협력업체 때문에 프로젝트 일정이 1주일 지연되었다. 문제를 해결하고자 프로젝트의 제약요소인 정부 규정 종료일까지 프로젝트의 일정을 압축하려고 한다. 당신은 팀원들과 회의 후에 여러 개의 업무를 병행 수행하여 일정을 맞추기로 했다. 이것은 무엇의 예인가?

1) 리스크 수용(Risk acceptance)
2) 공정압축법(Crashing)
3) 자원평준화(Resource leveling)
4) 공정중첩 단축법(Fast tracking)

22 다음 중 맞는 설명은 무엇인가?

1) 주공정법(CPM)은 프로젝트의 기간산정에 도움을 준다.
2) 주 경로(critical path) 경로는 단 하나만 있을 수 있다.
3) 네트워크도(network diagram)를 활용하면 언제든지 종료일을 변경할 수 있다.
4) 프로젝트는 절대로 음수의 여유(float)를 가질 수 없다.

23 당신은 프로젝트 진행 중 프로젝트 달력(project calendar)을 자주 참조했다. 프로젝트 달력에 대한 설명 중 옳은 설명은?

1) 프로젝트 내에서 수립된 다양한 회의 일자가 포함되어 있다.
2) 일하는 날짜 또는 활동을 수행해야 하는 일자가 기술되어 있다.
3) 팀원들이 해제 예상 일자가 기술되어 있다.
4) 프로젝트 산출물을 고객에게 보내는 날짜가 표현되어 있다.

24 한 작업의 일정이 2주 지연되고 있다. 일정 기준선은 2개월 여유가 있는 상황이다. 어떻게 처리해야 하는가?

1) 작업의 일정 변경을 위한 변경요청을 처리한다.
2) 작업 지연에 대한 원인을 파악한다.
3) 일정 기준선에 문제가 없기 때문에 지켜본다.
4) 지연된 일정에 대해 담당자에게 책임을 묻는다.

25 당신은 예측형 프로젝트의 관리자이다. 현재 프로젝트는 SPI= 0.8, CPI= 1.2인 상태다. 이

때, 프로젝트 관리자가 해야 할 일은?

1) 공정중첩 단축법(fast tracking)을 실시한다.

2) 공정압축법(crashing)을 실시한다.

3) 불필요한 활동(activity)을 식별하여 제거한다.

4) 업무 범위를 축소한다.

26 만약 어느 프로젝트의 작업분류체계(WBS)가 다음과 같을 경우 기간 단축이 필요하다면 어떤 활동을 줄여야 하겠는가?

활동(Activity)	선행 작업	기간
Start	None	0
A	Start	1
B	Start	2
C	Start	6
D	A	10
E	B, C	1
F	C	2
G	D	3
H	E	9
I	F	1
End	G, H, I	0

1) 활동 B

2) 활동 D

3) 활동 H

4) 활동 F

27 프로젝트가 거의 끝나가는 시점에 고객이 큰 변경을 요청했다. 이 변경을 수행하려면 예산이 필요한데, 프로젝트에서 우발사태 예비(contingency reserve)로 책정해 놓은 예산을 이 변경을 위해 사용할 수 있는 상태다. 프로젝트 관리자는 무엇을 먼저 해야 하는가?

1) 고객에게 이 변경을 수행하려면, 예산이 더 든다고 얘기한다.

2) 원가기준선을 변경하고, 프로젝트 계획을 업데이트한다.

3) 변경통제 프로세스를 수행한다.

4) 우발사태 예비(contingency costs)를 사용하여 변경을 수행한다.

28 프로젝트 성과분석의 결과로 원가성과지수(CPI)=0.87, 일정성과지수(SPI)=1.21의 값을 얻었다. 프로젝트의 현재 상태에 대한 가장 올바른 설명은 무엇인가?

1) 프로젝트 원가 상태에 대해서 염려해야 하지만 프로젝트 일정 상태는 좋은 편이다.

2) 프로젝트 일정 상태에 대해서 염려해야 하지만 프로젝트 원가 상태는 좋은 편이다.

3) 프로젝트의 리스크를 잘 관리하지 못한 경우이므로 프로젝트 관리자 교체를 고려해봐야 한다.

4) 프로젝트의 성과를 잘 관리한 대가로 프로젝트 팀에 인센티브를 고려해봐야 한다.

29 우발사태 예비(contingency reserve)에 대한 설명으로 올바른 것은?

1) 아직 식별되지 않은 리스크에 대비하기 위해 확보한 예비다.

2) 경영층의 승인이 없이도 프로젝트 관리자가 집행할 수 있다.

3) 원가기준선(cost baseline)에 포함되지 않는다.

4) 장비 구매시 갑자기 환율이 폭등하여 프로젝트가 리스크에 빠지면 사용할 수 있다.

30 어느 제조 프로젝트에서 일정성과지수(SPI)는 0.89이고, 원가성과지수(CPI)는 0.91이다. 일반적으로 왜 이러한 현상이 일어났는지 가장 잘 설명한 것은?

1) 업무범위가 변경되었다.

2) 공급자가 파산했고, 새로운 업체를 찾아야 할 필요성이 있었다.

3) 추가적인 장치를 구매할 필요성이 발생했다.

4) 주 경로(critical path)상의 활동(activity)이 오래 걸렸고, 완료하는 데 더 많은 자원이 필요하게 되었다.

31 당신은 여러 하도급 업체와 함께 프로젝트를 진행하는 프로젝트의 관리자다. 당신의 하도급 업체 중 하나가 우리 회사의 활동 때문에 결과적으로 본인 회사(하도급 업체)의 원가가 증가했다고 말하며 추가 비용을 요구하였다. 당신은 가장 먼저 무엇을 해야 하는가?

1) 프로젝트 원가 변경을 검토한다.
2) 경영층과 무엇을 해야 할지 협의한다.
3) 하도급 업체에게 원가 증가에 대한 추가 정보를 요청한다.
4) 어떠한 잘못도 부정한다.

32 프로젝트 관리자인 당신은 프로젝트의 리스크에 대비하기 위해 우발사태 예비(contingency reserve)와 관리 예비(management reserve)를 확보했다. 다음 중 우발사태 예비를 사용하게 될 상황으로 가장 가까운 것은 무엇인가?

1) 환율이 급격이 상승하여 구매할 외자재의 단가가 많이 올라갔다.
2) 정부가 국제 환경규제 협약에 서명함에 따라 개발 장비에 매연 저감 장치를 추가해야 한다.
3) 우리 프로젝트에 설계시 투입되기로 되어 있던 인력이 이전 프로젝트에서 해지가 되지 않고 있다.
4) 최종 제품 이송 중 그 지역 반군의 습격을 받아 절반의 장비를 탈취당했다.

33 당신은 신제품 개발 프로젝트의 관리자다. 프로젝트를 진행하던 중 시제품에 대해 테스트를 실시해보니 품질 결과가 좋지 않게 나왔다. 이때, 팀원 중 한 명이 온도가 품질에 영향을

미치고 있다고 주장했다. 프로젝트 관리자가 이를 검증할 수 있는 가장 적절한 기법은?

1) 순서도(Flowchart)
2) 산점도(Scatter diagram)
3) 친화도(Affinity diagram)
4) 인과관계도(Cause and effect diagram)

34 당신은 IT개발 프로젝트의 관리자다. 당신의 팀은 현재의 서버 용량이 부족하다는 결론에 도달했다. 이에 프로젝트 관리자인 당신은 추가 서버 계약을 진행했다. 이것은 리스크 대응 전략 중 어느 것에 해당하는가?

1) 회피(Avoid)
2) 완화(Mitigate)
3) 전가(Transfer)
4) 활용(Exploit)

35 프로젝트 실행 동안, 프로젝트 팀원들은 리스크 관리대장에 있지 않은 리스크를 식별했다. 프로젝트 관리자가 반드시 해야 하는 활동은 무엇인가?

1) 팀원들이 어떠한 방법으로 리스크를 식별했는지 알아본다.
2) 리스크 식별 프로세스 동안 식별되지 않은 리스크이므로 무시한다.
3) 리스크에 관해서 고객에게 알린다.
4) 리스크를 문서화하고 분석을 실시한다.

36 당신은 특정 프로젝트의 관리자로서 프로젝트를 진행 중이다. 프로젝트 진행 중 계속 품질 수준이 낮아져 프로젝트의 중요한 이슈가 되었다. 다음 기법 중에서 발생 정황, 해결책 제시에 가장 도움이 되는 기법은?

1) 흐름도(Flow chart)
2) 관리도(Control chart)

3) 인과관계도(Cause and effect diagram)

4) 런 차트(Run chart)

37 프로젝트 팀에서 계획을 실행하기에 충분한 경고가 있을 것이라고 믿는 경우, 미리 정한 특정 조건에서만 실행할 대응계획을 수립하기도 한다. 이러한 대응계획을 무엇이라고 하는가?

1) 시정조치 계획(Corrective action plan)

2) 예방조치 계획(Preventive action plan)

3) 리스크 관리 계획(Risk management plan)

4) 우발사태 계획(Contingency plan)

38 프로젝트 관리자가 리스크 감시 활동을 진행하는 도중 새로운 리스크를 식별했다. 이때, 프로젝트 관리자가 취해야 할 행동은?

1) 우발사태 예비(contingency reserve)를 사용한다.

2) 리스크 관리대장에 등록 후 정성적 리스크 분석 수행부터 다시 한다.

3) 리스크 대응 계획을 즉시 수립한다.

4) 초기에 식별되지 않은 리스크이므로 무시한다.

39 현재 프로젝트 A와 B가 진행 중에 있다. 당신은 프로젝트 A의 관리자다. 프로젝트 A는 프로젝트 B가 완료되어야 완료할 수 있다. 프로젝트 B의 완료가 2개월 정도 지연될 것으로 예상될 때 당신이 해야 할 일은 무엇인가?

1) 프로젝트 B의 관리자를 만나 지연하지 말라고 요청한다.

2) 리스크 관리대장(risk register)을 보고 리스크 대응 전략을 확인한다.

3) 변경요청을 하여 프로젝트 일정을 연기한다.

4) 스폰서를 만나 프로젝트 B가 지연되지 않도록 한다.

40 프로젝트가 실행 단계를 진행 중이다. 프로젝트 착수 시기에 참여하지 않았던 사업관리자(business manager)가 리스크를 발견했다. 스폰서와 협의한 결과 프로젝트에 심각한 영향을 줄 수 있으므로 고려해야 할 부분이라고 결정했다. 프로젝트 관리자는 다음으로 무엇을 해야 하는가?

1) 이해관계자 관리대장을 재작성한다.

2) 변경통제 프로세스를 시작한다.

3) 의사소통 관리 계획서를 업데이트한다.

4) 리스크 관리대장(risk register)을 업데이트한다.

41 프로젝트가 진행 중이다. 프로젝트 인력 중 중요한 기술을 가진 팀 멤버가 다음 달에 퇴사한다고 프로젝트 관리자에게 알려 왔다. 프로젝트 관리자는 어떻게 대응해야 하는가?

1) 기능부서장(functional manger)과 대체 인력에 대하여 협의한다.

2) 리스크 관리대장(risk register)을 확인하고 대응한다.

3) 퇴사가 불가하다고 알려준다.

4) 조달관리 계획서를 업데이트한다.

42 당신은 신약 검증 프로젝트의 관리자다. 프로젝트에서 도입한 소프트웨어 프로그램을 사용하여 최대 결과값(효과)을 낼 수 있다는 사실을 프로젝트 팀원들이 확인했다. 이것은 리스크 대응 전략 중 무엇에 해당되는가?

1) 전가(Transfer)

2) 공유(Share)

3) 활용(Exploit)

4) 증대(Enhance)

43 당신은 해외 건설 프로젝트의 관리자다. 계약 관련 문서를 검토하던 중 제안요청서(RFP)에 테스트 단계에서 로컬 기업을 사용하도록 명

시되어 있는 것을 알게 되었다. 이러한 내용은 어디에 기록되어야 하는가?

1) 입찰문서(Bid document)

2) 리스크 관리대장(Risk register)

3) 이슈 기록부(Issue log)

4) 자원 관리 계획서(Resource management plan)

44 다음 중 리스크 관리에 관한 설명으로 맞는 것은?

1) 프로젝트 팀은 프로젝트에 위협이 되는 리스크를 감지할 수 없다.

2) 모든 프로젝트에서 불확실한 이벤트가 발생한다.

3) 개인과 조직의 행태는 리스크 관리에 영향을 주는 요인이 아니다.

4) 프로젝트 관리 측면에서 보면 리스크 관리는 수동적인 행동이다.

45 당신은 예측형 프로젝트의 관리자이다. 팀원들에게 프로젝트의 리스크에 대해서 설명을 하려고 한다. 다음 중 리스크에 관해 맞게 설명한 것은?

1) 리스크 관리대장은 모든 리스크에 관해 자세하게 문서화되어야 한다.

2) 리스크의 영향도는 고려되어야 하지만, 발생 가능성은 중요하지 않다.

3) 리스크는 항상 부정적(negative)이며, 긍정적(positive)인 것은 없다.

4) 리스크 대응 계획은 리스크 관리 계획서의 다른 이름이다.

46 프로젝트 관리자가 이해관계자들과 협의하여 공급업체를 선정하여 업무를 처리하기로 결정했다. 다음 중 가장 먼저 해야 할 일은 무엇인가?

1) 예산 책정에 필요한 상위 수준의 비용 산정치를 추산한다.

2) 조달 작업기술서(SOW) 또는 위임사항(TOR)을 작성한다.

3) 적격 판매자의 최종 후보업체 목록을 식별한다.

4) 입찰 기회를 공지한다.

47 다음은 입찰문서(bid documents)에 관한 설명이다. 옳은 것은?

1) 잘 작성된 입찰문서는 수요자가 공급자들이 작성한 제안서를 쉽게 비교할 수 있도록 한다.

2) 입찰문서는 법적 효력이 있기 때문에 공급자에게 융통성 없이 엄격해야 한다.

3) 일반적으로 입찰문서에는 계약조항에 관한 설명이 포함되지 않는다.

4) 잘 작성된 조달문서는 업무범위를 포함하지 않는다.

48 애자일 프로젝트를 진행 중이다. 프로젝트의 진행이 절반을 넘어선 상황에서 프로젝트를 통해 구현하고자 하는 제품의 수익성에 대한 조사를 하였더니 프로젝트 초반보다 낮게 산출되었다. 이것은 누구의 책임인가?

1) 제품책임자

2) 스크럼 마스터

3) 스폰서

4) 개발 팀

49 반복 계획(iteration planning) 중 팀원들이 사용자 스토리 설계를 논의하고 있다. 본질적으로 시스템이 복잡하기 때문에 설계 문서를 작성해야 한다고 말하는 팀원과, 애자일 프로젝트에는 문서 작성이 없다고 대답한 팀원이 있다. 스크럼 마스터는 어떻게 반응해야 하는가?

1) 팀의 진행이 느려지므로 문서화를 피해야 한다

는 데 동의한다.

2) 상호작용은 문서보다 가치가 있지만 문서는 금지되지 않는다고 설명한다.

3) 기술 프로세스에 설계 문서화가 필요한지 관리자에게 문의한다.

4) 리소스가 문서화에 시간을 소비할 수 있는지 제품책임자에게 문의한다.

50 프로젝트 스폰서가 개발하고 있는 제품 중 일부라도 전시회에서 시연할 준비가 되었는지 알고 싶어한다. 스크럼 마스터인 당신은 스폰서에게 무엇이라고 말해야 하는가?

1) 프로젝트 팀에게 준비할 시간을 주면 시연이 가능하다.

2) 그때까지 당신이 원하는 최우선 순위 기능을 시연하는 것이 가능하다.

3) 반복의 속도가 안정되면 가능하다.

4) 스폰서가 제공하는 예산에 따라 다르다.

51 다음 중 팀이 진행 중인 작업(WIP, Work In Progress)을 제한하는 이점이 아닌 것은 무엇인가?

1) 결함이 있거나 부분적으로 완성된 대규모 컬렉션을 재작업해야 할 가능성이 줄어든다.

2) 처리량을 최적화하여 프로세스를 보다 효율적으로 작동시킨다.

3) 생산 공정의 병목 현상을 표면으로 가져와 식별하고 해결할 수 있다.

4) 리소스 활용도를 극대화하여 프로세스를 더욱 효율적으로 작동시킨다.

52 애자일 프로젝트에서 '완료의 정의'에 대해 바르게 설명한 것은 무엇인가?

1) 책임있는 마지막 순간까지 기능을 협상할 수 있다.

2) 모든 이해관계자들이 완료의 의미에 대해 공통된 이해를 갖게 한다.

3) 이해관계자들이 완료의 정의에 대해 다른 의견을 갖는 것은 당연한 일이다.

4) 능동적 청취는 이전에 논의되지 않은 요구사항을 이끌어 낼 수 있다.

53 린(lean) 접근법에서 낭비(waste) 중 하나로 간주되지 않는 것은 무엇인가?

1) 코딩과 테스트 간의 업무 교대(handoff)

2) 코드 테스트

3) 테스트를 기다리는 코드

4) 동시에 두 프로젝트에서 작업할 개발자 지정

54 애자일 프로젝트에서는 다음 중 어느 것을 통해 제품 품질을 가장 잘 보장하는가?

1) 개발 팀의 페어 프로그래밍 사용

2) 품질 보증과 개발 팀과의 매일 협력

3) 각 반복 후 검사를 통해

4) 반복 회고 동안 수집된 피드백

55 애자일 접근 방식으로 대형 제품을 개발하는 프로젝트가 있다. 4개의 개발 팀이 동시에 작업을 해야 한다면 얼마나 많은 제품 백로그를 생성해야 하는가?

1) 1

2) 4

3) 2

4) 6

56 애자일 프로젝트 팀이 갖는 가장 강력한 기능은 다음 중 무엇에서 비롯되는가?

1) 타임 박스 스프린트에서 작업한다.

2) 스스로 조직하고 권한을 부여 받는다.

3) 우선순위가 지정된 백로그로부터 작업한다.

4) 개인 및 상호작용을 중요하게 생각한다.

57 애자일 접근 방식에서 반복 회고(iteration retrospective)의 목적은 무엇인가?

1) 작업 진행 상황, 다음에 수행할 작업을 보고하고 진행 방해 요소를 검토한다.
2) 제품 백로그의 우선순위를 정하고 개발 및 테스트 추정치를 생성하며 다음 반복을 계획한다.
3) 반복 중에 개발된 기능에 대한 시연을 제공하고 사용자로부터 피드백을 받아 테스트를 시작한다.
4) 잘 작동하는 것, 잘 작동하지 않는 것, 프로세스 개선을 위해 취해야 할 조치를 식별한다.

58 반복 검토(iteration review)의 중요한 목적은 무엇인가?

1) 스프린트 동안 달성된 것을 시연
2) 잘된 것, 그렇지 않은 것, 개선 방법에 대해 토론
3) 다음 스프린트에 계획된 스토리의 우선순위를 정하고 추정
4) 진행 중인 사용자 스토리에 대한 상태 업데이트를 개별적으로 제공

59 외부 컨설턴트로 팀에 합류하게 된 당신은 매일 진행하는 반복 회의에서 각 팀원들이 스크럼 마스터를 향해 서서 그들이 어제 무엇을 했는지, 오늘 무엇을 할 계획인지, 그리고 어떤 방해물들이 있는지 말하고 있다는 것을 알게 되었다. 이 상황에서 문제는 무엇인가?

1) 팀원들이 서로에게 자세한 내용을 제공해야 한다.
2) 팀원들은 회의 중에 서있기보다는 자리에 앉아야 한다.
3) 팀원들은 궁극적으로 비즈니스 상태이므로 제품책임자를 향해 서있어야 한다.

4) 일일 스크럼은 팀 협업을 위한 것이므로 팀 구성원들은 서로를 향해 서있어야 한다.

60 팀의 일일 스탠드업 회의에서 제품책임자가 팀 구성원에게 작업(task)을 지정하는 일로 시간을 15분 이상 소모하고 있다. 당신은 이 문제를 어떻게 해결해야 하는가?

1) 스크럼 마스터는 회의를 짧게 유지하기 위해 스탠드업 전에 작업을 할당해야 한다고 말한다.
2) 회의를 30분으로 연장한다.
3) 스탠드업 회의 후 작업을 할당해야 한다고 말한다.
4) 제품책임자에게 스탠드업에 참석하지 말고 팀원들에게 작업을 할당하면 안 된다고 말한다.

61 다음 중 애자일 선언문의 원칙과 린(lean) 방법의 단순성(simplicity)을 가장 잘 나타내는 것은 무엇인가?

1) 수행하지 않는 작업량 최대화
2) 조기에 지속적으로 인도
3) 변화하는 요구사항 환영
4) 마지막 책임있는 순간에 결정

62 아래의 보기 중에서 제품책임자가 식별한 기능, 특징 및 스토리의 목록이며, 개발 팀과의 의사소통에서 중간 매개체 역할을 하는 것은 무엇인가?

1) 번다운 차트
2) 스토리 카드
3) 제품 백로그
4) 반복 계획

63 애자일 프로젝트에서 백로그 개선은 어떤 시점에서 이루어지는가?

1) 회고 회의 중

2) 백로그 개선을 위해 예정된 특별 반복

3) 프로젝트 전반에 걸쳐

4) 반복 계획 회의 중

64 고객이 스토리 우선순위를 지정하기 어려운 경우 다음 중 가장 도움이 되는 것은 무엇인가?

1) 스토리를 더 작은 스토리로 분할하여 고객이 원하는 조각을 선택할 수 있도록 한다.

2) 팀에게 고객의 우선순위가 어디에 있는지에 대한 지침을 제공한다.

3) 고객에게 기술적 과제에 대한 통찰력을 제공하기 위해 추가 기술 정보를 제공한다.

4) 팀이 요구사항을 명확하게 구분할 수 있도록 추가 세부사항으로 스토리를 다시 작성한다.

65 사용자 스토리의 개발 우선순위를 결정하는 데 가장 중요한 요인은 다음 중 어느 것인가?

1) 상대적 비용

2) 비즈니스 가치

3) 개발 노력

4) 종속성

66 '스크럼의 스크럼(scrum of scrums)' 회의는 어떠한 회의인가?

1) 스크럼 팀의 일일 스탠드업 회의의 다른 이름이다.

2) 단일 스크럼 프로젝트에서 작업하는 여러 팀을 조정하는 회의이다.

3) 스크럼 팀에서 매일 두 번 열리는 전체 프로젝트 회의이다.

4) 여러 스크럼 팀에게 방향을 제시하는 간헐적인 경영진 회의이다.

67 진행 중 업무 제한을 사용하고 있는 칸반 시스템의 특정 구간에서 병목 현상이 발생되었다. 프로젝트 팀에서 가장 먼저 해야 할 일은?

1) 제한 구간에 리소스를 추가한다.

2) 기존 리소스를 사용하여 단계 속도를 높이는 방법을 찾는다.

3) 제한 숫자인 진행 번호(progress number)를 더 크게 조정한다.

4) 작업을 제한 단계에서 멀리 이동시킨다.

68 애자일 방법론 중에 하나인 익스트림 프로그래밍(XP)에서 적용되는 리팩토링(refactoring)은 무엇을 의미하는가?

1) what if 분석 중에 더 높은 비용 성능 지수를 적용하여 견적을 재구성한다.

2) 범위변경, 자원 가용성, 비용, 일정 차이로 인해 프로젝트를 수정한다.

3) 완료시 추정치 증가와 마이너스 비용 차이로 인해 비용 기준을 수정한다.

4) 외부 행동을 바꾸지 않고 코드를 개선할 수 있도록 코드를 재구성한다.

69 당신이 소속한 팀은 정식 출시를 앞둔 온라인 게임을 개발 중이다. 첫 번째 베타테스트 릴리스에 포함되지 않는 기능은 무엇인가?

1) 플레이어 가입 및 로그인 인터페이스

2) 비밀번호 인증

3) 친구 추천 마케팅 캠페인

4) 개발자에게 피드백을 제공하기 위한 옵션

70 완료의 정의(definition of done)는 특정 작업 항목이 완료되었는지 확인할 수 있는 체크 항목이다. 팀에서 언제 처음 완료의 정의를 사용하는가?

1) 작업을 추정하는 동안

2) 작업 항목을 완료로 표시하는 동안

3) 반복 동안 수행해야 할 작업들이 완료되었는지
   확인할 때
4) 테스터가 스토리를 확인하기 위해서

71 애자일 프로젝트의 헌장이 전통적인 프로젝트
의 헌장과 다른 점은 무엇인가?
   1) 애자일 프로젝트에 헌장이 있어야 하는 것은
      아니다.
   2) 애자일 헌장은 비즈니스 케이스(business case)
      를 요구하지 않을 수 있다.
   3) 애자일 헌장은 더 가볍고, 변경의 불가피성을
      인식하고 있다.
   4) 전통적인 헌장은 더 상위 수준(high level)이며,
      애자일 헌장은 반복마다 수정된다.

72 반복을 진행하는 동안 제품책임자는 개발 팀
이 계속 더 많은 작업 항목을 포함하도록 요청
하고 있다. 어떻게 해야 하는가?
   1) 어느 정도가 적당한 작업량인지 제품책임자와
      협상한다.
   2) 코치는 제품책임자에게 애자일 프로젝트 진행
      방법을 설명한다.
   3) 제품책임자를 팀에 참여하도록 요청한다.
   4) 문제를 해결하기 위해 고위 경영진에게 보고
      한다.

73 다음 중 스크럼 마스터가 담당하는 업무는 무
엇인가?
   1) 팀 구성 및 지휘
   2) 팀의 애자일 프로세스 안내
   3) 사용자 스토리 우선순위 지정
   4) 프로젝트 관리

74 애자일 프로젝트에서 많이 사용하는 번다운
차트의 목적은 무엇인가?

1) 다가오는 이정표 식별 및 전달
2) 사용된 노력과 자원의 수준을 표시
3) 스프린트 또는 반복 간의 종속성 식별
4) 남은 작업을 시간에 따라 표시

75 애자일 프로젝트에 대한 일정은 일반적으로
어떻게 설정되는가?
1) 활동 분석 및 의존성 결정
2) 스토리 포인트 추정 및 속도 적용
3) WBS에서 분해
4) 반복 타임 박스

76 애자일 팀은 8의 속도를 예상하고 있다. 반복
계획 중에 스토리는 다음 순서로 우선순위가
지정되었다.
스토리 A_ 4 스토리 포인트
스토리 B_ 2 스토리 포인트
스토리 C_ 3 스토리 포인트
스토리 D_ 2 스토리 포인트
스토리를 분할하지 않는다고 했을 때 팀은 반
복 1에 어떠한 스토리를 포함시켜야 하는가?
1) 스토리 A, C 및 D
2) 스토리 A, B 및 C
3) 스토리 A, B 및 D
4) 스토리 B, C 및 D

77 회사에서 애자일 프로젝트를 도입하려고 한
다. 전통적인 방식의 프로젝트 진행 경험밖에
없는 당신은 애자일 프로젝트에 대해 전략적
수준으로 프로젝트를 추정하려고 한다. 가장
적절한 방법은 무엇인가?
1) 프로젝트 경험이 풍부한 프로젝트 관리자가 유
   사 프로젝트를 이용하여 추정한다.
2) 추상적인(abstract) 측정치를 사용하여 제품 백
   로그 항목을 추정한다.

3) 기능 구현에 필요한 소스 코드 라인을 이용하여 추정한다.

4) 과거 데이터를 이용하여 모델을 만들고 모델의 변수에 값을 넣어 추정한다.

78 애자일 프로젝트에서 제품 백로그 항목을 추정하는 데 사용하는 스토리 포인트란 무엇인가?

1) 사용자 스토리에 대한 크기의 상대적 측정
2) 사용자 스토리를 완료하는데 걸리는 시간
3) 제품 백로그에서 사용자 스토리의 우선순위
4) 사용자 스토리의 비즈니스 가치

79 각 릴리스를 통해 인도될 기능 또는 테마에 대한 상위 수준의 표현을 무엇이라 하는가?

1) 출시 계획(Release plan)
2) 제품 로드맵(Product roadmap)
3) 반복 계획(Iteration plan)
4) 제품 백로그(Product backlog)

80 제품 백로그에서 에픽(epic) 스토리는 어디에서 찾을 수 있는가?

1) 상단 또는 상단 근처
2) 제품 백로그에 존재하지 않음
3) 제품 백로그에는 없고 작업분류체계(WBS)에 있음
4) 바닥 또는 바닥 근처

81 팀에서 사용자 스토리를 분할하고 있다. 그들은 무엇을 하고 있는 것인가?

1) 다음 반복을 위한 스토리 크기 추정
2) 사용자 요구사항 수집
3) 다음 반복에서 얼마나 많은 일을 할 수 있는지 추정
4) 스토리를 한 번의 반복으로 완성할 수 있는 크기로 분할

82 예측형 프로젝트만 경험해본 회사에서 처음으로 적응형 방법론을 적용하여 프로젝트를 진행 중이다. 회사의 PMO에서 예측형 프로젝트의 계획서에 해당하는 문서의 사본을 원할 때 다음 중 무엇을 보내야 하는가?

1) 제품 로드맵
2) 반복 계획
3) 팀의 칸반 보드 사진
4) 제품 백로그

83 반복 계획 도중 제품책임자가 다음 반복에서 얼마나 많은 작업을 완료해야 하는지에 대해 개발 팀에 전달했다. 이 시나리오에 대한 옳은 의견은 무엇인가?

1) 반복 계획 프로세스가 순조롭게 진행되고 있다.
2) 제품책임자가 자신의 역할을 넘어섰다.
3) 제품책임자가 계획에 대한 스크럼 마스터의 책임을 맡고 있다.
4) 개발 팀은 이번 반복이 아닌 다음 반복부터 반영하면 된다.

84 일일 스탠드업 회의에서 팀 코치는 다음 중 무엇을 수행해야 하는가?

1) 회의를 예약하고 촉진한다.
2) 팀원이 자신의 갈등을 해결하도록 한다.
3) 즉각적인 후속 조치를 위해 문제를 듣고 기록한다.
4) 제기된 문제의 근본 원인을 파악하기 위해 질문한다.

85 당신 팀은 이번 반복에서 10스토리 포인트를 제공하기로 합의했지만 8스토리 포인트만 완료할 것으로 보인다. 당신은 무엇을 해야 하는

가?

1) 반복 기간을 확장한다.

2) 팀에 더 많은 리소스를 추가한다.

3) 8포인트를 완성하고 백로그에 2를 다시 넣는다.

4) 반복 계획을 10포인트에서 8포인트로 조정한다.

86 당신은 애자일 프로젝트를 진행하고 있는 팀원이다. 동료들과 함께 작업(task)을 추정하고 있다. 당신의 팀은 어떤 관행(practice)을 진행하고 있는 것인가?

1) 출시 계획(Release planning)

2) 회고(Retrospective)

3) 반복 계획(Iteration planning)

4) 상위 수준 계획(High-level planning)

87 애자일 팀은 '타임 박스'라는 용어를 사용한다. 이것은 무엇을 의미하는가?

1) 작업은 최소한의 시간만을 사용한다.

2) 작업은 정해진 최대 시간 이상을 사용할 수 없다.

3) 작업은 주어진 시간에서 +-20% 이내로 완료되어야 한다.

4) 작업은 정해진 시간에 완성되어야 한다.

88 다음 중 애자일 프로젝트에서 계획 수립하는 방법을 올바르게 설명하는 것은 무엇인가?

1) 여러 수준으로 계획하고 관리자에게 반복 계획을 작성하도록 한다.

2) 적절한 추정 범위를 사용하고 작업 전환 및 외부 작업을 배제한다.

3) 여러 수준으로 계획하고 팀원에게 반복 계획을 작성하도록 한다.

4) 고정 소수점 추정치를 사용하고 완료율을 기준으로 예측한다.

89 당신은 애자일 팀의 스크럼 마스터이다. 팀은 반복 동안 25스토리 포인트를 제공하기로 하였으나, 팀원 중에 한 명이 반복 동안 병에 걸려서 아픈 상태이다. 당신은 어떻게 행동해야 하는가?

1) 남은 팀원들에게 더 오랜 시간동안 일하도록 한다.

2) 아픈 팀원에게 집에서 일을 하라고 한다.

3) 팀을 돕기 위해 스스로 개발 작업에 참여한다.

4) 스크럼 마스터로써 당신이 할 수 있는 것을 찾아서 제공한다.

90 애자일 프로젝트에서 계획 결과(planning outputs)는 이해관계자와 어떻게 공유되어야 하는가?

1) 가장 눈에 잘 띄는 방법 사용

2) 역할에 따라 알아야 할 사항을 전달

3) 프로젝트 의사소통 계획에 따라 전달

4) 일련의 이해관계자 회의를 통해 전달

91 인수 테스트(acceptance tests)는 일반적으로 사용자 스토리에 대해 언제 작성되는가?

1) 스토리를 코딩한 후 사용자 승인 테스트가 시작되기 전에

2) 스토리를 작성한 후 코딩이 시작되기 전에

3) 제품 백로그에서 우선순위를 정하기를 시작할 때

4) 제품 백로그를 추정한 후 스프린트 계획이 시작되기 전에

92 애자일 프로젝트에서 리스크 관리를 위해 사용하는 리스크 번다운 차트는 어떤 경우에 가장 적합한가?

1) 리스크 발생 확률을 정성적으로 분석한다.

2) 기술 리스크의 리스크 감소 진행 상황을 추적

한다.

3) 프로젝트에 영향을 줄 수 있는 외부 리스크를 문서화한다.

4) 프로젝트 리스크 프로필과 새로운 리스크 및 변화하는 리스크 정도를 설명한다.

93 비즈니스 분석가가 애자일 프로젝트에서 새로운 리스크를 식별했다. 이 리스크에 대해 비즈니스 분석가가 취해야 할 가장 좋은 첫 단계는 무엇인가?

1) 프로젝트 매니저 및 고위 경영진과의 회의를 소집하여 리스크 관리 방법을 결정한다.

2) 프로젝트 책임자에게 이메일을 보내 리스크 관리대장(risk register)에 추가하여 다음 일일 스탠드업 회의 중에 논의되도록 한다.

3) 분명하게 보이는 위치에서 리스크를 추가하고 다음 일일 스탠드업 회의 후에 논의하도록 한다.

4) 즉시 모든 팀원들과 회의를 소집하여 새롭게 확인된 리스크에 대해 논의한다.

94 애자일 프로젝트를 진행하고 있던 중간에 새로운 리스크를 식별했다. 개발 팀은 무엇을 먼저 해야 하는가?

1) 제품 백로그 상단에 추가한다.

2) 주제 전문가에게 그 가능성과 영향을 평가하도록 요청한다.

3) 근본 원인을 평가하기 위해 프로젝트를 중단한다.

4) 리스크 기반 스파이크를 예약하여 문제를 해결하거나 최소화한다.

95 제품 백로그에 리스크 완화 스토리를 삽입하는 중요한 이유는 무엇인가?

1) 별도의 리스크 및 이슈 목록을 유지하지 않도록 하기 위해

2) 팀이 리스크에 집중하도록 하기 위해

3) 초기 반복에서 리스크 감소 노력이 이루어지도록 하기 위해

4) 팀이 리스크에 대해 무언가를 하는 것을 잊지 않도록 하기 위해

96 애자일 프로젝트에서 문제 해결(problem solving)에 대한 올바른 접근 방법은 무엇인가?

1) 책임있는 마지막 순간에 문제가 발생한 후 수정한다.

2) 속도를 일정하게 유지하려는 진행에 방해가 되는 문제만 해결한다.

3) 문제가 발생하면 즉시 수정하거나 백로그에 추가한다.

4) 일일 스탠드업 회의에서 포착된 장애 또는 문제 위주로 해결한다.

97 당신은 애자일로 진행하는 프로젝트의 개발 팀원이다. 개발 반복 동안에 까다로운 문제(problem)를 마주하게 되면 어떻게 처리하는 것이 좋은가?

1) 개별 전문 지식과 독창성을 사용하여 솔루션을 파악하고 그 때까지 수행 중인 작업을 중지한다.

2) 스크럼 마스터에게 그 문제에 대해 말하고 스크럼 마스터의 결정을 기다린다. 진행에 방해가 되는 것을 제거하는 것은 스크럼 마스터의 일이기 때문이다.

3) 대부분의 문제는 결국 스스로 해결되므로 속도가 줄어들지 않도록 계속 진행한다.

4) 가능한 빨리 팀원들과 문제를 공유하고 해결에 대한 도움을 요청한다.

98 예측형 프로젝트만을 진행하여 온 회사에서

처음으로 애자일 접근 방식을 사용하여 프로젝트를 진행하게 되었다. 당신은 스크럼 마스터 역할을 맡게 되었다. 경영층은 이번 프로젝트에서 리스크 요소가 많아 걱정이다. 경영층 중 한 사람이 리스크 식별이나 리스크 대응 등과 같은 리스크 활동을 프로젝트에서 제대로 수행하는지 어떻게 점검할 것인지 질문했다. 당신은 경영층에게 예측형 프로젝트의 리스크 감사(risk audit)에 해당하는 애자일 관행으로 무엇이 있다고 말할 수 있는가?

1) 릴리스 계획(Release plan)

2) 반복 검토(Iteration review)

3) 반복 회고(Iteration retrospective)

4) 일일 스크럼 회의(Daily scrum meeting)

99 애자일 프로젝트가 이상적으로 진행되고 있을 때 프로젝트 회고의 중요한 이점은 무엇인가?

1) 팀의 리스크 식별에 도움을 준다.

2) 스폰서에게 가장 중요한 이슈를 알 수 있게 해준다.

3) 팀원 불만에 대한 해결을 지원한다.

4) 팀이 릴리스 계획을 앞당길 수 있는 기회를 제공한다.

100 프로젝트 팀에서 인과관계도와 5 why's 기술을 사용하여 회고를 진행하고 있다. 5 why's 기술을 가장 잘 설명하는 것은 무엇인가?

1) 팀, 스크럼 마스터 및 제품책임자를 선택하는 이유를 묻는다.

2) 사용자 스토리를 이해하고 분석하기 위해 질문하는 방법이다.

3) 더 깊은 근본 원인을 이해하기 위해 why 질문을 최소한 5번 또는 필요한 만큼 한다.

4) 5명의 질문에 대한 답이 일관성이 있는지 확

인하는 방법이다.

101 당신은 애자일 프로젝트의 관리자로 임명받았다. 경영층과의 면담에서 CEO가 당신에게 프로세스를 개선하는 많은 방법 중 애자일 프로젝트에서 사용하는 방법에 대해 물어보았다. 당신은 어떻게 대답해야 하는가?

1) 더 상세한 계획을 수립함으로 해서

2) 낭비와 병목 현상을 제거함을 통해

3) 일반적인 원인 변동(common cause variation)을 최소화해서

4) 전담 공정 관리자를 통해서

102 아래의 보기에 있는 애자일 관행들 중 지속적 개선을 핵심 이점으로 갖고 있는 관행을 전부 고르시오. (3가지)

1) 일일 스탠드업 회의(Daily standup meeting)

2) 사용자 스토리(User story)

3) WIP 제한(WIP limit)

4) 반복 회고(Iteration retrospective)

5) 반복 검토(Iteration review)

103 작업분류체계(WBS)의 각 작업패키지(work package)의 자원과 기간산정을 마쳤으며, 네트워크도(network diagram) 작성도 완료했다. 프로젝트 관리자가 다음에 할 일은 무엇인가?

1) 활동순서 배열(Sequence activities)

2) 범위에 대한 검증(Verify scope)

3) 초기 일정 작성

4) 리스크 식별(Identify risk)

104 당신이 프로젝트 관리자로 있는 프로젝트의 계약 기간은 총 30개월이다. 당신은 프로젝트 계획을 30개월에 맞도록 작성했고 프로젝트 계획서에 대해서 고객의 승인을 받았다. 그런데 며칠 후 고객이 특수한 내부 사정이 발생했다고 이야기하며 1개월을 앞당겨 끝내 달라고 주장하고 있다. 다음 중 가장 바람직한 접근법은?

1) 고객에게 야근을 해서 1개월을 당겨주겠다고 말한다.
2) 업무 범위를 5% 정도 줄여서, 변경된 일정계획을 다시 작성한다.
3) 절대로 안 된다고 당신의 입장을 끝까지 주장한다.
4) 팀원과 검토 후에 일정단축의 대안을 제시한다.

105 프로젝트에서 반복 리뷰(iteration review)를 진행 중이다. 이해관계자가 자기가 생각한 기능과 차이가 크다고 말했다. 개발 팀은 어떻게 해야 하는가?

1) 이해관계자 요구사항을 분석한다.
2) 완료의 정의(DOD, Definition Of Done)를 다시 확인하고 개정한다.
3) 요구사항 추적표를 작성한다.
4) 이해관계자 식별 및 분류를 다시 한다.

106 당신은 애자일 프로젝트의 관리자이다. 반복을 진행하고 있는데 경쟁사가 우리 프로젝트에서 만들고자 하는 제품과 유사한 신제품을 출시했다. 프로젝트 관리자인 당신은 무엇을 먼저 해야 하는가?

1) 제품관리자와 협의하여 제품 백로그를 수정한다.

2) 제품 관리자와 협의하여 프로젝트를 중단한다.
3) 프로젝트의 지속 여부를 스폰서에게 문의한다.
4) 팀원들에게 프로젝트의 중단 가능성에 대해 미리 알려준다.

107 프로젝트 착수회의에서 고객 중 한 사람이 프로젝트 종료일이 본인의 생각과 다르다며 프로젝트 일정에 동의할 수 없다고 한다. 무엇이 문제였는가?

1) 변경요청시 프로젝트 관리 계획서 갱신 누락
2) 프로젝트 헌장에 일정 누락
3) 프로젝트 관리 계획서 승인에 고객 미참여 혹은 공유 누락
4) 의사소통 관리 계획서를 작성 안 함.

108 프로젝트는 현재 세 번째 단계이자 마지막 단계를 진행 중에 있다. 하지만 고객이 첫 번째 단계의 산출물에 문제가 있다고 하며 대금 지급을 하지 않고 있다. 이러한 상황을 피하기 위해서 프로젝트 관리자가 했어야 하는 행동은?

1) 작업분류체계(WBS)를 좀 더 철저히 작성해야 했다.
2) 프로젝트 관리 계획서를 좀 더 철저히 작성해야 했다.
3) 첫 번째 단계의 산출물에 대해서 고객 승인을 받아야 했다.
4) 프로젝트 전반에 걸쳐 이해관계자의 참여를 관리해야 했다.

109 프로젝트 스폰서가 프로젝트 관리자에게 현재 은행에서 회사 신용도를 재평가한다고 하여 자금조달이 원활하지 않을 수 있다고 조언했다. 프로젝트 관리자는 이를 위해 무엇을 준비해야 하는가?

1) 프로젝트의 원가절감 요소를 찾아본다.

2) 프로젝트의 사업적 가치를 증명하기 위한 방법을 찾아본다.

3) 원가기준선, 지출비용, 자금 요구사항에 영향이 있는지 살펴본다.

4) 프로젝트 원가통제 기법인 획득가치 분석(EVA)을 통해 프로젝트 CPI를 예측한다.

110 프로젝트 팀에서 검수가 완료된 인도물을 고객에게 전달했다. 하지만 고객이 인수하지 않겠다고 하고 있다. 이를 예방하기 위해서 프로젝트 관리자가 했어야 하는 일은 무엇인가?

1) 요구사항 추적 매트릭스를 주기적으로 관리해야 했다.

2) 품질관리를 해야 했다.

3) 작업분류체계(WBS) 작성을 명확히 수행해야 했다.

4) 요구사항 수집을 정확히 수행해야 했다.

111 프로젝트 관리자는 매우 큰 건설 프로젝트의 실행 한가운데 있다. 프로젝트를 완료하기 위해서 가용 시간보다 시간이 더 필요하다는 것을 발견했을 때, 프로젝트 관리자는 무엇을 하는 것이 최선인가?

1) 프로젝트 범위를 단축한다.

2) 스폰서를 만나서 요구하는 일정을 맞출 수 없다고 말한다.

3) 잔업을 한다.

4) 일정단축을 위한 다양한 해결책을 검토하고, 추천할 만한 해결책을 가지고 이해관계자와 협의한다.

112 당신은 특정 프로젝트의 관리자다. 현재 프로젝트의 상태는 CPI, SPI 둘 다 0보다 작은 상황이다. 이해관계자가 현재 프로젝트의 상태에 대한 회의를 요청해왔다. 회의 전에 프로젝트 관리자가 준비해야 하는 것은?

1) 통합 변경 절차 시행

2) 팀원들과 해결 방법을 상의

3) 이해관계자에게 긍정적인 측면을 설득

4) 추가 자원을 투입하여 상황을 개선

113 프로젝트 팀에서 제품 개발을 완료하고 자체 테스트를 완료했다. 고객의 요청으로 외부 전문가가 참여하는 최종 테스트를 실시했는데, 테스트 결과 제품에서 심각한 결함이 발견되었다. 그런데, 제품 개발 담당자는 그러한 결함이 발생할 줄 몰랐다고 한다. 프로젝트 관리자는 이러한 상황에서 어떻게 하는 것이 좋겠는가?

1) 문제 내용을 리스크 관리대장에 추가한다.

2) 이슈 기록부에 등재하고 임시 대응책(workaround)을 수립한다.

3) 제품개발 담당자를 징계위원회에 회부한다.

4) 결함이 해결될 때까지 프로젝트의 모든 역량을 결함 제거에 집중한다.

114 프로젝트 진행 중 프로젝트 관리자는 팀원 두명이 설명문의 의미를 놓고 싸우고 있는 것을 우연히 들었다. 프로젝트 관리자가 조사해보니 현재 만들고 있는 콘크리트 발판의 건설에 관한 설명문이 잘못 번역되어 프로젝트에서 사용되는 내용과 달랐다. 이때 프로젝트 관리자가 가장 먼저 해야 할 일은?

1) 누구의 책임인지 책임 소재를 밝힌다.

2) 발판을 위한 설명문의 오역 때문에 발생하는 품질 문제를 조사한다.

3) 그 이슈에 관해 팀원들에게 주의시키고 그것이 다른 번역 문제를 일으켰는지 조사하도록 시킨다.

4) 스폰서에게 보고서로 그 문제를 알린다.

115 공급업체에서 납품하는 제품에서 불량이 발생한다고 많은 이해관계자들이 성토 중이다. 공급업체는 더 이상 이 상황을 다룰 수 있는 능력이 없다. 이 이슈에 대처하기 위해서 당신은 무엇을 확인해야 하는가?

1) 이슈 기록부(issue log)를 검토한다.

2) 조달계약서를 확인한다.

3) 조달관리 계획서를 확인한다.

4) 공급자 선정 기준(source selection criteria)을 검토한다.

116 당신의 회사는 품질정책을 가지고 있으나 수준이 미흡하다. 프로젝트는 5개 회사가 같이 참여하는 컨소시엄으로 진행되고 있으며, 컨소시엄 참여업체 중 B사는 좋은 품질정책을 가지고 있다. 또한 고객사도 품질정책을 가지고 있다. 프로젝트에서는 어떤 품질정책을 사용해야 하는가?

1) 당신 회사의 품질정책

2) 고객사의 품질정책

3) B사의 품질정책

4) 프로젝트 팀이 프로젝트 품질정책을 만들어야 한다.

117 프로젝트 전체 기간의 절반이 지났다. 현재까지 프로젝트는 계획보다 많은 돈을 사용했으며 프로젝트 종료시 50% 정도의 예산 초과가 예상된다. 당신이 가장 먼저 취해야 하는 행동은 무엇인가?

1) 경영층에 관리 예비(management reserve)의 사용이 가능한지 문의한다.

2) 모든 비용의 사용을 투명하게 하기 위해 반드시 프로젝트 관리자의 결재를 받도록 지시한다.

3) 예산 초과의 원인을 분석한다.

4) 문제가 해결될 때까지 프로젝트를 중단한다.

118 프로젝트 산출물의 품질이 중대한 어려움에 직면했다. 경영층에서는 프로젝트의 가장 중요한 제약요소가 품질이라고 말했다. 만약 품질과 관련된 문제가 발생했다면, 프로젝트 관리자는 무엇을 가장 먼저 하는 것이 바람직하겠는가?

1) 가능한 빨리 문제의 해결책을 실행한다.

2) 원가절감에 의한 일정지연을 허락한다.

3) 문제를 명확히 정의하고 근본 원인을 해결하기 위해서 원인 파악을 실시한다.

4) 해결 가능한 문제의 해결책이 무엇인지 이해관계자들과 협의한다.

119 당신은 소프트웨어 개발 프로젝트의 관리자다. 현재 프로젝트는 개발과 테스트를 완료했고 서비스의 운영 전환 시점이다. 그런데 팀원이 테스트 환경과 운영 환경이 다름을 보고했다. 프로젝트 관리자는 어떠한 조치를 취해야 하는가?

1) 리스크 관리대장에 등록하고 리스크 담당자를 지정한다.

2) 이슈 기록부에 등록하고 이슈 담당자를 지정한다.

3) 프로젝트 팀원에게 초기 리스크 식별에서 누락된 이유를 조사하라고 지시한다.

4) 리스크 관리 계획서를 업데이트한다.

120 당신은 쇼핑몰 건설 프로젝트의 관리자다. 프로젝트는 상당히 진척되었으나 아직 종료 단계에 들어가지 못한 상태다. 프로젝트에 배정된 모든 예산 집행이 끝나 더 이상 남아 있는 예산이 없는 상황에서 예산 투입이 필요한 품

질 문제가 발생했다. 이때, 프로젝트 관리자는 어떻게 해야 하는가?

1) 원가기준선(cost baseline)을 수정한다.

2) 관리 예비(management reserve)를 사용하기 위해 스폰서와 협의한다.

3) 팀원들에게 품질을 개선하라고 지시한다.

4) 변경통제위원회에 변경을 요청한다.

121 당신 프로젝트는 일정 문제로 테스트를 건너뛰고 프로젝트를 진행하기로 하였다. 이로 인한 영향으로 프로젝트 관리자가 가장 신경을 써야 할 문제는 무엇인가?

1) 통합 변경 통제

2) 기술 부채

3) 페어 프로그래밍

4) 테스트 중심 개발

122 프로젝트에서 BAC=1,000,000달러, EV=70만 달러, AC= 75만 달러, CPI=0.933이다. 이 프로젝트는 어떠한 상태인가?

1) 원가를 지키면서 끝나기가 어려울(difficult) 것이다.

2) 원가를 지키면서 끝날 수 없을 것이다. (will)

3) 일정이 지연되고 있다.

4) 일정을 지키면서 끝날 것이다.

123 SME(Subject Matter Expert) 기술전문가가 프로젝트 수행 중 수정이 필요한 큰 오류를 발견했다. 이에 SME가 프로젝트 관리자에게 교훈을 등록해 달라고 요청했다. 프로젝트 관리자는 어떻게 해야 하는가?

1) 프로젝트 관리자가 직접 등록한다.

2) SME에게 등록을 하라고 요청한다.

3) SME에게 종료 단계까지 기다려 달라고 요청한다.

4) 팀원에게 등록을 지시한다.

124 A상황과 맞는 B의 용어를 선으로 연결하시오.

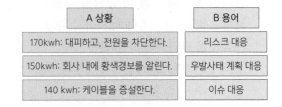

A 상황	B 용어
170kwh: 대피하고, 전원을 차단한다.	리스크 대응
150kwh: 회사 내에 황색경보를 알린다.	우발사태 계획 대응
140 kwh: 케이블을 증설한다.	이슈 대응

125 프로젝트 팀은 애자일 프로젝트를 진행 중이다. 회고(retrospective)에서 새로운 장비를 도입하면 생산성과 품질이 좋아질 것이라는 데 팀이 합의를 보았다. 프로젝트 관리자는 어떻게 해야 하는가?

1) 장비 도입은 업무 범위가 아니니 도입하면 안 된다.

2) 관리 예비비를 사용하여 장비를 도입한다.

3) 원가를 계산한 후 원가기준선과 비교하여 필요시 변경요청을 통해 장비를 구매한다.

4) 우발사태 예비비를 사용하여 장비를 도입한다.

126 프로젝트 관리자가 프로젝트 팀원들과 함께 프로젝트의 강점과 약점, 위협과 기회를 분석하고 있다. 프로젝트 팀은 무엇을 진행하고 있는 것인가?

1) 사업 기회 발굴

2) 정성적 리스크 분석

3) 리스크 식별

4) 정량적 리스크 분석

127 프로젝트 관리자가 프로젝트 팀원들과 함께 요구사항을 모아서 정의하려고 한다. 무엇을 먼저 해야 하는가?

1) 관련 이해관계자를 식별한다.

2) 고객들과 워크숍을 실시한다.

3) 실사용자들에게 설문조사를 실시한다.

4) 고객들과 인터뷰를 진행한다.

128 외주업체와 협력하여 프로젝트를 진행하고 있다. 외주업체 관리자가 범위변경으로 인한 비용이 발생했다며 대금을 추가로 지급해야 한다고 말했다. 프로젝트 관리자인 당신은 어떻게 해야 하는가?

1) 대금의 추가 지불은 안 된다고 단호하게 말한다.

2) 변경으로 인한 비용 상승의 근거를 요청한다.

3) 프로젝트 스폰서에게 설명한다.

4) 이해관계자들에게 지금의 상황을 설명한다.

129 여러 외주업체와 협력하여 프로젝트를 진행하던 중에 당신은 한 외주업체에서 품질이 떨어지는 제품을 납품하고 있는 사실을 알게되었다. 프로젝트 관리자인 당신은 무엇을 가장 먼저 해야 하는가?

1) 품질관리 계획서를 확인한다.

2) 조달관리 계획서를 확인한다.

3) 팀원들과 같이 품질 문제가 미치는 영향을 조사한다.

4) 외주업체와 함께 품질문제의 근본 원인을 조사한다.

130 협력업체를 다수 이용하여 진행하는 프로젝트가 있다. 프로젝트가 끝나가는데 지불금이 남았다면 프로젝트 관리자가 해야 할 일은?

1) 조달 감사를 한다.

2) 프로젝트 감사를 한다.

3) 원가 계획서를 수정한다.

4) PMO의 지시에 따른다.

131 프로젝트가 진행 중이다. 팀원 중 한 명이 작

업이 3주 정도 지연될 것 같다고 이야기 했다. 프로젝트 관리자가 가장 먼저 해야 할 일은?

1) 팀원들과 협의하여 일정단축 방법을 결정한다.

2) 실력 있는 개발자를 투입하여 대응한다.

3) 병행 작업이 가능한 업무가 있는지 살펴본다.

4) 팀원들과 같이 일정지연의 원인을 파악한다.

132 프로젝트 관리자가 프로젝트를 종료하려고 한다. 가장 먼저 해야 할 일은?

1) 팀원들이 다른 프로젝트에 배정될 수 있도록 해제 발령을 준비한다.

2) 교훈을 작성한다.

3) 완료 보고를 준비한다.

4) 외주업체 대금을 지불한다.

133 애자일 프로젝트에서 최상의 결과를 얻으려면 고객은 무엇을 해야 하는가?

1) 제품 기능 식별 및 우선순위 설정

2) 새로운 팀원과의 인터뷰

3) 개발 계획 및 작업 승인

4) 스프린트 및 출시 일정 설정

134 당신의 팀은 획기적인 의료기기를 개발해야 한다. 그런데 최종 제품에 어떤 기능이 포함되면 좋을 것인지에 대한 정확한 판단이 없다. 프로젝트 관리자인 당신은 어떻게 진행하라고 조언해야 하는가?

1) 짧은 반복에서 가장 유망한 기능을 시도하고 갈수록 배운다.

2) 리스크 기반 스파이크(spike)를 수행한다.

3) 고객에게 제품에 대한 자세한 정보를 요청한다.

4) 가능한 프로젝트 헌장에 명시된 대로 진행한다.

135 한 팀이 서로 다른 두 가지 설계 방식의 효과에 관해 토론하고 있다. 합리적으로 결론에

도달하는 가장 좋은 방법은 무엇인가?

1) 고객에게 요구사항을 더욱 명확하게 해달라고 요구한다.
2) 팀이 작은 실험을 수행한다.
3) 스토리를 추가하여 설계를 마무리한다.
4) 설계를 위해 하나의 반복을 따로 설정한다.

136 프로젝트 중간에 새로운 리스크가 발견되었다. 팀은 무엇을 먼저 해야 하는가?

1) 백로그 상단에 추가한다.
2) 주제 전문가에게 그 가능성과 영향을 평가하도록 요청한다.
3) 프로젝트를 중지하고, 근본 원인을 평가한다.
4) 리스크 기반 스파이크를 예약하여 문제를 해결하거나 최소화한다.

137 두 팀원이 다음 사용자 스토리를 구축하는 방법에 대한 의견이 다르다. 어떻게 해야 하는가?

1) 팀 코치는 갈등의 수준을 평가하고 적절하게 개입해야 한다.
2) 스크럼 마스터는 프로젝트 진행에 장애가 되고 있으므로 그 문제를 결정해야 한다.
3) 제품책임자에게 문의한다.
4) 팀원들이 모여 이 문제를 논의하고 집단적 해결책을 내놓아야 한다.

138 당신은 프로젝트 관리자이다. 현재 당신이 진행하는 프로젝트는 원가 측면에서 여유가 있다. 프로젝트 진행 도중 긍정적인 리스크를 발견했는데, 우리 프로젝트의 범위에 맞지 않는다. 당신은 어떻게 해야 하는가?

1) 스폰서나 PMO에 보고한다.
2) 긍정적인 리스크이므로 수행한다.
3) 리스크 관리대장을 업데이트하고 다른 프로젝트에 공유한다.
4) 다른 프로젝트 관리자에게 공유한다.

139 당신은 공급업체를 이용하여 프로젝트를 진행 중이다. 공급업체가 납기일까지 중요한 부품을 공급하기 어렵다고 이야기했다. 프로젝트 관리자인 당신은 어떻게 해야 하는가?

1) 공급업체에 대체 부품 공급이 가능한지 확인해 본다.
2) 소송을 진행한다.
3) 다른 공급업체와 파트너십을 체결한다.
4) 계약서를 검토한다.

140 애자일 프로젝트에서 반복 타임 박스 동안에 개발해야 할 인도물이 있다. 개발자 2명이 반복이 1/2지난 시점에서 리팩토링에만 전념하고 있다. 프로젝트 관리자는 어떻게 해야 하는가?

1) 리팩토링에 집중하도록 둔다.
2) 인도물에 집중하도록 한다.
3) 일정지연에 대해 제품책임자에게 이야기기한다.
4) 개발자 2명에게 경고를 준다.

141 당신은 프로젝트 헌장이 승인된 프로젝트의 관리자로 임명되었다. 프로젝트 헌장에는 고객 요구사항이 명확히 기술되어 있다. 그러나 범위 검토 중 고객 요구사항과 다른 내용이 발견되었다. 프로젝트 관리자가 해야 할 다음 행동은?

1) 전문가 그룹을 통해 업무 범위를 분석한다.
2) 프로젝트 헌장을 기준으로 범위기술서를 작성한다.
3) 이해관계자 요구사항을 수집한다.
4) 작업분류체계(WBS)를 세부적으로 작성한다.

142 프로젝트 관리자는 이해관계자 및 경영진과의 회의 전 세금이 25%로 변경된 것을 인지했다. 회의가 시작되자마자 CEO는 세금이 20% 이상이면 프로젝트를 진행할 수 없으니 프로젝트를 종료하라고 했다. 이런 상황을 피하려면 프로젝트 관리자는 무엇을 했어야 하는가?

1) 원가관리 계획서를 검토했어야 한다.
2) 의사소통 관리 계획서를 검토했어야 한다.
3) 이해관계자와 회의 전 경영진에게 정보를 사전 공유했어야 한다.
4) 기업환경이 변하는 것을 사전에 인지했어야 한다.

143 프로젝트에서 외주업체를 이용하여 프로젝트를 수행 중이다. 외주업체로부터 인수한 인도물의 품질상태가 나빠 업체에 주의를 주었다. 앞으로도 계속 인수해야 할 인도물이 남아있는 상태에서 프로젝트 관리자는 무엇을 해야 하는가?

1) 외주업체에 품질 관련 문서를 요청한다.
2) 외주업체에 전화해서 다음 인도물의 품질에 주의를 하라고 경고한다.
3) 시간을 들여서 외주업체에서 받은 인도물을 세심히 검증한다.
4) 조달 관련 문서를 검토한다.

144 외주업체를 이용하여 프로젝트를 진행 중이다. 외주업체에서 제작된 인도물의 지연이 예상되며, 이로 인해 고객으로부터의 불만도 예상된다. 프로젝트 관리자는 외주업체에 무엇을 기준으로 문제를 제기할 것인가?

1) WBS
2) 범위기준선
3) 프로젝트 관리 계획서

4) 조달 SOW

145 프로젝트 팀에서 보낸 송장을 공급업체가 받지 못했다고 한다. 프로젝트 관리자는 어떻게 해야 하는가?

1) 다시 발행한다.
2) 원인을 파악 후 미결제 송장에 추가한다.
3) 재무 팀에게 알아보라고 한다.
4) 공급업체에게 해결하라고 한다.

146 SPI와 CPI가 모두 1보다 큰 상황이다. 프로젝트 관리자는 어떻게 해야 하는가?

1) 요구사항이 다 만족되어 있으므로 프로젝트를 종료한다.
2) 이해관계자와 협의하여 최종 종료 기준에 대해 합의를 한다.
3) 일정과 원가 모두 문제없으므로 프로젝트가 정상 진행되고 있음을 인지한다.
4) 이후 프로젝트에서 계약서 관련 이슈가 없도록 교훈 관리대장 등록한다.

147 애자일 파일럿 프로젝트를 진행하고 있다. 리뷰 회의에서 제품 시연을 진행 중인데, 고객이 새로운 기능을 추가하여 제품 성능을 향상시키자고 말했다. 프로젝트 관리자는 무엇을 해야 하는가?

1) 새로운 영향을 파악한 후 변경요청을 한다.
2) 리스크를 등록한 후 범위 추가를 고려한다.
3) 프로젝트 제품 백로그를 업데이트한다.
4) 범위기술서를 변경한다.

148 대규모 혼합형 프로젝트를 수행 중에 있다. 특정기술을 가지고 있는 공급업체와 계약을 맺으려고 하는데 해당 공급업체는 해당 기술에 뛰어난 능력을 시장에서 인정받고 있다.

프로젝트 관리자는 스폰서에게 계약에 대해 어떤 조언을 해줄 수 있는가?

1) 고정가 기반의 증분 계약으로 진행하라고 한다.
2) 고정가 계약을 하라고 한다.
3) 시간 자재 계약방식을 추천한다.
4) 원가정산형 계약을 진행한다.

149 CPI가 1.2, SPI가 1.6이다. 고객이 요구사항 추가를 원했다. 프로젝트 관리자는 어떻게 해야 하는가?

1) 리스크 관리대장에 추가한다.
2) 고객에게 정식 변경요청서 작성을 요청한다.
3) 스폰서에게 에스컬레이션 한다.
4) 공정중첩법(fast tracking)을 활용한다.

150 다음 중 우선으로 작업해야 하는 업무는?

	현재순가치(NPV)	개발기간(년)
1)	12	4
2)	10	4
3)	8	3
4)	3	3

151 이전에 유사한 프로젝트를 경험한 프로젝트 관리자가 3점 산정을 이용하여 예산을 산정했다. 그런데, 프로젝트 스폰서가 예산이 초과된다고 불평을 한다. 프로젝트 관리자는 어떻게 해야 하는가?

1) 상향식(bottom-up)으로 추정한다.
2) 소프트 스킬(soft skill)을 사용해서 설득한다.
3) 예전 learned lessons 참고해서 타당함을 설득한다.
4) 예비비가 고려된 건지 확인한다.

152 팀이 새로운 리스크를 발견했다. 팀 내 협의 결과 리스크를 에스컬레이션하려고 한다. 프

로젝트 관리자는 이후 어떻게 해야 하는가?

1) 더 이상 아무 것도 안 한다.
2) 다른 프로젝트에게 정보 공유한다.
3) 우발사태 예비비를 사용한다.
4) 계속 모니터링한다.

153 프로젝트 관리자는 중요한 이해관계자가 프로젝트에 참여하지 않는 것을 우려하고 있다. 프로젝트 관리자는 이해관계자가 좀 더 참여했다면 최종 제품이 더 좋았을 것이라는 결론을 내렸다. 왼쪽의 시나리오를 오른쪽의 올바른 리스크 대응 전략과 연결하시오.

시나리오	리스크 대응전략
이해관계자를 배제하기 위해서 옵션을 확인한다.	전가
다른 누군가 기여할 수 있는지 분석한다.	수용
이해관계자와 협의하여 참여를 이끌어낸다.	회피
관찰을 기록하고 앞으로 나아간다.	에스컬레이트
이해관계자의 상급자와 이슈를 협의한다.	완화

154 프로세스 관련 문제점과 이를 개선하기 위해서 사용해야 하는 도구를 매칭하시오.

프로세스 관련 문제점	사용 tool
불완전하거나 잘못된 활동 의존관계	매개변수(parametric) 평가
활동(activity) 누락	주공정법(CPM)
비시퀀싱(sequence 잘못됨)	분할
비현실적인 활동(activity) 기간	PDM

155 프로젝트가 진행 중이다. 프로젝트 인력 중 중요한 기술을 가진 팀 멤버가 다음 달에 퇴사한다고 프로젝트 관리자에게 알려 왔다. 프

로젝트 관리자는 어떻게 대응해야 하는가?

1) 기능부서장(functional manger)과 대체 인력에 대하여 협의한다.

2) 리스크 관리대장(risk register)를 확인하고 대응한다.

3) 퇴사가 불가하다고 알려준다.

4) 조달관리 계획서를 업데이트한다.

156 애자일 프로젝트에서 반복 검토회의(iteration review meeting)에 사용되는 도구는 무엇인가?

1) 번다운 차트

2) RACI 차트

3) 간트 차트(Gantt chart)

4) 네트워크 다이어그램(Network diagram)

157 건설 프로젝트의 실행단계에서 공급업체가 파산하여 자재 공급에 문제가 발생했다. 프로젝트 일정에 문제가 발생할 것으로 예상된다면 프로젝트 관리자는 어떻게 해야 하는가?

1) 지연을 반영하여 일정을 업데이트한다.

2) 리스크 관리대장에 추가한다.

3) 지연을 관리 팀에 에스컬레이션한다.

4) 이슈관리대장에 등재한 후 팀원들과 해결책을 협의한다.

158 당신은 애자일 접근 방식을 사용하여 소프트웨어를 개발하는 프로젝트의 관리자이다. 프로젝트에서 품질문제가 발생했을 때 프로젝트 관리자인 당신은 문제를 해결하고 품질 개선을 하기 위해 무엇을 해야 하는가?

1) 프로젝트 외부의 인력으로 감사(audit) 팀을 구성하여 회사의 품질 정책 준수 여부와 품질 통제 활동의 산출물을 확인한다.

2) 회고 회의를 하여 품질 문제의 근본 원인을 파악하고 해결 계획을 수립한다.

3) 반복 리뷰에서 발생한 오류에 대하여 이해관계자들과 함께 대책을 검토한다.

4) 일일 스탠드업 회의에서 장애요소가 제시되면 즉시 팀원들과 협의하여 대책을 수립한다.

159 이번 애자일 프로젝트는 당초 18개월 후 출시로 계획되었으나 경영진 검토에서 거부되어 6개월 후 출시로 일정이 변경되었다. 새로운 타임라인에 따라 프로젝트 관리자는 무엇을 해야 하는가?

1) 우선순위가 높은 백로그를 검토한다.

2) 예상 타임라인에 맞는 MVP를 제시한다.

3) 스폰서에게 프로젝트의 지원에 대한 약속을 확보한다.

4) 요구사항 변경 불가 방침을 천명한다.

중요한 문서와 용어 정답

1 (1) 3 (2) 5 (3) 7 (4) 8 (5) 2 (6) 6 (7) 4 (8) 1

2 (1) 7 (2) 6 (3) 8 (4) 2 (5) 4 (6) 1 (7) 5 (8) 3

3 (1) 5 (2) 3 (3) 7 (4) 2 (5) 6 (6) 1 (7) 8 (8) 4

4 (1) 4 (2) 2 (3) 1 (4) 5 (5) 3

5 (1) 2 (2) 7 (3) 8 (4) 5 (5) 3 (6) 1 (7) 9 (8) 4 (9) 6

6 (1) 6 (2) 8 (3) 3 (4) 9 (5) 11 (6) 13 (7) 2 (8) 12 (9) 5 **(10)** 14 **(11)** 1 (12) 7 (13) 4 (14) 15 (15) 10

실전문제 정답

번호	1	2	3	4	5	6	7	8	9	10	11	12	13	14	15	16	17	18	19	20
정답	1)	2)	3)	2)	1)	4)	3)	3)	2)	2)	1)	3)	3)	1)	1)	2)	4)	1)	3)	1)
번호	21	22	23	24	25	26	27	28	29	30	31	32	33	34	35	36	37	38	39	40
정답	4)	1)	2)	2)	3)	3)	3)	1)	2)	4)	3)	2)	1)	4)	3)	4)	2)	2)	4)
번호	41	42	43	44	45	46	47	48	49	50	51	52	53	54	55	56	57	58	59	60
정답	2)	3)	2)	2)	1)	1)	1)	2)	2)	4)	2)	2)	3)	1)	2)	4)	1)	4)	4)
번호	61	62	63	64	65	66	67	68	69	70	71	72	73	74	75	76	77	78	79	80
정답	1)	3)	3)	1)	2)	2)	2)	4)	3)	1)	3)	2)	4)	2)	3)	2)	1)	3)	4)
번호	81	82	83	84	85	86	87	88	89	90	91	92	93	94	95	96	97	98	99	100
정답	4)	1)	2)	3)	3)	4)	2)	3)	4)	1)	3)	4)	3)	2)	3)	3)	4)	3)	4)	3)
번호	101	102	103	104	105	106	107	108	109	110	111	112	113	114	115	116	117	118	119	120
정답	2)	1), 4), 5)	3)	4)	2)	3)	3)	3)	3)	1)	4)	2)	2)	2)	2)	4)	3)	3)	2)	2)
번호	121	122	123	124	125	126	127	128	129	130	131	132	133	134	135	136	137	138	139	140
정답	2)	1)	2)	해설참조	3)	3)	2)	2)	3)	1)	4)	4)	1)	1)	2)	2)	4)	1)	1)	1)
번호	141	142	143	144	145	146	147	148	149	150	151	152	153	154	155	156	157	158	159	
정답	3)	1)	1)	4)	2)	3)	3)	1)	2)	1)	2)	4)	해설참조	해설참조	2)	1)	4)	2)	2)	

실전문제 해설

기본 문제 해설

01 예측형 생애주기(predictive life cycle)는 계획 중심 또는 워터폴 방법론이라고도 알려진 것으로, 프로젝트 착수 시점에 범위를 명확히 하고 범위달성을 위한 일정, 예산 계획을 수립한 뒤 계획에 따라 프로젝트를 진행하는 전통적인 방법이다. 이러한 생애주기는 프로젝트 혹은 제품에 대한 이해도가 높을 경우와 제품의 모든 기능을 이해관계자에게 인도해야 하는 경우에 적용한다. 문제의 지문은 예측형 생애주기를 설명하고 있다.

정답 1)

02 일반적으로 제품의 생애주기가 프로젝트 생애주기보다 길며 프로젝트 생애주기는 제품 생애주기 내에 포함되는 경우가 많다. 제품 생애주기의 마지막 단계는 제품의 폐기다. 보기 중에 맞는 문장은 보기 2)밖에 없다. 예를 들어, 현대자동차 그랜저를 생각해보자. 자동차 그랜저에 대한 개념 정의를 하고 그랜저를 개발하고 양산한다(도입). 그리고 판매를 지속적으로 하다가(성장) 정점을 찍고(성숙) 더 이상 판매를 할 수 없게 된다(폐기). 이것이 제품 생애주기이다. 프로젝트 생애 주기는 그 중에서 그랜저를 개발하는 것을 프로젝트화하여 '요구사항정의 – 분석 – 설계 – 개발 – 테스트 – 종료'로 진행하게 된다.

정답 2)

알고 가자! TIP

제품 생애주기는 일반적으로 '개념 정의 → 도입 → 성장·성숙 → 폐기'의 과정을 거친다.

03 보기 1)의 경우, 단계 심사(phase gate)에서 다음 단계로 이동해도 된다는 승인이 이루어지더라도 다음 단계에서는 단계 착수를 진행한다. 단계 착수에서는 이 단계에서 필요한 자원확보와 단계 시작의 타당성 등을 검토 받고 단계 착수 승인이 되어야 이번 단계의 업무를 진행할 수 있다. 따라서 잘못된 설명이다. 보기 2)는 단계 종료시 산출물 인수가 이루어지는 경우가 더 많기 때문에 잘못된 설명이다. 보기 4)는 같은 업종이더라도 프로젝트의 크기와 성격에 따라 전혀 다른 단계를 가질수 있기에 틀린 설명이다. 보기 3)이 맞는 설명이다. 고객 요구정의 단계가 하나의 프로젝트로 발주가 나오기도 하고, 설계 단계만 별도의 프로젝트로 발주가 나오기도 한다.

정답 3)

04 프로젝트 헌장은 프로젝트의 채택을 공식적으로 승인하고 프로젝트 관리자에게 조직의 자원을 프로젝트 활동에 투입할 수 있는 권한을 부여하기 위해 프로젝트 착수자나 스폰서가 발행하는 문서다. 우리 나라의 실제 프로젝트 현장에서 '프로젝트 실행 품의서' '과제 품의서' '과제 기안서' 등으로 많이 불린다. 프로젝트 헌장에 기술되는 내용은 우리나라에서 사용되는 문서와 큰 차이가 없다. 다만, 우리 나라의 '품의서'에는 프로젝트 관리자의 권한이 기술되는 사례가 굉장히 적은 것과 달리 서양의 프로젝트 헌장에는 프로젝트 관리자의 '권한'이 기술되어 있다. 많은 수험생들이 틀리는 문제고 PMP 시험에 자주 나오는 문제다. 문제에서 정답은 프로젝트 헌장이다. 프로젝트 헌장이라는 답만 기억할 것이 아니라 다음의 〈알고 가자! TIP〉을 참조하여 프로젝트 헌장에 들어가는 내용들을 꼼꼼히 살펴보고 이해한 뒤 넘어가자.

정답 2)

알고 가자! TIP

프로젝트 헌장에 포함되는 내용은 회사별, 업종별로 다른 것이 당연하다. 그러나, 일반적인 경우 다음의 내용을 포함한다.
- 프로젝트 목적
- 측정 가능한 프로젝트 목표 및 해당하는 성공 기준
- 상위 수준 요구사항
- 상위 수준 프로젝트 설명, 범위 및 중요한 인도물
- 프로젝트 포괄적 리스크
- 요약 마일스톤 일정

- 사전 승인된 재정 지원
- 핵심 이해관계자 목록
- 프로젝트 승인 요구사항(즉, 프로젝트 성공의 구성요건, 프로젝트 여부 결정권자, 프로젝트 승인권자)
- 프로젝트 종료 기준(즉, 프로젝트 또는 단계를 종료하거나 취소하기 위해 충족되어야 할 요건)
- 선임된 프로젝트 관리자, 담당 업무 및 권한 수준
- 프로젝트 헌장을 승인하는 스폰서 또는 기타 주체의 이름과 권한

05 프로젝트 관리오피스(PMO)는 프로젝트 관련 거버넌스 프로세스를 표준화하고 자원, 방법론, 도구 및 기법 등의 공유를 지원하는 조직기구다. 프로젝트 관리오피스(PMO)의 책임은 프로젝트 관리 지원 기능을 제공하는 일부터 한 가지 이상의 프로젝트를 직접 관리하는 실무에 이르기까지 다양하다.

정답 1)

06 예측형 프로젝트는 프로젝트 초반에 범위, 일정, 원가를 예측하여 확정하고 프로젝트를 진행하는 방식이다. 따라서 프로젝트 범위의 변경은 프로젝트에 악영향을 끼치게 되는 경우가 많아 엄격하게 관리된다. 이러한 관리를 위해 갑과 을이 함께 참여하는 변경통제 위원회를 두고 변경요청에 대한 것을 협의하여 결정하도록 한다. 하지만 문제에서 나온 상황처럼 종종 변경통제 위원회에 중요한 고객과 스폰서가 빠져 있는 경우도 있다. 이러한 경우, 변경통제 위원회에 속하지 않는 고객과 스폰서의 승인을 꼭 받아야 한다.

정답 4)

시험장 TIP

기준선을 변경하지 않는 변경요청에 대한 결정권자는 일반적으로 프로젝트 관리자다.

07 프로젝트 헌장에는 프로젝트 성공 기준, 가정 및 제약사항, 예산, 일정 등이 포함되어 있어 프로젝트의 현황을 한눈에 파악하는 데 도움이 된다. 보기 1)의 프로젝트 범위기술서 (project scope statement)는 고객과 합의한 프로젝트 업무 범위만 기술되어 있고, 기간, 자금, 프로젝트 관리자의 권한에 대한 내용이 없어서 프로젝트의 현황을 한눈에 파악하는 것이 어렵다.

정답 3)

시험장 TIP

PMP 시험 문제는 지문을 약간만 바꾸어도 정답이 바뀌는 문제가 많이 출제된다. 만약, 위의 문제에서 '프로젝트의 전반적인 이해를 위해'라는 문구 대신에 '프로젝트의 상세한 업무 범위 이해를 위해'라고 표현했다면 정답은 보기 1)로 바뀌게 된다.

08 이슈 기록부는 모든 이슈를 기록하고 추적하는 프로젝트 문서다. 일반적으로 이슈 기록부에는 이슈 유형, 이슈 제기자와 발생 시점, 설명, 우선순위, 이슈에 배정된 담당자, 목표해결일, 상황, 최종 해결책 등이 기록된다. 이슈 방법론이라는 것은 없다.

정답 3)

09 상황 판단에 대한 질문이라 어렵다고 생각할 수 있는 문제다. 먼저, PMO의 책임과 역할을 이해해야 한다. PMO는 프로젝트를 중앙 통제방식으로 관리하기 위해 필요한 다양한 책임을 배정받은 조직이다. PMO의 책임은 프로젝트 단순 지원부터 직접적인 통제까지 다양하다. 또한, PMO가 하는 일들 중에는 이전 프로젝트의 정보를 축적하여 다른 프로젝트에서 활용할 수 있도록 하는 것과 프로젝트를 가이드하는 것이 포함된다. 문제의 상황에서는 프로젝트 관리자가 PMO로부터 이전 프로젝트의 정보와 가이드를 받는 것이 가장 좋은 방법이다. 보기 1)의 이전 프로젝트 관리자를 만나서 도움을 요청하는 것은 체계적이지 못하고 프로젝트 관리자의 개인기에 의존하는 일이기 때문에 PMP 시험에서는 정답이 될 수 없다. 보기 3)처럼 범위가 완전히 늘어날 때까지 지켜본다는 것은 매우 위험한 방법이기에 정답이 될 수 없다. 보기 4)처럼 이해관계자들에게 범위를 늘리면 안된다고 이메일을 보내는 것도 체계적이지 않고 합리적인 방법이 아니므로 정답이 될 수 없다. PMP 시험에서는 프로젝트 관리

자의 개인기가 아니라 체계적이고 정립된 방법에 의해서 관리를 하는 것이 정답이다.

정답 2)

10 보기 1)의 요구사항 문서는 현실 프로젝트에서 '요구사항 정의서'라고 많이 부르는 문서로 프로젝트의 모든 요구사항이 기술되어 있다. 그러나 아직 범위 기준선으로 확정이 되지 않은 문서이기 때문에 인수 기준이 포함될 수 없다. 보기 3)의 프로젝트 범위관리 계획서는 범위관리 활동에 대한 방법과 프로세스가 기술되어 있는 문서로 실제 프로젝트 범위나 인수기준이 기술되어 있지 않다. 보기 4)의 프로젝트 헌장은 상위 수준의 요구사항과 프로젝트 종료 기준이 나와 있는 문서인데, 프로젝트 범위나 인수 기준과 유사할 수는 있으나 상세화가 부족하여 인수기준으로 하기에는 부족함이 많다. 정확하게 프로젝트의 범위와 인수기준 등에 대한 설명이 나와있는 문서는 프로젝트 범위기술서이다. 프로젝트 범위기술서는 확정된 프로젝트의 전체 업무범위가 기술되어 있는 중요한 문서이다.

정답 2)

시험장 TIP

실제 PMP 시험에서도 요구사항 문서와 프로젝트 범위기술서의 차이를 구분하지 못하면 정답을 고르기 어려운 문제가 많이 출제된다. 요구사항 문서와 범위기술서의 차이는 범위 기준선으로 확정된 업무 범위인가 아닌가 하는 것이다. 범위기술서가 확정된 업무 범위다.

11 작업분류체계(WBS)의 최하위 수준 구성요소를 작업패키지라고 한다. 작업패키지에는 계획된 작업(work)이 포함되며, 작업패키지를 사용하여 작업 일정을 계획하고, 작업을 예측, 감시, 통제하는 활동들을 분류할 수 있다. 즉, 작업패키지는 작업을 완료하는 데 필요한 일정, 자원, 원가가 기술되어 있어서 산정과 통제의 기준이 된다.

정답 1)

12 작업분류체계(WBS)는 일반적으로 상세하게 분할할수록 원가나 일정의 추정이 더 정확해지기 때문에 가능한 만큼 상세

하게 분할하는 것이 좋다. 그러나, 작업분류체계(WBS)를 너무 상세하게 분류하면 작성 시간이 증가하여 프로젝트에 불필요한 부담이 되고, 통제시에도 어려움이 늘어난다. 따라서 작업분류체계(WBS)는 의미 있는 산출물을 산출할 수 있을 때까지 분할하는 것이 좋다. 즉, 작업분류체계(WBS)는 의미 있는 산출물을 만들 수 있을 때까지 분할하되, 원가와 일정 추정이 가능해야 하고, 프로젝트를 효과적으로 관리하거나 통제가 가능한 수준까지만 분할해야 한다. 또한 가급적 2주(10일) 이내로 분할하는 것이 좋다. 그러므로 보기 1), 2), 4)는 전부 맞는 설명이고, 보기 3)만 틀린 설명이다. 작업분류체계(WBS)를 분할할 때 최하위 단위인 작업패키지(work package)에 투입되는 인원 수를 고려하여 분할하지는 않는다.

정답 3)

13 문제에서 SPI=0.9, CPI=0.8이라는 것은 수험생을 현혹시키기 위한 문구다. 정답을 선택하는 데 있어서 고려사항이 아니다. 문제에서 관심을 두어야 하는 부분은 서로 다른 팀원이 동일한 업무를 동시에 수행하고 있다는 것이다. 보기 1) 범위기술서에는 누가 무슨 역할을 하는지 기록되지 않는다. 따라서 정답이 아니다. 보기 2) 자원분류체계는 자원을 범주와 유형별로 식별하여 분류한 계통도이다. 이 문서에는 자원의 기술 수준, 등급 수준 등이 표시될 수 있지만 일반적으로 업무와 역할 담당자를 매칭하여 표시하지 않는다. 보기 4) 의사소통 관리 계획서도 마찬가지로 그러한 내용이 없다. 보기 3) 작업분류체계(WBS)는 작업 내용과 그 작업을 수행할 인력이 배정되어 있어서 작업패키지(work package)에 대한 책임감을 높일 수 있으며, 누가 무슨 작업을 책임지고 있는지 알 수 있다. 따라서 서로 다른 팀원이 동일한 업무를 수행하고 있다면 작업분류체계를 확인해 보아야 한다.

정답 3)

14 《PMBOK 지침서》 7판은 프로젝트를 프로세스 진행 순서대로 설명하고 있지 않다. 그러나 이 문제처럼 프로세스를 이해해야 풀 수 있는 문제가 출제되고 있기 때문에 이 기회를 통해 프로세스의 진행 순서를 기억했으면 좋겠다. 보기 중에서 가장 먼저 해야 할 일은 프로젝트 헌장을 작성하고 프로젝트의 시작을 공식적으로 승인받는 일이다. 그 다음 이해

관계자들을 식별하고 이해관계자 관리대장을 작성한다. 이후 프로젝트 관리 계획서를 작성하며 그 일환으로 서브관리 계획서인 이해관계자 참여 관리 계획서를 작성한다. 그후에 범위를 구체화하기 위해서 요구사항을 수집하고(collect requirement)하고 요구사항을 정리하고(define scope), 요구사항을 확정하여 프로젝트 범위기술서를 작성한다. 그러므로 요구사항 정의를 하려고 할 때 프로젝트 범위기술서는 참조할 수 없다.

정답 1)

15 보기 2)의 경우 새로운 대표이사가 아직 요구사항을 제시하지 않았는데 변경통제를 한다는 것은 불필요한 행동이다. 보기 3)도 너무 앞서가는 내용이기에 정답이 될 수 없으며 보기 4)도 굳이 해야 할 이유가 없다. 정답은 보기 1)이다. 새로운 대표이사가 이해관계자로 등록되었으므로 요구사항에 대한 파악이 선행되어야 한다.

정답 1)

16 PMP 시험에서 누구의 잘못을 파악하여 보고하는 것은 정답이 될 수 없다. 프로젝트 관리자는 항상 프로젝트의 성공을 우선적으로 생각하기 때문이다. 따라서 보기 1)은 정답이 아니며, 작업분류체계(WBS)가 없는데 작업분류체계 사전(WBS dictionary)이 있을 수 없기 때문에 보기 3)도 정답이 아니다. 현실적으로는 보기 4)가 정답이 될 수도 있겠지만 PMP 시험에서 요구하는 답은 아니다. 정답은 프로젝트의 현황을 먼저 파악하고 이에 대처하는 것이므로 보기 2)이다. 예측형 프로젝트에서는 작업분류체계(WBS)가 없으면 프로젝트를 제대로 진행을 할 수 없다고 생각한다는 것을 잊지 말자.

정답 2)

17 어려운 문제다. 보기 1) 의사소통 관리 계획서는 문제와 상관이 없으므로 정답이 아니다. 문제에서 계획된 작업은 전부 수행되었다고 했다. 즉, 작업분류체계(WBS)에 기술되어 있는 작업은 전부 수행했다는 의미이다. 그러므로 보기 2)도 정답이 아니다. 작업분류체계(WBS)에 있는 작업을 전부 수행했는데, 왜 중요한 기능이 누락되었을까? 논리적으로 의심해 볼 수 있는 부분은 확정된 업무 범위인 프로젝트 범위기술서를 작업

분류체계로 전환하면서 실수로 누락했을 가능성이다. 아니면 프로젝트 범위기술서부터 누락되었을 수도 있다. 따라서 확정된 요구사항이 기술되어 있는 프로젝트 범위기술서를 확인해 보는 것이 정답이다. 보기 3) 요구사항 문서는 고객의 요구사항을 전부 모아 놓은 문서인 것은 맞지만 고객과 프로젝트 팀이 합의한 범위가 아니라 정답이 될 수 없다.

정답 4)

18 어려운 문제다. 일단, 검수가 완료되었다면 법적으로는 프로젝트가 종료가 된 것이다. 그러나, 고객이 무엇인가에 대한 불만 또는 불안으로 인수를 하지 않겠다는 상황이다. 따라서 고객이 안심하고 인수할 수 있도록 요구한 내용이 제품에 전부 반영이 되었다는 믿음을 주어 불안감을 없애 주는 작업이 필요하겠다. 이러한 작업을 하기 위해서는 고객에게 요구사항 추적 매트릭스를 보여주는 것이 효과적이다. 요구사항 추적 매트릭스는 고객의 요구사항이 제품이나 서비스에 반영되었다는 것을 입증하기 위한 문서다. 따라서 정답은 보기 1)이다.

정답 1)

19 보기 1)은 PMP 시험에서 정답이 될 수 없다. 팀원에 대한 면담, 멘토링, 교육 등 다양한 시도를 해보지 않고 무조건 제외시키는 것은 불합리하기 때문이다. 보기 2)처럼 팀원들에게 야근을 해서 당초 일정을 맞추라는 것은 현실 세계에서는 흔한 일이지만 시험에서는 정답이 아니다. PMI의 생각은 회사의 어려움을 팀원들에게 떠넘기지 않는다는 것이다. 보기 4)는 다른 대안을 검토해 보고 맨 마지막에 해야 할 일이라서 정답이 될 수 없다. 정답은 가장 합리적인 보기 3)이다.

정답 3)

시험장 TIP

상황문제에서 정답을 선택할 때 고려할 점
1) 회사, 프로젝트의 어려움을 팀원에게 강요하여 만회하려고 하면 안 된다.
2) 이해관계자와 고객에게 대안을 제시하라고 하지 않는다. (프로젝트 관리의 책임은 프로젝트 관리자에게 있다)
3) 프로젝트 진행 중 문제 발생시 가장 먼저 해야 할 일은 원인을 찾는 일이다. 원인 파악 후 팀원들과 대안을 협

의하고 실행하는 것이 가장 좋은 방법이다.

4) 프로젝트에 영향력이 큰 문제가 발생하면 즉시 이해관계자에게 보고해야 한다. (여기서 영향력이 크다는 것에 대한 세부적인 기준은 없다)

5) 리스크와 문제를 구분하여 대응한다.

20 보기 2)의 3점 산정은 낙관치, 비관치, 최빈치 등의 3점 산정을 한 후 여러 가지 평균법을 사용하여 기간을 산정하는 방법이며 보기 3)의 유사산정(analogous estimating)은 과거의 유사한 프로젝트 정보를 활용하여 산정하는 방법이다. 보기 4)의 몬테카를로 시뮬레이션은 다양한 결과의 확률 분포를 개발하는 컴퓨터 모델에 대한 반복을 이용하여 잠재적인 영향을 계산하는 방법이다. 보기 1)의 모수산정(parametric estimating)은 과거 자료와 기타 변수 사이의 통계적 관계를 사용하여 원가, 기간 등을 산정하는 방법이다. 단위 작업당 작업시간, 평당 작업원가 등이 해당된다.

정답 1)

21 일정 활동(scheduled activity)들의 의존관계가 임의적(discretionary)인 것들을 찾아서 병행 작업함으로써 일정을 단축하는 기법을 공정중첩 단축법(fast tracking)이라고 한다. 문제에서 일정을 압축하려고 한다는 표현이 있는데 거기에 현혹이 되어 보기 2)를 선택하면 안된다. 문제의 초점은 업무를 병행 수행한다는데 있다. 정답은 보기 4)이다. 공정중첩 단축법을 사용하면 일정은 단축이 되지만 재작업(rework)의 위험이 있다는 것도 함께 알아 두면 좋겠다.

정답 4)

22 주공정법(critical path method)을 이용하여 프로젝트의 기간을 산정할 수 있기 때문에 보기 1)은 맞는 설명이고, 주 경로(critical path)는 다수로 발생할 수 있기 때문에 보기 2)는 틀린 설명이다. 보기 3)도 틀린 설명으로, 네트워크도를 그렸다고 해서 언제든지 종료일을 변경할 수 있는 것은 아니다. 네트워크도는 주 경로를 찾고, 프로젝트의 전체 공정기간을 산정하는 데 도움을 줄 뿐이다. 보기 4)도 틀린 설명으로, 마지막 활동(activity)의 늦은 종료일(LF, Late Finish date) 값을 스폰서나 고객이 전진계산(forward scheduling)으로 계산된 일자보다 빠른 날짜를 제시하면 여윳값(float)이 음수가 될 수 있다.

정답 1)

23 쉬운 듯 하지만 어려운 문제다. 프로젝트 달력(project calendar)은 일반적으로 작업활동의 가용 여부를 알기 위해 근무일, 휴일, 교대 일정 등을 기록한 것으로 프로젝트만을 위한 달력이다. 따라서 정답은 보기 2)이다. 보기 1)의 회의 일자는 의사소통 계획서에 기록되어야 하며, 팀원들의 해제 예상 일자는 자원 계획서(resource plan)에 기록되어야 한다. 보기 4)는 프로젝트관리 계획서에 포함되어 있다.

정답 2)

24 일정 기준선에 문제가 없더라도 특정 작업이 2주나 지연되고 있으면 원인을 조사하고 그 원인에 의거하여 대책을 수립해야 한다. 따라서 보기 3)은 정답이 될 수 없다. 보기 4)는 원인 조사가 끝난 후에 할 수 있는 행동이고, 결과에 따라 하지 않아야 하는 행동일 수도 있어 정답이 아니다. 정답은 보기 1)과 2) 중에서 골라야 한다. 두 가지 보기를 놓고 보았을 때 변경요청을 처리하기 전에 먼저 원인 파악이 필요하다는 것이 명확하므로 정답은 보기 2)이다. 원인 파악 후에 변경요청을 할 수도 있고, 하지 않을 수도 있다.

정답 2)

25 문제의 지문에서 프로젝트 상태를 보면 SPI가 1보다 작으므로, 일정은 지연되고 있고, CPI는 1보다 큰 숫자이므로 원가가 절감되고 있다. 따라서 프로젝트의 일정이 지연되고 있고, 자금에는 여유가 있으니 보기 2) 공정압축법을 해야 한다고 판단하기 쉽다. 그러나 공정압축법은 원가의 증가를 가져오므로 신중하게 생각해야 한다. 보기 3)의 불필요한 활동 제거가 더 좋은 방법이다. 따라서 정답은 보기 3) 불필요한 활동 제거이다. 불필요한 활동 제거를 먼저 해본 뒤 원하는 만큼 일정단축이 되지 않으면 그 때 공정압축법을 고려해보는 것이 좋겠다. PMP 시험에서는 먼저 해도 되는 것이 있다면

그것이 정답이다. 보기 1)은 일정이 단축될 수 있지만 재작업의 리스크가 있어 자금에 여유가 있는 경우에는 우선적으로 고려되지 않는다. 보기 4)와 같이 업무 범위를 축소하는 것은 예측형 프로젝트에서는 절대로 정답이 될 수 없다. 적응형 프로젝트라면 보기 4)도 정답으로 고려해 볼 가치가 있다.

정답 3)

알고 가자! TIP

일정단축 방법
프로젝트에서 일정을 단축하는 방법은 크게 두 가지로 분류된다. 자세히 살펴보면 다음과 같다.

	공정압축법 (Crashing)	공정중첩 단축법 (Fast Tracking)
정의	원가와 일정 사이의 관계를 분석하여 최소한의 원가투입으로 최대한의 기간을 단축하는 방법	순차적으로 계획되어 있는 활동에 대해 병행작업을 실시하여 일정을 단축하는 방법
단축방법	주 경로(Critical path) 위의 활동에 자원을 추가 투입하여 일정단축	임의적(Discretionary) 종속관계인 활동을 식별한 후 병행작업을 통해 일정단축
시행조건	프로젝트에서 원가 여유가 있는 경우 (원가효율성(CPI)이 1보다 큰 경우)	프로젝트에서 원가에 제약이 있는 경우 (원가효율성(CPI)이 1이하인 경우)
부작용	원가상승 가능성 있음	재작업(Rework) 발생이 가능하여 리스크 증가

26 문제의 작업분류체계(WBS)를 가지고 네트워크도를 그려보면 다음과 같다.

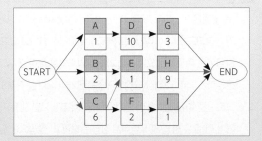

주공정 경로(critical path)는 START → 활동 C → 활동 E → 활동 H 이다. 기간단축을 하려면 주공정 경로 위에 있는 활동의 기간을 줄여야 하기 때문에 보기에서는 활동 H를 줄여야 한다.

정답 3)

시험장 TIP

최근 PMP 시험에서는 일정을 계산하는 문제가 출제되지 않고 있다. 그러나, 언제라도 출제가 가능한 내용이고, 또한 프로젝트 관리자라면 일정 계산을 반드시 할 줄 알아야 하기에 실전문제로 출제했다.

27 정답은 변경통제 프로세스를 수행하면 된다. 모든 변경을 하기 위해서는 변경요청서(change request)가 필요하고, 변경요청서가 발행되면 갑과 을이 협의하여 변경 여부를 결정해야 한다. 변경 여부가 결정되어야 비용을 사용할 수 있다. 이 문제에서는 우발사태 예비를 사용할지 말지보다도 고객과 변경에 대해서 합의를 한다는 것에 더욱 초점을 맞추어야 한다. 보기 1)처럼 이야기할 필요는 없다. 변경통제위원회(CCB) 회의에서 변경요청을 검토할 때 일정과 원가에 대한 협의도 진행하기 때문에 그 자리에 논하는 것이 좋다. 보기 2)는 우발사태 예비가 원가기준선 안에 포함되는 원가이므로 별도로 원가기준선을 변경할 필요가 없기 때문에 정답이 아니다. 또한 우발사태 예비도 변경에 대한 승인이 나야 사용할 수 있다. 보기 4)도 변경요청이 승인되는 것이 먼저이기에 정답이 아니다.

정답 3)

28 원가성과지수(CPI)와 일정성과지수(SPI)는 1을 기준으로, 1보다 크면 좋은 상태이고, 1보다 작으면 나쁜 상태이다. 따라서 문제의 상황은 원가성과지수는 나쁜 상태이고, 일정성과 지수는 좋은 상태이다.

정답 1)

시험장 TIP

여기서 주의할 점은 PMP 시험에서 한글 해석이 틀리는 경우가 종종 있다는 점이다. 이러한 문제가 나오면 반드시 영어를 확인해 보자.
Behind of schedule: 일정지연
Ahead of schedule: 일정단축

Under budget: 원가 절감
Over budget: 원가 초과

29 우발사태 예비(contingency reserve)는 예측 가능한 리스크(known-unknown risks)를 해결하기 위해서 사용되는 비용이며, 예측 가능한 리스크이기에 리스크이기에 경영층과 미리 협의가 되어 있다. 따라서 프로젝트 관리자의 권한만으로 사용이 가능하며 원가기준선(cost baseline)에 포함되어 있는 비용이다. 따라서 보기 1)과 3)은 정답이 아니며, 보기 4)는 미리 식별할 수 없는 리스크이므로 우발사태 예비를 사용할 수 없고, 관리 예비(management reserve)를 사용해야 한다.

정답 2)

30 일정성과지수(SPI)와 원가성과지수(CPI)가 나빠지는 이유는 여러 가지가 있다. 따라서 보기 1), 2), 3)으로 인해 발생했을 수도 있다. 그러나 그것은 어디까지나 추측일 뿐이고, 실제로 그러한 일이 발생했는지에 대한 여부는 알 수가 없다. 보기 4)는 확실히 맞는 사실(fact)이므로 정답이다. 실제 시험에서도 같은 방법으로 정답을 골라야 한다.

31 이 문제도 실제 PMP 시험에 잘 나오는 상황문제 형식이다. 상황문제는 항상 도덕적이고, 전문가의 자부심에 반하지 않는 답을 골라야 한다. 또한 문제의 보기에 원인 파악과 대책이 섞여 있을 경우, 항상 원인 파악이 정답이다. 보기 1)은 자세한 원인 파악 없이 대책을 실행하는 것이므로 정답이 아니고, 보기 2)는 프로젝트 관리자가 먼저 원인 파악을 하지 않고 경영층과 협의하는 것이기에 정답이 아니다. 보기 4)는 비도덕적이기에 정답이 아니다.

정답 3)

32 우발사태 예비(contingency reserve)는 예측 가능한 리스크에 대응하기 위해서 확보하는 비용이다. 따라서 보기 중에 프로젝트 관리자가 미리 예측할 수 있는 리스크를 찾으면 된다. 환율 변동이나 국제 협약은 프로젝트 관리자가 미리 알기 어려운 리스크 요소이고, 반군의 습격도 마찬가지다. 문제의 보기에서 프로젝트 관리자가 식별할 수 있는 리스크는 다른 프로젝트에 투입된 인력이 시간에 맞추어서 해지될 수 있는가 여부이다.

정답 3)

33 팀원이 온도가 품질에 영향을 미치고 있다고 말한 것이 사실인지 아닌지 검증하기 위해 가장 적절한 기법은 산점도다. 온도가 품질에 영향을 미치는지 확인하기 위해서는 온도에 변화를 주면서 품질이 어떻게 변해가는지 봐야 한다. 즉, 변수 X가 변함에 따라 변수 Y가 어떻게 변하는지 볼 때 가장 유용한 도구는 산점도다.

Positive correlation
As one variable increases so does the other variable.

Negative correlation
As one variable increases the other variable decreases.

No correlation
There is no relationship between the two variables.

출처: Internet Geography.net

34 위협에 대한 리스크 대응전략 중에서 정답을 선택해야 한다. 따라서 보기 4)는 먼저 제외한다. 보기 3) 전가는 위협의 책임을 제3자에게 넘기는 것이므로 문제의 내용과 상관이 없다. 보기 1) 회피와 보기 2) 완화 중에서 정답을 골라야 한다. 보기 1) 회피는 주로 위협을 제거하거나 발생 확률을 0%로 만드는 것을 의미한다. 예로는, 목표 변경, 위협 원인 제거, 일정 연장, 전략 변경, 범위 축소 등과 같이 어떻게 보면 약간은 과격한(?) 조치들이 해당된다. 보기 2) 완화는 위협의 확률 및 영향을 줄이는 방법이다. 예로는, 더 많은 테스트, 안정적인 판매자 선정, 프로토타입(prototype) 개발, 중복 설계 등과 같은 것들이 있다. 서버 추가 계약은 발생 확률을 0%로 만드는 것이므로 위협의 원인을 제거하는 대응으로 보는 것이 합당하다.

스폰서가 위협이 프로젝트 범위를 벗어나거나 제안된 대응책이 프로젝트 관리자의 권한을 넘어설 수 있다는 데 동의하는 경우 적절한 방법이다.
■ 회피(Avoid): 리스크 회피는 리스크를 완전히 제거하는 것으로 프로젝트 관리 계획서의 변경이 수반된다. 예로 일정 연장, 전략 변경, 범위 축소, 프로젝트 중단 등이 있다.
■ 전가(Transfer): 리스크로 인한 부정적 영향의 일부 또는 전부를 제3자에게 이전하는 것이다. 예로서, 보험, 각종 보증, 제3자 계약(외주 계약) 등이 있다.
■ 완화(Mitigate): 불리한 리스크 사건의 발생 확률이나 영향을 수용 가능한 한계로 낮추는 것을 의미한다. 예로 복잡한 프로세스의 간소화, 더 많은 테스트 수행, 중복 설계, 프로토타입(prototype) 개발, 방음벽 등이 있다.
■ 수용(Accept): 모든 리스크를 제거하는 것이 불가능할 때 채택되는 전략으로, 리스크를 수용하는 것을 의미한다. 예로 리스크가 발생하면 프로젝트 팀이 처리하도록 하는 것과 우발사태 예비(contingency reserve)를 확보하는 것 등이 있다.

35 프로젝트를 실행하는 동안 새로운 리스크가 식별되면 이것 역시 리스크 관리대장에 기록하고 정성적 분석부터 다시 시작해야 한다. 보기 1)은 경우에 따라서 필요할 수는 있으나 반드시 해야 하는 활동은 아니다. 보기 2)는 논리에 맞지 않는 문장이고, 보기 3)도 필요할 수는 있으나 이것은 리스크를 평가한 후에 리스크의 크기에 따라서 결정해야 한다. 초기에 파악되지 않은 리스크가 프로젝트를 진행하는 동안 신규로 식별할 수도 있는데 이는 대부분 리스크 감시 프로세스에서 수행한다. 프로젝트 진행 도중 새로운 리스크가 식별되면 리스크 관리대장에 등재를 하는 것이 가장 먼저 해야 할 일이며, 그 다음 정성적 분석을 실시해야 한다.

36 보기 1)의 흐름도(flow chart)는 잘못된 프로세스를 발견하도록 도움을 주는 기법이고, 보기 2)의 관리도(control chart)는 제품의 불량을 모니터링 할 때 유용하다. 또한, 보기 4)의 런차트(run chart)는 시간의 흐름에 따른 y변수의 변화를 보여

주는 데 유용하다. 따라서 발생 정황, 해결책 제시에 도움이 되는 것은 보기 3)의 인과관계도(cause and effect diagram)다. 인과관계도는 문제점과 원인의 관계를 도식화해서 보여줌으로써 발생 정황과 해결책 제시에 도움을 준다.

정답 3)

알고 가자! TIP

인과관계도 예시

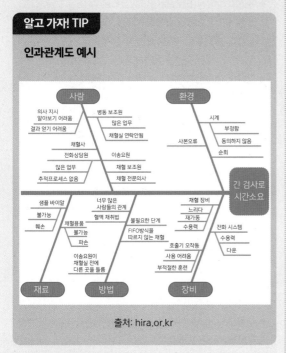

출처: hira.or.kr

37 리스크 대응 방안 중에서 어떤 것은 일정한 사건이 발생할 경우에만 사용한다. 대표적인 것이 우발사태 계획(contingency plan)이다. 우발사태 계획은 리스크에 대해 프로젝트 팀에서 계획을 실행하라는 예고가 충분하다고 믿는 경우에, 사전 정의된 특정 조건에서만 실행될 대응계획을 의미한다. 또한, 이러한 우발사태 계획을 실행하게 하는 임계치 또는 특정 조건을 트리거(trigger)라고 부른다.

정답 4)

38 프로젝트 진행 중 새로운 리스크가 식별되었으면 리스크 관리대장에 등록한 후 정성적 리스크 분석 수행부터 다시 해야 한다. 발생 가능성과 영향력을 파악하여 리스크의 크기를 계산하고, 그것에 따라 우선순위를 정하고, 바로 대응책을 수립할지 정량적 리스크 분석 수행을 할지, 감시 목록

(watch list)에 넣고 지켜보아야 할지 등을 결정해야 한다. 보기 1)의 우발사태 예비는 알고 있는 리스크에 사용할 수 있는 예비비이기에 정답이 아니고, 보기 3)은 리스크의 크기도 계산하지 않고 리스크 대응 계획을 수립하는 것이기에 정답이 될 수 없다. 또한 보기 4)처럼 리스크에 대한 대응 없이 초기에 식별되지 않았다는 이유만으로 무시하는 것도 위험관리에 있어서 옳은 방법은 아니다.

정답 2)

39 가장 PMP 시험다운 문제이다. 먼저, 보기 1)은 정답이 될 수 없다. A프로젝트 관리자가 지연하지 말라고 이야기해서 문제가 해결되었다면 애초에 지연되었을 리가 없기 때문이다. 보기 4)도 스폰서는 프로젝트에 자금을 지원하고 외압을 막아 주는 역할을 하는 사람이고, 프로젝트를 직접 진행하는 사람은 아니기 때문에 프로젝트 지연과 관련해서는 할 수 있는 일이 없다. PMP 시험에서는 프로젝트 취소와 관련된 문제를 제외하면 스폰서와 이야기 한다가 정답인 경우는 없다. 보기 3)은 대책이기 때문에 추후에 할 수도 있는 일이기는 하지만 지금 당장 할 일은 아니다. 따라서 정답은 보기 2)이다. 예상할 수 있는 리스크였기 때문에 리스크 대응 전략이 수립되었을 가능성이 높다. 그러므로, 리스크 관리대장을 보고 리스크 대응 전략을 확인하는 것이 먼저 해야 할 일이다.

정답 2)

40 문제 자체는 어렵게 느껴지지만 정답은 쉽게 고를 수 있다. 문제에서의 상황 설명은 새로운 리스크가 식별되었다는 의미이므로 리스크 관리대장에 기재한 후 정성적 리스크 분석을 실시하면 된다. 그 후에 이해관계자 관리대장을 업데이트하고, 필요시 변경요청서를 발행하거나 의사소통 관리 계획서를 업데이트하면 된다.

정답 4)

알고 가자! TIP

리스크 관리대장에 포함되는 내용
리스크 관리대장에 포함되는 내용은 다음과 같다.
1) 합의된 대응전략(Agreed-upon response strategy)
2) 선택된 대응전략을 구현하기 위한 구체적인 활동

3) 유발 조건, 리스크 발생 징후 및 경고 신호

4) 선택된 대응전략을 실행하기 위해서 필요한 예산과 일정 활동

5) 우발사태 계획(contingency plan)과 실행을 시작하게 하는 유발요인(trigger)

6) 발생한 리스크와 기본 대응책이 부적절한 것으로 판명된 리스크의 대응책으로 사용할 대체방안(fallback plan)

7) 계획된 대응책을 수행한 후에도 남아있을 것으로 예상되는 잔존 리스크(residual risk)와 의도적으로 수용한 리스크

8) 리스크 대응책 실행에 따른 직접적인 결과로 발생하는 2차 리스크(secondary risk)

알고 가자! TIP

긍정적 리스크의 대응전략

긍정적 리스크에 대한 대응전략도 기억해야 한다.

■ **에스컬레이션(Escalate)**: 프로젝트 팀 또는 프로젝트 스폰서가 기회가 프로젝트 범위를 벗어나거나 제안된 대응책이 프로젝트 관리자의 권한을 넘어설 수 있다는 데 동의하는 경우 적절한 방법이다.

■ **활용(Exploit)**: 기회가 확실히 실현되도록 함으로써 특정 상위 리스크와 연관된 불확실성을 제거할 방법을 찾는 것이다. 예로 완료 시간 단축을 위해 조직에서 가장 유능한 자원을 할당하여 신기술 적용, 기술 업그레이드 작업을 하는 것이 해당된다.

■ **공유(Share)**: 프로젝트에 이익을 가져다 주는 제3자에게 기회 소유권의 일부 또는 전부를 할당하는 것이다. 예로 특수 목적 회사 또는 합작회사와 협력관계를 구축하는 일 등이 해당된다.

■ **증대(Enhance)**: 긍정적 리스크의 중요한 유발원을 식별하여 극대화함으로써 발생 확률을 증가시키는 것이다. 예로 활동(activity)을 조기에 종료하기 위해 자원을 추가하는 것 등이 해당된다.

■ **수용(Accept)**: 수반된다면 활용하지만 적극적으로 추구하지는 않는 방법이다.

41 PMP 시험에서는 보기 3)과 같이 직원에게 비논리적으로 대응하는 것은 당연히 정답이 될 수 없다. 보기 4)처럼 조달관리 계획서를 업데이트하는 것도 불필요한 행동이다. 중요한 기술을 가진 팀 멤버가 퇴사하게 되었을 때에는 당연히 기능부서장과 대체 인력에 대해서 협의를 해야 한다. 그러나, 이것은 대책이다. 수험생분들은 대책에 먼저 눈이 가는 경우가 많은데 PMP 시험에서는 대책을 바로 실행하는 것보다는 프로세스대로 공식적 문서에 등록하고, 원인을 파악하고, 영향도를 파악하고, 이해관계들과 협의한 후 대책을 시행하는 것이 항상 정답이다. 중요한 인력의 변동은 프로젝트에 커다란 리스크가 될 수 있으므로 아마도 리스크 관리대장에 이미 등재되어 있을 가능성이 높다. 따라서 리스크 관리대장을 확인하고 그에 따라 대책을 시행하는 것이 좋겠다. 만약, 리스크 관리대장에 등재되어 있지 않다면 상황에 따라 리스크 관리대장에 등재를 하든지 아니면 이슈 기록부에 등재를 하고 절차에 따라 진행하면 된다.

42 문제의 상황은 프로젝트에 기회가 되고 있다. 따라서 기회를 위한 리스크 대응 전략 중에서 어느 것에 해당되는지를 선택하면 된다. 신기술이나 업그레이드 기술을 채용하여 프로젝트 목표 달성에 필요한 원가와 시간을 줄이는 것은 활용(exploit)이다. 따라서 정답은 3)이다.

43 굉장히 어렵고 생각할 것이 많은 문제다. 계약과 관련된 문서에 특정 업체를 사용하도록 명시되어 있다면, 이는 프로젝트의 정상적인 진행을 방해할 수 있는 제약요소다. 제약요소도 프로젝트 입장에서 보면 불확실한 조건(condition)이므로 리스크다. 따라서 리스크 관리대장에 등재하는 것이 좋겠다. 만약에 보기에 조달관리 계획서가 있다면 그것도 정답이 될 수 있다. 조달관리 계획서에는 계획된 조달에 영향을 줄 수 있는 제약 및 가정사항을 기록하게 되어 있기 때문이다. 보기 1)의 입찰문서(bid document)는 유력한 판매자에게 제안서를 요청할 때 보내는 공식 문서다. 따라서 로컬 업체가 아닌 업체에는 입찰문서를 보내지 않았을 것이기에 입찰문서에는 본 내용을 기록할 필요가 없다. 또한, 이 상황은 아직 프로젝트 목표에 영향을 주는 발생한 리스크로 보기 어렵기 때문에 이슈가 될 수 없다. 따라서 보기 3)도 정답이 될 수 없다.

보기 4)의 자원 관리 계획서는 인적자원 관리 계획과 물적자원 관리 계획을 명시하는 문서로 일반적으로 조달의 제약사항까지 기록하지는 않는다.

정답 2)

44 보기 1)의 리스크를 감지할 수 없다는 말은 틀렸다. 실제로 프로젝트에서 모든 리스크를 감지하는 것은 어렵지만, 이해관계자들이 모두 참여하고 이전 프로젝트의 선례 정보와 PMO에서 작성한 체크리스트를 활용하면 리스크의 상당 부분을 파악할 수 있다. 보기 2)의 불확실한 이벤트라는 것은 리스크의 정의이다. 따라서 모든 프로젝트에서 리스크가 발생한다는 것이므로 정답이다. 리스크가 없는 프로젝트는 없다. 리스크의 정도가 크냐 작냐, 시급한 것이냐, 시급한 것이 아니냐 등의 차이만 있을 뿐이다. 보기 3)은 개인이나 조직의 리스크에 대한 태도가 인식, 관용도, 기타 선입견에 등에 따라 결정되고, 이들은 리스크에 대한 우선순위를 정하거나 대응하는 방식에 영향을 미치기 때문에 정답이 아니다. 보기 4)의 프로젝트 관리에서 리스크 관리 활동은 적극적인 대응 방법이기에 정답이 아니다. 불확실한 사건 또는 상황에 대해서 선제적으로 분석하고 대응계획을 수립하기 때문이다.

정답 2)

45 이러한 문제는 정답을 고르기가 쉽지 않다. 먼저 정답이 아닌 것부터 지워보자. 보기 2)는 정답이 아니다. 리스크의 크기를 평가하기 위해서는 발생 가능성과 영향력이 둘 다 필요하다. 보기 3)은 리스크의 정의를 이해하면 된다. 리스크의 정의는 '불확실한 이벤트'다. 따라서 긍정적인 것도 있을 수 있고, 부정적인 것도 있을 수 있다. 보통 리스크라고 하면 부정적인 것만 생각하기 쉬운데 긍정적 리스크도 있다. 예를 들어, 우리 회사의 연구소에서 신공법을 개발하여 이 공법을 적용하면 기간과 원가를 절반만 사용해도 제품을 만들 수 있다고 하였을 경우, 프로젝트에는 분명히 긍정적(positive)인 영향을 미치지만 그것이 실현 가능할지는 아직 불확실하므로 리스크로 간주한다. 보기 4)의 리스크 대응 계획과 리스크 관리 계획서는 완전히 다른 개념이다. 리스크 대응 계획은 리스크에 어떻게 대응할지를 기록해 놓은 문서이고, 리스크 관리 계획서는 ① 방법론 ② 역할 및 책임사항 ③ 예산

책정 ④ 시기 ⑤ 리스크 범주 ⑥ 리스크 확률 및 영향 정의 ⑦ 확률-영향 매트릭스 ⑧ 수정된 이해관계자 허용 한도 ⑨ 보고 형식 ⑩ 추적 등이 포함된 문서다. 따라서 보기 1)이 정답이다. 모든 리스크는 자세하게 문서화되어야 한다.

정답 1)

46 공급자를 선정하여 업무를 맡기는 일을 조달관리라고 한다. 조달관리에서 가장 먼저 해야 하는 일은 조달 작업기술서(procurement SOW)또는 위임사항(TOR)을 작성하는 일이다. 즉, 어떤 업무를 공급업체에 맡기는지에 대한 상세 업무 내용을 작성해야만 그 다음 작업들이 가능해진다. 따라서 정답은 보기 2)이다. 공급업체에 제공할 업무 범위가 정해지면 보기 1)처럼 상위 수준의 비용 산정치를 추산하고, 입찰을 공지(광고)하면 된다. 상세 순서는 다음의 〈알고 가자! TIP〉을 참조하자.

정답 2)

알고 가자! TIP

조달 진행 순서
1) 조달 작업기술서(SOW) 또는 위임사항(TOR)을 작성한다.
2) 예산 책정에 필요한 상위 수준의 비용 산정치를 추산한다.
3) 입찰 기회를 공지한다.
4) 적격 판매자의 최종 후보업체 목록을 식별한다.
5) 입찰서를 작성하여 발행한다.
6) 공급자가 제안서를 작성하여 제출한다.
7) 제안서에 대해 품질을 비롯한 기술적 평가를 실시한다.
8) 제안서에 제시된 비용 평가를 실시한다.
9) 낙찰 제안서를 선정하기 위한 최종 품질 및 비용 종합평가를 준비한다.
10) 구매자와 판매자 사이 협상을 완료하고 계약서에 서명한다.

---

47 입찰문서(bid documents)는 유력한 공급자에게 제안서를 의뢰하기 위해 사용되는 문서로서 RFI, RFP, RFQ★ 등으로 불리는 문서다. 수요자는 유력한 공급자가 정확하고 완벽한 답변서를 작성할 수 있도록 지원하고, 공급자의 답변을 쉽게 평가할 수 있도록 조달문서를 구성해야 한다. 조달문서에는 원

하는 답변서 양식, 관련 조달 작업기술서(procurement SOW)와 필요한 모든 계약조항에 관한 설명이 포함된다. 입찰문서는 공급자가 적합한 답변을 할 수 있도록 상세하면서, 동시에 공급자가 더욱 효과적인 제안사항을 고려할 수 있을 정도로 유연성도 갖춰야 한다. 따라서 정답은 1)이다.

★ RFI(Request For Information): 정보요청서
RFP(Request For Proposal): 제안요청서
RFQ(Request For Quotation): 견적요청서

정답 1)

48 애자일 접근방식에 대해 이해할 때 가장 중요한 것 중 하나는 역할자의 책임과 역할을 이해하는 것이다. 이 중에서 가장 중요한 역할자가 제품책임자(product owner)다. 제품책임자는 기본적으로 비즈니스 쪽 인력이라는 것을 기억해야 하며, 제품 백로그의 우선순위를 정하는 것을 통해 제품의 수익성에 대한 책임을 가진다는 것을 반드시 기억해야 한다. 이는 제품책임자가 비즈니스를 대표하므로 다른 영역에 초점을 둔 팀의 다른 구성원보다 제품의 가치를 더 잘 이해하고 있다는 전제가 걸려 있다. 제품책임자에 대한 더 자세한 책임과 역할은 〈알고 가자! tip〉을 참조하자.

정답 1)

49 애자일 선언문의 두 번째 항목에 '포괄적인 문서 보다는 작동하는 소프트웨어'라는 문구가 명시되어 있다. 이 문구의 의미는 문서보다는 작동하는 소프트웨어를 중시하겠다는 뜻이지 문서를 만들지 않겠다는 이야기가 아니다. 개발 팀에서 문서가 필요하다고 판단하면 당연히 문서를 작성해야 한다. 따라서 정답은 보기 2)이다. 애자일 팀은 기본적으로 자율 구성 팀이기 때문에 제품 개발 방법과 관련해서 다른 누군가에게 문의하지 않는다. 다만, 제품의 기능에 대한 것이 명확하지 않을 경우에만 제품책임자와 의사소통한다. 따라서 보기 3)과 4)는 정답이 될 수 없다. 애자일 선언문에 대한 것은 〈알고 가자! tip〉을 통해 확인하자.

정답 2)

프로세스 및 도구보다는 개인 및 상호작용을
포괄적인 문서보다는 작동하는 소프트웨어를
계약 협상보다는 고객 협업을
계획에 따르는 것 보다는 변경에 응답을
왼쪽 항목의 가치를 인정하지만 오른쪽 항목을 더 중요하게 여긴다.

50 이 문제는 애자일 개념을 간접적으로 파악하는 문제이다. 애자일 팀은 반복을 통해 우선순위가 높은 기능에 대하여 작동하는 제품을 만든다. 반복(iteration) 후에는 반복 검토(review)를 통하여 시연(demo)까지 한다. 이렇게 개발이 완료된 제품은 증분(incremental)하게 되어 필요하다면 릴리스가 가능하다. 따라서 애자일 프로젝트에서는 제품에 대한 시연이 언제라도 가능하다. 다만, 제품에 대한 전체 기능이 아닌 우선순위가 높은 요구사항에 대한 시연에 한해서이다.

정답 2)

51 이 문제는 진행 중인 작업 제한(WIP)의 이점이 아닌 답변을 찾고 있다. WIP를 제한하면 팀원들의 업무 부담이 상대적으로 줄어들어 집중도를 높일 수 있기 때문에 실수 또는 재작업의 가능성이 줄어든다. 또한, 팀의 생산성이 향상되어 작업 완료 속도가 빨라지고, 생산 병목 현상을 찾는 데 도움이 된다. 여기에 나열된 WIP 제한의 이점이 아닌 유일한 보기는 보기 4) 리소스 활용도를 극대화한다는 것이다. WIP 제한은 리소스 활용도 극대화가 아니라 처리량 최적화에 중점을 두고 있으며 실제로 처리량을 늘리기 위해 리소스 최적화를 포기할 수도 있다.

정답 4)

시험장 TIP

진행 중 작업(WIP) 제한은 칸반(Kanban) 방법의 5원칙 중 하나로, 시험에 자주 나오는 내용이므로 반드시 기억해야 한다.

알고 가자! TIP

진행 중 작업 제한

극단적인 사례로 〈그림 1〉에서 팀원은 3명인데, 진행 중(doing)인 작업이 300개라고 가정해 보자. 3명이 300개의 작업을 진행하는 것은 불가능하다. 너무 많은 작업이 한꺼번에 몰리게 되면 팀원들은 오히려 작업을 하나도 진행하지 못할 수 있으며, 진행되지 않는 업무 때문에 극심한 스트레스를 받을 것이다. 이때, 사용할 수 있는 방법이 진행 중인 작업(WIP) 제한이다.

〈그림 1〉 칸반 보드(Kanban board)

이 방법은 각 열에서 진행 가능한 항목 수를 미리 지정하고, 이를 초과하여 작업할 수 없도록 하여 기존 작업을 완료한 후에만 새 작업을 진행할 수 있도록 한다. 〈그림 2〉에서 세 번째 열에 있는 '개발(development)' 아래의 '4'라는 숫자는 진행 번호(progress number)라고 하며, 그 열에 포함될 수 있는 최대 작업 수를 의미한다. 그림에 현재 4개가 있으므로 이제 더 이상 업무가 추가될 수 없다. 이처럼 작업 제한을 한다면 업무에 대한 집중도가 높아져 실수와 재작업의 가능성이 줄어들고 생산성이 향상되며, 문제 및 병목 현상의 가시성이 증가하여 지속적인 개선을 촉진할 수 있다. 여기서, 반드시 기억해야 하는 점은 WIP 제한이 리소스가 아닌 처리량 최적화에 중점을 두고 있다는 점이다. 실제로 처리량을 늘리기 위해 리소스 최적화를 포기할 수 있다.

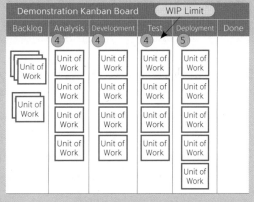

〈그림 2〉 칸반 보드(Kanban board)

52 완료의 정의가 중요한 이유는 이해관계자들이 새로운 기능에 대한 설명을 다른 방식으로 해석하여 발생할 수 있는 불일치를 방지하기 위함이다. 완료의 정의가 기능을 협상하거나 협상 기술을 향상시키거나 새로운 요구사항을 제시하는 데 사용되도록 의도된 것은 아니다. 다만, 이 토론을 통해 모든 사람이 완료 또는 성공에 대한 공통된 이해를 갖게 한다. 따라서 정답은 보기 2)이다.

정답 2)

알고 가자! TIP

완료의 정의(DOD, Definition Of Done)

'완료의 정의'는 사용자 스토리가 '완료'로 간주되기 위해 충족되어야 하는 기준 목록을 의미한다. 따라서 '완료의 정의'는 개발 팀이 동의를 한 내용이어야 하며, 팀 룸에서 눈에 잘 띄도록 표시해야 한다. 또한 '완료의 정의'가 중요한 이유는 개발자가 생각하는 완료와 고객이 생각하는 완료가 다를 수 있기 때문이다. 일반적으로 개발자에게 "이 기능을 완료했습니까?"라고 물어보면, 개발자는 '프로그래밍이 끝났다'는 것을 기준으로 완료되었다고 말한다. 그러나 테스트가 끝났고, 문서화도 끝나서 지금 당장 '인도도 가능하다'를 완료의 기준으로 정하면 완료되지 않은 것일 수 있다. 따라서 완료의 정의를 명확히 하려면 '완료 체크리스트'를 사용하여 완료 여부를 판단하는 것이 좋다. 또한 '완료의 정의'에 대해 합의를 하면 개발 팀과 고객 또는 제품책임자 사이의 오해와 갈등의 리스크를 제거할 수 있는 장점이 있다. 만약 '완료의 정의'가 정의되지 않았다면 프로젝트의 각종 추정치가 정확하지 않고 반복 작업에 대한 부정확한 예측이 이루어지며, 제품책임자가 제품의 진행 상황을 이해하기 어렵고, 반복 리뷰에서 투명성이 없어진다.

53 린(lean) 접근 방식은 가치를 극대화하기 위해 낭비를 최소화하는 방식을 중요하게 여긴다. 린의 7가지 낭비는 부분적으로 수행되는 작업, 추가 프로세스, 추가 기능, 작업 전환, 대기, 결함이다. 코드 테스트는 문제의 보기 중에서 유일하게 낭비가 아니다. 업무 교대는 동작의 낭비이고 테스트를 기다리는 코드는 부분적으로 완료된 작업이며 여러 프로젝트를 수행하는 개발자는 작업 전환의 낭비이다.

정답 2)

54 전통적인 프로젝트 관리에서는 별도로 품질관리 계획을 수립하고 품질활동을 하여 품질을 보증한다. 그러나 애자일에서는 별도의 품질 활동이란 것이 없다. 품질의 대가인 필립 크로스비(Philip Crosby, 1934~2004)에 따르면 품질은 고객의 요구사항을 맞추는 것(conformance to requirement)이라고 하였기에 애자일 접근 방식에서는 고객에게 증분을 자주 인도하고 시연(demo)하고 검토를 받음으로써 품질을 달성한다. 따라서 정답은 보기 3)이다. 보기 1)도 정답 후보일 수는 있으나, XP에서만 주로 사용하는 방법이라 정답으로 보기에는 한계가 있다. 보기 2)는 애자일 접근 방식에서 채택하지 않는 방법이기에 정답이 아니다. 보기 4)도 정답 후보로 가능하나 보기 3)이 더 명확한 정답이기 때문에 정답이 될 수 없다. 옳은 설명인 보기 3)과 보기 4) 중에 선택해야 되는 문제라 난이도가 있다.

정답 3)

55 한 개의 애자일 프로젝트에는 한 개의 제품 백로그만 있다. 대형 프로젝트이고, 4개의 개발 팀이 있어 반복 4개가 동시에 일어나도 하나의 제품 백로그만 필요하다.

정답 1)

56 어려운 문제이다. 보기가 전부 정답 같다. PMP 시험에서 어려운 문제는 맞는 보기 중에 가장 최선인 행동을 고르는 경우이다. 이러한 문제는 가장 정답이 아닐 것 같은 것부터 지워나가는 방법이 좋다. 어떤 보기를 먼저 지워야 할까? 1순위는 보기 1)과 3)을 정답에서 지우는 일이다. 좋은 내용이고, 맞는 내용이기는 하지만 관행(practice) 수준이라 가장 강력한 기능이라고 이야기하기에는 부족해 보인다. 그러면 보기 2)와 4) 중에 정답은 무엇일까? 사람들은 일반적으로 할당된 업무를 하는 것보다 내가 주도해서 일을 할 때 동기부여를 훨씬 더 잘 받는다. 정답은 보기 2)이다.

정답 2)

57 회고(retrospective)는 반복 검토(review) 후, 다음 반복 계획 회의(iteration planning meeting) 전에 반복에 대한 최종 '검사(inspection) 및 적응(adaption)'을 위해 실시하는 것이다. 쉽게 설명하면, 회고를 실시하는 가장 중요한 목적은 지속적

인 프로세스 개선과 품질 개선 조치를 식별하고 합의하기 위한 것이고, 반복 동안 배운 교훈을 모아서 개선의 기회를 찾는 것이다. 따라서 정답은 보기 4)이다. 보기 1)은 일일 스탠드업 회의의 목적이고, 보기 3)은 검토(review)의 목적이다.

정답 4)

58 반복 검토(iteration review) 회의는 반복 마지막에 개최되며 개발 팀, 제품책임자, 스크럼 마스터, 다른 이해관계자가 참석할 수 있다. 이 회의에서 팀이 반드시 진행해야 할 사항은 다음 5가지이다.

- 완료된 작업과 계획되었으나 완료되지 않은 작업을 확인한다.
- 빌드한 증분 또는 진화하는 제품을 제품책임자에게 시연(demo)한다.
- 제품책임자는 작업이 '완료'되었는지 여부를 확인하거나 누락 여부를 확인하기 위해 작업을 검사한다.
- 프로젝트 보고서(ROI 포함)를 검토한다.
- 팀과 제품책임자는 제품 백로그에 변경이 필요한 사항이 있는지 확인하고 다음에 수행할 작업을 협의한다.

반복 검토시 가장 중요한 일은 반복 동안 달성한 업무를 확인(시연)하는 것이다. 따라서 정답은 보기 1)이다.

정답 1)

59 일일 반복 회의는 일일 스탠드업 회의라고도 불린다. 말 그대로 서서 짧게 진행하는 회의이다. 이 회의는 팀원들이 서로 정보를 교환하는 회의이지 코치 또는 스크럼 마스터 등에게 보고하는 회의가 아니다. 따라서 스크럼 마스터를 중심으로 설 필요가 없고, 오히려 팀 동료들을 볼 수 있도록 서는 것이 좋다. 이 회의는 15분 정도의 시간을 정해 놓고 하는 회의이기 때문에 보기 1)처럼 자세한 내용을 이야기하지는 않는다. 정답은 보기 4)이다.

정답 4)

60 일일 스탠드업 회의는 팀원들이 서로의 진행 상황을 공유하는 회의이므로 제품책임자가 참석할 수는 있으나 발언권이 없어야 한다. 또한 애자일의 원칙상 그 누구도 팀원들에게 작업을 할당하면 안 된다. 작업 할당은 팀원들의 협의로 결정된다. 또한, 일일 스탠드업 회의는 타임 박스 회의이므로 가능하면 15분을 꼭 지킨다.

정답 4)

61 린(lean)과 칸반(kanban)은 애자일 방법론이라고 말하기에는 부족한 점이 있지만 애자일 방법의 핵심 토대를 이루고 있으므로 이해하고 있어야 한다. 린의 사전적 의미 자체가 '군살이 없는'이라는 의미이기 때문에 린 방법에서 단순성은 아주 중요하다. 여기서 단순성은 꼭 필요한 작업만을 수행한다는 의미로서 필요하지 않은(가치가 없는) 작업은 하지 않겠다는 의미이기도 하다. 따라서 단순성은 수행하지 않는 작업량을 최대화하는 것이다.

정답 1)

62 제품 백로그는 제품을 구축하기 위해 수행해야 하는 모든 기능의 우선순위 목록이며 모든 제품 요구사항에 대한 단일 소스 역할을 한다. 백로그의 아이템들은 구축될 특징들, 기능들, 요구사항들, 품질 속성들(비 기능적 요구사항), 개선사항들 및 수정사항들을 포함할 수 있다. 따라서 제품 백로그는 프로젝트에 남아있는 작업을 알 수 있는 가장 좋은 수단이며, 제품책임자와 개발 팀 간의 의사소통 브릿지(communication bridge, 의사소통 매개체) 역할을 한다.

정답 3)

63 제품 백로그는 지속적으로 정제(refine)되며 백로그 항목에 더 상세한 사항을 추가하고 추정치를 조정하는 프로세스를 진행해야 한다. 이것을 '백로그 개선(backlog refinement)' 또는 '백로그 정리(grooming the backlog)'라고 한다. 이 활동은 개발 팀과 제품책임자가 함께 작업하며, 프로젝트 진행 중 언제라도 할 수 있다.

정답 3)

64 고객이 사용자 스토리의 우선순위를 정하기 어려운 이유는 스토리의 가치(value)와 투입되는 자원의 양이 명확하지 않기 때문이다. 이러한 경우 일반적으로 스토리를 더 작은 스토리로 분할하면 스토리의 가치와 투입되는 자원의 양이 명확해지기 때문에 우선순위 지정시 도움이 된다. 보기 2)는

문제와 상관이 없는 내용이기 때문에 정답이 될 수 없다. 보기 3)은 고객은 기술적 정보를 이해하지 못하는 경우가 많고, 스토리의 가치를 알 수 있게 해준다는 보장이 없기 때문에 정답이 될 수 없다. 보기 4)는 제품책임자가 하는 일이므로 정답이 될 수 없다.

정답 1)

65 보기에 있는 내용이 전부 제품 백로그의 우선순위를 정할 때 사용하는 요인들이다. 그 중에서 가장 중요한 요인을 찾는 것이 문제의 의도이다. 제품책임자는 리스크, 비즈니스 가치, 개발 노력, 종속성, 기능의 크기, 상대적 비용, 필요한 날짜와 같은 고려사항을 바탕으로 제품 백로그의 우선순위를 정한다. 이 중에서 가장 중요한 것은 비즈니스 가치이다. 모든 프로젝트가 비즈니스에 가치를 제공하기 위해서 시행된다는 점을 이해하면 쉬운 문제이다.

정답 2)

시험장 TIP

제품 백로그의 우선순위를 정할 때 필요한 요인을 묻는 문제가 시험에 많이 출제되고 있다. 반드시 기억해야 한다.

66 스크럼 프로젝트가 커짐에 따라 여러 스크럼 팀이 업무를 협력하여 진행할 수도 있다. 이를 위해 일반적으로 '스크럼의 스크럼'이라는 접근 방식을 사용한다. 이름에서 알 수 있듯이 각 팀의 담당자가 모여서 진행 상황을 다른 팀의 담당자와 협의하는 회의이다. 일일 스크럼 회의와 마찬가지로 '스크럼의 스크럼' 회의는 정기적인 일정으로 진행되지만 반드시 매일(daily)은 아니다. 개별 팀이 오전 9시에 매일 스크럼 회의를 한다고 가정해 보면 회의가 끝난 후, 필요에 따라 9시 30분 정도(아마도 일주일에 한두 번)에 각 팀의 담당자가 '스크럼의 스크럼' 회의에 참여하게 된다. 참가자가 팀에 영향을 미치는 문제에 대해 알게 되면 회의 후 팀의 나머지 사람들에게 이야기해야 한다. 따라서 정답은 보기 2)이다.

정답 2)

67 칸반 시스템에서 WIP를 제한하는 이유는 완성되지 않은 업무가 너무 많으면 오히려 업무 진행을 방해하게 되기 때문이다. 따라서 적당한 양의 업무만을 받아 집중도를 높여 조기에 완료된 업무를 산출하고자 한다. 두 번째 이유는 WIP를 제한하여 병목 현상을 쉽게 파악하기 위함이다. 병목 현상이 확인됐을 때 가장 먼저 해야 할 일은 업무의 흐름을 방해하는 병목 현상을 해소하기 위해 전체 프로세스가 효율적으로 운영되도록 개선하는 것이다. 단순히 WIP 제한을 높이거나 추가 자원을 투입하여 병목 현상을 제거하는 것은 업무 흐름(프로세스)을 개선할 수 있는 기회를 버리는 것이다. 따라서 정답은 보기 2)이다.

정답 2)

68 코드 리팩토링(refactoring)은 기존의 컴퓨터 코드를 재구성하는 과정으로, 외부 행동을 변경하지 않고 팩토링을 변경한다. 즉, 리팩토링은 소프트웨어의 비기능적 특성을 개선하기 위한 것으로 코드 가독성 향상과 복잡성 감소 등을 해소하기 위한 관행(practice)이다. 조금 더 쉽게 설명하면 반복이 진행될 때마다 소프트웨어를 그 위에 계속 증분(incremental)시켜야 하므로 복잡하지 않고 에러가 나지 않도록 하기 위해 작성된 소프트웨어 코드를 지속적으로 단순화하고 깨끗하게 정비하는 것을 의미한다. 정답은 보기 4)이다.

정답 4)

시험장 TIP

PMP 시험에서는 위의 문제처럼 '애자일 방법론 중에서 특정 방법론의 관행(practice)을 알고 있는가?'를 물어보는 문제는 출제되지 않는다. 다만, 애자일 방법론에서 가장 많이 사용되는 '스크럼'과 'XP'에서 사용하는 관행의 용어와 목적 정도는 꼭 이해해야 한다. 위의 문제에 출제된 '리팩토링'은 XP 방법론에서 사용하는 용어로서 최근 '기술 부채'와 연관되어 문제가 출제되고 있다. 리팩토링은 개발된 소프트웨어의 지속적인 통합을 위해 설계와 코드를 단순화하는 관행이라는 것을 기억해야 하며 리팩토링을 하지 않으면 '기술부채'가 쌓여 통합도 원활하게 이루어지지 않고 점점 더 어려운 문제를 야기할 수 있다는 것을 기억했으면 좋겠다.

69 이 문제는 최소 상품성 제품(MVP, minimal viable product)에 대한 애자일 개념을 묻고 있는 문제이다. 애자일 프로젝트에서는 여러 번에 걸쳐 릴리스가 이루어지는 데 첫 번째 릴리스 할 때는 최소한의 상품성이 보장되어야 제품으로서 인정을 받을 수 있다. 이러한 제품을 최소 상품성 제품이라고 한다. 즉, 문제에서는 첫 번째 릴리스에 꼭필요한 기능이 되겠다. 이 시점에서 덜 중요한 것은 보기 3) 친구 추천 마케팅 캠페인이다. 이 기능은 나중에 해도 된다.

정답 3)

70 보기에서 제시된 모든 순간에 '완료의 정의'는 필요하다. 문제에서 "언제 처음 사용되는가?"라고 질문했으므로 정답은 보기 1)이다. 보기 중에서 가장 앞선 활동이기 때문이다.

정답 1)

71 애자일 프로젝트에서도 헌장이 필요하므로 보기 1)은 정답이 아니다. 또한, 애자일 프로젝트도 조직의 목적을 달성하기 위해 진행하는 것이므로 타당성 분석이 시행되며, 비즈니스 케이스(business case)도 작성된다. 따라서 보기 2)도 정답이 아니다. 보기 4)에서 상위 수준(high level)이라는 의미는 품질이 높다는 의미가 아니고, 덜 상세화 되었다는 의미이다. 일반적으로 전통적인 헌장이 애자일 헌장보다 더 상세화되어 있다. 또한, 애자일 헌장은 필요시 변경이 될 수 있으나 반복마다 수정된다고는 할 수 없다. 맞는 문장은 보기 3)밖에 없다. 애자일 헌장은 변경의 불가피성을 인식하고 있기 때문에 전통적인 방식의 프로젝트보다는 가볍게 되어 있다.

정답 3)

72 PMP 시험에서 자주 출제되는 문제 유형이다. 보기가 논리적으로 전부 맞는 문장이라 정답을 선택하기가 어렵다. 이러한 문제는 가장 최선의 방법을 정답으로 선택해야 한다. 이러한 문제를 해결하는 방법은 조금이라도 미흡하다고 판단되는 보기부터 제외시켜 나가는 것이다. 먼저, 보기 4)는 정답이 될 수 없다. 리스크 관리에서 한계선을 넘는 리스크 대응이 필요할 때 정식으로 에스컬레이션 하는 것을 제외하고 경영층 보고는 정답인 경우가 없다. PMP 시험은 프로젝트 관리자의 적극적인 행동을 물어보는 시험이기 때문이다. 보기

3)도 정답이 아니다. 제품책임자는 이미 팀에 참여하고 있기 때문이다. 보기 1)은 반복에서 처리하는 적당량(?)이라는 것을 제품책임자와 협상할 필요가 없기 때문에 정답이 아니다. 개발에 관한 것은 개발 팀에서 자율적으로 결정하는 것이지 제품책임자와 협상해야 할 대상은 아니다. 또한, 애자일 프로젝트에서는 팀의 속도에 맞게 제품 백로그에서 사용자 스토리를 가지고 온다. 많이 가지고 온다고 해서 다 완료할 수 있는 것도 아니고, 오히려 속도를 저하시키거나 품질을 떨어뜨릴 리스크가 있기 때문이다. 따라서 보기 2)처럼 애자일 프로젝트 진행방법에 대해 제품책임자에게 설명하는 것이 가장 좋은 방법이다.

정답 2)

73 보기 1) 애자일 프로젝트 팀은 기본적으로 자율 구성 팀이기에 특정한 사람에 의해서 조직되거나 지휘되지 않는다. 따라서 정답이 아니다. 보기 3)은 사용자 스토리의 우선순위를 지정하는 것은 제품책임자이기 때문에 정답이 될 수 없다. 보기 4) 또한 정답이 아니다. 스크럼 마스터는 전통적인 프로젝트 관리와는 달리 프로젝트 관리 역할이 거의 없다. 정답은 보기 2)이다. 스크럼 마스터의 역할에 대해서는 다음의 〈알고 가자! tip〉을 참조하자

정답 2)

알고 가자! TIP

스크럼 마스터의 역할

스크럼 마스터(scrum master)는 스크럼 방법론을 효과적으로 이해하고 사용하도록 보장하는 역할을 한다. 스크럼 마스터는 개발 팀의 리더로서 진행 상황에 대한 방해 요소를 제거하고 이벤트(회의 등)를 촉진하며 팀 구성원을 가이드한다. 좀 더 자세히 살펴보면 다음과 같다.

- 스크럼 프로세스를 유지하고 팀의 관행(practice)을 촉진하고 팀이 원칙에 집중하도록 보장한다.
- 팀이 생산적이고 기능적이 되도록 보장하나, 팀원들에게 업무를 할당하지는 않는다.
- 모든 역할과 기능이 협력하도록 조정하고 장애를 제거한다.
- 외부의 간섭과 방해로부터 팀을 보호한다.
- 일일 스크럼 회의(daily scrum meeting), 스크럼 계획 수립(scrum planning), 검토 회의(review meeting)에 참석한다.

- 회의 중 방해가 있으면 즉시 개입하여 조정한다.
- 휴가 등으로 스크럼 마스터가 부재 중인 상황에도 회의는 진행된다.
- 회고(retrospective)에서 팀이 검토할 객관적인 데이터를 수집하고 제시한다.
- 섬김형 리더십(servant leadership)과 코칭 능력이 요구된다.
- 스크럼(scrum)의 채택을 단순히 하나의 프로젝트가 아니라 조직 전체에서 넓은 규모로 이루어질 수 있도록 촉진함으로써 조직에 봉사한다.

74 번다운 차트는 프로젝트에서 수행해야 할 작업(남아있는 작업)을 추적하여 그래프로 나타낸 것이다. 번다운 차트의 진행선은 작업이 완료됨에 따라 남아있는 작업량이 줄어드는 것을 반영하기 때문에 오른쪽으로 갈수록 아래로 향하게 된다. 번다운 차트의 가장 일반적인 용도는 프로젝트 작업을 완료하는 팀의 진행률을 측정하고, 남은 예상 시간 또는 남아있는 예상 스토리 포인트를 확인하는 것이다. 따라서 정답은 보기 4)이다. 자세한 내용은 〈알고 가자! tip〉을 참조하자.

정답 4)

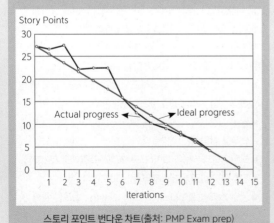

스토리 포인트 번다운 차트(출처: PMP Exam prep)

일부 반복 기반 프로젝트는 번다운 차트를 사용하여 반복 내에서 시간이 지남에 따라 프로젝트가 진행되는 위치를 표시해 준다. 위의 그림은 팀이 27스토리 포인트를 제공할 계획인 반복 내의 번다운 차트 사례를 보여주고 있다. 많은 애자일 팀이 스토리 포인트를 사용하여 노력(efforts)을 추정한다. 그림에서 팀은 3일째 인도(delivery)에 리스크가 있음을 알 수 있다(갑자기 스토리 포인트가 감소하지 않는 일이 발생했다). 이러한 둔화 또는 정체의 원인은 몇 가지가 있는데, 대표적인 예가 리팩토링이다. 리팩토링을 위해서 자원을 사용하지만 기능이 만들어지거나 작업(task)가 완료되지는 않는다. 이 차트에서 진척이 더딘 이유까지는 알 수 없다. 그림에서 팀은 작업을 정시에 완료하기 위한 이상적인 계획을 파란색으로 표시했으며, 검은색 실선이 실제 진척을 나타내는 선이다. 현재 상태로 봐서는 목표 반복 날짜(14일 차)에 도달할 수 있을 것으로 예상된다.

75 애자일 프로젝트에서 일정은 먼저 고객의 요구사항을 제품 백로그에 전부 기재한 후 사용자 스토리에 대한 스토리 포인트를 추정한다. 추정이 완료되면 팀의 추정된 속도를 적용하여 몇 번의 릴리스와 반복동안 제품 백로그에 있는 사용자 스토리를 완료할 수 있는지 계산하여 프로젝트의 일정을 산정한다. 이때, 팀의 속도와 일정은 단순한 추정이며, 프로젝트가 진행될수록 더 정확한 속도와 일정을 산정할 수 있다. 이러한 작업은 상위 수준 계획수립(high-level planning(visioning))에서 발생하고, 추후 릴리스 계획 수립이나 반복 계획을 수립하며 일정이 변경될 수 있다.

정답 2)

76 반복 1에 포함될 사용자 스토리는 우선순위에 따라 선정해야 한다. 그러나, 속도가 8이라고 했으므로 사용자 스토리 A와 B만 포함시키면 스토리 포인트가 6이 되어 속도보다 적게 일하게 된다. 반면, 사용자 스토리 A, B, C를 진행하게 되면 스토리 포인트가 9가 되어 속도 8을 초과하게 된다. 이러한 경우 가장 좋은 방법은 스토리를 더 작게 분할하는 방법인데, 문제에서 분할하지 않는다고 하였으므로 바로 다음 우선순위인 스토리 D를 포함하여 속도 8을 맞추는 것이 가장 좋은 방법이다. 따라서 정답은 보기 3)이다.

정답 3)

시험장 TIP

아직까지 속도에 관한 문제가 PMP 시험에서 출제되지는 않았다. 그러나 가장 기본적인 개념이기에 출제했다.

77 문제에서 전략적 수준이라고 했으므로 애자일 프로젝트에서 상위 수준의 추정 방법을 묻고 있다. 애자일 프로젝트에서 상위 수준의 추정은 먼저 제품 백로그 항목을 정하고, 스토리 포인트와 같은 추상적인 측정치를 사용하여 선호도 추정, 플래닝 포커, 티셔츠 규모 산정 방식 등으로 추정한다. 따라서 정답은 보기 2)이다. 보기 1)과 4)는 유사추정(analogous estimating)과 모수 산정(parametric estimating) 기법으로 전부 예측형 프로젝트에서 사용하는 추정 방식이다. 보기 3)은 일부 IT 프로젝트에서 사용하는 추정 방식이기에 정답과는 상관이 없다.

정답 2)

78 애자일 프로젝트에서는 사람들이 절대적인 값으로 추정하는 것이 정확하지 않다고 믿기 때문에 상대적으로 추정하는 것을 선호한다. 대부분의 추정은 몇 시간이나 며칠이 아니라 '스토리 포인트'라고 불리는 상대적인 단위로 표현하게 된다. 절대 크기보다 상대적인 크기로 추정하면 각 스토리 추정에 필요한 시간과 노력을 절약하여 실제 작업을 위해 사용할 수 있으며, 정확하게 예측하는 것이 불가능한 상황에서도 유용한 추정치를 만들 수 있기 때문이다. 정답은 보기 1)이다.

정답 1)

79 제품 로드맵은 제품 릴리스 및 각 릴리스에 포함될 중요한 구성요소를 시각적으로 보여주는 그림이다. 또한, 프로젝트 이해관계자에게 중요한 릴리스 시점과 제공 예정된 기능을 빠르게 보여줄 수 있는 커뮤니케이션 도구이다. 이 접근 방식을 통해 팀은 기능을 중요도와 순서에 따라 스토리 맵에 배치한 후 고객의 우선순위와 예상 용량을 균형감 있도록 조정하고 각 릴리스에서 인도할 계획을 간략하게 설명할 수 있다. 따라서 정답은 보기 2)이다. 〈알고 가자! tip〉을 통해 제품 로드맵에 어떤 내용이 담겨있는지 반드시 확인해 보자. 또한, 제품 로드맵과 릴리스와 반복은 어떤 관계를 형성하고 있는지도 알아 두자.

정답 2)

알고 가자! TIP

제품 로드맵

제품 로드맵은 제품 릴리스 및 각 릴리스에 포함될 중요한 구성요소를 시각적으로 보여주는 그림이다. 다음 그림은 제품 로드맵에 포함되는 내용을 간략하게 보여주고 있다. 릴리스 번호별로 출시 날짜와 목표, 기능, 지표 등을 포함하고 있는 것을 알 수 있다.

다음의 표는 《PM+P 문제집》을 앱으로 제작하는 것을 예로 만든 제품 로드맵이다.

Release	Release 1.0	Release 1.1	Release 1.12	Release 2.0
Date	2월 10일	3월 10일	4월 30일	5월 31일
Goal	《PMBOK 지침서》 참조	중요한 용어 검색	중요한 그림, 도표 검색	중요한 문제 풀이
Feature	- 회원 가입 - 중복 회원 안내 - 비밀번호 설정 - Domain별 《PMBOK 지침서》 조회	- 중요한 용어를 검색하면 용어가 속한 문장을 조회 - 한 화면에 3개씩 간략하게 보여주고 선택하면 한 화면에 상세 내용 조회	- 중요한 그림/도표를 검색하면 그림/도표를 조회 가능 - 손가락으로화면확대가능	- 문제와 해설과 정답 입력 - 문제 조회와 정답 선택 - 정답 표시 - 해설 조회 - 풀이해본 것까지 저장
Metrics	- 중복 회원 안내 1초 - 《PMBOK 지침서》 조회 1초	- 검색 조회 1초 - 선택 조회 1초	- 검색 조회 1초 - 확대 배율 최대 2배	- 문제 조회 1초 - 정답 표시 1초 - 해설 조회 1초

알고 가자! TIP

릴리스와 반복 계획(Release and iteration planning)

애자일 프로젝트는 릴리스와 반복으로 구성된다. 반복은 개발 기간이 짧으며 일반적으로 1~4주 정도로 구성된다. 릴리스는 프로젝트에서 가치 있는 인도물을 완성하는 반복의 그룹이다. 즉, 반복의 결과로 산출되는 모든 것을 바로 릴리스하는 것이 아니라 몇 개의 반복 인도물이 모여서 하나의 릴리스가 될 수도 있다. 이런 이유로 릴리스를 반복의 그룹이라고 표현한다. 애자일 프로젝트에는 하나 이상의 릴리스가 있으며 각 릴리스에는 하나 이상의 반복이 포함된다.

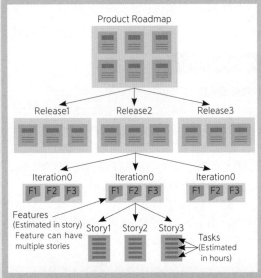

제품 로드맵부터 작업(task)까지 계층도(출처: mpug.com)

그림은 제품 로드맵부터 작업(task)까지의 계층도를 보여주고 있다. 제품 로드맵에는 각 릴리스에서 산출되는 인도물이 표현되어 있고, 각 릴리스는 여러 개의 반복으로 되어 있다는 것을 보여주고 있다. 또한 반복은 여러 개의 사용자 스토리를 포함하고 있으며, 사용자 스토리를 완성하기 위해서는 여러 개의 작업을 처리해야 한다.

80 에픽(epic)은 사용자 스토리보다 큰 개념으로 아직 덜 분할된 상태의 기능이나 사용자 스토리를 의미한다. 따라서 백로그 목록의 아래쪽에 위치한다. 우선순위가 높아서 바로 실행해야 될 스토리였다면 에픽으로 놓아두지 않고 더 세밀

하게 분할했을 것이다. 따라서 정답은 보기 4)이다.

정답 4)

알고 가자! TIP

애자일 프로젝트의 요구사항 계층 구조

애자일 프로젝트에서 요구사항 계층 구조(요구사항의 크기 구분)는 다음 그림과 같다. 다만, 에픽과 기능의 크기 구분은 설명하는 책마다 다르다.

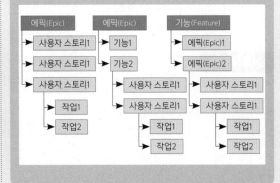

81 사용자 스토리 분할은 주로 반복 계획 중에 진행되는 것으로, 점진적인 상세화 개념을 적용하여 각 사용자 스토리를 스토리 구축에 필요한 최소의 작업(task)으로 분할한다. 릴리스 계획 회의에서 해당 수준의 계획에 필요한 만큼 스토리를 분할했으나 이러한 분할은 여전히 상당히 거칠고 예비적인 의미이다. 따라서 반복 계획 중에 스토리를 한 번의 반복으로 완료할 수 있는 조각으로 나누는 작업을 해야 한다. 정답은 보기 4)이다.

정답 4)

82 예측형 프로젝트의 계획서과 가장 가까운 애자일 산출물은 제품 로드맵이다. 보기 2)의 반복 계획은 다음 반복에서 해야 할 작업(task)에 대한 계획이기에 전체 프로젝트 계획으로 볼 수 없다. 보기 3)의 칸반 보드도 프로젝트의 전체 일정이 포함된 계획을 볼 수 없고 프로젝트의 현재 진행 상태만 볼 수 있다. 따라서 정답이 될 수 없다. 보기 4)의 제품 백로그는 수행해야 하는 항목의 우선순위가 지정된 마스터 목록이다. 제품 백로그도 전체 기능이 나와있기는 하지만 언제 무엇을 하는지에 대한 내용이 없어서 계획으로 보기에는 무리

가 있다. 예측형 프로젝트에서 사용하는 프로젝트 계획에 가까운 것은 제품 로드맵이다. 제품 로드맵에는 예정된 릴리스 날짜와 각 릴리스에 포함되는 기능과 지표 등이 포함되어 있어 프로젝트 계획과 가장 가깝다. 〈알고가자! Tip〉 중 '릴리스와 반복 계획'을 참조하자.

정답 1)

83 반복 계획 중 제품책임자의 역할은 백로그 항목의 우선순위를 정하는 것이다. 그런 다음 팀은 다음 반복 타임 박스에서 백로그의 최우선순위 항목 중 몇 개를 완료할 수 있는지 결정한다. 따라서 다음 반복에서 완료할 수 있는 작업의 양은 제품책임자나 스크럼 마스터가 아닌 팀에 의해 결정된다. 문제의 제품책임자는 자신의 역할을 넘어섰다. 보기 3)처럼 제품책임자가 스크럼 마스터의 역할을 병행할 수는 없다.

정답 2)

84 일일 스탠드업 회의에서 스크럼 마스터 또는 팀 코치의 역할은 빠른 후속 조치를 위해 팀의 진행 상황에 대한 장애를 듣고 기록하는 것이다. 이 회의는 일반적으로 매일 같은 시간과 장소에서 개최되므로 일반적으로 일정이 필요하지 않으며 팀 구성원이 서로 돌아가며 이야기하므로 촉진이 필요하지 않다. 따라서 보기 1)은 정답으로 부족해 보인다. 일일 스탠드업 회의는 세 가지 질문에 대한 답변으로 엄격하게 제한되므로 이러한 회의에서 팀원이 갈등을 해결하기에는 무리가 있다. 또한 문제의 근본 원인 분석은 스탠드업이 아닌 별도의 회의에서 수행된다. 정답은 보기 3)밖에 없다.

정답 3)

85 보기 1)처럼 업무를 완료하지 못했다고 해서 타임 박스를 확장하는 것은 원칙에 위배되는 것으로 옳지 않다. 보기 2)처럼 함부로 리소스를 늘리는 것도 애자일 프로젝트에서는 있을 수 없는 일이기 때문에 정답이 될 수 없다. 보기 4)처럼 반복 계획의 목표, 속도를 조정하는 것은 옳지 않은 행위이므로 정답이 될 수 없다. 반복 내에서 완료되지 않은 작업은 백로그로 되돌려 진다. 따라서 8스토리 포인트를 완료하고 2스토리 포인트를 백로그로 되돌리는 것이 올바른 방법이다. 정답은 보기 3)이다.

정답 3)

86 까다로운 문제이다. 좀더 깊게 생각을 해보면 가장 처음 사용자 스토리를 추정하는 단계는 상위 수준의 계획 수립인 비전 수립단계에서 한다. 이 때의 추정은 프로젝트 전체의 크기와 릴리스를 구분하기 위한 수준의 추정이다. 릴리스 계획 수립에서도 추정을 하는데 이때의 추정은 반복을 구분하기 위한 추정으로 이전의 추정보다는 상세화되었지만 작업 수준의 상세 추정이라고 볼 수 없다. 애자일 작업 단위가 점차 큰 단위에서 작은 단위로 세분화되고 마지막 책임 순간에 추정된다는 사실을 기억하면 문제가 쉬워질 수 있다. 작업(task)은 가장 작은 애자일 작업 단위이기 때문에 작업이 완료되기 직전의 마지막 계획 단계(반복 계획)까지 이러한 작업 항목이 추정되지 않을 것이라는 논리를 추론할 수 있다. 따라서 정답은 보기 3)이다. 다음 그림을 보면 계획별, 단계별로 하는 일이 나와 있다. 그림을 잘 기억하자. 반복 계획(Iteration planning)이라고 쓰여 있는 부분을 보면 기능(feature)이 작업으로 세분화되며 추정되고 있는 것을 알 수 있다.

정답 3)

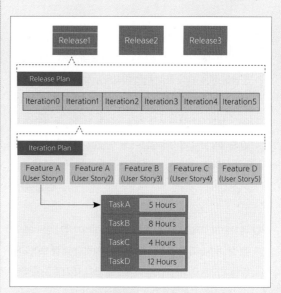

릴리스 계획과 반복 계획의 관계(출처: proventuresindia.com)

87 애자일 프로젝트는 타임 박스로 활동한다는 것이 아주 중요

한 개념이기 때문에 간단한 문제를 만들어 보았다. 활동에 타임 박스가 있다는 것은 최대 지속 시간이 지정되었음을 의미한다. 이것은 가치에 더욱 집중하기 위해서 사용하는 방법으로 타임 박스에서 작업은 정해진 최대 시간 이상을 사용할 수 없다. 따라서 정답은 보기 2)이다.

정답 2)

88 문제에서는 여러 가지 개념들이 섞여 있어 헷갈리니 하나 하나 분해해서 알아보자. 먼저 애자일 프로젝트는 여러 수준으로 계획한다. 제일 위가 상위 수준 계획(high-level planning), 그 다음이 릴리스 계획(release planning), 그 다음이 반복 계획(iteration planning)이다. 반복 계획은 반복을 바로 앞에 두고 사용자 스토리를 작업(task)으로 분할하는 것으로 개발 팀에서 진행한다. 따라서 보기 1)은 틀린 문장이다. 애자일 프로젝트는 추정이 정확하지 않다는 것을 인정하기에 범위 추정을 한다. 또한 애자일 프로젝트에서도 외부 작업(외주업체)을 사용한다. 따라서 보기 2)는 정답이 될 수 없다. 보기 4)는 고정 소수점 추정치가 아닌 범위 추정치를 사용하기에 틀린 문장이다. 정답은 보기 3)밖에 없다.

정답 3)

89 보기 1)과 2)는 장기적으로 보았을 때 비생산적이며 지속 가능한 속도를 유지하는 애자일 원칙에도 위반되는 것이므로 정답이 될 수 없다. 또한 팀의 어려움을 해결하기 위해 팀원들에게 희생을 강요하는 것은 PMP 시험에서 정답이 될 수 없다. 보기 3)처럼 스스로 개발 작업에 참여하는 것도 애자일 원칙에 맞지 않기에 정답이 될 수 없다. 가장 좋은 행동은 보기 4)이다.

정답 4)

90 애자일 프로젝트에서도 계획 수립은 이해관계자 회의에 의해 결정된다. 회의 결과는 정보상황판처럼 눈에 잘 보이도록 만들어 모든 이해관계자들에게 공유한다. 애자일 프로젝트가 전통적인 프로젝트처럼 프로젝트 관리 계획서를 공식적으로 만들어 공유하거나 시스템을 통해 공유하지 않는다는 사실을 알면 쉬운 문제이다. 정답은 보기 1)이다.

정답 1)

91 사용자 스토리를 작성하면서 인수 기준 또는 인수 테스트 기준을 기술해야 한다. 물론, 점진적 상세화가 될 수도 있지만 이때 인수 테스트 기준을 작성하는 것이 옳다. 그래야 제품 백로그에서 우선순위를 정할 때 좀 더 명확한 근거를 가지고 우선순위를 정할 수 있다. 따라서 정답은 보기 3)이다. PMP 시험에서는 좀 더 명확한 것이 정답이다. 보기 2)도 틀린 문장은 아니지만 보기 3)이 더 명확하다.

정답 3)

92 다음의 그림을 참조하자. 리스크 번다운 차트는 프로젝트 리스크 심각도를 누적 영역으로 표현한 그림이다. 프로젝트의 누적 심각도는 각 리스크의 심각도 점수를 다른 리스크 위에 하나씩 쌓아 표시한다. 리스크 심각도의 이력이 이 형식으로 표시되면 프로젝트의 전반적인 리스크 상태와 추세를 해석하기가 훨씬 쉽다. 보기 2)가 정답이 아닌 이유는 기술 리스크라고 했기 때문이다. 리스크 번다운 차트는 기술 리스크만을 이야기하지 않고 전체 리스크를 표현한다. 정답은 보기 4)밖에 없다.

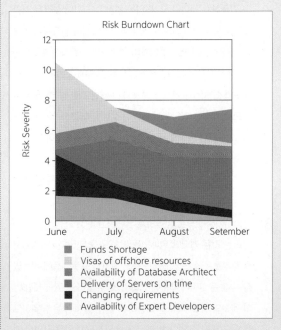

리스크 번다운 차트 예시(출처: worldofagile.com)

정답 4)

93 리스크 식별은 가능한 모든 이해관계자가 참여하여 식별해야 한다. 그러나 리스크 대응 방법은 개발 팀과 협의해야 한다. 고위 경영진과 협의를 진행하는 보기 1)은 정답이 될 수 없다. 일일 스탠드업 회의는 시간이 짧기 때문에 업무의 진척과 장애요소가 있는지 여부만 확인을 한다. 리스크에 대한 협의는 일일 스탠드업 회의에서 진행하면 안 되기에 보기 2)도 정답이 될 수 없다. 리스크의 정의는 '불확실한 사건 또는 상황'이므로 즉시 할 필요는 없다. 이슈나 문제는 이미 벌어진 사건이라 즉시 대응이 필요할 수 있으나, 리스크는 즉시 대응할 필요까지는 없는 것이기 때문에 항상 리스크 관리대장(risk register)이나 정보상황판과 같은 보드에 등재를 한 후 팀과 협의를 하여 대응 방안을 수립한다. 정답은 보기 3)밖에 없다.

정답 3)

94 리스크 대응에 대한 순서가 식별, 분석, 대응방안 수립, 시행이라는 것을 기억하면 쉬운 문제이다. 리스크가 발견되었다는 것은 리스크가 식별되었다는 의미이기에 다음으로 진행해야 하는 일은 리스크를 분석하는 일이다. 정답은 보기 2)이다. 보기 2)를 정답으로 선택할 때 찜찜한 부분은 주제 전문가가 평가한다는 점일 것이다. 대부분 리스크를 평가할 경우 팀원들이 스스로 하기 때문이다. 그러나 일부 평가가 어려운 리스크에 대해서는 주제 전문가가 평가할 수도 있다는 사실을 기억하면 좋겠다. 따라서 정답으로 선택하기에 부족함이 없다. 보기 3)은 리스크의 근본 원인을 평가하기 위해 프로젝트를 중지하는 것은 있을 수 없는 일이기에 정답이 될 수 없다. 리스크는 아직 발생하지 않은 일이라는 것을 기억해야 한다. 만약, 발생한 일이면 리스크가 아니라 이슈가 되며 이슈를 해결하기 위해서는 프로젝트가 중단될 수도 있다. 그러나 현재 상태는 이슈 상태가 아니고 리스크 상태다. 보기 1)처럼 제품 백로그에 리스크 대응계획을 할당하려면 예상되는 분석이 끝나서 리스크에 대한 가치를 계산할 수 있고 대응책이 마련되어야 한다. 따라서 지금 상태에서 가장 먼저 해야 할 일은 아니다. 보기 4)의 리스크 기반 스파이크는 문제를 줄이거나 리스크를 최소화하기 위해서 하는 행위이므로 이것 역시 리스크에 대한 분석이 끝나야 할 수 있는 일이다. 리스크를 분석하였는데 리스크가 사소한 것으로 판명

되면 리스크 기반 스파이크를 하지 않을 것이기 때문에 분석이 끝나야 리스크 기반 스파이크를 할 수 있다. '스파이크(spike)'는 애자일에서 나오는 새로운 개념이므로 다음의 〈알고 가자! tip〉에 설명하였으니 반드시 이해하고 넘어가자.

정답 2)

알고 가자! TIP

스파이크 (Spike)

스파이크는 애자일 팀이 가능한 빨리 문제를 해결하기 위해 사용하는 핵심 도구이며, 개발 팀이 타임 박스를 이용하여 조사를 수행할 때까지 예측할 수 없는 스토리이다. 즉, 스파이크는 접근 방식을 탐색하거나 문제를 조사하거나 프로젝트 리스크를 줄이기 위한 짧은 노력(타임 박스)이다. 프로젝트 중 언제든지 스파이크를 수행할 수 있지만 개발 노력이 시작되기 전, 프로젝트 시작시 수행되는 간단한 탐색 반복 또는 개념 증명 노력의 형태를 취하는 경우가 많다.

1) 구조적 스파이크 (Architectural spike)

구조적 스파이크는 '개념 증명'에 전념하는 짧은 시간 노력이다. 즉, 팀에서 사용하려는 접근 방식이 프로젝트에 적합한지 확인할 때 사용한다. 예를 들어, '연결성을 결정하기 전에 기본 데이터베이스 드라이버의 성능을 테스트하는 데 일주일을 소비할 것이다' 또는 '소재가 재생 가능한 가정용 단열재로 사용할 수 있는지 가능성을 테스트해야 한다' 등과 같은 것들이다. 이러한 활동은 짧은 시간 내에 접근법 또는 후보 솔루션의 실행 가능성을 탐색하는 방법이다.

2) 리스크 기반 스파이크 (Risk-based spike)

리스크 기반 스파이크는 팀이 프로젝트에 대한 문제나 위협을 줄이거나 제거하기 위해 조사를 하는 짧은 타임 박스 노력이다. 프로젝트의 리스크한 부분을 조사하기 위한 이러한 짧은 실험은 리스크 관리를 위한 핵심 도구이다. 리스크 기반 스파이크는 프로젝트의 진척이 더 진행되기 전에 프로젝트 초기에 익숙하지 않거나 새로운 기술을 테스트하기 위해 주로 사용된다. 예를 들어, '모바일 기기에서 기존의 시스템과 인터페이스 할 수 있는가?'라는 리스크가 있다고 가정해 보자. 개발 팀은 이 기능의 분석, 설계, 개발과 같은 일이 더 진척되기 전에 이 리스크를 조사하기 위한 리스크 기반 스파이크를 사용할 수 있다.

95 문제의 보기들이 그럴 듯해서 정답을 선택하기 어려운 문제이다. 보기 1)은 정보상황판을 이용하여 리스크나 이슈를 관리하고 있기 때문에 '목록을 유지하지 않기 위해' 제품 백로그에 리스크 완화 스토리를 삽입한다는 것은 맞지 않는 설명이다. 또한 목록을 유지하느냐 하지 않느냐는 중요한 이유가 될 수 없다. 보기 4)도 너무 단순해서 중요한 이유가 될 수 없다. 정답은 보기 2)와 3)중에서 선택해야 하는 어려운 문제이다. 애자일 프로젝트에서 중요하게 생각하는 것은 가치를 창출하는 것이지 리스크를 없애는 것이 아니다. 리스크는 가치 창출시 방해 요소가 되기 때문에 조기에 완화시키고자 하는 것 뿐이다. 따라서 리스크에 '집중하기 위해서' 라는 보기 2)보다는 '초기에 리스크를 감소시키기 위해서 한다'는 것이 더 중요한 이유라고 생각된다. 정답은 보기 3)이다.

정답 3)

96 애자일 접근 방식에서는 문제 해결보다는 예방을 중요시한다. 다만, 문제가 발생하면 즉시 해결하는 것을 선호한다. 예를 들어, 페어 프로그래밍 또는 단위 테스트에서 문제가 발견되는 상황이라면 즉시 해결하려고 해야 하며 바로 해결할 수 없다면 해결 노력이 백로그에 추가되어 최대한 빨리 구현되도록 해야 한다. 이것이 애자일 접근법의 문제 해결 방법이다. 보기 1)은 애자일 팀이 문제를 해결하기보다는 예방하는 것을 선호한다는 것을 알면 정답이 아니라는 것을 쉽게 알 수 있다. 보기 2)는 특정 문제만 해결하기에 정답이 아니다. 보기 4)는 일일 스탠드업 회의 이외의 관행으로도 문제를 발견하고 해결할 수 있기에 정답이 아니다.

정답 3)

97 애자일 프로젝트 팀은 자율 구성 팀으로서 집단적 문제 해결을 선호한다. 보기 1)은 개별 전문 지식을 사용한다고 하였으므로 정답이 될 수 없다. 보기 2)의 진행 방해 요소를 제거하는 것은 스크럼 마스터의 역할이긴 하지만 이것은 외부적 요인을 차단한다는 의미이다. 개발 문제와 관련한 많은 경우에 문제를 해결할 수 있는 필요한 전문 지식은 팀원들이 보유하고 있으므로 이러한 종류의 문제는 스크럼 마스터가 처리할 수 없고 팀원들이 집단적으로 해결하는 것이 좋다. 따라서 보기 2)도 정답이 아니다. 보기 3)은 문제를 무시하고 사라지

기를 희망하는 것이다. 이는 추후 더 큰 문제를 가져올 수 있기 때문에 정답이 될 수 없다. 정답은 보기 4)이다.

정답 4)

98 보기 1)의 릴리스 계획은 여러 차례의 반복을 거쳐 릴리스될 것으로 예상되는 날짜, 기능 또는 결과에 대한 기대치를 계획하는 것으로 리스크와는 아무 상관이 없다. 보기 2)의 반복 검토는 반복 기간 중 달성한 작업을 설명하기 위해 반복 작업이 종료되는 시점에 개최하는 회의로서 팀이 이해관계자들과 함께 반복에 의해서 만들어진 새로운 증분(increments)을 시연(demo)하여 반복의 목표를 충족하는지 판단하는 것을 목적으로 한다. 따라서 리스크 활동의 검토와는 아무 상관이 없다. 보기 4)의 일일 스크럼 회의는 팀에서 전날의 진척 상황을 검토하고, 오늘의 목표를 알리며, 발생했거나 예상되는 모든 장애물을 발표하는 간단한 일일 협업 회의여서 정답이 될 수 없다. 회고는 일반적으로 반복 검토 후 각 반복의 끝에서 개최되는 회의로서 프로젝트의 수행 방법과 팀워크를 점검하고 개선할 수 있는 관행이다. 즉, 애자일 접근법에서 수행 방법을 감사하는 관행은 보기 3) 회고 밖에 없다.

정답 3)

99 회고가 모든 보기에 조금이라도 영향을 주고 있어서 약간 까다로운 문제이지만, 회고의 의미와 장점을 기억하고 있다면 쉬운 문제가 될 수도 있다. 회고는 일반적으로 반복 검토 후 각 반복의 끝에서 개최되는 회의로서 프로젝트의 수행 방법과 팀워크를 점검하고 개선할 수 있는 관행이다. 따라서 회고가 잘 진행될 경우 ① 생산성 향상, ② 팀 능력 향상, ③ 품질 향상, ④ 효율성 향상 등의 장점이 있다. 보기 1), 2)는 영향을 줄 수는 있지만 '중요한 이점'이라고 말하기에는 부족하다. 보기 3)도 충분히 정답 후보가 될 수도 있지만 보기 4)가 더 중요한 이점이기 때문에 보기 4)가 정답이다. PMP 시험은 가장 적절한 것을 정답으로 간주한다.

정답 4)

100 5(five) why's 방법의 목표는 특정 문제와 관련된 인과 관계를 발견하고 문제의 근본 원인을 찾는 것이다. 그룹 내에서

"왜?"라고 다섯 번 질문하여 자동적이고 습관적인 답변을 넘어 문제의 근본 원인을 찾으려고 노력하는 방법이다. 따라서 정답은 보기 3)이다.

정답 3)

101 제시된 보기는 프로세스를 개선하는 방법들이다. 이 중 애자일 프로젝트에서 주로 사용하는 프로세스 개선 방법이 무엇인지 묻고 있는 문제이다. 애자일 또는 린 접근 방식의 핵심 원칙은 낭비 및 병목 현상 제거이기 때문에 정답은 보기 2)이다. 애자일 프로젝트에서는 초기에 시간을 많이 투자하여 상세한 계획을 수립하는 것을 의미있게 생각하지 않는다. 프로젝트가 진행될수록 변경이 발생하기에 초기에 상세한 계획을 세우는 것을 낭비라고 생각한다. 그래서, 현재 알 수 있는 만큼만 단계적으로 계획을 수립하기를 원하고 의사결정을 할 수 있는 마지막 단계에서 의사결정하게 되기를 원한다. 따라서 보기 1)은 정답이 될 수 없다. 보기 3)은 일반 제조공장과 같은 제조업에서 관리도(control chart)를 이용할 때 사용하는 방법이다. 보기 4)도 프로세스를 개선할 수는 있지만 애자일 프로젝트에서 채택하는 방법이 아니다.

정답 2)

심화문제 해설

102 보기 1) 일일 스탠드업 회의는 팀원들이 매일 같은 시간, 같은 장소에서 둘러서서 전날 진척 상황을 검토하고, 오늘의 목표를 알리며, 발생했거나 예상되는 모든 장애 요인을 이야기하는 일일 협업 회의이다. 여기서 이야기된 장애 요인은 팀에서 협력하여 해결하기 때문에 지속적 개선 활동에 포함된다. 보기 4) 반복 회고는 프로세스와 제품을 개선할 목적으로 참가자들이 자신의 작업과 인도물을 논의하기 위해 정기적으로 갖는 워크숍이다. 따라서 당연히 지속적 개선에 해당된다. 보기 5) 반복 검토는 반복 동안 달성한 작업을 설명하기 위해 반복 작업이 종료되는 시점에 개최하는 회의로서 작업의 완료 여부를 검토할 뿐만 아니라 이해

관계자들의 의견을 받아 기능을 개선하기도 한다. 따라서 지속적 개선에 해당된다. 해당되지 않는 것은 보기 2)와 보기 3)이며, 지속적 개선과는 아무 상관이 없다. 사용자 스토리는 상세하게 분화될 수는 있지만 지속적으로 개선되는 개념은 아니다.

정답 1), 4), 5)

103 프로젝트의 일정을 개발하는 순서는 일반적으로 활동정의(define activity), 활동순서 배열(sequencing activities), 활동 기간 산정(estimates activity duration), 일정개발(develop schedule) 순이다(그림 참조). 문제의 지문으로 보아 활동 기간 산정이 완료된 것이다. 따라서 다음에 해야 할 일은 보기 3) 초기 일정 작성이다. 초기 일정이라고 하는 이유는 만약 이때 작성한 일정이 계약일정 또는 스폰서가 제시한 일정보다 길면 일정단축 기법을 사용해야 하고, 자원 제약적인 면이 있을 때는 자원평준화(resource leveling)를 해주어야 하기 때문이다. 보기 1) 활동순서 배열은 문제에서 네트워크도가 작성되었다고 했으므로 이미 완료되었다고 보는 것이 타당하다. 보기 2) 범위에 대한 검증은 감시 및 통제 프로세스 그룹에 속하는 프로세스이므로, 아직 기획단계가 완료되지 않았기에 더 나중에 해야 하는 일이다. 보기 4) 리스크 식별은 프로젝트 기간 동안 반복적으로 실시하고 초기에 집중적으로 실시하도록 되어 있다. 문제와 같은 경우에는 초기 일정을 작성한 후에 하는 것이 타당하기에 정답이 아니다.

정답 3)

104 시험에서 자주 나오는 상황문제다. 답을 고를 때 대책이 먼

저 눈에 들어오게 되는 경우가 많은데 PMP 시험에서 대책을 바로 시행하는 것은 정답이 아니라는 점을 유의해야 한다. 항상 팀원과 협의를 거친 후에 여러 가지 대안을 놓고 이해관계자와 협의를 진행한 다음 대책을 결정하고, 공식적인 절차에 의해서 계획을 변경한 후 대책을 실행한다. 따라서 대책을 바로 실행하는 보기 1)과 2)는 정답이 될 수 없으며, 보기 3)처럼 끝까지 본인의 주장을 고집하는 것도 정답이 아니다.

정답 4)

105 반복 리뷰는 애자일 프로젝트에서 반복의 끝에 증분이 가능한지 여부를 파악하기 위해서 실시하는 관행이다. 따라서 애자일 프로젝트라는 것을 간접적으로 알 수 있다. 문제에서 요점은 이해관계자들이 생각한 기능과 개발 팀에서 생각한 기능 사이의 차이가 크다는 것이다. 보기 1)처럼 이해관계자 요구사항을 분석하는 것은 예측형 프로젝트에서 요구사항을 상세화하고 누락되는 요구사항이 없도록 하기 위해 프로젝트 팀이 실시하는 것이다. 애자일 프로젝트는 제품 관리자가 제품 백로그를 책임지므로 이해관계자 요구사항 분석을 실시하지 않기 때문에 정답이 될 수 없다. 보기 3) 요구사항 추적표도 예측형 프로젝트에서 요구사항이 제품에 전부 반영이 되었다는 것을 확인하기 위해 실시하는 것이기에 애자일에서는 하지 않는다. 보기 4)도 예측형 프로젝트에서 이해관계자들의 요구사항을 분석하기 전에 실시하는 활동이기 때문에 정답이 될 수 없다. 보기 2) 완료의 정의(DOD, Definition Of Done)는 이해관계자들이 새로운 기능에 대한 설명을 다른 방식으로 해석하여 발생할 수 있는 불일치를 방지하기 위해 만드는 체크리스트이다. 즉, '완료의 정의'는 사용자 스토리가 '완료'로 간주되기 위해서 충족되어야 하는 기준 목록을 의미한다. 정답은 보기 2)이다.

정답 2)

106 경쟁사에서 우리가 만들고자 하는 제품과 유사한 제품을 출시하였으면 프로젝트를 계속 진행할지, 중단할지, 변경해서 진행할지를 선택해야 한다. 보기 1)은 변경해서 진행한다는 것을 전제로 이야기하고 있다. 변경해서 진행한다

면 맞는 이야기지만 아직 결론이 나지 않은 상태이므로 정답으로 볼 수 없다. 프로젝트의 중단 여부를 결정하는 역할자는 스폰서나 경영진이다. 스폰서는 프로젝트에 자금을 공급하는 역할을 맡은 개인이나 집단을 의미한다. 보기 2)는 스폰서가 아니라 제품관리자와 협의하여 프로젝트를 중단한다고 하였으므로 정답이 될 수 없다. 보기 4)는 프로젝트의 중단 여부가 결정이 나지 않았는데 팀원들에게 알려주는 것은 분란만 일으키는 성급한 행동이기 때문에 정답이 될 수 없다. 정답은 보기 3)이다.

정답 3)

107 프로젝트 착수회의 목적 중의 하나는 프로젝트 계획을 리뷰하는 일이다. 계획을 리뷰한다고 해서 항목 하나 하나에 대해 협의를 진행한다는 의미는 아니다. 각 항목에 대해 합의가 이루어진 프로젝트 계획에 관한 전반적인 리뷰를 하고 공감대를 형성하는 것을 의미한다. 따라서 착수회의 전에 일정과 같은 중요한 사항은 중요한 이해관계자들과 합의나 공유가 완료되었어야 한다. 따라서 정답은 보기 3)이다.

정답 3)

알고 가자! TIP

착수회의(Kick-off meeting)

프로젝트 착수회의는 일반적으로 계획 수립의 종료 및 실행(execution)의 시작 단계와 관련되어 있다. 회의 목적은 프로젝트 목표를 공유하고 프로젝트에 대한 팀의 헌신을 유도하며, 각 이해관계자의 역할과 담당 업무에 대한 공감대를 형성하는 것이다. 프로젝트의 특성에 따라 다양한 시점에서 착수회의를 진행할 수 있다.

- 소규모 프로젝트의 경우, 일반적으로 한 팀이 계획 수립과 실행을 모두 수행한다. 이러한 상황에서는 계획 수립에 팀이 참여하기 때문에 계획 프로세스 그룹 종료시에 착수회의가 열린다.
- 대규모 프로젝트에서는 일반적으로 프로젝트 관리 팀이 대부분의 계획 수립을 수행하고, 나머지 프로젝트 팀원들은 초기 계획 수립의 완료 또는 개발의 시작 단계에 참여한다. 이 경우에 착수회의는 실행 프로세스 그룹 초기에 열린다.

108 예측형 프로젝트에서는 여러 단계들을 거치면서 생애주기를 진행한다. 이 때, 단계를 되돌리지 않기 위해서라도 단계별로 중요한 산출물에 대한 승인을 받는 것이 중요하다. 승인을 받아야 대금이 지급된다. 따라서 정답은 보기 3)이다.

정답 3)

109 보기 1)은 프로젝트 진행 중 프로젝트 관리자가 항상 해야 하는 일이다. 굳이 이 문제 때문에 그와 같은 일을 해야 한다고 보기 어렵다. 보기 2)는 프로젝트 관리자가 굳이 해야 할 일이 아니다. 프로젝트에 대한 타당성 검토 및 승인은 스폰서 또는 포트폴리오 관리위원회의 역할이다. 보기 4)는 프로젝트에서 일상적으로 실행해야 하는 일이지 문제 때문에 해야 할 일은 아니다. 보기 3)이 정답이다. 프로젝트 관리자는 외부 변수가 프로젝트에 어떠한 영향을 미치는지 항상 살펴보아야 한다.

정답 3)

110 문제를 잘 읽어 보아야 한다. 검수가 완료되었는데도 고객이 인수를 하지 않겠다고 하고 있는 상황이다. 이러한 경우에는 '무엇인지는 모르겠지만 제품에 본인의 요구사항이 누락된 것이 있지 않을까?'하는 불안한 마음 때문에 고객이 인수를 하고 있지 않다고 생각하는 것이 타당한 추측이다. 따라서 정답은 고객의 요구사항이 제품에 반영되어 있는지를 추적관리할 수 있는 문서인 요구사항 추적 매트릭스를 잘 관리했어야 하므로 보기 1)이다.

정답 1)

111 예측형 프로젝트에서는 일정이 부족하다고 해서 범위를 축소하지 않는다. 보기 2)처럼 충분한 검토 없이 스폰서에게 바로 이야기하는 것은 정답이 될 수 없다. 보기 3)은 현실에서는 타당한 대책이 될 수 있지만 PMP 시험에서는 어떠한 상황에서도 정답이 될 수 없다. 일정지연이 예상될 때는 다양한 해결책을 검토하는 것이 먼저이다. 따라서 정답은 보기 4)이다.

정답 4)

112 현재 프로젝트의 상태를 보면 원가와 일정이 전부 목표 대비 미달인 상황이다. 다만, 문제의 지문만으로는 얼마나 나쁜 상황인지는 알 수가 없다. 프로젝트를 중단해야 할 정도인지, 극복해 나갈 수 있는 정도인지 모른다는 뜻이다. 따라서 이 경우 정답으로 가장 적합한 것은 보기 2)이다, 먼저 팀원들과 해결 방법을 상의하고 이를 회의에서 보고하는 것이 좋겠다. 보기 1)의 경우 프로젝트의 자세한 상황을 모르는 상태에서는 정답이 될 수 없다. 보기 3)과 4)도 대책이라는 측면이 강해서 정답이 아니다. 문제 발생시 업무순서는 항상 원인 파악, 대책 검토, 승인, 대책 시행의 순서로 진행이 되기 때문에, PMP 시험에서 대책이 정답인 경우는 거의 없다.

정답 2)

113 문제에서 중요한 포인트는 심각한 결함이 발견되었다는 것이다. 즉, 리스크가 아니고 이슈가 발생한 것이다. 프로젝트

진행 중 새로운 리스크가 발견되면 리스크 관리대장에 등록하고 정성적 분석부터 다시 진행한다. 그러나, 이슈가 발생했으면 이슈 기록부에 등재하고 임시대응책(workaround)으로 대응해야 한다. 임시대응책은 미리 계획하지 않은 대응책으로 예상치 못한 위험이나 문제에 대한 일시적인 대응책이다. 따라서 정답은 보기 2)이다. 보기 3)은 원인이나 상황 파악이 완료된 후에나 실시할 수 있는 일이기에 정답이 될 수 없다. 보기 4)는 아주 좋은 해결책 중에 하나이긴 하나 PMP 시험에서는 원인 파악 없이 대책을 하는 것은 절대 정답이 될 수 없다. PMP 시험의 상황문제에서 가장 먼저 해야 하는 일은 원인 파악이고 그 후에 이해관계자들과 같이 협의를 하여 대책을 수립하고 수립된 대책에 의거하여 행동한다. 대책부터 바로 시행하는 경우는 없다.

정답 2)

114 실제 PMP 시험에서 이와 같이 정답을 고르기 모호한 문제가 많이 출제된다. 이러한 문제에서 정답을 찾는 방법은 '가장 먼저 해야 할 일'이 원인 파악이라는 것을 기억하는 것이다. 항상 대책이 눈에 먼저 들어오는 것을 항상 주의해야 한다. 원인 파악이 끝난 다음 발생한 문제를 해결하면서 다른 곳에도 비슷한 문제가 있는지 찾아야 하며, 마지막으로 보고와 재발방지 대책을 실행한다. 따라서 가장 먼저 해야 할 일은 오역에 의해 발생하는 품질 문제를 조사하는 일이다.

정답 2)

115 만약, 보기 1)이 검토가 아닌 이슈 기록부에 등록한다고 했으면 정답이 될 가능성이 있다. 지금의 상황은 분명히 이슈가 발생한 상황이기 때문이다. 그러나 이슈 기록부를 검토한다고 했으므로 정답에서 멀어 보인다. 이전에 이슈 기록부에 등록했다는 표현이 없기 때문이다. 문제의 요점은 이슈가 발생했는데 공급업체가 해결할 능력이 없다는 점이다. 이슈 또는 클레임이 발생한 것이라고 볼 수 있다. 이런 경우에는 계약서에 명시된 대로 해결하는 것이 좋다. 비교적 간단하게 작성되어 있는 우리 나라의 계약서와 달리 외국의 계약서는 클레임 처리에 대한 세부적인 절차 또는 조항이 담겨 있다는 것을 기억하자. 보기 3) 조달 계획서를 확인하는 것도 정답이 될 수 없다. 조달 계획서에는 이슈가 발생했

을 때 어떻게 처리한다는 내용이 포함되어 있지 않기 때문이다. 조달관리 계획서에 포함되는 내용은 다음의 〈알고 가자! tip〉을 통해 확인해 보자. 보기 4) 공급자 선정 기준은 말 그대로 공급자 선정 기준이기에 이슈사항을 해결할 때 도움이 되지 않는다.

정답 2)

116 고객사의 품질정책을 사용하거나 좋은 품질 정책인 B사의 품질 정책을 채택한다고 생각하기 쉬우나, 고객사 또는 B사 그리고 프로젝트를 추진하는 조직의 업종이 다르면 사용하기가 어려울 수 있다. 예를 들어 고객사는 화학 회사이고, 참여 업체 B는 건설회사이고, 프로젝트를 추진하는 조직은 IT 기업일 경우 서로의 품질정책이 상이할 수 있다. 따라서 수행조직의 공식적인 품질정책이 미흡하거나 합작 형태와 같이 여러 수행조직이 프로젝트에 참여하는 경우에는 프로젝트 팀에서 프로젝트에 맞는 품질정책을 개발해야 한다.

정답 4)

117 문제 또는 이슈가 발생했을 때 가장 먼저 해야 할 일은 그것이 영향을 미치는 범위를 파악하고 임시 대응을 하는 일이다. 또한, 리스크가 발생했을 때 가장 먼저 해야 할 일은 리스크 관리대장에 등록하고 정성적 분석을 하는 일이다. 문

제에서 제시된 상황은 돈을 많이 사용했다고 했으므로 문제가 이미 발생한 것이다. 보기 중에서 원인을 분석하는 일이 가장 급한 일이다. 보기 1)과 2)는 원인 분석을 한 후에 할 수 있는 일이며, 보기 4)는 원인을 모르는 상태에서는 과격한 결정이다. 따라서 정답은 보기3)이다.

정답 3)

118 예전에는 이러한 종류의 문제에 대한 정답을 구하기 어려웠다. 하지만《PMBOK 지침서》6판에서 명확히 설명하면서 현재는 논란거리가 없어졌다. 문제가 발생하면 '일단은 대책을 실행하는 것이 좋지 않을까?'라고 생각하는 의견이 있을 수 있지만 문제를 정의하고 근본 원인을 식별하는 것이 우선이라고《PMBOK 지침서》에서 설명하고 있다. 따라서 정답은 보기 3)이다.

정답 3)

119 보기 3)과 보기 4)는 문제의 요점에서 벗어난 설명이며, 당장 시급한 일도 아니다. 보기 1)과 2) 중에서 정답을 골라야 하는데 두 보기 모두 맞는 설명이다. 따라서 제시된 상황이 리스크인지, 이슈인지 알아내는 것이 문제의 요점이다. 리스크는 아직 발생하지 않은 불확실한 조건이나 이벤트고, 이슈는 프로젝트 목표에 영향을 주는 현재의 조건이나 상황이다. 만약에 현재의 상황이 프로젝트 초기라면 이것은 리스크다. 리스크 관리대장에 등록하고 정성적 리스크 분석과 담당자 지정, 대응전략을 수립을 해서 대응하면 된다. 그러나 현재의 프로젝트 시점이 운영 전환 시점이라고 했으므로 당장 닥친 일이기 때문에 이는 리스크보다는 이슈로 보는 것이 타당해 보인다. 리스크와 이슈를 구분하는 이유는 대응 방식이 다르기 때문이다. 리스크는 예방하는 것(risk preventing)이고, 이슈(문제)는 해결하는 것(problem solving)이다.

정답 2)

120 일단, 보기 1) 원가기준선(cost baseline)을 수정한다는 것은 답이 될 수 없다. 각종 기준선을 수정하려면 변경요청서를 작성하여 변경통제위원회가 검토한 후 승인하기 때문이다. 보기 3) 팀원들에게 품질 개선을 지시하는 것도 정답에

서 제외한다. 왜냐하면 예산이 없는 상태에서 팀원들에게 업무를 줄 수는 없기 때문이다. 결국은 프로젝트를 마무리할 수 있는 예산을 타내야 하는데, '관리 예비(management reserve)를 사용할 수 있는 스폰서에게 보고를 하느냐?' 아니면, '변경통제위원회에 변경요청을 하여 원가기준선을 수정하느냐?' 둘 중에 하나를 선택하는 문제다. 이 경우에는 고객의 변경요청 때문에 원가가 증가한 것이 아니고, 예상하지 못했던 품질 문제의 발생으로 일어난 일이므로 관리 예비비를 투입하는 것이 맞다. 따라서 정답은 2)이다.

정답 2)

121 테스트를 건너뛰게 되면 아무래도 소스코드에 에러가 남아 있을 수 있다. 이것은 추후 프로그램에 대한 시연을 하거나 다른 프로그램과 통합을 할 때 문제를 일으킬 수 있다. 이러한 것을 기술 부채(technical debt)라고 한다. 즉, 기술 부채는 제품을 구축하는 동안 정기적으로 정리, 유지 관리 및 표준화를 수행하지 않아 발생하는 작업의 백로그(backlog of work)를 의미한다. 따라서 정답은 보기 2)이다. 보기 1)의 통합 변경 통제는 예측형 프로젝트에서 변경 사항 발생시 이를 통제하는 프로세스를 의미한다. 보기 3)의 페어 프로그래밍은 XP방법론에서 개발자들이 쌍(pair)을 이루어 개발하는 기법을 의미한다. 보기 4)의 테스트 중심 개발은 요구사항 작성시 테스트 시나리오도 같이 작성을 하고, 이 테스트 시나리오를 통과하면 개발이 완료된 것으로 간주하는 애자일 방법론 중 하나를 의미한다.

정답 2)

122 문제에서 알 수 있는 것은 CPI가 1보다 작으므로 원가가 초과되어 투입되고 있다는 사실밖에 없다. 따라서 정답은 보기 1)과 2) 중에서 선택해야 한다. 보기 2)는 단정적이기 때문에 정답이 될 수 없다. 정답은 보기 1)이다.

정답 1)

123 SME(Subject Matter Expert)는 특정 주제 전문가를 의미하는 용어로서 반드시 기술적인 것만이 아니라 리스크, 원가, 일정 등 전문가도 포함한다. 교훈(lessons learned)은 중요한 프로젝트 활동이기 때문에 특정한 사람이 책임을 지거

나 특정한 사람만 하는 것으로 정의되어 있지 않다. 즉, 모든 이해관계자가 해야 하는 프로젝트 활동이다. 따라서 오류를 발견한 SME가 직접 교훈을 등록하는 것이 가장 좋은 방법이다.

정답 2)

124 복잡하게 생각하면 한없이 복잡할 수 있는 문제이다. 이러한 문제는 기본으로 돌아가서 접근하는 것이 좋다. 가장 최악의 상태는 이슈(문제)가 발생한 상태이다. 따라서 이슈 사항인 170kwh 상황에 이슈대응을 해야 한다. 가장 초기의 상황인 140kwh는 리스크 상황이기 때문에 리스크로 지정을 하고 예방(preventing)하기 위한 대응인 리스크 대응을 해야 한다. 우발사태 계획은 특정한 임계치에 도달하면 대응하겠다는 방식으로 주로 이슈로 발전하기 전에 대응하기 위해 사용한다.

정답 해설 참조

125 회고에서는 프로세스 개선을 진행한다. 비용 대비 효율적으로 진행하며, 비용을 고려하지 않고 개선만 이야기하지는 않는다. 따라서 정답은 보기 3)이다. PMI가 골드 플래팅(gold plating)을 싫어하므로 보기 1)을 정답으로 생각할 수도 있다. 그러나 애자일은 가치 중심으로 움직이므로 프로젝트의 가치에 도움이 된다면 할 수 있다. 애자일 프로젝트에서는 예비비 개념이 없기 때문에 보기 4)는 정답이 될 수 없다.

정답 3)

126 프로젝트에서 강점과 약점, 위협과 기회를 분석한다는 의미는 SWOT분석을 한다는 의미이므로 리스크 식별 프로세스를 진행하고 있는 것이다.

정답 3)

127 프로세스 중심의 《PMBOK 지침서》 6판을 공부했던 수험생에게는 쉬운 문제이고, 7판만 공부한 수험생에게는 어려운 문제이다. 그러나 7판만 공부했던 수험생 분들도 걱정할 필요는 없다. 시험에 출제되는 부분은 《PM+P 문제집》에서 보완을 하였다. 다음의 〈알고 가자! tip〉을 참조하여 보면 요구사항 수집 프로세스를 할 때 입력물로서 이해관계자 관리대장이 있다. 이해관계자 관리대장이 입력물로 들어와야 분류된 이해관계자별로 인터뷰도 하고 설문조사도 하고 워크숍도 할 수 있다. 따라서 가장 먼저 해야 하는 일은 관련 이해관계자를 식별하는 일이다.

정답 1)

알고 가자! TIP

요구사항 수집 및 확정 프로세스

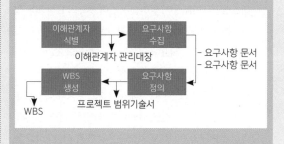

128 가장 먼저 해야 할 일이 정답이다. 가장 먼저 해야 할 일은 보기 2)다. 변경으로 인한 비용 상승의 근거를 알아야 다음 행동을 취할 수 있기 때문이다.

정답 2)

129 협력업체가 품질이 떨어지는 제품을 납품하고 있으면 가장 먼저 해야 하는 일은 그 품질 문제가 우리 프로젝트에 어느 정도 영향을 미치고 있는지 파악하는 일이다. 영향을 미치는 정도에 따라 프로젝트의 대응이 달라질 수 있기 때문이다. 따라서 정답은 보기 3)이다. 품질문제가 끼치는 영향이

크면 이를 해결하기 위해 근본 원인을 조사할 수도 있고, 영향이 미미하면 협력업체에 개선 방안을 요구하는 정도로 마무리할 수도 있다. 품질관리 계획서나 조달관리 계획서를 확인하는 것은 현실적인 대응책이 아니어서 정답이 될 수 없다. 추후 검사(audit)를 할 때 계획대비 실행여부를 파악하기 위해서 할 수 있는 일이다.

정답 3)

130 지불금이 남았다면 어느 협력업체인지는 모르겠지만 협력업체에게 지불해야 하는 지불금을 주지 않았다는 의미이다. 조달관리가 제대로 안되었다는 의미로 볼 수 있다. 따라서 조달 감사를 시행하는 것이 좋다. 보기 2)의 프로젝트 감사를 하는 것은 나쁜 일은 아니지만 보기 1)보다 좋은 정답은 아니다. 원가계획서를 수정하거나 PMO의 지시를 따른다는 것은 문제의 초점에서 벗어나 있다.

정답 1)

131 문제에서 3주 지연될 것 같다는 것은 팀원의 추측성 발언이다. 따라서 프로젝트 관리자가 해야 할 일은 늦어지는 이유가 무엇 때문인지, 실제로 지연이 될 것인지, 지연이 된다면 얼마나 지연이 되는 것인지 파악해 보는 것이 우선적으로 해야 할 일이다. 그 후에 보기 1), 2), 3)과 같은 솔루션을 팀원과 같이 검토하여 결정한다. 정답은 보기 4)이다.

정답 4)

132 프로젝트 종료의 종류에는 행정 종료와 계약 종료가 있다. 행정 종료는 프로젝트를 종료시키기 위한 프로젝트 팀 내부의 업무를 의미한다. 대표적인 예가 교훈을 작성하거나 팀원 해제 발령을 내는 것이다. 계약 종료는 프로젝트를 법적으로 종료시키기 위한 활동을 의미하기 때문에 항상 계약 종료가 행정 종료보다 선행한다. 보기 1)부터 3)은 행정 종료이므로 후 순위이고, 보기 4)가 계약 종료이므로 선행되어야 한다. 따라서 정답은 보기 4)이다.

정답 4)

133 애자일 프로젝트에서 고객의 역할은 제품책임자(PO, Product Owner)로 대표된다. 제품책임자는 제품 백로그에

요구사항을 기록하고 우선순위를 설정하는 역할을 수행한다.

정답 1)

134 문제는 애자일 접근법의 장점을 물어보고 있다. 애자일 접근법의 장점은 짧은 반복을 통해 가장 유망한 기능을 시도할 수 있다는 것이다. 따라서 정답은 보기 1)이다. 보기 2)의 리스크 기반 스파이크는 불확실성이 높아 리스크가 있을 때 이를 해소할 목적으로 빠르게 개발을 시도하여 빠른 실패를 경험하는 방법을 의미한다. 이 방법이 정답에 가까워 보일 수 있지만, 리스크 기반 스파이크는 접근 방식에 대한 것이지 모르는 기능을 찾기 위한 방법은 아니기에 정답이 될 수 없다. 보기 3)은 기능에 대해 아무도 모르고 있으므로 고객에게 더 자세한 정보를 요청하는 것은 좋은 방법이 될 수 없다. 또한 프로젝트 헌장은 전체 업무 범위가 개략적으로 명시되는 문서이지 자세한 기능이 명시되는 문서는 아니므로 보기 4)도 정답이 될 수 없다.

정답 1)

135 설계 방식의 효과에 대한 문제이므로 보기 1)처럼 고객에게 요구사항을 명확하게 해달라고 요구하는 것은 문제의 초점을 벗어난 행동이라 정답이 될 수 없다. 문제의 의도는 두가지 방식을 놓고 고민에 빠졌을 때 어떻게 하는 것이 좋은지 물어보는 것이다. 따라서 보기 2)처럼 작은 실험을 수행하는 것이 가장 좋은 방법이다. 보기 3)처럼 스토리를 추가하여 설계를 마무리한다는 것은 문제의 의도와 아무 관련이 없기에 정답이 될 수 없다. 보기 4)도 별도의 반복을 따로 설정하는 경우라는 것은 없기에 정답이 될 수 없다.

정답 2)

136 보기 1)은 정답이 될 수 없다. 백로그 추가는 리스크가 식별되고 대책 마련이 된 이후에 하는 것이다. 보기 3)도 정답이 될 수 없다. 리스크라는 것은 아직 발현되지 않은 불확실한 사건이나 상황을 의미한다. 따라서 예방을 하면 되는 것이지 프로젝트를 바로 중지할 이유가 없다. 더욱이 리스크의 발생 가능성과 영향력을 모르는 상태에서 중단부터 하는 것은 옳은 일이 아니다. 보기 4)의 리스크 기반 스파이크는

팀이 프로젝트에 대한 문제나 위협을 줄이거나 제거하기 위해 조사를 하는 짧은 타임 박스 노력을 의미한다. 이것은 리스크가 어느 정도 크기 이상이라고 여겨졌을 때 시행하는 것이지 리스크가 발견될 때마다 하는 것은 아니기 때문에 정답이 될 수 없다. 정답은 보기 2)이다. 리스크가 식별된 후에 가장 먼저 할 일은 리스크를 분석하는 일이다. 정성적 분석을 통해 발생 가능성과 영향력을 평가해야 한다.

정답 2)

137 두 팀원 간에 개발 방법에 대한 의견이 달라 갈등 상황이 발생한 것이다. 따라서 일반적인 갈등상황을 해결하는 보기 1)은 정답 후보 정도일 뿐 정답으로 하기에는 부족하다. 보기 2)에서 스크럼 마스터는 개발 방법을 결정할 권한이 없기 때문에 정답이 될 수 없다. 보기 3)은 제품책임자가 개발에 참여하거나 의견을 제시할 권한이 없기 때문에 정답이 될 수 없다. 개발 방법에 대해 의견이 다른 것은 개발에 대한 책임을 공동 소유하고 있는 개발 팀 전체가 협의하여 해결책을 결정하는 것이 가장 좋은 방법이다. 정답은 보기 4)이다. 보기 1)도 정답 후보는 될 수 있으나 보기 4)보다는 못한 설명이다.

정답 4)

138 프로젝트의 범위에 맞지 않으면 하지 않는 것이 정답이다. 따라서 보기 2)는 정답이 될 수 없다. 또한 보기 3)도 정답이 될 수 없다. 우리 프로젝트 범위가 아니므로 리스크 관리대장에 기록할 필요가 없기 때문이다. 보기 4)처럼 다른 프로젝트 관리자에게 공유하는 것은 바람직한 일이나 프로젝트 관리자의 업무로 보기 어렵다. 공유를 하더라도 PMO 주관으로 공유하는 것이 좋겠다. 그러므로 정답은 보기 1)밖에 없다.

정답 1)

139 보기 2)의 소송을 진행한다는 것은 항상 최후의 수단이기에 이러한 문제에서는 정답이 될 수 없다. 보기 3)도 극단적이어서 다른 방법이 없을 때 최후의 수단으로 사용해야 하므로 정답이 될 수 없다. 보기 4)도 소송 등과 같은 법적인 부분을 진행할 때 필요한 활동이므로 정답이 될 수 없다. 이

러한 일이 발생했을 때 프로젝트 관리자가 관심을 가져야 하는 것은 프로젝트의 성공적인 진행이다. 다른 문제는 부차적인 것일 뿐이다. 따라서 정답은 보기 1)이다.

정답 1)

140 리팩토링은 외부 동작을 변경하거나 새로운 기능을 추가하지 않고 기존 코드의 설계를 명확하게 하고 단순화하는 프로세스이다. 설계를 효율적으로 유지하면 변경사항과 새로운 기능을 코드에 쉽게 적용할 수 있다. 또한 리팩토링은 중복된 코드를 제거하고, 커플링(코드 모듈 간의 종속 연결)을 낮추고 응집력을 높이는 데 중점을 둔다. 애자일 프로젝트에서 개발 팀은 코드를 반복(iteration)에서 반복(iteration)으로 유지보수로 확장하고 있기 때문에 지속적인 리팩토링 없이는 수행하기가 어렵다. 리팩토링되지 않는 코드는 썩는(rotting) 경향이 많기 때문이다. 썩음(rot)은 클래스 또는 패키지 간의 건강에 해로운 의존성, 클래스 책임의 잘못된 할당, 클래스당 너무 많은 책임, 중복 코드 등 여러 가지 혼란을 초래한다. 코드를 리팩토링하면 부패를 방지하고 코드를 쉽게 유지 관리하고 확장할 수 있다. 따라서 보기 1)처럼 리팩토링에 전념하도록 하는 것이 정답이다. 보기 2)도 충분히 정답 후보가 될 수 있다. 반복에서는 인도물에 집중하는 것이 옳기 때문이다. 리팩토링해야 할 것이 많다면 별도의 스프린트로 편성하고 반복에서는 인도물에 집중하는 것이 좋다. 그러나 문제에서는 그러한 것이 전부 배제되었기 때문에 1)과 2)에서 선택해야 한다. 리팩토링이 되지 않은 상태에서 그 위에 인도물이 증분되어 쌓인다면 추후에 부담이 되는 기술 부채가 증가하게 되기 때문에 정답은 1)이다.

정답 1)

141 프로세스 중심으로 작성된 《PMBOK 지침서》 6판을 이해하면 쉬운 문제이나 그렇지 않다면 매우 어려운 문제이다. 127번 문제의 해설과 〈알고 가자! tip〉의 '요구사항 수집 및 확정 프로세스'를 참조하자. 프로젝트 현장에 고객의 초기 요구사항이 담겨 있는 것은 당연한 일이다. 그러나 아무래도 초기이기 때문에 상세화 정도가 떨어져서 프로젝트 진행 중 범위 안팎을 판단하거나 범위를 확정하는 것이 어렵다. 따라서 이

해관계자 요구사항을 수집(collect requirement)하고 이를 정제(define scope)하여 범위기술서를 작성해야 한다. 보기 1)은 문장 자체는 틀린 내용이 없으나《PMBOK 지침서》에 없는 내용이며 업무 범위 분석은 특별한 상황이 아닌 이상 프로젝트 팀이 진행하는 것이 좋기에 정답으로 보기 어렵다. 보기 2)도 큰 틀에서 보았을 때는 틀린 설명이 아니지만 프로젝트 헌장을 기준으로 범위기술서를 바로 작성할 수 없기 때문에 맞는 설명으로 보기 어렵다. 보기 4)는 범위기술서 작성 후에 하는 일이고 문제에서 요구하는 것과는 초점이 맞지 않기 때문에 이 또한 정답이 될 수 없다. 정답은 보기 3)이다. 아주 어려운 문제이다.

정답 3)

142 문제에서 핵심은 원가 관련 중요한 외부 변수가 변경되었는데, 보고가 제대로 이루어지지 않았다는 것이다. 보기 4)처럼 프로젝트 관리자가 기업환경이 변하는 것을 사전에 모두 인지하고 있을 수는 없다. 프로젝트 관리자는 재경부 장관이나 국정원이 아니다. 기업 환경이 변하면 그에 따라 대응하는 사람일 뿐이기 때문에 정답이 될 수 없다. 보기 3)도 정답으로서는 약해 보인다. 중요한 내용이기에 사전에 공유할 필요가 있을 수도 있지만, 일반적으로는 정식 보고 주기에 정식 보고하는 것이 더 타당하기 때문이다. 그러면 원가 관련 외부 요인이 변경되었을 때 무엇을 근거로 보고해야 하는가? 많은 분들이 보기 2)의 의사소통 관리 계획서를 떠올렸을 것이다. 의사소통 관리 계획서는 프로젝트의 전반적인 의사소통 방법을 기술하고 있는 문서이다. 따라서 정답 후보가 될 수 있다. 원가관리 계획서는 프로젝트 원가가 계획되고, 편성되고, 통제되는 방식을 기술한 문서이다. 이 문서에는 원가 통제 한계선과 원가보고서의 보고 형식과 보고 주기가 명시되어 있다. 프로젝트 관리자는 세금이 25%가 된 것이 통제 한계선을 벗어났다는 것을 알게 되었을 때, 보고 형식과 주기에 따라 보고 했어야 했다. 그러므로 정답은 보기 1)이 가장 타당해 보인다.

정답 1)

143 보기 2)는 문제에서 이미 주의를 주었다고 했으므로 불필요한 행동이다. 보기4)도 문제의 초점과는 상관이 없다. 따

라서 보기 1), 3) 중에 정답을 골라야 한다. 보기 3)은 좋은 방법일 수 있으나, 프로젝트 팀의 노력이 많이 들어가는 비효율적인 방식이다. 보기 1)처럼 품질 관련 문서를 받아서 검토하고 보완을 요청하든지 품질감사를 진행하는 것이 훨씬 효율적인 행동이다. 정답은 보기 1)이다.

정답 1)

144 문제는 외주업체의 문제점을 지적하고 있다. 따라서 정답은 조달 SOW(procurement SOW)이다. 작업 관리 명세서(SOW)는 SOW 내에서 합의된 서비스 범위가 시간과 예산에 맞춰 완료되도록 하기 위한 문서이다. SOW 관리를 담당하는 사람은 효율성, 리스크 완화, 특별 요구사항, 공급업체 관리 및 협상을 생성할 책임이 있다. 조달 SOW는 제안요청서(RFP)나 마스터 서비스 계약(master services agreement)와 함께 사용되는 문서로서 다음의 내용이 포함된다.

- 프로젝트의 목적
- 수행 중인 작업 범위
- 프로젝트 위치, 프로젝트 기간 및 작업 요구사항
- 예상 마감일 및 인도물
- 허용 기준
- 필요한 모든 하드웨어 및 소프트웨어
- 충족해야 하는 성능 기반 표준

철저하게 SOW를 작성하면 위의 요소에 대해 당사자 간 오해나 분쟁이 발생할 리스크를 제거할 수 있으며, 간결하고 잘 작성된 SOW는 공급업체와 조직 모두에게 관련 작업에 대한 명확한 이해와 책임을 지도록 함으로써 초과 지출의 리스크를 완화할 수 있다. 정답은 보기 4)이다.

정답 4)

145 PMP 시험에서 묻고 싶은 것은 '프로젝트 팀이 어려운 상황에 빠졌을 때 어떻게 해야 하는가?'이다. 따라서 재무 팀에 알아보라고 하거나 공급업체가 해결하라고 하는 것 등은 프로젝트 팀이 다른 팀에게 문제 해결을 떠넘기는 것이기에 정답인 경우가 거의 없다. 보기 1)은 보기 2)를 한 후에 해도 되는 대처법이다. 정답은 보기 2)이다. 특히, 보기 1)은 원인 파악도 없이 먼저 하는 것이기에 정답이 될 수 없다.

정답 2)

146 문제에서는 SPI와 CPI가 모두 1보다 큰 상황이라고 했으므로 프로젝트의 지금 상태가 원가절감 되고 일정단축이 되고 있는 좋은 상황이다. 그렇지만 보기 1)처럼 프로젝트 요구사항의 만족하고는 아무 상관이 없다. 보기 2)는 언제라도 해야 하는 일이지 문제의 상황에서만 하는 일은 아니다. 보기 4)는 계약서 관련 이슈가 아닌데 계약서 관련 이슈가 없도록 교훈 관리대장에 등록한다고 했으므로 논리에 맞지 않아 정답이 될 수 없다. 따라서 보기 3)이 정답이다.

정답 3)

147 애자일 프로젝트에서는 고객이 새로운 기능을 개발하겠다고 하면 제품 백로그를 업데이트하면 된다. 워터폴 방식의 프로젝트와는 다르게 변경요청을 하지는 않는다. 따라서 정답은 보기 3)이다. 애자일 프로젝트에서는 범위기술서가 없어서 보기 4)는 정답이 될 수 없다.

정답 3)

148 고정가 계약이 유리하므로 긴급한 상황이 아니라면 고정가 계약을 한다. 다만, 증분 계약을 하면 자금이 일시에 대규모로 필요가 없으므로 자금 운영상 유리하다.

정답 1)

149 애자일 프로젝트에서 요구사항의 추가는 제품책임자가 제품 백로그에 추가함으로써 끝난다. 보기에는 그러한 내용이 없으므로 예측형 프로젝트라는 것을 알 수 있다. 예측형 프로젝트에서 요구사항의 변경이나 추가는 변경요청서를 작성한 후 변경통제위원회의 승인을 거쳐 변경된다. 따라서 정답은 보기 2)이다.

정답 2)

150 보기 중에서 우선순위를 정할 때 사용하는 기준은 순현재가치밖에 없기 때문에 순현재가치가 큰 것을 정답으로 고르면 된다. 순현재가치는 현재가치로 환산한 이익금액을 의미한다.

정답 1)

151 문제에서 경험있는 프로젝트 관리자와 3점 산정을 사용했다는 표현은 비교적 정확하게 원가를 산정했다는 것을 의미한다. 그런데 예산이 초과되었다고 불평을 하고 있으니 프로젝트 관리자는 난감한 상황이다. 보기 1)의 상향식 방법은 더 정확한 프로젝트 원가 추정 방법이다. 그러나 시간과 비용이 또 다시 소모되는 일이니 꼭 해야 되는 일인지 의문이 생긴다. 보기 3)은 이미 타당한 방법으로 예산을 산정했는데도 불구하고 불평을 하고 있는데 과거 자료를 보여준다고 해서 효과가 있을지 의문이다. 보기 4)는 주로 원가가 적게 산정되었을 때 빠진 것이 있는지 확인하는 행동이기 때문에 정답이 될 수 없다. 정답은 정당하게 산정한 원가에 대해 경영진을 설득해야 하므로 보기 2)이다. 보기 2)의 소프트 스킬이란 타인과 협력하는 능력, 문제 해결력, 감정을 조절하는 자기 제어성, 의사소통 능력, 리더십, 회복 탄력성 등을 포함하는 개념이다.

정답 2)

152 프로젝트에서 리스크 관리를 하는 프로세스를 생각해보면 가장 먼저 하는 일이 리스크를 식별하고 이것을 리스크 관리대장에 기록하는 일이다. 그리고 정성적, 정량적 분석을 실시하고 수치가 높은 리스크에 대해 리스크 대응전략을 수립한다. 리스크 대응전략 중 한 가지가 경영층에 리스크를 에스컬레이션하는 것이다. 에스컬레이션을 했다고 해서 보기 1)처럼 아무 것도 하지 않아서는 안된다. 보기 2)처럼 다른 프로젝트에 정보를 공유하는 것은 PMO조직의 역할이지 프로젝트 관리자의 역할은 아니다. 보기 3)은 뜬금없는 이야기이다. 따라서 정답은 지속적인 모니터링을 실시하는 보기 4)이다.

정답 4)

153 '이해관계자를 배제하기 위해서 옵션을 확인한다'는 것은 이슈의 근본 원인을 제거하는 일이므로 '회피'에 해당된다. '다른 누군가 기여할 수 있는지 분석한다'는 것은 리스크의 책임을 다른 사람에게 넘기는 것이므로 '전가'이다. '이해관계자와 협의하여 참여를 이끌어 낸다'는 것은 리스크를 100% 해결할 수는 없지만 충분히 완화의 효과를 낼 수 있으므로 '완화'이다. '관찰을 기록하고 앞으로 나아간다'

는 것은 선제적인 조치를 취하는 것이 아니므로 '수용'이다. '이해관계자의 상급자와 이슈를 협의한다'는 것은 리스크가 프로젝트의 범위를 넘어섰기 때문에 위의 상급자와 협의하는 것이므로 '에스컬레이트'이다.

정답 해설 참조

154 《PMBOK 지침서》 6판 이전 것을 참조하면 쉬운 문제이다. 활동을 누락시키지 않으려면 분할(decomposition)을 잘 했어야 한다. 시퀀싱(순서)의 잘못을 막으려면 네트워크 다이어그램(network diagram)을 잘 그렸어야 한다. 활동 기간이 비현실적으로 잘못 산정되었다면 매개변수(parametric) 평가를 잘 했어야 한다. 불완전하거나 잘못된 활동 의존관계가 있다면 잘 주공정법을 활용했으면 좋았을 것이다.

정답 해설 참조

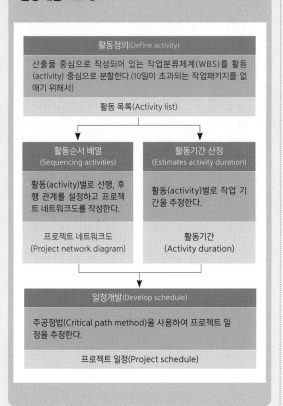

알고 가자! TIP

일정 개발 프로세스

활동정의(Define activity)
산출물 중심으로 작성되어 있는 작업분류체계(WBS)를 활동(activity) 중심으로 분할한다.(10일이 초과되는 작업패키지를 없애기 위해서)

활동 목록(Activity list)

활동순서 배열 (Sequencing activities)
활동(activity)별로 선행, 후행 관계를 설정하고 프로젝트 네트워크도를 작성한다.

활동기간 산정 (Estimates activity duration)
활동(activity)별로 작업 기간을 추정한다.

프로젝트 네트워크도 (Project network diagram)

활동기간 (Activity duration)

일정개발(Develop schedule)
주공정법(Critical path method)을 사용하여 프로젝트 일정을 추정한다.

프로젝트 일정(Project schedule)

155 이 문제에서 제시하고 있는 상황을 리스크로 볼 것인지 아니면 이슈가 발생한 것으로 볼 것인지에 따라서 정답이 달라질 수 있기 때문에 먼저 둘 중 무엇인지 구분해 보는 것이 좋겠다. 리스크는 이 상황이 발생할 것인지 정확하게 알 수가 없는 불확실한 상황을 의미하며, 이슈는 이미 상황이 발생했다고 판단하는 경우를 의미한다. 과거부터 PMP 시험에 유사한 문제가 많이 출제되었는데 그것을 근거로 정리를 해보면 A. 중요한 기술자가 퇴사한다는 소문이 있다는 리스크 상황으로 판단한다. B. 중요한 기술자가 퇴사한다고 프로젝트 관리자에게 면담을 신청했다는 이슈 상황으로 판단한다. A와 같은 리스크 상황에서는 리스크 관리 대장에 등재한 후 정성적 분석을 실시하고 리스크를 완화할 수 있는 전략을 수립한다. B와 같은 이슈 상황에서는 이슈 관리대장에 등재한 후 관련된 이해관계자들과 해결책을 논의한다. 다시 문제로 돌아와서 보면 다음 달에 퇴사한다고 알려 왔으므로 이슈이다. 그런데 보기에는 이슈에 대한 처리 대응이 없다. 이러한 경우에는 프로젝트 초기에 리스크로 식별되어 리스크 관리 대장에 등록하고 관리를 했는데도 불구하고 이슈로 되었다고 생각해야 한다. 따라서 리스크 관리대장에 기록되어 있는 대응전략이 무엇이었고 어떻게 진행이 되었는지 확인해 보아야 한다. 이 문제는 프로젝트의 리스크 처리와 이슈 처리에 대한 확실한 개념을 가지고 종합적으로 생각해야 정답을 고를 수 있다.

정답 2)

156 반복 검토회의는 반복 기간 중 달성한 작업을 검토하기 위해 반복 작업이 종료되는 시점에 이해관계자들과 개발 팀이 개최하는 회의이다. 이 회의는 완료된 작업과 완료되지 않은 작업이 있는지 확인하며 제품을 제품책임자에게 시연(demo)하는 것을 목적으로 한다. 따라서 보기 1)의 번다운 차트를 사용한다. 번다운 차트에서 가로 축은 시간을, 세로 축은 남아있는 업무를 나타내며 시간이 경과됨에 따라 남아있는 업무가 얼마나 줄어들고 있는지 보여준다. 번다운 차트를 사용하게 되면 업무의 완료 여부와 중간에 장애 발생 여부도 알 수 있다. 보기 2)의 RACI차트는 업무별 담당자를 알려주는 차트이며, 간트 차트는 업무별 일정을 보여주는 막대 차트이다. 보기4)의 네트워크 다이어그램은

액티비티의 선후관계를 따져서 그린 그림이다.

정답 1)

157 보기 1)처럼 일정을 업데이트하는 것은 문제를 식별하고 해결책을 협의한 후에 여러 가지 해결책 중에 하나로서 할 수 있는 일이기에 당장 급한 일이 아니다. 따라서 정답이 될 수 없다. 문제에서 가장 먼저 해야 할 일이라는 표현이 없더라도 이런 문제는 항상 가장 먼저 해야 할 일을 정답으로 선택해야 한다. 보기 2)는 리스크 관리대장에 추가한다는 표현이 잘못되었다. 리스크는 아직 발생하지 않은 불확실한 사건이나 상황이어야 하는데 문제에서 공급업체가 파산했다고 나와 있으므로 불확실한 것이 아니라 확실한 이슈가 발생한 것이다. 그래서 정답이 될 수 없다. 보기 3)은 해결책으로서 올바른 것인지도 불분명하고 프로젝트 팀에서 해야 할 일을 다른 팀에 넘긴다는 의미가 있어서 정답이 될 수 없다. 보기 4)가 가장 합리적인 정답이다.

정답 4)

158 보기 1)은 예측형 프로젝트에서 품질보증(quality assurance) 활동을 하는 것을 설명하고 있다. 따라서 정답이 아니다. 보기 3) 반복 리뷰는 반복 기간 중 달성한 작업을 검토하기 위해 이해관계자들과 개발 팀이 개최하는 회의로서 완료된 작업과 완료되지 않은 작업이 있는지 확인하며 제품을 제품책임자에게 시연(demo)하는 것을 목적으로 한다. 만약 여기서 오류가 발견이 되면 리뷰 동안 이해관계자들과 함께 대책을 검토하는 것이 아니라 리뷰 후에 별도의 회의에서 개발 팀이 근본 원인 분석과 해결책을 검토하여 제품 백로그에 반영하여 해결한다. 따라서 보기 3)도 정답이 될 수 없다. 보기 4) 일일 스탠드업 회의는 정해진 짧은 타임 박스에서 하는 것이기 때문에 즉시 대책을 수립할 수 없다. 맞는 설명은 보기 2)밖에 없다.

정답 2)

159 애자일 프로젝트에서 기능에 대한 릴리스를 계획할 때, 릴리스는 타당하고 유용하며 가치를 제공해야 한다. 그러므로 릴리스할 때 가장 먼저 고려해야 하는 것은 '최소 상품성 제품(MVP, Minimum Viable Product)'이다. 최소 상품성 제품은 사용자나 시장에 유용하지만 프로젝트 전체를 나타내지 못할 정도로 작은 기능의 모음을 의미한다. 예를 들어 휴대폰의 경우, 전화를 걸고 받고 연락처와 번호를 저장하는 데 사용되는 기능들이 최소 상품성 제품일 수 있다. 카메라, 인터넷 연결, 음악 플레이어 같은 것들은 추후에 추가되는 기능들이다. 문제에서도 일정이 줄었기 때문에 프로젝트 관리자가 우선적으로 해야 할 일은 예상 시간계획에 맞는 MVP를 고려하는 일이다. 보기 1)처럼 백로그에서 우선순위를 결정하는 것은 제품책임자의 업무이다. 보기 3)은 충분히 가능할 수는 있으나 정답으로서는 많이 부족하다. 보기 4)는 애자일 프로젝트이기에 불가능한 일이다. 애자일 프로젝트에서는 변경을 자유롭게 할 수 있어야 한다.

정답 2)

비즈니스 환경
Business Environment

Domain III
비즈니스 환경 Business Environment

- 《PMP 시험 내용 요약》에 따르면 '비즈니스 환경(business environment)' 영역(domain)에서는 PMP 시험 문제의 8%가 출제된다. 180개 문제 기준으로는 대략 14~15문제이다. 시험이 출제되는 세부적인 영역은 〈2. 세부 과제(task)〉를 참조하기 바란다.

- 《PMBOK 지침서》 6판 기준으로는 1장 〈개요(introduction)〉 2장 〈프로젝트가 운영되는 환경(the environment in which projects operates)〉 4장 〈통합관리(integration management)〉에 주로 해당된다. 7판 기준으로는 2장 〈성과 영역(performance domain)〉 중 '2.3 개발 접근법과 생애주기 (development approach and life cycle)' 일부와 3장 〈조정(tailoring)〉 일부가 해당된다. 사실 이 비즈니스 환경 영역은 《PMBOK 지침서》에 딱 맞는 부분이 없어서 매칭시키기가 아주 어렵다.

- 프로젝트는 프로젝트를 둘러싸고 있는 외부 환경에 영향받을 수밖에 없다. 영향을 주는 외부 환경에 의해 프로젝트는 변경도 되고, 취소도 되고, 중단도 된다. 그러한 경우에 "각 역할자들과 조직은 어떻게 대응해야 하는가?"를 묻는 문제가 시험에 자주 출제된다.

- 최근에 애자일 접근 방식이 관심을 받게 됨에 따라 많은 조직에서 이를 도입하고 싶어한다. 이러한 접근 방식을 도입할 때 조직은 어떤 준비를 해야 하고, 어떤 것을 먼저 해야 하고, 어떤 이점을 기대할 수 있는지를 묻는 문제가 자주 출제된다.

- 프로젝트에 대한 준비(타당성 검토)가 끝나고 프로젝트가 막 시작됐을 때, 알고 있어야 하는 것들(비즈니스 케이스, 프로젝트 헌장, 프로세스 조정 등)에 관한 문제가 출제된다.

2. 세부 과제

다음 기술된 세부 과제는 PMP 시험을 주관하는 PMI가 제공하는 PMP 시험 내용 요약, 《PMP 시험 내용 요약》에서 가져온 내용으로 시험의 구체적인 출제 방향을 설명하고 있다.

Domain III	비즈니스 환경(Business Environment) – 8%
과제 1	**프로젝트 규정 준수 계획 및 관리** ■ 프로젝트 규정 준수 요구사항 확인 (예: 보안, 건강 및 안전, 규정 준수) ■ 규정 준수 범주 분류 ■ 규정 준수에 대한 잠재적 위협 결정 ■ 규정 준수 지원 방법 활용 ■ 규정 위반의 결과 분석 ■ 규정 준수 요구사항을 충족하기 위해 필요한 접근방식 및 조치 결정 (예: 리스크, 법무) ■ 프로젝트가 어느 정도 규정을 준수하고 있는지 측정
과제 2	**프로젝트 이점과 가치 평가 및 인도** ■ 이점이 파악되었는지 조사 ■ 지속적인 이점 실현을 위해 소유권에 대한 동의 문서화 ■ 이점 추적을 위해 측정 시스템이 실행 중인지 검증 ■ 가치 증명을 위한 인도 옵션 평가 ■ 가치 획득 프로세스의 이해관계자 평가
과제 3	**범위에 미치는 외부 비즈니스 및 환경 변화의 영향을 평가하고 대응** ■ 외부 비즈니스 환경에 대한 변경사항 조사 (예: 규정, 기술, 지정학적 요인, 시장) ■ 외부 비즈니스 환경의 변화를 기반으로 프로젝트 범위/백로그에 대한 영향 평가 및 우선순위 지정 ■ 범위/백로그 변경사항에 대한 옵션 권유 (예: 일정, 비용 변경) ■ 프로젝트 범위 백로그에 대한 영향을 주는 외부 비즈니스 환경을 지속적으로 검토
과제 4	**조직의 변화 지원** ■ 조직의 문화 평가 ■ 조직의 변화가 프로젝트에 주는 영향을 평가하고 필요한 조치를 결정 ■ 프로젝트가 조직에 주는 영향을 평가하고 필요한 조치를 결정

다음은 이번 영역에서 출제되었거나 출제될 것으로 예상되는 문제들의 중요한 개념에 관한 질문을 기술했다. 눈으로만 읽고 넘어가서는 안 되고 다른 사람에게 개념을 설명하는 것처럼 답변할 수 있어야 한다. 이번 장의 문제를 풀기 전에 반드시 도전해보자.

- 외부 환경 변화에 의해 프로젝트가 중단되거나 취소되는 경우 프로젝트 관리자가 취해야 할 행동은?
- 외부 환경 변화에 따라 범위, 일정, 원가가 변동될 때 프로젝트 관리자가 취해야 할 행동은?
- 프로젝트 진행 중 프로젝트가 더 이상 조직에 이점(benefit)을 줄 수 없다고 판단될 때 스크럼 마스터와 조직의 행동은 어떠해야 하는가?
- 애자일 방법론 도입시 가장 먼저 해야 할 일은?
- 애자일 접근 방식으로 전환시 교육 방법은?
- 애자일 접근 방식으로 전환시 PMO(Project Management Office)의 역할은?
- 범위/백로그 변경에 대한 절차와 방법은?
- 범위/백로그 변경시 각 역할자가 해야 할 일은?
- 예측형 프로젝트에서 통합변경통제(integrated change control) 프로세스란?
- 방법론 적용시 조정(tailoring) 방법은?
- 프로젝트 팀이 문제의 근본 원인을 분석하기 위해서 사용하는 도구는?
- 프로젝트/프로그램/포트폴리오의 의미와 관계는?
- 프로젝트 제약사항이란?
- 프로젝트 헌장과 프로젝트 관리 계획서에 포함되는 내용은?
- 비즈니스 케이스란 무엇이며, 스폰서(sponsor)의 역할은?
- 애자일 접근방식이 조직에 줄 수 있는 이점(benefit)은?
- 투자 자본 수익률(ROI, Return On Investment)의 의미는?
- 애자일 프로젝트 계약의 특징은?
- 하이브리드 방식의 의미와 적용하기 좋은 환경은?
- 애자일 접근방식에서 자체 평가(self-assessment)와 교훈을 시행하는 시기와 방법은?

4. 중요한 문서와 용어

1. 다음 표에 있는 용어 설명을 읽고 알맞은 용어 번호를 보기에서 골라 용어 칸에 기입하시오.

★ 정답은 164쪽에 있습니다.

용어 설명	용어
접근방식, 거버넌스 및 프로세스를 주어진 환경과 당면 과제에 더욱 적합하게 만드는 의도적인 적용	(1)
프로젝트에 대한 변경사항을 검토, 평가, 승인, 보류 또는 거부할 책임과 결정사항에 대한 기록 및 의사소통을 담당하기 위해 구성된 공식 위원회	(2)
프로젝트를 수행하는 과정에서 습득한 지식으로, 과거에 프로젝트 사건을 처리한 방법 또는 향후 성과 개선 목적으로 따라야 할 처리 방법을 제시한 것	(3)
재무 또는 비재무 편익을 포함한 제안된 프로젝트를 위한 가치제안	(4)
어떤 것의 의미, 중요성 또는 유용성	(5)
전략적 목표를 달성하기 위해 프로젝트, 프로그램, 하위 포트폴리오, 운영 등을 통합적으로 관리하는 것	(6)
프로젝트, 프로그램 또는 포트폴리오에 필요한 자원과 지원을 제공하고 성공으로 이끌 책임이 있는 개인 또는 집단	(7)
둘 또는 그 이상의 애자일과 비애자일 요소의 결합, 비애자일로 마무리된다.	(8)

보 기

1. 스폰서(Sponsor)
2. 교훈(Lessons learned)
3. 가치(Value)
4. 하이브리드(Hybrid)
5. 변경통제 위원회(Change control board)
6. 비즈니스 케이스(Business case)
7. 조정(Tailoring)
8. 포트폴리오(Portfolio)

01 회사의 CEO가 AI 세미나 참석 후 갑자기 AI에 관심을 갖게 되어 AI 도입을 위한 프로젝트를 진행하라고 지시했다. 가장 먼저 해야 할 일은 무엇인가?

1) 비즈니스 문서를 작성한다.
2) 요구사항을 평가한다
3) 프로젝트 헌장을 작성한다.
4) 프로젝트 계획서를 작성한다.

해 설

아주 어려운 문제인데 답을 선택하는 것은 쉽다. 《PMBOK 지침서》 6판(7판이 아님) 30쪽의 그림 1-8을 참조하면 된다. 일반적으로 회사의 CEO가 프로젝트를 하라고 하면 하는 것이 옳은 일이다. 그런데 하더라도 그냥 하지는 않는다. 정당한 절차를 거쳐서 진행해야 한다. 정당한 절차는 다음의 그림과 같다. 요구사항 평가를 가장 먼저 하고 그 다음으로 경제적 타당성 분석 자료인 비즈니스 케이스를 작성한다. 따라서 정답은 보기 2)이다.

정답 2)

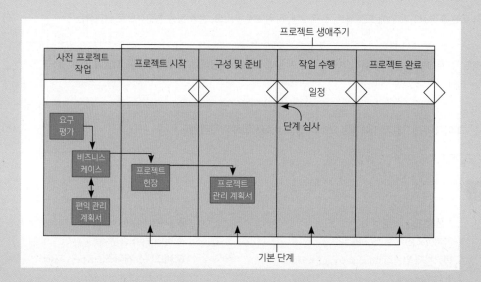

시험장 TIP

PMP 시험에서는 과거의 《PMBOK 지침서》에 있던 내용이 가끔 출제된다. 본 문제집에서는 그러한 내용까지도 반영하였으니 우려할 것은 없다.

02 팀이 애자일 사용으로 전환하는 방법을 제안하라는 요청을 받았다. 어떻게 대답해야 하는가?

1) 몇 가지 애자일 관행(practice)을 먼저 시도하여 상황에 도움이 되는지 확인한다.
2) 당신이 감당할 수 있는 최고의 스크럼 마스터를 고용하고 그 사람이 전환에 책임을 지게 한다.
3) 성공적인 애자일 팀을 식별하고 그들이 하는 일을 복사한다.
4) 당신의 상황에서 애자일 가치와 원칙을 배우고 어떤 관행(practice)을 채택할지 선택하는 방법을 사용한다.

해 설

애자일 방법론을 도입한다는 것은 단순히 애자일에서 사용되는 관행(practice)을 도입하는 것이 아니라 애자일의 가치와 원칙을 도입하는 것이다. 따라서 애자일의 가치와 원칙을 이해하는 것이 애자일 사용으로 전환할 때 가장 먼저 해야 할 일이다. 보기 1)처럼 지엽적으로 애자일 관행을 도입하는 것을 애자일 방법론 도입으로 오해하면 안 된다. 보기 2)도 우리 회사 임직원들이 애자일의 가치와 원칙을 이해하는 데 도움이 되는 방법이 아니라 특정 인력에게 전환의 책임을 떠넘기는 방식이기 때문에 정답으로 보기 어렵다. 보기 3)은 우리 회사에 적합한지 여부를 판단하는 행위가 없어 정답이 될 수 없다. 보기 4)처럼 애자일 가치와 원칙을 먼저 이해하고, 이를 통해 우리에게 필요한 관행을 채택하는 것이 올바른 접근법이다.

정답 4)

■역시 어려운 시험이네요. 강의 안 듣고 독학했으면 많은 고생을 했을 것 같습니다.

■ 애자일 문제가 이렇게 많이 출제될 줄 몰랐습니다.

■ 《PMBOK 지침서》 6판에서도 출제된다는 의미를 이해했습니다.

■ PMP 시험은 '미국 시험'이라는 것을 깨닫게 되었습니다.

■ 강의 덕분에 시험은 비교적 쉽게 합격했다고 생각합니다. 강의 시간에 들은 교육 내용이 저에게는 더욱 의미가 있었습니다.

■ 합격하니 의미가 있는 시험이었습니다. 떨어졌으면……

실전문제 답안지

 절 취 선

번호	1	2	3	4	5	6	7	8	9	10	11	12	13	14	15	16	17	18	19	20
정답																				
번호	21	22	23	24	25	26	27	28	29	30	31	32	33	34	35	36	37	38	39	40
정답																				
번호	41																			
정답																				

절 취 선

번호	1	2	3	4	5	6	7	8	9	10	11	12	13	14	15	16	17	18	19	20
정답																				
번호	21	22	23	24	25	26	27	28	29	30	31	32	33	34	35	36	37	38	39	40
정답																				
번호	41																			
정답																				

Project Manager + Professional

실전문제

★ 정답은 164쪽에 있습니다.

필수문제

01 다음 문장 중 옳은 것은 무엇인가?
1) 관련이 없는 프로그램의 집합을 포트폴리오로 구성할 수 있다.
2) 포트폴리오의 범위는 일반적으로 프로그램의 범위보다 작다.
3) 프로그램은 관련이 없는 프로젝트들의 집합이다.
4) 프로그램은 프로젝트를 필요로 하지 않는다.

02 프로젝트 관리자는 원가절감을 위해서 원격지에 떨어져 있는 팀으로 구성된 프로젝트를 관리하고 있다. 이는 적어도 25%의 업무는 원격지에서 수행되어야 한다는 조직의 가이드라인을 따르는 것이다. 무엇의 예인가?
1) 프로젝트 제약사항(constraints)
2) 프로젝트 필요성(needs)
3) 프로젝트의 선택(choice)
4) 프로젝트의 가정(assumption)

03 당신은 프로젝트 관리자다. 이해관계자들과 협의하여 프로젝트 방법론(methodology)을 결정했다. 이것은 어느 문서에 기록해야 하는가?
1) 프로젝트 범위기술서(Project scope statement)
2) 프로젝트 관리 계획서(Project management plan)
3) 프로젝트 헌장(Project charter)
4) 조직 프로세스 자산

04 프로젝트 관리자가 기획(planning)단계에서 프로젝트 헌장을 변경하려고 한다. 프로젝트 헌장 변경에 대한 승인은 누가 하는가?
1) 변경통제 위원회(CCB)

2) 스폰서
3) 프로젝트 관리자
4) 이해관계자

05 글로벌 프로젝트에서 프로그램 매니저가 여러 개의 로컬 프로젝트 관리자와 프로젝트 준비를 하고 있다. 로컬 프로젝트 관리자는 스스로 작업 정의를 해야 한다. 이를 위해 프로젝트 관리자가 해야 할 일은?
1) 프로젝트 공식 승인과 함께 서포팅 임원을 요청한다.
2) 전문가와 함께 해야 할 일을 식별한다.
3) 팀원을 선발한다.
4) 요구사항 문서를 만든다.

06 프로젝트 중간에 투입된 프로젝트 관리자가 이 프로젝트를 해야 하는 이유가 궁금해졌다. 무엇을 보아야 하는가?
1) 프로젝트 관리 계획서
2) 편익관리 계획서
3) 의사소통 관리 계획서(Communication management plan)
4) 비즈니스 케이스

07 프로젝트 변경관리시 프로젝트 관리자가 가장 주의를 기울여야 하는 것은?
1) 변경 실행
2) 변경의 추적과 기록
3) 스폰서에게 변경 통보
4) 불필요한 변경 예방

08 고객이 외부 감사를 받지 않은 산출물은 승인하지 않겠다고 한다. 프로젝트 관리자는 어떻게 해야 되는가?
1) 팀원에게 감사 준비를 지시한다.

2) 품질관리 계획서를 검토한다.

3) 계약서를 확인한다.

4) 스폰서에게 관련 사항을 문의한다.

09 프로젝트는 현재 세 번째 단계이자 마지막 단계를 진행 중에 있다. 하지만 고객이 첫 번째 단계의 산출물에 문제가 있다고 하며 대금 지급을 하지 않고 있다. 이러한 상황을 피하기 위해서 프로젝트 관리자가 했어야 하는 행동은?

1) 작업분류체계(WBS)를 좀 더 철저히 작성해야 했다.

2) 프로젝트 관리 계획서를 좀 더 철저히 작성해야 했다.

3) 첫 번째 단계의 산출물에 대해서 고객 승인을 받아야 했다.

4) 프로젝트 전반에 걸쳐 이해관계자의 참여를 관리해야 했다.

10 프로젝트 막바지에 고객이 변경요청을 했다. 이로 인해 프로젝트의 일정 지연이 예상되는 상황이다. 고객이 일정을 반드시 지켜 달라고 한다면 프로젝트 관리자는 어떻게 해야 하는가?

1) 일부 활동을 생략하여 일정을 맞춘다.

2) 통합 변경통제 수행 프로세스를 시작한다.

3) 자원을 추가 투입하여 일정을 맞춘다.

4) 고객 측에 일정을 맞추기 위해서는 추가 비용을 지불해야 한다고 설명한다.

11 프로젝트가 정상적으로 종료되었고, 산출물도 인도되어 계약이 종료되었다. 일주일 후 고객이 중요한 내용이 누락되었다며 문제를 제기했다. 프로젝트 관리자인 당신은 어떻게 해야 하는가?

1) 계약서 내용을 수정한다.

2) 소송을 준비한다.

3) 계약이 종료되었으므로 새로운 사항에 대해서 추가 협의한다.

4) 누락된 내용이므로 보완해 주겠다고 한다.

12 프로젝트 관리자가 프로젝트 헌장을 만들려고 한다. 프로젝트 범위 설정에 필요한 근거와 프로젝트 타당성 확인 자료가 필요하다. 프로젝트 관리자는 어떤 문서를 보아야 하는가?

1) 기업환경요인

2) 편익관리 계획서

3) 협약서

4) 비즈니스 케이스(Business case)

13 프로젝트 생애주기를 애자일 방식으로 전환할 때 프로젝트 관리자가 성공하기 위한 핵심요소는 무엇인가?

1) 통제되는 사고방식에서 촉진되는 사고방식으로 전환

2) 작업을 더 점진적으로 지시

3) 다음 반복을 위한 작업만 팀에 할당

4) 팀에 대한 통제 포기

14 애자일 접근 방식으로 이해관계자가 실현할 수 있는 중요한 이점은 무엇인가?

1) 변경관리 프로세스를 우회하여 매일 새로운 요구사항과 변경사항을 팀에 직접 삽입할 수 있다.

2) 소프트웨어 등과 같은 인도물을 조기에 지속적으로 인도하여 가시성을 높이고 더 자주 조정할 수 있는 기회를 제공받을 수 있다.

3) 프로젝트 팀이 수용하는 리스크를 더 잘 이해하기 위해 프로젝트 접근성을 높이고 공식 보고서 및 상태 회의에 대한 의존도를 줄일 수 있다.

4) 비즈니스 요구사항 또는 우선순위 변경에 따

라 반복 중간에 변경을 수행할 수 있어 팀의 유연성 향상으로 약속 이행 능력을 향상시킬 수 있다.

15 스크럼 마스터는 경쟁 시장이 변화했으며 팀이 구축한 제품을 더 이상 사용할 수 없다고 생각하고 있다. 스크럼 마스터는 어떻게 해야 하는가?

  1) 제품책임자에게 백로그 우선순위를 즉시 다시 지정하도록 요청한다.

  2) 프로젝트를 취소한다.

  3) 팀원들에게 곧 새로운 프로젝트에 배정될 수 있다고 알려준다.

  4) 프로젝트의 실행 가능성이 변경되었는지 제품책임자에게 문의한다.

16 조직은 애자일 관행을 채택하고 증분 인도 전략을 구현하려고 한다. 올바르게 구현되면 회사는 어떤 개선된 점을 얻을 수 있는가?

  1) 공급업체가 필요에 따라 자재를 배송하도록 요구하는 조달 프로세스를 얻게 된다.

  2) 계약에 따라 프로젝트 진척도와 연관하여 프로젝트 비용을 지불할 수 있게 된다.

  3) 계약서에 프로젝트 배송 날짜를 지정할 수 있다.

  4) 개별 기능을 시장에 출시함으로써 ROI(Return On Investment)를 개선할 수 있다.

17 반복하는 동안 중요한 재조직(reorganization)이 있었다. 팀은 제품의 미래 방향에 대해 혼란스러워 했기에 명확성이 나타날 때까지 반복(iteration)이 보류되거나 취소되어야 한다고 생각한다. 이 결정을 내릴 책임은 누구에게 있는가?

  1) 스크럼 마스터

  2) 제품책임자

  3) 팀 진행자

  4) 팀

18 PMO(Project Management Office)는 애자일 전환을 위한 핵심요소가 될 수 있다. PMO가 애자일 팀을 도울 수 있는 영역은 무엇인가?

  1) 제품 인도(delivery) 방법을 제시

  2) 확립된 프레임 워크를 준수하기 위한 지침을 제공

  3) 팀 속도에 대한 표준 및 벤치 마크 자료 제공

  4) 인도하는 데 필요한 기술적 전문 지식 제공

19 다음 중 투자 자본 수익률(ROI)을 가장 잘 설명하는 정의는 무엇인가?

  1) 프로젝트에 대한 수입이 소요된 비용과 동일해지는 시점

  2) 프로젝트가 완료되고 운영되면 지속적인 운영 비용과 비교하여 얼마나 많은 수익을 가져올지에 관한 비율

  3) 프로젝트가 끝날 때 받는 돈과 우리가 투자한 돈의 비율

  4) 모든 프로젝트 지출을 모아서 프로젝트 비용과 비교한 비율

20 기존 프로젝트와 비교할 때 애자일 계약 접근 방식에서 필요하지 않은 것은 다음 중 무엇인가?

  1) 더 자세한 사양

  2) 더 많은 고객 참여

  3) 더 많은 신뢰

  4) 더 많은 피드백

21 프로젝트의 협력업체가 팀의 애자일 접근 방식을 이해하지 못하고 있다. 이때 팀 코치는 어떻게 해야 하는가?

1) PMO가 모든 잠재적 협력 업체에게 일주일 내내 애자일 워크숍을 제공하도록 요청한다.
2) 이 협력업체 교육이 프로젝트 요구사항인지 제품책임자에게 문의한다.
3) 팀을 모아 협력업체의 역할을 논의하고 애자일에 대해 얼마나 알아야 하는지 협의한다.
4) 협력업체는 인도 팀이 아니기 때문에 아무 것도 할 필요가 없다.

22 운영위원회에 제출하기 위해서 애자일 계약의 기본사항을 요약하라는 요청을 받았다. 다음 중 애자일 프로젝트 계약에 권장되는 접근 방식을 가장 잘 설명한 것은 무엇인가?
1) 계약은 범위를 조기에 완료할 수 있도록 작성되어야 하며, 수락은 원래 사양과 일치하는 항목을 기반으로 한다.
2) 계약은 범위의 우선순위를 정할 수 있도록 작성되어야 하며, 수락은 원래 사양과 일치하는 항목을 기반으로 한다.
3) 계약은 범위를 조기에 완료할 수 있도록 작성되어야 하며, 수락은 사업 목적에 적합한 항목을 기준으로 한다.
4) 계약은 범위의 우선순위를 정할 수 있도록 작성되어야 하며, 수락은 사업 목적에 적합한 항목을 기준으로 한다.

23 애자일 PMO는 애자일 조직의 규정 준수를 어떻게 보장해야 하는가?
1) 외부 준수 요구사항을 결정하고 팀이 준수하는지 정기적으로 확인한다.
2) 팀에게 외부 규정 준수 문제에 대해 알리고 팀과 비즈니스를 모두 만족시키는 합리적인 프로세스를 협의한다.
3) 규정 준수 요구사항에 따라 프로세스를 만들고 팀에 이러한 프로세스를 따르도록 요청한다.

4) 애자일 PMO는 애자일 팀이 준수하기가 어렵기 때문에 애자일 팀을 규정 준수 요구사항으로부터 보호한다.

24 다음 중 애자일 프로젝트에 대한 가치제안(value proposition)에 포함되지 않는 것은 무엇인가?
1) 프로젝트 종료시 리스크 감소
2) 프로젝트 전체의 가시성 향상
3) 계획 중 적응력 향상
4) 비즈니스 가치의 조기 인도

25 제품책임자가 조직에 최고의 가치와 ROI를 제공하는 데 집중할 수 있도록 지원하는 도구는 무엇인가?
1) 번업 차트
2) 제품 백로그
3) 선호도 추정
4) 비용 편익 분석(CBA)

26 스크럼 마스터와 제품책임자는 제품 백로그 항목의 가치에 동의하지 않았다. 의견 불일치를 해결하기 위해 스크럼 마스터가 취해야 할 첫 번째 단계는 무엇인가?
1) 제품책임자에게 요구사항을 명확히 하도록 요청한다.
2) 비즈니스 분석가(business analysist)에게 문제를 해결하도록 한다.
3) 비즈니스 분석가(business analysist)에게 제품 가치를 조사하도록 한다.
4) 다른 프로젝트 관리자가 문제를 해결하도록 한다.

27 프로세스 조정(process tailoring)은 다음 중 어느 팀에 더욱 적합한가?

1) 두 개의 다른 애자일 팀의 합병으로 형성된 새로운 팀
2) 애자일 방법론 진행에 어려움이 있어 잘하기 위해 노력하고 있는 팀
3) 애자일을 성공적으로 사용하지만 방법을 개선하고자 하는 팀
4) 애자일 방법을 사용하고 싶어하는 팀

28 애자일 팀이 자체 평가(self-assessment)를 수행하면 다음 중 어떤 이점을 얻을 수 있는가?
1) 팀의 관행(practice)을 향상시킨다.
2) 개별 성과 검토에 대한 통찰력을 얻는다.
3) 인적 자원 상담에 대한 개인적인 특성을 식별한다.
4) 페어 프로그래밍 할당에 대한 호환성을 결정한다.

29 애자일 팀은 언제 교훈을 수집하고 활용하는가?
1) 프로젝트가 끝날 때
2) 프로젝트 전반에 걸쳐서
3) 프로젝트가 잘 진행되지 않을 때
4) 프로젝트에서 단계(phase)가 종료될 때

심화문제

30 회사에서 애자일 프로젝트를 추진하려고 한다. 프로젝트 관리자는 마케팅 이사의 지원이 필요하다. 그런데, 마케팅 이사는 애자일에 관해 무지하다. 이 상황에서 프로젝트 관리자는 어떻게 해야 하는가?
1) 프로젝트 관리자가 직접 마케팅 이사를 멘토링한다.
2) 프로젝트 팀원이 마케팅 이사에게 교육을 실시한다.
3) 외부 전문가에게 맡긴다.
4) 무시한다.

31 프로젝트를 둘러싸고 있는 환경이 변화되면서 프로젝트의 결과가 회사에 이득이 되지 않는다는 검토 결과가 나왔다. 이때, 프로젝트 관리자는 어떻게 해야 하는가?
1) 프로젝트 관리 계획서를 검토한다.
2) 프로젝트 헌장을 갱신한다.
3) 스폰서와 협의한다.
4) 리스크 관리대장을 갱신한다.

32 어떤 팀이 애자일 방식과 전통적인 방식을 혼합하여 사용하는 하이브리드 방식을 사용하고 있다. 이것은 어떤 경우에 가장 바람직하다고 할 수 있는가?
1) 애자일 방법을 사용하여 프로젝트를 계획하고 전통적인 방식으로 성능을 추적하고 측정한다.
2) 프로젝트 회계를 위해 애자일 방법을 사용하고 프로젝트의 다른 요소를 위해 전통적인 방법을 사용한다.
3) 작업을 추정하기 위해 전통적인 방법을 사용하고 작업을 계획하기 위해 애자일 방법을 사용한다.
4) 애자일 방법을 사용하여 제품을 구축하고 조달 워크플로우를 위해 전통적인 방법을 사용한다.

33 프로젝트 관리자가 프로젝트 헌장에 승인을 받았다. 프로젝트 팀이 모여서 프로젝트 관리 계획서 개발에 막 착수했을 때 중요한 이해관계자가 프로젝트 팀을 방문하여 특정 업무의

추가를 요청했다. 프로젝트 관리자인 당신은 어떻게 해야 하는가?

1) 예외 없이 통합 변경통제 수행 프로세스를 따라야 하니 변경요청서를 달라고 말한다.
2) 중요한 이해관계자의 요청이므로 계획에 반영한다.
3) 바로 변경통제 위원회를 소집한다.
4) 프로젝트 팀에서 중요한 이해관계자의 요청을 프로젝트 헌장을 기준으로 검토한다.

34 당신은 IT 프로젝트의 관리자이다. 프로젝트는 현재 실행 단계를 마무리하고 있다. 프로젝트 팀은 여러 가지 리스크를 가지고 있지만 예산 범위 내에 있으며 일정보다 일주일 정도 앞서 있다. 프로젝트의 최종 테스트 단계 동안 모듈 2개에서 사소한 문제를 변경하면 제품의 성능이 예상 값의 30% 정도가 증가할 수 있다는 것을 알게 되었다. 이 변경은 추가적으로 4일간의 작업이 필요하다. 당신은 다음 순서로 무엇을 해야 하는가?

1) 변경요청서를 작성하고 이를 판정하기 위해 변경통제위원회에 보낸다.
2) 고객과 같이 변경과 영향을 의논할 수 있는 회의를 개최하고 승인을 얻는다.
3) 변경을 진행하기 전에 다양한 대안과 조치를 분석하여 상세한 영향 분석을 한다.
4) 골드플래팅(gold plating)이므로 변경을 무시하고 피해야 한다.

35 프로젝트 진행 중 예상하지 못했던 업무범위가 추가되어 일정이 지연될 것으로 예상된다. 프로젝트 관리자는 가장 먼저 무엇을 해야 하는가?

1) 팀원들과 협의하여 일정단축 방법을 결정한다.
2) 실력 있는 개발자를 투입하여 대응한다.
3) 병행 작업이 가능한 업무가 있는지 살펴본다.
4) 팀원들과 같이 일정이 얼마나 지연될지 추정한다.

36 회사가 애자일 관행을 도입하기 시작했으며 프로젝트 관리자에게 새로운 프로세스를 도입하는 방법을 알려 달라고 요청했다. 프로젝트 관리자의 초기 계획은 어떠해야 하는가?

1) 일일 스탠드업 회의를 즉시 개최한다.
2) 애자일 선언문을 팀에 전달한다.
3) 애자일 관행(agile practice)에 대한 교육 원칙의 균형을 잡는다.
4) 새로운 방법을 배우는 팀의 진행 상황을 평가한다.

37 팀원 모두는 다음 제품 증분을 구축하는 방법에 대해 다른 의견을 갖고 있는 것 같다. 그들이 이 논쟁을 해결하고 앞으로 나아가는 데에 도움이 되는 것은 무엇인가?

1) 인과관계도(Cause and effect diagram)
2) 공유 의사소통(Shared communication)
3) 감성 지능(Emotional intelligence)
4) 5주먹 투표(Fist-of-five voting)

38 프로그램 내에서 추진되고 있는 프로젝트가 있다. 프로그램에 대한 상위 수준의 목표와 포괄적 리스크는 인지하고 있으나 프로그램 내의 우선순위가 지정되지 않은 상황일 때 프로젝트 관리자는 어떻게 예산 책정을 해야 하는가?

1) 다른 프로젝트의 산정치가 올 때까지 기다린다.
2) 포괄적 리스크를 기반으로 마일스톤을 추정한다.
3) PMO에게 전체 프로젝트의 추정치 및 우선순위 선정해 달라고 한다.

4) 스폰서에게 요청한다.

39 세계적인 석유 위기로 석유 값이 계획 때보다 상승하여 수급에 어려움을 겪고 있다. 프로젝트 관리자는 어떻게 해야 하는가?

1) 프로젝트를 일시 중단한다.

2) 스폰서에게 추가 비용을 요청한다.

3) 리스크 대응 계획에 따라 실행한다.

4) 다른 공급업체를 알아본다.

40 프로젝트에서 품질 문제가 발생했다. 다음 중에서 프로젝트 문제점에 대한 근본 원인을 분석할 수 있는 도구 2가지를 고르시오.

1) 몬테카를로

2) 5 WHY

3) 이시가와 다이어그램

4) 파레토 다이어그램

5) 산점도

41 신제품 출시를 위한 프로젝트를 착수하려고 한다. 치열한 경쟁이 벌어지는 시장에서 고객은 제품의 범위를 유연하게 유지하고 싶어한다. 이러한 시나리오에 적합한 프로젝트 접근 방식은?

1) 스크럼 프로젝트로 실행한다.

2) 프로젝트 초반에 범위기술서를 확정하고 프로젝트를 진행한다.

3) 예비비(reserve)를 최대한 확보하고 프로젝트를 진행한다.

4) 프로젝트 초반에 실시하는 리스크 식별 활동에 최대한 초점을 맞춘다.

중요한 문서와 용어 정답

1 (1) 7 (2) 5 (3) 2 (4) 6 (5) 3 (6) 8 (7) 1 (8) 4

실전문제 정답

번호	1	2	3	4	5	6	7	8	9	10	11	12	13	14	15	16	17	18	19	20
정답	1)	1)	2)	2)	1)	4)	4)	3)	3)	2)	3)	4)	1)	2)	4)	4)	2)	2)	3)	1)
번호	21	22	23	24	25	26	27	28	29	30	31	32	33	34	35	36	37	38	39	40
정답	3)	4)	2)	1)	2)	1)	3)	1)	2)	3)	3)	4)	4)	3)	4)	3)	4)	3)	3)	2), 3)
번호	41																			
정답	1)																			

실전문제 해설

기본 문제 해설

01 포트폴리오란 전략적 사업목표를 달성하기 위해 작업을 효율적으로 관리해야 하는 프로젝트 또는 프로그램, 기타 관련 작업 모음을 의미한다. 포트폴리오에 속한 프로젝트나 프로그램들은 상호 의존적이거나 직접 연관될 필요는 없다. 따라서 보기 1)이 옳은 문장이다. 포트폴리오는 일반적으로 프로그램의 상위 개념이기에 프로그램의 범위보다 크기 때문에 보기 2)는 틀린 문장이다. 프로그램은 개별적으로 관리할 경우 확보할 수 없는 혜택과 통제를 얻기 위해 통합적인 방법으로 관리되는 관련 프로젝트들의 집합이다. 또한 프로젝트는 프로그램에 포함되지 않을 수 있지만 프로그램은 반드시 다수의 프로젝트를 포함하고 있어야 한다. 따라서 보기 3)과 보기 4)는 모두 틀린 문장이다.

정답 1)

시험장 TIP

'포트폴리오〉프로그램〉프로젝트〉서브 프로젝트'가 크기 순서이며, 이를 그림으로 표현하면 다음과 같다. 〈PMBOK 표준서〉 10쪽에 있는 그림이다.

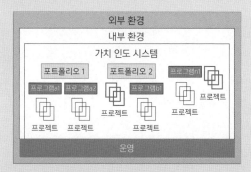

가치 인도 시스템 샘플의 구성요소

02 프로젝트 성과에 영향을 미치는 프로젝트 내부 또는 외부의 제한이나 한계를 프로젝트 제약사항(constraints)이라고 한다. 가장 대표적인 예가 완료일을 고정된 일자로 받는 '일정 제약'이다. 프로젝트 업무의 25%는 반드시 원격지에서 수행되어야 한다는 조직의 가이드라인은 프로젝트의 제약사항

이다.

정답 1)

03 방법론은 작업자가 사용해야 할 실무사례, 기법, 절차, 규칙 등에 대한 체계다. 따라서 이러한 방법론은 프로젝트 관리 계획서에 기술된다. 리스크 관리 방법론이 리스크 관리 계획서에 포함되는 것과 같은 이치다. 이 밖에도 프로젝트 계획서에는 프로젝트 생애주기와 개발방식도 기술된다는 것을 함께 기억하면 좋겠다. 정답은 보기 2)이다.

정답 2)

04 프로젝트 헌장에 대한 승인은 스폰서가 한다. 따라서 변경에 대한 승인도 스폰서가 한다. 너무 당연한 사실인데, 의외로 변경통제 위원회를 정답으로 생각하는 수험생들이 많이 있다. 변경통제 위원회는 변경요청서(change request)가 있을 때, 변경에 대한 승인, 기각 여부를 결정한다. 즉, 변경통제 위원회는 프로젝트 베이스라인(범위, 일정, 원가)에 대한 변경을 한다고 이해하면 쉽다.

정답 2)

05 관리의 효율성을 위해 여러 개의 프로젝트를 묶어서 관리하는 것을 프로그램 관리라고 한다. 프로그램의 일환으로 프로젝트를 하게 되더라도 가장 먼저 해야 할 일은 프로젝트를

공식화하는 일이다. 나머지는 전부 그 이후에 해야 할 일들이다. 프로젝트의 시작은 항상 프로젝트 헌장에 대한 승인으로부터 출발한다. 따라서 정답은 보기 1)이다.

정답 1)

06 비즈니스 케이스는 비즈니스 관점에서 프로젝트에 투자할 가치가 있는지 여부를 판별하는 데 필요한 정보를 포함하고 있는 문서다. 일반적으로 프로젝트 타당성 확인 자료와 프로젝트 범위 설정에 필요한 비즈니스 요구와 비용–편익 분석 자료가 포함되어 있다. 따라서 정답은 보기 4)이다.

정답 4)

07 프로젝트에서 변경은 가급적 피하면 좋은 일이지만, 변경이 발생하지 않는 경우는 거의 없다. 따라서 변경을 효과적으로 관리하는 것이 중요한데, 특히 불필요한 변경을 예방하는 일이 가장 중요하다고 할 수 있다. 불필요한 변경은 프로젝트 팀원들의 사기를 떨어뜨리고, 일정과 예산을 불필요하게 증가시킨다. 프로젝트 초반에 발생하는 변경은 프로젝트에 나쁜 영향을 적게 미치지만 프로젝트 후반에 발생하는 변경은 변경비용이 많이 들고 제품의 품질을 떨어뜨릴 수도 있다. 보기 1)부터 3)까지도 변경관리에서 중요한 일이지만 프로젝트 관리자가 가장 주의를 기울여야 하는 것은 불필요한 변경의 예방이다.

정답 4)

08 프로젝트에 대한 검수방법 및 승인조건은 일반적으로 계약서에 명시되어 있다. 따라서 계약서의 검수방법 및 승인조건에 외부 감사를 받는 것이 있는지 파악해 보는 것이 중요하다. 계약서에 외부 감사가 검수방법이나 승인조건으로 명시되어 있다면 팀원들에게 감사 준비를 지시해야 한다. 보기 3)을 먼저 하고 보기 1)을 해야 하므로 정답은 보기 3)이다. 보기 2) 품질관리 계획서에도 외부 감리가 명시되어 있을 수는 있으나, 근원 자료인 계약서를 보는 것이 더욱 명확하므로 정답이 될 수 없다.

정답 3)

09 보기 1)과 보기 2)는 문제의 의도와 다른 내용이다. 《PMBOK

지침서》에서는 단계별 승인 및 산출물 이관을 선호한다. 이 문제의 경우에서도 단계별 고객 승인과 이관을 했으면 이러한 문제를 예방할 수 있었을 것이다. 보기 4)도 이러한 일을 예방하는 데 도움이 되는 좋은 방법이나 보기 3)이 너무 명확한 정답이기 때문에 정답으로 볼 수 없다.

정답 3)

10 보기 1), 3), 4)도 틀린 설명이라고 말하기 어렵다. 그러나 그 일들은 추후에 해야 하는 일들이다. 중요한 것은 고객이 변경 요청을 했다고 해서 반드시 해야 하는 것은 아니라는 점이다. 요청된 변경요청을 가지고 변경통제 위원회를 열어서 승인인지, 기각인지 먼저 판단해 보고, 승인이 나면 그때 가서 일정과 원가를 어떻게 할 것인지 회의를 통해 결정하면 된다. 변경요청에 대한 승인, 기각 결정이 나지도 않았는데 활동을 생략하거나 일정을 단축하거나 원가를 늘이는 방법은 옳은 순서가 아니다. 변경 발생시에는 항상 원칙대로 처리하는 것이 좋다.

정답 2)

11 프로젝트가 정상적으로 종료되었다는 의미는 고객이 종료 확인을 했고 승인을 했다는 의미다. 더욱이 산출물까지 인도되었다는 것은 계약이 정상적으로 종료된 것이다. 만약 제품의 하자라면 계약서에 의거하여 하자보증을 해주면 된다. 그런데 문제에서는 하자가 아니라 중요한 내용이 누락되었다고 고객이 주장하고 있으므로 이 건은 새로운 협의를 통해 대응해야 한다. 보기 1)처럼 계약서를 수정한다는 것은 종료된 계약에서 있을 수 없는 일이고, 소송을 준비하는 것도 너무 앞서 나간 이야기이다. 보기 4)는 고객의 주장만으로 덜컥 약속을 해버리는 일이므로 정답이 될 수 없다.

정답 3)

12 보기로 제시되고 있는 것들은 모두 프로젝트 헌장 개발시 필요한 것들이다. 이 중에서 범위 설정의 근거와 타당성 확인 자료가 있는 문서는 비즈니스 케이스다. 비즈니스 케이스에는 일반적으로 프로젝트 타당성 확인 자료와 프로젝트 범위 설정에 필요한 비즈니스 요구와 비용-편익 분석 자료가 포함된다. 교육생분들이 정답으로 오해할 수 있는 것은 보기 2) 편익

관리 계획서다. 프로젝트 편익관리 계획서는 프로젝트의 편익이 인도되는 방법과 시기를 설명하고, 그러한 편익을 측정하기 위해 갖춰야 하는 수단을 설명하는 문서다. 편익관리 계획서에는 목표 편익, 전략적 연계성, 편익 실현을 위한 기간, 편익 책임자, 매트릭스, 가정사항, 리스크 등이 기록된다. 그러나, 범위 설정의 근거나 타당성 확인 자료가 포함되지는 않는다. 보기 3) 협약서에도 타당성 자료가 포함되지 않는다. 타당성 자료는 내부 검토 자료이기 때문이다.

정답 4)

13 보기 2)는 프로젝트 관리자가 팀원들에게 작업 지시를 하지 않기 때문에 정답이 아니다. 보기 3)은 프로젝트 관리자가 작업을 할당하는 것이 아니며 또한 성공의 핵심요소가 절대로 될 수 없기 때문에 정답이 될 수 없다. 보기 4)는 팀에 대한 통제를 포기하는 것이 아니기 때문에 정답이 아니다. 애자일 프로젝트의 관리자는 프로젝트를 통제하는 방식에서 촉진하는 방식으로 관리 스타일을 전환하는 것이지 절대로 방임하거나 포기하는 것이 아니다. 따라서 보기 1)이 정확한 설명이다.

정답 1)

14 이 문제는 애자일 원칙을 이해하고 있으면 쉬운 문제이다. 보기 1)은 변경관리 프로세스를 우회한다는 문구가 틀린 이야기이고, 보기 3)은 틀린 이야기는 아니지만 상태 회의에 대한 의존도를 줄이는 것이 중요한 이점이 될 수 없기 때문에 정답이 될 수 없다. 보기 4)는 반복 중간에 변경을 수행한다는 문구가 틀린 이야기여서 정답이 될 수 없다. 제품 백로그에 있는 요구사항에 대해서는 언제라도 추가/변경/삭제 등이 가능하지만 반복 중간에(개발 중에) 요구사항을 변경하는 것은 불가능하다. 보기 2)가 애자일 원칙에 부합하는 설명이므로 정답이다.

정답 2)

15 이 문제는 애자일 팀 역할에 관한 이해를 테스트하는 문제이다. 먼저, 보기 1)을 보면 백로그의 우선순위를 지정할 수 있는 권한을 가진 것은 제품책임자가 맞다. 그러나 우선순위를 다시 지정하는 것만으로 문제를 해결할 수 있을 것 같지 않기 때문에 정답이 될 수 없다. 보기 2)는 스크럼 마스터가 프로젝트 취소를 결정할 수 있는 권한을 가지고 있지 않기에 정답이 될 수 없다. 보기 3)은 공식적으로 프로젝트에 대한 취소나 중단 결정이 없었는데 그러한 말을 하는 것은 옳지 않기에 정답이 될 수 없다. 정답은 보기 4)이다. 실행 가능성에 관해서 제품책임자에게 문의하는 것이 스크럼 마스터가 할 수 있는 최선이다.

정답 4)

알고 가자! TIP

제품책임자의 역할

제품책임자는 비즈니스(경영층, 요청부서, 현업)와 대화를 하고 제품 백로그(product backlog)를 관리하는 주체이기 때문에 비즈니스 분석(business analysis) 업무를 수행할 수 있다. 제품책임자는 굉장히 중요한 역할이며 해야 하는 업무가 많다. 제품책임자가 수행하는 업무는 일반적으로 다음과 같다.

- 수행할 작업 목록을 관리하여 제품의 가치를 극대화할 책임
- 제품의 특성과 기능을 정의하고 릴리스 일자와 내용을 결정
- 제품의 수익성(ROI, Return On Investment)에 대한 책임
- 백로그의 작업 항목을 최신 상태로 유지하며 비즈니스 가치에 따라 정확하게 우선순위를 부여하거나 변경(업데이트)하는 역할
- 작업 결과에 대한 승인 또는 거부 결정
- 외부 이해관계자들과 의사소통
- 개발 팀의 제품에 대한 질문에 답변
- 반복(iteration) 보류나 취소에 대한 결정
- 비즈니스와 팀이 프로젝트 비전, 프로젝트 목표에 대해서 공통된 비전을 가지도록 하는 역할

16 보기 1)은 공급업체(을)의 필요에 따라 자재를 배송하도록 요구한다는 것은 논리상 맞지 않고 개선점도 될 수 없으며 애자일과도 무관한 내용이기에 정답이 될 수 없다. 보기 2)는 예측형 프로젝트에서 기성고를 적용하면 가능하기 때문에 애자일의 장점이 될 수 없다. 보기 3)은 예측형 프로젝트에서 더 잘 할 수 있으므로 애자일 프로젝트의 장점이 아니다. 따라서 정답은 보기 4)이다. 애자일 접근 방식을 적용하면 프로젝트가 완료되지 않더라도 프로젝트 진행 중에 개별 기능을 릴리스할 수 있으므로 ROI를 개선할 수 있다.

정답 4)

17 애자일 프로젝트에서 역할자들의 권한과 책임을 잘 이해해야 한다. 반복(iteration)을 보류 혹은 취소할 수 있는 권한은 제품책임자가 가지고 있다.

정답 2)

시험장 TIP

반복(iteration)이 아니고, 프로젝트 자체에 대한 취소 결정은 스폰서가 가지고 있다고 생각해야 된다. 스폰서의 정의가 프로젝트에 자금을 지원하는 개인이나 조직을 의미하기 때문이다.

18 PMO는 단순히 프로젝트 산출물을 대신 축적해 주는 역할부터 통제하는 역할까지 다양한 기능을 가질 수 있다. 일반적으로 PMO는 회사 내에서 진행하는 모든 프로젝트에서 공통적으로 사용하는 자원, 프로세스, 방법론, 양식/템플릿 등을 제작하고 교육하고 사용을 감시하는 등의 역할을 수행한다. 보기 1)의 제품 인도 방법은 릴리스 횟수, 릴리스할 때 담겨야 하는 내용 등을 포함하는 것이므로 제품책임자와 팀 간 협의를 통해 진행하는 것이 좋다. 보기 3)의 속도는 각 팀마다 측정 기준이 다르기에 표준이라는 것이 있을 수 없다. 따라서 정답이 아니다. 보기 4)는 기술적 전문 지식을 제공하는 것이 PMO의 역할이 아니어서 정답이 될 수 없다. 정답은 보기 2)이다. PMO는 특정 회사에서 애자일 방법으로 전환할 때 애자일 관련 교육, 정책, 지침, 프로세스 등을 수립하여 전파하고 준수 여부를 관리할 책임이 있다.

정답 2)

시험 문제 출제 방향을 알려주는 PMI의 《PMP 시험 내용 요약》에는 PMO에 대한 언급이 없다. 그러나 PMO는 조직의 프로젝트 관리에서 많은 중요한 역할을 담당하고 있고, 애자일 방법론을 도입할 때도 PMO가 중심이 되어 진행하는 회사도 많이 있기 때문에 PMP 시험에는 언급된다. 위의 문제에서 언급한 정도만큼은 PMO를 인식하고 있어야 한다.

19 투자 자본 수익률(ROI)은 투자로부터 발생되는 이익과 투자한 돈의 비율을 계산하여 투자의 수익성을 측정한 것이다. 보기 1)은 ROI가 아닌 손익 분기점(break-even point)을 설명하고 있어서 정답이 아니다. 보기 2)는 투자한 돈을 고려하지 않고 프로젝트가 끝난 후 운영 비용을 언급하고 있기에 정답이 아니다. 보기 4)는 지출과 비용만을 비교하여 정답이 아니다. 정답은 보기 3)이다. ROI는 프로젝트가 끝날 때 우리가 투자한 돈과 벌어들인 돈의 비율을 백분율로 표시한 것이다.

정답 3)

20 애자일 계약 방식에도 여러 가지가 있을 수 있지만, 일반적으로 애자일 계약은 기존 예측형 프로젝트 계약보다 세부적인 사양이 덜 필요하다. 애자일 원칙 중에 한 가지가 언제라도 변경을 환영한다는 것이기 때문이다. 따라서 애자일 계약 속에는 언제라도 변경이 발생할 수 있다는 것과 달성해야 하는 목표를 명확하게 하는 것이 필요하다. 정답은 보기 1)이다.

정답 1)

21 이 문제는 전형적인 PMP 시험의 문제 스타일이다. 보기 4) 아무 것도 할 필요가 없다는 것은 정답이 될 수 없다. 협력업체도 개발 팀을 도와 인도물을 인도하는 역할을 수행하기 때문이다. 그렇기에 협력업체에게 얼마만큼의 애자일 접근법 이해도가 필요한지를 파악하고 그에 맞게 교육을 시행해야 한다. 보기 1)에서 잠재적 협력업체에게 워크숍을 제공하는 것은 프로젝트 입장에서 보면 너무 과하기에 정답이 될 수 없다. 보기 2)는 제품 책임자에게 문의한다는 부분 때문에 정답이 아니다. 제품 책임자는 개발 팀에서 어떻게 개발을 하던지

관여할 수 없다. 개발에 대한 책임은 전적으로 개발 팀에게 있다. 따라서 정답은 보기 3)이다. 가장 먼저 할 일은 협력업체에게 교육이 필요한가 여부를 확인하는 것이다. 역할에 따라 애자일 교육이 필요 없을 수도 있기 때문이다.

정답 3)

22 애자일 계약은 당연하게도 애자일 접근방식의 특징을 반영할 수밖에 없다. 첫 번째로 범위를 조기에 완료할 수 있도록 조건을 넣어야 하는지, 우선순위를 정할 수 있도록 조건을 넣어야 하는지 등이 고려되어야 한다. 애자일 접근 방식은 범위를 조기에 완료하는 것을 목표로 하지 않는다. 애자일 접근방식은 가치가 있는 것부터 우선 인도하는 것을 목표로 한다. 따라서 계약 조건에 범위의 우선순위를 정할 수 있도록 해야 한다. 두 번째는 프로젝트 완료에 대한 수락을 원래 사양과 일치하는 항목을 기반으로 할 것인지, 사업 목적에 적합한 항목을 기준으로 할 것인지 고려해야 한다. 예측형 프로젝트는 프로젝트 초기에 업무범위를 확정하고 확정한 항목을 완수했는지 확인 후 수락 여부를 판단한다. 그러나 애자일 접근방식은 프로젝트 중간에 변경을 자유롭게 허용하므로 사양과 일치하는지 여부로 정할 수 없다. 사업 목적에 맞는 더 좋은 내용이 있으면 자유롭게 변경을 허용하기 때문에 사업 목적을 기준으로 수락여부를 판단하는 것이 타당하다. 정답은 보기 4)이다.

정답 4)

23 프로젝트를 수행시 외부 준수 요구사항(예를 들어 정부의 규제나 산업의 표준)이 있는 경우 이를 준수해야 한다. 다만, 이를 효율적으로 진행하여 프로젝트 진행에 무리가 없도록 하는 것이 중요하다. 보기 1)은 외부 준수 요구사항을 애자일 팀이 아닌 제3자(PMO)가 결정하는 것이기에 정답이 될 수 없다. PMO는 프로젝트 팀을 지원하는 조직이다. 보기 3)은 규정 준수를 위한 프로세스를 만들 때 개발 팀을 제외시키고 제3자(PMO)가 독단적으로 만드는 것이므로 정답이 될 수 없다. 보기 4)는 규정은 반드시 준수한다는 명제에 어긋나기 때문에 정답이 될 수 없다. 정답은 보기 2)이다. 이해관계자들과 협의하여 규정 준수를 자연스럽게 할 수 있도록 프로세스를 구축하는 것이 가장 좋은 방법이다.

정답 2)

24 가치제안(value proposition)의 정의는 조직이 고객에게 제시할 수 있는 제품이나 서비스의 가치를 의미한다. 문제에서는 애자일 프로젝트를 통해 고객에게 줄 수 있는 가치가 무엇인지 물어보고 있다. 보기 2), 3), 4)는 애자일 프로젝트가 예측형 프로젝트와 차별화되어 줄 수 있는 가치를 나타내고 있다. 다만, 보기 1)은 애자일 프로젝트가 줄 수 있는 가치제안이라고 하기에 무리가 있다. 리스크의 정의가 불확실한 사건이나 상태를 의미하기 때문에 생애주기와 상관없이 모든 프로젝트는 종료에 가까워질 수록 리스크가 감소한다. 즉, 불확실성이 줄어든다는 의미이다.

정답 1)

25 제품 백로그는 사용자 스토리가 작성된 후 나열되고 정렬된 것으로, 프로젝트에서 식별된 모든 기능 및 비기능 작업의 가시적인 단일 마스터 목록이다. 제품책임자는 제품 백로그에 있는 사용자 스토리의 우선순위를 조정함으로써 최고의 가치와 ROI를 지닌 제품을 출시할 수 있도록 도울 수 있다. 따라서 정답은 보기 2)이다.

정답 2)

26 제품 백로그 항목의 우선순위에 대한 책임은 제품책임자에게 있다. 또한 실제 일을 진행할 팀에게 그 내용을 정확하게 전달하는 책임도 역시 제품책임자에게 있다. 따라서 스크럼 마스터로 대표되는 팀과 제품책임자가 제품 백로그 항목의 가치(우선순위)에 이견이 있으면 제품책임자가 더 자세하게 설명을 해주어야 한다. 그래도 합의가 되지 않으면 제품책임자의 의견을 따른다. 보기 2)와 3)에 나오는 비즈니스 분석가(business analysist)는 애자일 프로젝트의 공식 역할자가 아니기 때문에 문제의 해결을 맡기거나 제품 가치를 조사하게 하지 않는다. 제품 백로그의 우선순위 지정은 제품책임자가 책임을 지는 활동이기에 스크럼 마스터는 월권 행위를 하면 안된다.

정답 1)

27 '프로세스 조정'은 프로젝트 환경에 더 적합하도록 애자일 구현을 조정하는 것을 말한다. 프로세스 조정이 어떻게 이루어지는지 완전히 이해하지 못하면 애자일 프로세스를 조정하는 것이 리스크가 될 수 있다. 프로세스 조정은 팀이 애자일을 마스터한 후에 시도해야 한다. 프로세스 조정을 가장 효과적으로 활용할 수 있는 경우는 이미 잘 작동하는 방법을 개선하는 것이다. 보기 1)은 두 개의 다른 애자일 팀의 합병되어 새로운 팀이 되었으므로 안정적인 방법을 취하는 것이 좋다. 팀 자체도 불안정한데 새로운 시도를 하는 것은 바람직하지 않다. 이러한 팀은 프로세스 조정보다는 기존의 관행을 지키는 것이 더욱 유리하다. 보기 2)도 진행에 어려움이 있다고 프로세스 조정을 하게 되면 애자일 원칙을 지키기 보다는 계속 어려움을 회피하는 방향으로 애자일을 적용하게 되어 진정한 애자일 적용의 혜택을 누리기 어렵다. 보기 4) 애자일 적용을 해본 팀이 아닌 경우에는 프로세스 조정보다 원칙 그대로의 애자일을 적용하는 것이 훨씬 바람직한 방향이다. 따라서 정답은 보기 3)이다.

정답 3)

28 애자일 프로젝트에서 자체 평가를 수행하는 목적은 팀의 관행(practice)을 개선하기 위해서다. 따라서 정답은 보기 1)이다. 애자일 프로젝트에서는 팀원 개인에 대한 성과 평가를 하지 않기 때문에 보기 2)는 정답이 될 수 없다. 또한 애자일 프로젝트에서는 개인보다는 팀 중심으로 모든 일이 이루어지기에 보기 3)도 애자일 프로젝트의 이점이라고 보기 어렵다. 보기 4)처럼 호환성을 결정하는 데도 거의 영향이 없기 때문에 정답이 아니다. 정답은 보기 1)이다.

정답 1)

> **알고 가자! TIP**
>
> **페어 프로그래밍**
> 애자일 접근 방식 중 하나인 XP에서 제품 코드는 한 쌍(pair)으로 작업하는 두 명의 개발자가 작성한다. 한 사람이 코드를 작성하는 동안 다른 개발자는 작성된 코드를 검토한다. 두 역할은 자주 변경된다. 이 방법은 비효율적으로 보일 수 있지만 XP 옹호자들은 문제가 조기에 발견되고 두

사람이 더 큰 지식 기반을 가질 수 있다는 이점이 있기 때문에 시간을 절약한다고 주장한다. 쌍(pair)으로 작업하면 팀을 통해 시스템에 대한 지식을 전파하는 데 도움이 된다. XP 팀은 이러한 관행을 적용하기 위해 훈련되고 엄격하게 접근함으로써 고품질 소프트웨어를 인도할 수 있다.

29 예측형 프로젝트에서는 주로 다음 프로젝트에서 활용하기 위해 교훈을 수집한다. 그러나 애자일 프로젝트에서는 프로젝트 전반에 걸쳐 교훈을 수집하고 이번 프로젝트에 바로 활용하는 것을 선호한다. 대표적인 예가 일일 스크럼 회의나 회고이다. 애자일 프로젝트는 프로젝트에 대한 정보가 생생하고 사람들이 가장 자세한 내용을 기억할 때 교훈을 포착하여 바로 프로젝트에 활용하는 것이 특징이다. 따라서 정답은 보기 2)이다. 보기 3)과 4)에서 틀린 부분은 교훈은 프로젝트가 잘 진행되는지 여부와 상관없이 수집되어야 한다는 것과 애자일 프로젝트에는 단계(phase)가 없다는 것이다.

정답 2)

심화문제 해설

....

30 중요한 이해관계자에게 프로젝트에 대한 지식을 높이고, 관심을 갖도록 유도하는 것은 바람직한 일이다. 따라서 보기 4)는 정답이 될 수 없다. 누가 경영층에 대한 애자일 교육을 담당하면 좋을지 찾는 것이 문제의 핵심이다. 사내 프로젝트 팀은 프로젝트에 전념하는 것이 좋다. 외부의 전문가에 맡기는 보기 3)이 정답이다.

정답 3)

31 프로젝트의 결과가 회사에 이득이 되지 않는다는 검토결과가 나왔다고 하였으므로 회사에서는 프로젝트를 계속 진행할지 중단할지를 결정해야 한다. 프로젝트를 중단할 권한은 프로젝트에 자금을 지원하는 스폰서와 경영진에게 있다. 보기 1)처럼 프로젝트 관리 계획서를 검토하는 것으로는 지금

처한 문제 상황을 해결하지 못하기 때문에 정답이 될 수 없다. 보기 2) 프로젝트 헌장을 갱신하는 것은 만약 프로젝트의 방향을 조정한 후 계속 프로젝트를 진행한다고 회사에서 결정을 내렸을 경우 프로젝트 헌장 발행자인 스폰서와 협의 후에 진행할 수도 있는 일이다. 그러나 지금 당장 해야 할 일은 아니므로 정답이 될 수 없다. 보기 4) 리스크 관리대장을 갱신하는 것은 프로젝트의 진행에 영향을 미치는 리스크를 발견했을 때 진행하는 일이다. 지금처럼 프로젝트의 진행이 아니라 프로젝트의 근간을 흔드는 일이 발생했을 때는 불필요해 보인다. 또한 지금 처한 상황은 이미 발생한 일이므로 리스크로 볼 수 없고 이슈로 보는 것이 타당하다. 따라서 정답으로 할 수 있는 것은 보기 3)밖에 없다.

정답 3)

32 보기 1)처럼 애자일 방법을 사용하여 프로젝트를 계획했는데, 전통적인 방법으로 성능을 추적하고 측정하는 것은 바람직하지 않다. 애자일 방식으로 계획을 수립했으면 애자일 방식으로 추적 및 측정을 하는 것이 바람직하다. 보기 2), 3)도 모두 이치에 맞지 않는 설명이다. 가장 타당한 설명은 보기 4)로 제품을 구축할 때 애자일 방식으로 사용하고 아직 애자일 사용이 어려운 조달의 워크플로우(workflow) 부문만 전통적인 방식을 따르는 것이 가장 바람직하다.

정답 4)

시험장 TIP

PMP 시험에서 전통적인 방식(traditional method)이라고 나오면 예측형 생애주기, 즉 워터폴(waterfall) 방식을 사용하는 것이라고 이해하면 된다.

33 통합 변경 통제 프로세스는 기준선(baseline)이 완료된 이후에 시행할 수 있다. 기준선이 작성되지 않았다면 통합 변경 통제 프로세스를 거치지 않고 변경이 가능하다. 프로젝트 관리 계획서에 기준선이 포함되는데, 문제에서 프로젝트 관리 계획서 개발에 착수했다고 하였으므로 현재 기준선이 작성되었다고 보기 어렵다. 따라서 보기 1)과 3)은 정답이 될 수 없다. 또한 중요한 이해관계자의 요청이더라도 프로젝트의

범위를 벗어나는 요청은 받아들일 수 없다. 문제에서 헌장이 승인되었다고 했으므로 현재까지 확정된 업무범위는 프로젝트 헌장에 기록된 내용이다. 따라서 헌장을 기준으로 검토하는 것이 좋겠다.

정답 4)

34 프로젝트에 도움이 되는 변경이므로 변경을 해야 하는지 고려해 보아야 한다. 그러나 프로젝트에 도움이 된다고 해서 마구잡이로 변경을 할 수는 없다. 기준선이 정해진 이후에는 항상 변경 통제 프로세스를 통해서만 변경할 수 있다. 이러한 원칙을 알고 있어도 정답을 고르기가 어려운 이유는 보기 1), 2), 3)이 모두 정답이 될 수 있기 때문이다. 이러한 경우에는 조금이라도 더 정답에 가까운 것을 골라야 한다. 3개 중에서 가장 먼저 할 일이 보기 3)이기에 이것을 정답으로 해야 한다. 아주 어려운 문제이다.

정답 3)

35 항상 리스크 식별되거나 이슈가 발생하면 그것이 발생한 원인과 미치는 영향의 범위를 알아보는 것이 가장 먼저 해야 할 일이다. 보기 1), 2), 3)은 전부 솔루션을 이야기하고 있어 원인 파악과 영향의 범위를 파악한 후에 진행해도 된다. 따라서 정답은 보기 4)이다.

정답 4)

36 애자일 방법론을 도입할 때 가장 중요하고 먼저 이루어져야 할 일은 애자일의 가치와 원칙을 이해하는 일이다. 이것이 이루어지고 나면 어떤 관행을 채택할 것인지 협의하여 선택해야 한다. 선택이 이루어져서 애자일 관행을 도입하게 되면 교육이 선행되어야 하며 교육시에 가장 중요한 것은 교육에 대한 원칙을 수립하는 일이다. 보기 2)처럼 단순히 애자일 선언문만 전달하는 것은 의미 없는 행위이며, 보기 4)처럼 팀의 진행 상황을 평가하는 것도 일부 도움이 될 수 있지만 애자일 도입의 목적 자체가 평가가 아니므로 중요하게 여길 일이 아니다. 정답이 될 수 있는 것은 보기 3)밖에 없다.

정답 3)

37 팀원들마다 각자 의견이 다를 때 할 수 있는 일은 서로 충분

히 이야기를 나누는 것이다. 이후 앞으로 나아가기 위한 의사결정을 해야만 한다. 보기 중에서 의사결정을 할 수 있는 기법은 보기 4) 5주먹 투표이다. 이 방법은 손가락을 펼쳐서 그 개수로 자기가 동의하는 정도를 표현하는 방법이다. 보기 1)의 인과관계도는 문제점과 원인의 관계를 한눈에 보여주는 좋은 기법이나 문제와는 별 상관이 없다.

정답 4)

38 프로그램은 개별적으로 관리해서는 실현되지 않는 편익(benefit)을 달성하기 위해 통합된 방식으로 관리하는 다양한 관련 프로젝트들의 그룹이다. 보기 1)은 다른 프로젝트의 상황도 우리 프로젝트와 상황이 같기 때문에 다른 프로젝트의 산정치가 올 때까지 기다린다는 것은 정답이 될 수 없다. 보기 2)의 마일스톤은 일정을 의미하기에 문제와 초점이 달라서 정답이 될 수 없다. 보기 4)의 스폰서는 프로젝트에 자금을 지원하는 역할을 하는 사람이지 직접 예산을 책정하는 사람이 아니기 때문에 정답이 될 수 없다. 정답은 보기 3)이다. 프로그램을 책임지는 역할자는 프로그램 관리자이기 때문에 보기 3)에 PMO대신 프로그램 관리자로 되어 있었으면 더 명확하게 정답이었을 것이다. 그러나 PMO도 문제와 같은 상황에서는 전체 프로젝트를 관리하는 역할을 하기 때문에 정답으로 선택하는 것에는 문제가 없다.

정답 3)

39 프로젝트를 진행하다가 보면 여러 가지 리스크 상황에 처하게 된다. 그럴 때마다 프로젝트를 중단하거나 경영진에게 추가 비용을 요청하면 이 세상에서 정상적으로 진행될 프로젝트는 하나도 없다. 따라서 보기 1)과 2)는 정답이 될 수 없다. 보기 4)는 협력업체 문제가 아니므로 정답이 될 수 없다. 정답은 보기 3)이다.

정답 3)

40 보기 1) 몬테카를로는 무작위 추출된 난수를 이용하여 원하는 함수의 값을 계산하기 위한 시뮬레이션 방법이다. 모델을 이용한 수치분석에 사용되는 것으로 문제의 근본 원인 파악에는 일반적으로 활용되지 않는다. 보기 2) 5 why 기법은 '왜?'라는 질문을 다섯 번 하여 질문자가 좀 더 근원적인 원

인에 접근할 수 있도록 하기 위한 기법이다. 따라서 정답이다. 보기 3) 또한 정답이다. 이시가와 다이어그램은 피쉬본 다이어그램이라고도 불리는 것으로 문제점과 원인의 관계를 한눈에 볼 수 있도록 그린 그림이다. 보기 4)의 파레토 다이어그램은 X축에는 요소들을 Y축에는 발생 정도를 나타내어 그 수치를 막대그래프로 표현한 그림이다. 파레토 도표는 불량품에 대해서 불량 원인별로 데이터를 취하여 그 영향이 큰 것 순으로 나타낸 도표이다. 파레토 도표는 품질에 대한 불량 등이 발생한 경우 그 원인을 찾아서 대책을 세울 때 무엇부터 고려해야 할지를 알려준다. 따라서 정답이 될 수 없다. 보기 5) 산점도는 두 변수 간의 관계를 보여주는 그림으로 문제의 근본 원인 분석에는 사용되지 않는다.

정답 2), 3)

41 프로젝트 초반에 범위기술서를 확정하는 것은 예측형 프로젝트이다. 예측형 프로젝트는 범위변경에 대한 것이 자유롭지 못하기에 정답이 될 수 없다. 예비비를 최대한 확보하는 것은 리스크에 대응하기는 좋으나 제품의 범위변경에 유연하게 대응하는 근본적인 처방이 될 수는 없다. 리스크 식별 활동도 마찬가지이다. 정답은 보기 1)로서 애자일 접근 방식을 채택해야 범위변경에 유연하게 대처할 수 있다. 생애주기의 특징을 물어보는 문제이다.

정답 1)

최종 모의고사

1. 시간을 측정하며 모의고사를 시작해주세요. 제한 시간은 210분입니다.
2. 총 180문제 중 125문제를 안정적 합격선으로 판단합니다.

이해하신 내용을 실전에 적용하여 이해관계자와 팀원들이
더 쾌적한 환경에서 프로젝트를 수행할 수 있길 바랍니다.

최종 모의고사 답안지

번호	1	2	3	4	5	6	7	8	9	10	11	12	13	14	15	16	17	18	19	20
정답																				
번호	21	22	23	24	25	26	27	28	29	30	31	32	33	34	35	36	37	38	39	40
정답																				
번호	41	42	43	44	45	46	47	48	49	50	51	52	53	54	55	56	57	58	59	60
정답																				
번호	61	62	63	64	65	66	67	68	69	70	71	72	73	74	75	76	77	78	79	80
정답																				
번호	81	82	83	84	85	86	87	88	89	90	91	92	93	94	95	96	97	98	99	100
정답																				
번호	101	102	103	104	105	106	107	108	109	110	111	112	113	114	115	116	117	118	119	120
정답																				
번호	121	122	123	124	125	126	127	128	129	130	131	132	133	134	135	136	137	138	139	140
정답																				
번호	141	142	143	144	145	146	147	148	149	150	151	152	153	154	155	156	157	158	159	160
정답																				
번호	161	162	163	164	165	166	167	168	169	170	171	172	173	174	175	176	177	178	179	
정답																				
번호		180																		
정답																				

절 · 취 · 선

Project Manager + Professional

★ 정답은 217쪽에 있습니다.

01 회사의 부사장이 새로운 제품의 제품 소유자로 선정되었다. 새 제품 소유자는 프로젝트에 익숙하지 않다. 그런데, 제품 소유자가 특정 기능을 추가하라고 했다. 기능에 대해 확인해보니 회사의 기술 임원(CTO)의 비전 및 정책과 상반된 기능이다. 하지만 제품 소유자는 기술 임원은 이해관계자가 아니니 그냥 진행하라고 한다. 프로젝트 관리자는 어떻게 해야 하는가?

1) 제품 소유자가 이해관계자들에게 영향력을 행사하게 한다.
2) 기능 요구사항이니 추가해 진행한다.
3) 기술 임원(CTO)에게 현상황을 보고한다.
4) 스폰서에게 에스컬레이션한다.

02 작년에 한 회사는 진행 중인 프로젝트에 대해 외부 하청업체에 US$60,000를 지불했다. 프로젝트 관리자는 내부 인력을 활용해 올해 프로젝트를 더 효과적인 비용으로 제공할 수 있는지 평가해 달라는 요청을 받았다. 프로젝트 관리자는 낙관적 기간인 4개월, 비관적 기간인 6개월, 가장 기대되는 기간인 5개월을 사용했으며, 다음과 같은 자원이 있어야 서비스가 제공될 수 있다고 결론 내렸다.

◆ 엔지니어 2명(월급 US$700)
◆ 프로젝트 매니저 1명(월급 US$1,600)
◆ 추가 예상 월 비용 US$2,000

프로젝트 관리자는 프로그램 평가 및 검토 기술(PERT)을 사용해 프로젝트가 내부 자원으로 제공되는 경우 절감액을 계산했다. 프로젝트 관리자는 회사가 얼마나 많은 돈을 절약할 수 있다고 이야기해야 하는가?

1) 35,00달러
2) 20,00달러
3) 40,00달러
4) 30,00달러

03 암호화폐 기반으로 프로젝트를 진행한다. 암호화폐의 가격 변동으로 인해 일정 범위를 정하고 합의된 범위에 도달 시 프로젝트를 중단하기로 합의했다. 이때, 적절한 접근 방식은?

1) 에픽 중심 적응형
2) 작은 유저 스토리 중심 ○○형
3) 짧은 예측형
4) 최소 기능성 제품(MVP) 기반의 증분형

04 프로젝트 팀은 혁신적인 기술로 시장에서 우위를 점하고 있다. 프로젝트 팀은 이 프로젝트를 6개월 동안 진행하고 있으며 이로 인해 사기가 떨어져 있다. 프로젝트 관리자가 할 수 있는 일은 무엇인가?

1) 프로젝트를 계속 진행하면 경쟁 우위를 점할 수 있을 것이라고 말한다.
2) 비즈니스 팀에 팀원들에게 금전적 보상을 요청한다.
3) PMO에 팀원들의 사기를 위해 2주간의 순환 휴식을 위한 일정 연장을 요청한다.
4) 수평 조직 팀에 팀원들에게 프로젝트 완료 시 보상과 승진을 시켜줄 것을 요청한다.

05 당신은 하이브리드로 진행될 프로젝트의 관리자이다. 오랜 시간이 걸리는 설계단계에서는 워터폴, 이후 수행단계는 빠르게 진행되기 때문에 애자일이 적용된다. 설계 단계에서 두 명이 갈등을 일으키며 좀처럼 해결의 기미가 보이지 않고 있으며, 지연을 초래하고 있다. 프로젝트 관리자는 어떻게 해야 하는가?

1) 둘이 해결책을 찾을 때까지 지켜본다.

2) 다른 팀원들에게 조언을 구한다.

3) 두 명이 납득할 만한 해결책을 제안한다.

4) 일단 진정할 수 있도록 두 명에게 하루의 휴가를 준다.

06 당신은 애자일 프로젝트의 프로젝트 관리자이다. 프로젝트 진행 중 특정 주제 전문가(SME)가 프로젝트의 시간과 비용을 단축할 획기적인 아이디어를 제시했다. 하지만, 특정 주제 전문가(SME)는 팀을 도울 의지는 있으나, 팀에 합류하고 싶어하지는 않아 한다. 프로젝트 관리자인 당신은 어떻게 해야 하는가?

1) 특정 주제 전문가(SME)의 의견을 따른다.

2) 팀이 특정 주제 전문가(SME)의 의견을 듣고 개선할 수 있도록 협업의 기회를 마련해준다.

3) 특정 주제 전문가(SME)에게 팀에 들어오도록 설득한다.

4) 특정 주제 전문가(SME)의 의견을 무시하고 기존대로 진행한다.

07 프로젝트가 종료단계에 있는데 시간과 자원은 남지만 예산은 초과했다. 고객이 최종 인도물에 대해 수정사항을 요청했다. 프로젝트 관리자인 당신은 어떻게 하겠는가?

1) 당초 합의된 인도물 완료되었으므로 프로젝트를 종결 처리한다.

2) 프로젝트 팀을 해산한다.

3) 고객 요구사항을 확인하고 시간과 자원으로 해결할 수 있는 해결책을 제시한다.

4) 스폰서에게 에스컬레이션한다.

08 회사가 기존 프로젝트의 제품 소유자를 변경했다. 새로운 제품 소유자는 팀의 다른 모든 사람보다 제품에 대한 지식이 적다. 제품 소유자의 지식 부족으로 인해 팀에서는 제품 소유자의 의견을 진지하게 고려하지 않고 대부분 프로젝트 관리자의 의견에 의존한다. 프로젝트 관리자는 무엇을 해야 하는가?

1) 프로젝트 관리 사무소(PMO) 관리자와 협력해 새로운 제품 소유자를 위한 안착 계획을 수립한다.

2) 새로운 제품 소유자와 제품 및 프로젝트 정보에 대한 통찰력을 공유할 시간을 계획한다.

3) 제품 소유자가 제품에 익숙해지는 동안 제품 소유자의 역할을 맡는다.

4) 팀 빌딩 활동을 조직하고 팀이 새로운 제품 소유자의 의견을 존중하도록 요청한다.

09 프로젝트 관리자는 기술 연구 프로젝트에 배정되었다. 프로젝트 팀은 이미 배정되었고, 특정 주제 전문가(SME)는 프로젝트 관리자에게 이 프로젝트를 수행하는 데 필요한 기술목록을 보냈다. 프로젝트 관리자는 다음에 무엇을 해야 하는가?

1) 목록을 프로젝트 팀에 보내고 필요한 기술에 대한 교육을 받도록 요청한다.

2) 기능 관리자에게 리소스 풀을 검토 하고 팀에 합류할 적임자를 추천하도록 요청한다.

3) 자원이 필요한 기술을 가지고 있는지 확인하기 위해 프로젝트 스폰서와 목록을 논의한다.

4) 프로젝트 팀과 만나 그들의 기술을 이해하고 잠재적 격차와 교육 요구사항을 식별한다.

10 현지 업체(local company)가 신제품을 개발하고 있다. 처음으로 기능의 프로그래밍 작업을 위해 원격팀을 사용하고 있다. 제품 디자인은 현지 팀에서 제공한다. 세 번째 스프린트 검토 중에 제품 소유자는 프로젝트 결과에 대해 우려를 나타냈다. 원격 개발팀은 일일 스탠

드업 회의에서 전달되는 사항을 명확하게 이해하지 못한다고 불평하고 있다. 프로젝트 관리자는 이 상황을 어떻게 해결해야 하는가?

1) 개발 작업을 평가하고 이전 프로젝트에서 작업한 현지 협력업체에게 재할당한다.
2) 위험 관리 계획에 위험을 문서화하고 비상사태 예비비(contingency reserves)를 사용해 현지 공급업체를 고용한다.
3) 이전 프로젝트 및 조직 프로세스 자산(OPAS)에서 얻은 교훈을 검토한다.
4) 메시지를 전달하기 위한 의사소통 요구사항, 환경 및 도구를 결정한다.

11 예측형 경험만 있는 조직이 애자일로 전환하고자 한다. 이에 대한 우려가 많다. 이때 프로젝트 관리자로서 해야 하는 것은 무엇인가?

1) 경영진에게 애자일 실무를 교육한다.
2) 혼합형으로 시작해, 점층적으로 변경한다.
3) 바로 애자일을 도입한다.
4) 계속 예측형을 사용한다.

12 프로젝트 착수 단계에서 중요한 이해관계자가 프로젝트의 효용성에 대해서 큰 불만과 우려를 표했다. 프로젝트 관리자는 어떤 문서를 보강했어야 했는가?

1) 의사소통 관리 계획서
2) 이해관계자 참여 계획서
3) 프로젝트 헌장
4) 타당성 분석자료

13 프로젝트 관리자는 하이브리드 환경에서 소프트웨어 개발 프로젝트를 이끌고 있다. 프로젝트 계획수립 중에 프로젝트 관리자는 주 경로(critical path) 항목에 대한 기술 리소스가 필요할 때 사용 가능하지 않을 수 있다는 위험

을 식별했다. 자원이 필요하기 일주일 전에 기술 엔지니어는 개인적인 긴급 상황이 발생해 휴가를 갔다. 프로젝트 관리자는 다음에 무엇을 해야 하는가?

1) 적절하게 계획된 위험 대응 및 구현에 대해서 위험 관리대장을 참조한다.
2) 프로젝트 관리 계획을 수정하고 기술 자원을 사용할 수 있는 시점으로 작업을 이동한다.
3) 이해관계자와 함께 비즈니스 요구사항을 검토하고 기술 리소스에 할당된 작업을 제외한다.
4) 이 위험을 구체화하기 위해 교훈 보고서와 위험 로그를 업데이트한다.

14 중요한 프로젝트 결과물을 작업 중인 팀원이 컴퓨터가 작동하지 않는다고 보고했다. IT 부서에서는 업무량이 많아 일주일 동안 지원을 제공할 수 없다고 밝혔다. 프로젝트 관리자는 이 상황을 어떻게 해결해야 하는가?

1) 프로젝트의 주 경로(critical path)에 대한 영향을 피하기 위해 프로젝트 예비비를 사용해 새 장비를 구입한다.
2) 새 컴퓨터를 구입하거나 임대하기 위한 예산을 요청하기 위해 프로젝트 스폰서와 회의 일정을 잡는다.
3) 프로젝트의 중요성에 따라 필요한 수리를 신속하게 처리하기 위해 IT 부서와 함께 옵션을 탐색한다.
4) 팀원에게 문제를 극복하고 프로젝트 지연을 피하기 위한 혁신적인 솔루션이나 해결 방법을 찾도록 요청한다.

15 프로젝트 수명주기가 끝날 때 최첨단 제품이 인도되었다. 그러나, 고객은 제품이 사양에 맞게 설계되지 않았다고 주장하고 있다. 이 문제를 피하기 위해 프로젝트 관리자는 무엇을 했

어야 하는가?

1) 고객의 요구사항을 파악하고 공급업체의 표준에 맞게 수정해야 한다.

2) 이에 따라 반복 검토 계획 회의(iteration review planning meeting)가 계획되었어야 한다.

3) 고객의 표준을 충족시키기 위해서는 고객의 요구사항을 파악해야 한다.

4) 스프린트 회고 회의에는 필요한 이해관계자가 포함되어야 한다.

16 불분명한 요구사항으로 인해 팀이 업무를 완료하는 데 어려움을 겪고 있다. 몇 달 동안 반복을 성공적으로 완료하지 못했다. 팀을 돕기위해 프로젝트 리더는 무엇을 해야 하는가?

1) 팀이 이해관계자와 함께 반복 기간을 검토하도록 권장한다.

2) 제품 소유자에게 백로그 개선 프로세스를 검토하도록 권장한다.

3) 팀의 집중력 향상을 위해 진행 중인 작업을 제한하는 것이 좋다.

4) 팀원의 개인 성과에 대한 검토를 권장한다.

17 중요한 이해관계자가 프로젝트 현황 회의에 지속적으로 참석할 수 없다. 프로젝트 관리자는 이 이해관계자와 비공식적으로 정기적으로 소통해 이해관계자가 프로젝트에 대한 최신 정보를 얻을 수 있도록 했다. 하지만 최근 프로젝트 관리자가 사임했으며 새로운 프로젝트 관리자와 떠나기 전에 만나지 않을 예정이다. 프로젝트 관리자는 새로운 프로젝트 관리자가 이 특정 이해관계자를 계속해서 업데이트하도록 어떻게 보장해야 하는가?

1) 프로젝트 팀이 이해관계자의 특정 요구사항에 대한 지침을 제공받았는지 확인한다.

2) 이해관계자의 구체적인 의사소통 요구사항에

맞게 이해관계자 참여 계획을 업데이트한다.

3) 프로젝트 문서에 이해관계자에 관한 구체적인 지침이 포함되어 있는지 확인한다.

4) 이해관계자 참여에 대한 구체적인 정보로 의사소통 관리 계획을 업데이트한다.

18 주 경로에 영향을 미치는 품질 문제로 인한 대량의 재작업으로 인해 프로젝트가 지연되고 있다. 프로젝트 관리자는 무엇을 해야 하는가?

1) 지연 및 수정 조치를 프로젝트 관리 사무소(PMO)에 보고한다.

2) 지연을 흡수하기 위해 프로젝트 일정을 재조정한다.

3) 지연 사유를 운영위원회(steering committee)에 통보한다.

4) 검토를 위해 변경통제위원회(CCB)에 시정 조치와 지연을 보고한다.

19 프로젝트 관리자는 이전에 공식 프로젝트 경험이 없는 새로운 팀원을 포함하는 우선순위가 낮은 프로젝트에 배정되었다. 프로젝트 팀은 이미 두 번이나 첫 번째 개발 증분에 대한 마감일 연장을 요청했다. 프로젝트 관리자는 팀을 지원하기 위해 무엇을 해야 하는가?

1) 프로젝트 성과 평가를 통해 팀에 피드백을 제공한다.

2) 향후 지연을 흡수할 수 있도록 일정에 여유 시간을 포함시킨다.

3) 일정에 미치는 영향을 프로젝트 스폰서에게 에스컬레이션한다.

4) 프로젝트 기간과 비용을 연장하기 위한 변경 요청서를 작성한다.

20 제3자 공급업체가 프로젝트에 제공된 서비스

에 대한 대가를 요구하고 있다. 조직이 고객으로부터 지불을 받은 후에 그 공급업체에 대가를 지불하기로 합의했었다. 제3자 공급업체는 급여를 감당할 자본이 부족하며 프로젝트 관리자에게 지불을 빨리 받지 못하면 프로젝트에서 팀원을 철수할 것이라고 알려 왔다. 프로젝트 관리자는 무엇을 해야 하는가?

1) 고객에게 제3자 공급업체의 상황을 설명하고 결제를 요청한다.
2) 지불이 완료될 때까지 프로젝트를 연기해야 한다고 고객에게 알린다.
3) 다른 프로젝트의 자원을 재할당해 제3자 공급업체에 비용을 지불한다.
4) 제3자 공급업체의 급여를 지급하기 위해 은행 대출을 처리한다.

21 팀은 반복할 때마다 고객에게 기능을 제공한다. 각 반복을 완료한 후 고객은 검토를 위해 초대되었다. 그러나, 고객이 부재 중인 경우가 많고 검토가 지연되는 경우가 많아 팀의 재작업이 늘어나게 되었다. 프로젝트 관리자는 무엇을 해야 하는가?

1) 필요한 지침을 얻기 위해 일일 프로젝트 활동에 고객을 포함시킨다.
2) 고객과 함께 결과물을 검토하는 가장 좋은 방법을 미리 계획하고 정의한다.
3) 각 반복을 시작할 때 모든 요구사항을 명확히 하도록 고객에게 요청한다.
4) 고객에게 가용성(availability)에 따라 각 반복에서 결과물을 검토하도록 요청한다.

22 프로젝트 관리자는 새로운 규정을 준수하기 위한 일련의 기능들을 출시하는 팀의 일원이다. 기존 애플리케이션에 기능을 추가 하기 위해서 팀이 가진 시간은 단지 6주이다. 스탠드

업 미팅에서 소프트웨어 엔지니어는 지정된 설계자가 특정 작업을 완료할 때까지 중요한 기능의 개발이 보류된다고 알렸다. 이러한 지연은 출시일을 맞추는 데 심각한 장애물이 된다. 프로젝트 관리자는 무엇을 해야 하는가?

1) 설계 팀장을 만나 현황을 알리고 추가 설계자를 요청한다.
2) 소프트웨어 엔지니어에게 중요한 기능을 완료하지 않고 계속 진행하도록 요청한다.
3) 설계 팀장에게 연락해 최신 상황을 바탕으로 우선순위 재검토를 요청한다.
4) 설계자와 만나 현황을 공유하고 과제 완수를 위한 솔루션을 개발한다.

23 한 프로젝트 팀에서 특정 원격팀원들이 그들의 업무 일정으로 인해 더 큰 프로젝트 팀과 협력할 수 없다는 우려를 표명했다. 프로젝트 관리자는 전체 팀이 동일한 시간대에 위치하고 있기 때문에 다른 요인이 작용하고 있다고 생각해 혼란스러워 한다. 프로젝트 관리자는 다음에 무엇을 해야 하는가?

1) 새로운 옵션 구현
2) 팀의 가상 요구사항을 조사한다.
3) 기본 규칙 위반을 바로 잡는다.
4) 공식적인 성과 검토

24 회사는 서로 다른 국가와 시간대에 위치한 팀원들과 함께 프로젝트를 진행하고 있다. 개인 성적은 만족스럽지만, 팀 전체 성적, 특히 그룹 활동 성적이 낮은 편이다. 프로젝트 관리자는 무엇을 해야 하는가?

1) 팀 할당 검토 및 재할당
2) 의사소통 및 팀 빌딩 촉진
3) 새로운 팀원에 대한 협상
4) 의사소통 관리 계획을 검토하고 업데이트한다.

25 프로젝트 팀원이 지연될 위험이 있는 프로젝트에서 할당된 작업을 제공하는 데 어려움을 겪고 있다. 가장 큰 문제는 팀원이 최근 구현된 새로운 시스템을 이해하지 못한다는 것이다. 프로젝트 관리자는 무엇을 해야 하는가?

1) 팀원에게 현장교육으로 새로운 시스템을 알려 달라고 한다.
2) 프로젝트 일정을 연장하기 위해 변경 요청을 발행한다.
3) 팀원의 성과를 프로젝트 스폰서에게 전달한다.
4) 팀원을 지원할 경험이 풍부한 리소스를 할당한다.

26 애자일 프로젝트에서 조직의 프로세스를 따르는 것에 대한 갈등이 있으며, 그 중 다수 프로세스는 프로젝트에 어떤 가치도 추가하지 않는다. 이를 해결하기 위해 다음 중 가장 우선적으로 고려해야 할 사항은 무엇인가?

1) 조직의 요구사항
2) 고객의 요구사항
3) 애자일 리더의 요구사항
4) 프로젝트 관리의 요구사항

27 하이브리드 환경에서 프로젝트 팀을 이끌기 위해 프로젝트 관리자가 방금 고용되었다. 팀은 중요한 프로젝트 그룹을 진행하고 있다. 프로젝트를 효과적으로 수행하기 위해 올바른 환경과 권한이 마련되어 있는지 보증하기 위해 프로젝트 관리자는 무엇을 해야 하는가?

1) 기존 조직 구조에 맞춰 프로젝트 운영 위원회를 만든다.
2) 프로젝트 자원과 공유할 상세한 프로젝트 관리 계획을 개발한다.
3) 상세한 위험 로그를 개발하고 이를 모든 프로젝트 이해관계자와 공유한다.

4) 조직적 요인에 영향을 받지 않는 자율적인 프로젝트 팀을 구성한다.

28 중요한 신규 도로 프로젝트가 시작되고 있으며 계약자는 정기적인 상황 보고서를 제출하고 통합 회의에 참여하기로 계약상 약속했다. 프로젝트 수명 주기의 중간에 계약자는 이러한 항목이 너무 많은 시간을 소비한다는 이유로 회의 참여 및 보고서 제출을 중단했다. 프로젝트 관리자는 무엇을 먼저 해야 하는가?

1) 계약자가 나머지 프로젝트 기간 동안 회의에 참석하지 않고 보고서를 제출하지 않을 위험을 평가하고 이를 프로젝트 스폰서에게 에스컬레이션한다.
2) 계약에 따라 회의에 참석하고 보고서를 제출할 것을 계약자에게 상기시킨다.
3) 계약조건 불이행에 대한 클레임을 제출하고 대체 분쟁해결 방법에 따라 처리한다.
4) 회사의 변호사와 대화해 계약자에게 계약상의 약속을 이행하도록 요청한다.

29 한 회사는 예측 접근 방식을 사용해 조직의 프로세스를 개선하는 부서 혁신 프로젝트를 시작했다. 이는 조직에 있어 매우 중요한 프로젝트이며 프로젝트 도중에 프로젝트 관리자는 기술 부족으로 인해 결과물 중 하나를 생산할 수 없다는 사실을 발견했다. 이를 방지하기 위해 프로젝트 관리자는 무엇을 했어야 하는가?

1) 프로젝트 계획수립 과정에서 필요한 모든 기술을 스폰서에게 확인하도록 요청했어야 한다.
2) 프로젝트 시작 후 필요한 모든 기술을 식별했어야 한다.
3) 안착 과정에서 팀에 필요한 모든 교육을 계획했어야 한다.
4) 프로젝트 계획 중에 필요한 모든 기술을 식별

했어야 한다.

30 한 회사가 곧 운영 단계로 들어갈 새로운 생산 시설을 건설해 성장 전략을 실행하고 있다. 거버넌스 정책은 이미 마련되어 있지만 회사는 최근 시행된 새로운 금융 규정을 준수해야 한다. 규정을 준수하면 프로젝트 범위가 크게 변경된다. 프로젝트 관리자는 이 요구사항에 어떻게 대응해야 하는가?

1) 프로젝트에 미치는 영향을 평가하기 위해 분석을 수행한다.
2) 기존 회사 거버넌스 정책을 그대로 따른다.
3) 문제를 상위 경영진에게 보고하고 그들이 결정하도록 한다.
4) 금융 규정을 직접 준수한다.

31 애자일 팀이 제품의 두 번째 버전을 출시했지만 소프트웨어에 사용자 경험을 손상시키는 버그가 많다는 피드백이 있었다. 프로젝트 관리자는 무엇을 해야 하는가?

1) 향후 문제를 방지하기 위해 외부 컨설팅 회사를 고용해 테스트 및 품질 관리에 집중한다.
2) 버그를 발견하고 수정하는 팀원들에게 인센티브를 제공하는 내부 프로그램을 제안한다.
3) 팀의 기술을 면밀히 평가하고 품질 개선을 위해 해결해야 할 기술적 격차를 찾는다.
4) 다음 회고를 효율적으로 하여 근본원인을 분석하고 해결책을 제안하는 데 팀을 집중시킨다.

32 조직 변화로 인해 여러 중요한 이해관계자가 프로젝트 도중에 새로운 이해관계자로 교체되었다. 결과적으로 수많은 새로운 요구사항이 제기되었다. 프로젝트의 성공을 보장하기 위해 프로젝트 관리자는 무엇을 해야 하는가?

1) 이해관계자와 함께 새로운 요구사항을 검토하고 우선순위를 지정해 어떤 변경 요청이 필요한지 결정한다.
2) 모든 새로운 요구사항을 충족하기 위해 프로젝트 일정과 예산을 수정하려면 즉시 승인을 구한다.
3) 문제를 프로젝트 스폰서에게 에스컬레이션하고 원래 요구사항을 유지하기 위한 지원을 요청한다.
4) 프로젝트의 현 단계에서는 새로운 요구사항이 허용되지 않는다는 점을 새로운 이해관계자에게 강조한다.

33 새로 구성된 프로젝트 팀에서 경험이 풍부한 팀원 한 명이 작업의 복잡성에 압도되어 프로젝트 팀에 만족하지 않고 있다. 프로젝트 관리자는 무엇을 해야 하는가?

1) 과제는 불가피하다고 설명하고 팀원에게 과제를 극복할 수 있는 해결책을 찾도록 요청한다.
2) 긴장을 줄이기 위해 프로젝트 팀원과 함께 팀 빌딩 활동을 준비한다.
3) 팀원에게 위험 등록부에 잠재적인 일정 지연을 입력하도록 요청한다.
4) 팀원의 말을 적극적으로 듣고 작업 완료에 필요한 지원 방법을 파악한다.

34 장비 공급업체는 고객 회사를 위해 새로운 생산 라인을 구현하려고 한다. 1년 동안 진행되는 프로젝트에는 2~4개월 간의 반복이 포함된다. 그러나, 고객의 프로젝트 관리자는 애자일 경험이 없다. 프로젝트 관리자는 매일 계속되는 회의에서 고객이 효과적으로 대표되도록 어떻게 보장해야 하는가?

1) 고객 프로젝트 관리자의 일정에 가장 적합한 애자일 교육 프로그램을 권장한다.

2) 고객 팀이 일일 회의 목표에 맞춰 필수적인 애자일 지식 전달을 위한 세션을 제안한다.

3) 팀 간의 최적의 협업을 보장하기 위해 프로젝트를 예측 접근 방식으로 재조정한다.

4) 고객 프로젝트 관리자에게 애자일 모범 사례 문서와 웹 리소스를 제공한다.

35 프로젝트 관리자가 모바일 애플리케이션 개발 프로젝트를 관리하고 있는데 숙련된 팀원 중 한 명이 마감 기한을 넘기기 시작했다. 지연은 프로젝트 구현에 영향을 미치고 있다. 프로젝트 관리자는 다음에 무엇을 해야 하는가?

1) 팀원의 작업을 돕기 위해 추가 리소스를 할당한다.

2) 알려진 문제가 있으면 팀원의 기능 관리자에게 문의한다.

3) 팀 전체를 격려하고 동기를 부여하기 위해 팀 회의를 소집한다.

4) 팀원과 만나 그들의 우려 사항 또는 문제를 이해한다.

36 반복 계획 중에 팀 A는 중요한 결과물이 팀 B의 결과물에 의존한다는 것을 식별했다. 프로젝트 관리자는 무엇을 해야 하는가?

1) 팀 B에게 백로그에 집중하고 우선순위에 따라 전달하도록 요청한다.

2) 팀 B에게 종속성을 알리고 결과물이 계획되었는지 확인한다.

3) 팀 A를 팀 B의 일부로 만들고 결과물이 준비되었는지 확인한다.

4) 팀 B에게 이 활동을 즉시 시작하고 팀 A에 전달하도록 요청한다.

37 프로젝트 관리자가 실행 단계의 중간 단계에 있는 프로젝트를 관리하고 있으며 결과물의

품질 표준이 공식적으로 승인되었다. 그러나, 정부 기관은 최근 프로젝트에 큰 영향을 미칠 수 있는 새로운 표준을 도입했다. 새로운 품질 표준에 맞춰 결과물을 변경해야 한다. 프로젝트 관리자는 무엇을 해야 하는가?

1) 정부 기관이 도입한 새로운 규정에 대해 프로젝트 팀을 대상으로 교육 일정을 계획한다.

2) 프로젝트 활동이 표준을 따랐는지 확인하기 위한 체계적이고 독립적인 프로세스를 설정한다.

3) 학습한 내용을 업데이트하고 고위 경영진에게 새로운 표준을 알린다.

4) 새로운 규정이 프로젝트에 미칠 영향을 평가하고 변경 요청을 제출한다.

38 프로젝트 관리자가 신제품에 대한 프로젝트 헌장을 받았다. 이 프로젝트에는 샘플 머신을 포함해 이미 세부 사양이 정의된 하드웨어 부분과 기본 사양만 있고 사용자 경험 설계 접근 방식에 대한 요구사항이 있는 사용자 인터페이스 소프트웨어라는 두 가지 중요한 납품이 있을 것으로 예상된다. 프로젝트 관리자는 어떤 프로젝트 관리 접근 방식을 사용해야 하는가?

1) 소프트웨어 개발은 불확실성이 높으므로 프로젝트에 애자일 접근 방식을 권장한다.

2) 소프트웨어 개발에는 애자일을 사용하고 하드웨어 제공에는 예측 접근 방식을 사용하는 하이브리드 접근 방식을 사용한다.

3) 결과물이 상당히 다르기 때문에 프로젝트는 프로그램에 의해 주도되는 두 개의 프로젝트로 분할되어야 한다.

4) 범위가 잘 정의되어 있다. 따라서, 예측 접근 방식을 사용하면 간단하고 하드웨어와 소프트웨어는 게이트에서 동기화 시킬 수 있다.

39 헌장 승인 후 프로젝트 관리자가 프로젝트에 배정되었다. 프로젝트 관리자는 팀과 함께 헌장을 검토하는 동안 프로젝트 결과를 달성하는 데 필요한 일부 주요 예산 항목이 누락되었음을 발견했다. 프로젝트 관리자는 다음에 무엇을 해야 하는가?

1) 즉시 프로젝트 스폰서와 협의해 예산의 정확성을 재검토하도록 요청한다.
2) 누락된 예산 항목을 리스크 로그에 추가해 차기 사업운영위원회에 상정한다.
3) 프로젝트를 시작하고 프로젝트 수명주기 전반에 걸쳐 발생하는 예산 문제를 처리한다.
4) 누락된 항목에 대한 추가 예산을 허용하기 위해 기타 결과물의 품질과 비용을 줄인다.

40 시간이 중요한 건설 프로젝트에서 감독자와 기술자 사이에 오해가 발생했다. 오해는 큰 갈등으로 바뀌었고 기술자는 더 이상 감독자 밑에서 일할 수 없다고 프로젝트 관리자에게 불만을 토로했다. 감독자는 갈등의 원인으로 기술자의 낮은 성과를 언급했다. 프로젝트 관리자는 문제를 어떻게 해결해야 하는가?

1) 기술자 및 감독자와 직접적이고 협력적인 접근 방식을 사용한다.
2) 기술자의 기술 향상을 위해 적시에 교육을 제공한다.
3) 시간이 중요하므로 기술자를 고성과 리소스로 교체한다.
4) 감독관과 대화해 접근 방식과 태도를 누그러뜨린다.

41 한 프로젝트 관리자가 매우 중요한 비즈니스 혁신 프로젝트를 관리하고 있다. 이 프로젝트의 목표는 모바일 애플리케이션 모듈을 사용해 데스크톱 애플리케이션을 확장하는 것이

다. 마케팅 부서에서는 경쟁업체가 유사한 제품을 개발하고 있다고 생각하고 있다. 프로젝트 관리자는 이 프로젝트에 어떤 전달 접근 방식을 사용해야 하는가?

1) 신제품과 관련된 높은 위험을 완화하기 위한 익스트림 프로그래밍(XP)을 사용한다.
2) 고품질을 보장하고 제품이 시장 수요를 충족시키는 전통적인 제공방식을 사용한다.
3) 모바일 기능이 사용자에게 빠르게 제공되도록 보장하는 증분 제공방식을 사용한다.
4) 사용자 피드백이 두 번째 반복에 통합되도록 하는 반복 제공방식을 사용한다.

42 중요한 이해관계자가 최근 회사에 입사해 하이브리드 프로젝트에 배정되었다. 해당 분야에 대한 경험이 풍부함에도 불구하고 이해관계자는 예측 프로젝트 접근 방식에만 노출되었다. 프로젝트 관리자는 무엇을 해야 하는가?

1) 팀이 이 프로젝트에 예측 접근 방식을 사용할 것이라고 프로젝트 관리 사무소(PMO)에 알린다.
2) 이해관계자에게 다른 이해관계자와 지식 수준을 동일하게 유지해야 함을 알린다.
3) 선택한 프로젝트 접근 방식에서 이해관계자를 멘토링할 시간을 할당한다.
4) 잠재적인 영향으로 위험 등록부를 업데이트하고 운영 위원회에 알린다.

43 고위 관리자가 프로젝트 검토 회의 중 하나에 참석해 프로젝트가 품질 표준을 충족하지 못할 것이라는 우려를 표명했다. 프로젝트 관리자는 무엇을 해야 하는가?

1) 고위 관리자에게 사용자 승인 테스트(UAT) 계획 승인을 요청한다.
2) 승인된 품질 표준이 있음을 고위 관리자에게

알린다.

3) 고위 관리자와 함께 품질관리 계획을 검토한다.

4) 품질예측을 위해서 백로그를 추정한다.

44 프로젝트가 성공적으로 완료되고 있으며 모든 이해관계자는 달성된 결과를 정말 자랑스럽게 생각하고 있다. 프로젝트 관리 사무소(PMO)는 프로젝트 관리자에게 다음 유사한 프로젝트를 이끌도록 추천했다. 프로젝트 관리자는 다음에 무엇을 해야 하는가?

1) 주요 이해관계자를 참여시켜 학습한 교훈을 완성하고 전달한다.

2) 지식 이전을 피하기 위해 다음 프로젝트에 대해 동일한 이해관계자를 선택한다.

3) 프로젝트 성과를 발표하고 운영위원회에 지식 이전을 위임한다.

4) PMO에게 교훈 저장소를 관리하도록 요청한다.

45 프로젝트의 이윤을 높이기 위해 프로젝트 관리자와 주제 전문가(SME)는 시장에서 사용 가능한 특정 기계의 가장 오래된 모델을 선택하는 데 동의했다. 기계가 목적지 국가에 도착했을 때 세관 당국은 이 기계 모델의 수입을 차단했다. 이러한 일이 발생하지 않도록 프로젝트 관리자는 무엇을 했어야 하는가?

1) 주제 전문가(SME)가 프로젝트 범위와 기계 모델을 올바르게 정의했는지 확인해야 했다.

2) 프로젝트 스폰서가 최신 버전의 기계를 구매하기에 충분한 자금을 제공했는지 확인해야 했다.

3) 품질관리 계획에 규제 준수가 고려되었는지 확인해야 했다.

4) 기술팀이 최신 기계 모델을 연구하고 선택했는지 확인해야 했다.

46 장비 설치가 지연되어 프로젝트가 일정보다 늦어지고 있다. 이는 다른 많은 활동에 영향을 미치고 있다. 장비 배송을 담당하는 관리자는 설치를 수행하는 팀의 용량 문제가 있음을 프로젝트 관리자에게 알렸다. 이러한 상황이 발생하지 않도록 프로젝트 관리자는 어떻게 했어야 하는가?

1) 범위 설명에서 기술 요구사항을 더 명확하게 정의해야 했다.

2) 관리자에게 합의된 자원관리 계획을 따르도록 요청해야 했다.

3) 자원 가용성에 대해 관리자와 정기적인 검토를 실시해야 했다.

4) 정기적으로 설치팀과 협의해 충돌 여부를 확인해야 했다.

47 프로젝트의 범위는 반경 10km 이내의 도로 표지판을 교체하는 것이다. 발주처는 의회의 개발 계획에 맞춰 반경이 1km 확장되지 않을 경우 프로젝트 종료 보고서에 서명하기를 원하지 않는다. 프로젝트 관리자는 무엇을 해야 하는가?

1) 승인을 연기하고 프로젝트 스폰서에게 추가 자금을 요청한다.

2) 사업범위 확대를 위해 의회에 연락해 승인을 요청한다.

3) 요청이 너무 늦게 들어왔기 때문에 요청에 대해 토론하고 새로운 프로젝트를 시작한다.

4) 완료된 작업에 대해 정식 승인을 받고 변경 요청을 제출한다.

48 한 회사에서 신제품 개발을 시작했다. 실행 중에 프로젝트 팀은 다른 경쟁 회사가 기능이 매우 유사하고 더 저렴한 시장 가격 제품을 출시했다는 사실을 알아차렸다. 이 시나리오

를 피하기 위해 다르게 수행되어야 했던 것은 무엇인가?

1) 시장의 피드백을 받기 위해서 최소 상품성 제품(MVP)이 출시되어야 했다.

2) 더 많은 백로그 개선 회의가 예정되어야 했다.

3) 진행 중인 작업(WIP, Work In Progress)를 최적화하려면 칸반(Kanban) 방법을 활용해야 했다.

4) 반복적인 수명주기 접근 방식을 채택해야 했다.

49 조직이 많은 단계를 가진 프로젝트를 시작하려고 한다. 엄격한 규제로 인해 일부 단계는 사전에 완전히 계획되어야 한다. 그러나, 다른 단계에서는 범위와 일정에 대해 더 많은 유연성과 실험이 가능하다. 스폰서는 계획대로 프로젝트 목표를 추구하는 동시에 프로젝트가 진행됨에 따라 새로운 정보와 변경사항을 수용하기를 원한다. 이 프로젝트에 대해 프로젝트 관리자는 어떤 프로젝트 관리 접근 방식을 선택해야 하는가?

1) 하이브리드

2) 증분

3) 애자일

4) 단계적

50 수석 부사장은 다양한 기간과 복잡한 프로젝트를 동시에 실행하기 위해 더 많은 애자일 팀을 만들 것을 요청했다. 이는 프로젝트 관리자들이 각 프로젝트에 할당할 수 있는 시간에 영향을 미친다. 프로젝트 관리자는 일반적으로 복잡성에 관계없이 프로젝트에 시간의 50%를 할당하고 있다. 이러한 변화를 달성하기 위해 프로젝트 관리자는 섬김형 리더로서 무엇을 해야 하는가?

1) 조직 프로세스 자산(OPA)을 검토해 유사한 위험에 대한 완화 계획을 평가한다.

2) 프로젝트 관리자의 역량에 관한 위험 항목을 작성하고 완화 계획을 개발한다.

3) 프로젝트를 독립적으로 진행하는 데 필요한 기술을 개발할 수 있도록 팀의 역량을 강화한다.

4) 증가된 작업량에 따라 추가 프로젝트 관리자를 고용하도록 변경 요청을 발행한다.

51 프로젝트 관리자는 다기능 애자일 팀에 속해 있다. 프로젝트 관리자는 팀이 완료하는 데 약 1년이 걸리는 다양한 기능을 갖춘 소프트웨어 프로젝트를 배정받았다. CEO는 솔루션이 6개월 안에 마감되어 연말의 비즈니스 목표를 달성해야 한다고 주장하고 있다. 이해관계자의 요구와 기대를 일치시키기 위해 프로젝트 관리자는 무엇을 해야 하는가?

1) 이해관계자와 협력해 우선순위가 지정된 백로그를 만들고 로드맵을 공개한다.

2) 6개월 이내에 완료할 수 있도록 요구사항을 수정한다.

3) 6개월 안에 프로젝트를 완료하기 위해 일정 중첩 단축법과 일정 압축법을 구현한다.

4) 일일 스크럼 회의에 모든 이해관계자를 포함시켜 정보를 지속적으로 제공한다.

52 한 프로젝트 관리자가 200명의 최종 사용자에게 새 소프트웨어를 배포하는 프로젝트를 관리하고 있다. 구현 중에 일부 사용자의 컴퓨터 데이터 손실을 유발하는 누락된 프로세스가 있었다. 프로젝트 관리자는 무엇을 먼저 해야 하는가?

1) 팀과 만나 근본원인을 논의하고 팀이 이를 기록하고 계속해서 배포에 집중하도록 격려한다.

2) 구현 중에 팀의 사기에 영향을 미치지 않도록 마지막 교훈 세션이 완료될 때 이 사례를 기록

한다.

3) 팀원을 만나 교훈으로 피드백을 제공받은 것에 의해서 사례를 검토하도록 요청한다.

4) 동일한 문제가 반복되지 않도록 컨설턴트를 초대해 프로세스를 검토하고 결과를 팀과 공유한다.

53 주요 건설 프로젝트에 프로젝트 관리자가 배정되었다. 이 프로젝트는 도시 주민에게 매우 중요하며, 특히 공약으로 프로젝트를 제때에 이행하기로 약속한 지방 정부 공무원에게는 더욱 그렇다. 새로운 프로젝트 스폰서가 지정되었으며 이전 프로젝트 스폰서가 지원하지 않은 측면을 포함하려고 한다. 프로젝트 관리자는 다음에 무엇을 해야 하는가?

1) 새 프로젝트 스폰서를 만나 현재 프로젝트 범위와 요청된 변경사항을 검토한다.

2) 프로젝트 목표를 검토하고 재조정할 수 있는 기회를 제공하는 새로운 프로젝트 스폰서가 있으므로 프로젝트의 기준을 다시 설정한다.

3) 프로젝트 팀과의 브리핑에 프로젝트 스폰서를 초대해 진행 상황을 보여주고 프로젝트에 약속된 결과물을 충족하기 위한 추가 지원을 요청한다.

4) 새로운 프로젝트 스폰서에게 이 프로젝트에는 새로운 측면이 포함되지 않을 것임을 알린다.

54 프로젝트 일정이 지연되어 팀이 중요한 목표를 달성하기 위해 초과 근무를 해야 했다. 이로 인해 팀원들 사이에 오해가 생겼다. 프로젝트 스폰서는 금전적 보상을 할당했다. 프로젝트 관리자는 지급을 어떻게 활용해야 하는가?

1) 팀원들을 만나서 보상금을 어떻게 쓸지 물어본다.

2) 모든 팀원을 위한 오찬을 준비하고 팀 빌딩 세션을 한다.

3) 각 자원에 돈의 일부를 배분하기 위한 포인트 시스템 초안을 작성한다.

4) 팀 리더가 적절하다고 생각하는 대로 팀에 지출할 수 있도록 보상을 할당한다.

55 한 회사가 마감 기한이 촉박한 디지털 프로젝트를 진행하고 있다. 마케팅 팀은 이 구현을 새 제품과 결합하려고 하는데 새로 할당된 프로젝트 관리자는 모든 종속성을 인식하지 못하고 있다. 하이브리드 접근 방식을 사용해 종속성을 고려하려면 프로젝트 관리자가 무엇을 해야 하는가?

1) 다양한 팀원이 각 프로젝트의 진행 상황을 알 수 있도록 프로젝트 뉴스레터를 구현한다.

2) 각 개별 프로젝트 일정이 공통 마감일에 맞춰져 있는지 확인한다.

3) 작은 프로젝트를 하나의 큰 프로젝트로 결합해 모든 팀이 하나의 큰 팀으로서 더 잘 협력할 수 있도록 한다.

4) 여러 팀이 종속성과 진행 상황을 알 수 있도록 스크럼의 스크럼(scum of scrum)을 촉진하는 의사소통을 촉진한다.

56 애자일 프로젝트 중에 프로젝트 관리자는 리소스 중 하나를 잃었고 동시에 백로그에 추가된 새로운 요구사항을 발견했다. 프로젝트 관리자는 다음에 무엇을 해야 하는가?

1) 속도가 영향을 받았으므로 제품 소유자와 함께 백로그 우선순위를 재평가한다.

2) 동일한 속도와 타임라인을 유지하기 위해 현재 반복의 범위를 재평가한다.

3) 반복 기간이 새로운 요구사항의 영향을 받을 수 있으므로 속도를 재평가한다.

4) 자원 손실로 인해 속도가 영향을 받으므로 프로젝트 일정을 재평가한다.

57 조직이 중요한 프로젝트를 시작하는 데 어려움을 겪고 있다. 프로젝트 관리자는 범위 정의가 프로젝트 시작을 방해하는 주요 항목임을 확인했다. 대부분의 범위 항목은 이해관계자 간에 정의되고 합의되지만, 이 단계에서 파악하기 어렵고 정의하기가 매우 복잡한 몇 가지 항목이 있다. 프로젝트 관리자는 무엇을 해야 하는가?

1) 잘 정의된 범위 항목은 예측 접근 방식을 사용해 제공하고 복잡한 항목은 애자일 접근 방식을 사용해 처리하도록 제안한다.
2) 프로젝트를 시작하기 전에 전체 세부 범위가 달성될 때까지 범위 정의 작업에 있어 이해관계자의 추진력을 유지한다.
3) 예측 접근 방식에서 간섭 없이 애자일 환경에서 독점적으로 작업하려면 프로젝트를 두 개의 작은 프로젝트로 분할하는 것이 좋다.
4) 위험 등록부를 업데이트하고 문제를 프로젝트 관리 사무소(PMO)에 에스컬레이션해 프로젝트 범위를 정의하는 데 도움이 되는 추가 리소스를 요청한다.

58 프로젝트가 6번의 반복 중 5번째를 종료하고 있다. 반복 검토 중에 고객은 남은 반복의 용량을 초과하는 새로운 규제 기능을 추가했다. 프로젝트 리더는 무엇을 해야 하는가?

1) 이슈를 등록하고 프로젝트 스폰서에게 에스컬레이션한다.
2) 새로운 우선순위에 대해 논의하도록 이해관계자를 초대한다.
3) 영향을 추정하고 제품 소유자와 상담한다.
4) 프로젝트를 제 시간에 완료할 수 있도록 팀 역량을 강화한다.

59 프로젝트 실행 단계에서 회사에 새로운 부서가 만들어졌다. 이 부서의 관리자는 정기적인 프로젝트 의사소통 및 보고 주기에 참여시켜 줄 것을 요청했다. 프로젝트 관리자는 무엇을 해야 하는가?

1) 프로젝트 팀원에게 이 프로젝트와 관련된 모든 의사소통에 이 관리자를 포함하도록 요청한다.
2) 의사소통 관리 계획에 명시된 이해관계자만 참여해야 함을 이 관리자에게 알린다.
3) 이해관계자 분석을 수행하고 새로운 상황을 반영해 의사소통 관리 계획을 업데이트한다.
4) 이 관리자가 포함되도록 운영 위원회 및 프로젝트 관리 사무소(PMO)에 문의하도록 제안한다.

60 프로젝트가 끝나갈 무렵, 고객이 일부 결과물이 충족되지 않았다고 주장하고 변경 요청을 시작했다. 프로젝트 관리자는 다음에 무엇을 해야 하는가?

1) 요구사항 추적 매트릭스를 참조한다.
2) 변경 요청을 프로젝트 스폰서에게 전달한다.
3) 프로젝트 범위 기준선을 수정한다.
4) 승인된 프로젝트 헌장을 검토한다.

61 값비싼 제조 프로젝트의 여러 구성요소가 고객에 의해 반품되었다. 고객은 부품의 품질이 좋지 않다고 불만을 제기하고 있으며, 결과적으로 품질 문제로 인해 제품이 반품될까 봐 걱정하고 있다. 프로젝트 관리자는 품질이 유지되었다고 확신하고 있다. 프로젝트 관리자는 프로젝트가 고품질의 제품을 생산했음을 고객에게 확신시키기 위해 어떻게 고객과 소통

해야 하는가?

1) 고객에게 허용 오차 및 통제 한계를 보여준다.
2) 고객에게 현재 배치에 대한 샘플 결과를 보여준다.
3) 고객에게 품질 이력 샘플을 보여준다.
4) 고객에게 품질 통제 측정치를 보여준다.

62 한 회사가 기존 시스템의 통합을 개발하는 프로젝트를 진행하고 있다. 제품에 알려진 문제가 있다. 프로젝트 관리자는 무엇을 해야 하는가?

1) 장애물을 식별 및 제거하고 위험을 완화한다.
2) 제품 소유자가 팀과 함께 요구사항을 검토하도록 한다.
3) 완료(DoD) 정의에 인수 기준을 포함한다.
4) 품질관리 프로세스 및 절차를 검토한다.

63 한 중규모 자본 프로젝트는 회사 계약 부서의 자원을 공유했다. 실행 단계에서 프로젝트 팀은 계약 지연을 발견했다. 계약 부서와 소통한 후 프로젝트 관리자는 계약 팀이 프로젝트 팀에 속하지 않기 때문에 다른 계약 작업을 우선시한다는 사실을 발견했다. 이런 상황에서 프로젝트 관리자는 무엇을 먼저 해야 하는가?

1) 문제를 상위 경영진에게 보고하고 계약 부서의 업무를 완료하기 위해 직접 참여하도록 요청한다.
2) 프로젝트에 대한 그들의 중요한 지원을 인정함으로써 신뢰와 헌신을 구축하기 위해 계약 부서와의 회의를 주선한다.
3) 계약 부서와 여러 차례 회의를 주선하고 프로젝트 성공에 매우 중요하므로 프로젝트 계약을 요청한다.
4) 프로젝트 실행에 필요한 자원에 대한 예산을 확정하기 위해 계약 관리자와 소통한다.

64 프로젝트 관리자는 자원이 여러 위치에 분산되어 있는 글로벌 프로젝트를 이끌고 있다. 이해관계자들은 요구사항에 대해 서로 다른 해석을 가지고 있다. 프로젝트 관리자는 범위 확장에 대해 우려하고 있다. 범위를 통제하기 위해 프로젝트 관리자는 어떤 조치를 취해야 하는가?

1) 모든 주요 이해관계자가 프로젝트 결과물에 동의하고 변경할 필요가 없는지 확인한다.
2) 프로젝트에 추가적인 가치를 제공하는 요구사항에 대한 변경사항만 수락한다.
3) 예산을 늘리거나 프로젝트 일정을 늘리는 모든 변경을 거부한다.
4) 구현에 앞서 변경통제위원회(CCB)에서 승인한 변경사항만 수락한다.

65 개발팀은 다가오는 스프린트에 대한 설계 문서를 찾기 위해 애쓰고 있다. 휴가를 떠나기 전에 제품 소유자는 문서가 프로젝트 파일 저장소에 업로드되었음을 전달했다. 이 문제를 해결하기 위해 프로젝트 관리자는 무엇을 해야 하는가?

1) 프로젝트 결과물을 관리할 팀원을 지정한다.
2) 프로젝트 산출물 관리의 효율성을 감사(audit)한다.
3) 프로젝트 결과물을 관리하기 위해 이메일 의사소통 프로토콜을 개선한다.
4) 프로젝트 결과물을 관리하는 데 사용되는 새로운 소프트웨어 도구를 조사한다.

66 프로젝트 회의에서 비즈니스 분석가는 작업을 계속하기 위해 마케팅 컨설턴트의 의견을 요구하고 있다. 비즈니스 분석가는 컨설턴트에게 연락을 시도했지만 컨설턴트가 프로젝트에 대해 논의할 시간이 없다는 말을 들었다.

프로젝트를 진전시키기 위해 프로젝트 관리자는 무엇을 해야 하는가?

1) 컨설턴트가 프로젝트에 필요한 시간을 할애할 수 있도록 컨설턴트에 관한 문제를 기능 부서장에게 에스컬레이션한다.
2) 새로운 프로젝트 위험을 위험 관리대장에 포함시키고 의견을 제공하는 것이 컨설턴트의 책임이므로 컨설턴트를 위험 소유자로 할당한다.
3) 프로젝트 요구사항을 협의하기 위해 비즈니스 분석가와 컨설턴트와 함께 시간을 정하고 요구사항을 논의한다.
4) 이것은 비즈니스 분석가의 책임이기 때문에 프로젝트에 대해 논의하기 위해 컨설턴트에게 계속 연락하도록 비즈니스 분석가에게 촉구한다.

67 프로젝트 관리자는 변화의 정도가 심한 복잡한 프로젝트를 진행하고 있다. 성공적인 프로젝트 완료를 보장하기 위해 프로젝트 관리자는 어떤 전략을 사용해야 하는가?

1) 범위 확장 가능성을 줄이기 위해 프로젝트 관리 계획을 업데이트한다.
2) 프로젝트 관리팀과 함께 정기적인 위험 검토 일정을 잡는다.
3) 주요 이해관계자의 적극적인 참여를 확대한다.
4) 예상치 못한 모든 변경사항을 추적하기 위해 프로젝트 변경 로드맵을 만든다.

68 한 프로젝트 관리자가 시간 및 자재(T&M) 계약으로 자금을 조달하는 하이브리드 프로젝트를 이끌고 있다. 프로젝트가 완료되었고 고객이 제품 배송을 수락했다. 일주일 후, 고객은 프로젝트 관리자에게 제품에서 발견한 두 가지 결함을 수정해 달라고 요청했다. 프로젝트 관리자는 예상 시간과 비용에 대해 답변하고 고객에게 이에 대한 확인을 요청했다. 고객

은 이에 동의하지 않고 제품의 하자이므로 무료로 작업해 주어야 한다고 주장했다. 이를 방지하기 위해 프로젝트 관리자는 무엇을 했어야 하는가?

1) 제품 배송 후 제품을 지원할 수 있도록 고객측 엔지니어를 교육해야 했다.
2) 고객과 함께 프로젝트 품질관리 계획을 검토해야 했다.
3) 고정 비용 기준을 제안하고 1개월 동안 무료 버그 수정을 포함해야 했다.
4) 배송된 제품이 배송된 후 어떻게 지원될 것인지 계획해야 했다.

69 프로젝트 팀은 차량 구매 및 건설 서비스에 대한 계약을 체결했다. 프로젝트 실행 도중 팀은 차량 공급업체가 차량을 인도할 수 없다는 사실을 알게 되었다. 프로젝트를 지연시키지 않고 새로운 공급업체를 찾을 시간이 충분하지 않다. 차량을 조달하기 위해 프로젝트 관리자는 어떤 조치를 취해야 하는가?

1) 추가 예산이 필요하더라도 기술팀에 요구사항 수정을 요청한다.
2) 새로운 공급자를 찾기 위한 추가 시간을 요청하기 위해 고객과의 회의를 주선한다.
3) 기존 서비스 계약을 검토해 차량 조달에 도움이 되는 옵션을 찾는다.
4) 다른 공급업체로부터 차량을 조달하고 나중에 변경통제위원회(CCB)에 변경사항을 보고한다.

70 프로젝트 관리자는 중요한 요구사항에 대해 고객의 공급업체 관리 시스템에 의존하는 프로젝트를 이끌고 있다. 공급업체 관리팀은 이 프로젝트에서 어떠한 이점도 얻지 못할 것이다. 그러나 프로젝트에는 공급업체 관리 책임자의 지원이 필요하다. 프로젝트 관리자는 다

음에 무엇을 해야 하는가?

1) 공급업체 관리팀에서 주제 전문가(SME)를 고용해 프로젝트를 진행하기 위해 스폰서의 지원을 받는다.
2) 운영위원회의 위임사항을 검토해 공급업체 관리 책임자를 포함시킨다.
3) 공급업체 관리 책임자의 지원을 얻기 위해 스폰서와 함께 의사소통 관리 계획을 수립한다.
4) 스폰서로부터 도움을 받아 공급업체 관리팀에 대한 비재무적 이점을 강조한다.

71 프로젝트 진행 중에 프로젝트 관리자는 프로젝트 자원에 미치는 영향을 최소화하면서 일정보다 앞서 인도물을 완료함으로써 프로젝트 비용을 절감할 수 있는 기회를 찾고 있다. 그러나 고객은 다음 마일스톤에만 집중하고 있다. 프로젝트 관리자는 이 상황에 어떻게 접근해야 하는가?

1) 조기 결과물을 실현하고 다음 목표 달성을 보장하기 위해 추가 리소스를 적용한다.
2) 고객의 엄격한 지시에 따라 다음 프로젝트 마일스톤의 결과물에 집중한다.
3) 변경관리 계획을 검토해 고객과 조기 이익 실현에 대해 논의한다.
4) 고객의 요청이 프로젝트 결과물에 추가 기능을 추가할지 여부를 평가한다.

72 애자일 프로젝트 관리자는 팀원 중 한 명이 특정 문제에 대한 광범위한 지식을 개발하고 있음을 알게 되었다. 다른 팀원들은 앞으로 이 지식을 요구할 가능성이 높다. 애자일 프로젝트 관리자는 어떻게 해야 하는가?

1) 팀원에게 더 많은 전문 지식을 개발하고 주제 전문가(SME)가 되도록 요청한다.
2) 팀원에게 나머지 팀원들을 위한 교육 세션을 제공하도록 요청한다.
3) 팀원에게 교훈 문서를 작성해 팀과 공유하도록 요청한다.
4) 팀원에게 팀이 알고 싶어할 만한 하이라이트를 녹음하도록 요청한다.

73 일일 팀 스탠드업 미팅에서 팀원들은 어떤 작업에 먼저 집중해야 하는지 끊임없이 묻고 있다. 프로젝트 관리자는 팀이 완전한 생산성을 갖도록 어떻게 보장해야 하는가?

1) 팀의 스탠드업 미팅 중에 프로젝트 백로그를 검토한다.
2) 프로젝트 팀원에게 제품 백로그의 우선순위를 지정하도록 권장한다.
3) 팀원이 프로젝트 계획에 따라 작업하고 있는지 확인한다.
4) 제품 소유자와 협력해 프로젝트 백로그의 우선순위를 확인한다.

74 시설 증설사업이 추진단계에 있다. 모든 새 장비는 전원을 공급받기 위해 상당한 길이의 케이블이 필요하다. 그래서, 기존 시설인 A 지점에 연결하는 프로젝트 활동이 있다. 건설팀은 B지점에 전력을 연결해 비용을 절감할 수 있다는 사실을 발견했다. 프로젝트 관리자는 다음으로 무엇을 해야 하는가?

1) B지점 옵션 사용을 평가하기 위해 비용 편익 분석을 수행한다.
2) 변경 로그에 문제를 추가하고 변경관리 위원회(CCB)를 통해 추가 예산을 요청한다.
3) 사업 예산 및 일정 제약을 설명한 후 건설팀의 결정을 구한다.
4) 프로젝트 비용과 시간을 절약하기 위해 B지점 옵션을 사용한다.

75 프로젝트 관리자는 예측 프로젝트 관리 접근
방식을 사용해 여러 건물 건설 프로젝트를 진
행하고 있다. 조직 내 고위 경영진은 현재 프
로젝트 방법론에 애자일 관행을 더 많이 포함
하도록 장려하고 있다. 프로젝트 스폰서 또한
프로젝트에서 애자일 방법론을 더 많이 사용
하기를 원한다. 프로젝트에 애자일 방법을 사
용하도록 명령하기 전에 프로젝트 관리자는
먼저 무엇을 해야 하는가?

　1) 프로젝트 팀에 포함될 사람들에게 애자일 교
　　 육을 제공한다.

　2) 모든 기존 프로젝트를 엄격한 일정에 따라 애
　　 자일 방법론으로 전환한다.

　3) 현재 프로젝트를 일시중지해 새로운 애자일
　　 흐름에 맞춰 조정한다.

　4) 조직 문화와 혁신 준비 상태를 평가한다.

76 한 현지 회사가 신제품을 개발하고 있으며 처
음으로 기능 프로그래밍 작업을 위해 원격팀
을 사용하고 있다. 제품 설계는 현지 팀에서
나온다. 세 번째 스프린트 리뷰 중에 제품 소
유자는 프로젝트 결과에 대해 우려한다. 원격
개발팀은 일일 스탠드업 회의에서 전달되는
요구사항을 명확하게 이해하지 못한다고 불
평하고 있다. 프로젝트 관리자는 이 상황을 어
떻게 해결해야 하는가?

　1) 메시지를 전달하기 위한 의사소통 요구사항, 환
　　 경 및 도구를 결정한다.

　2) 위험관리 계획에 위험을 문서화하고 우발사태
　　 예비비를 사용해 현지 공급업체를 고용한다.

　3) 개발 작업을 평가하고 이전 프로젝트에 참여한
　　 현지 공급업체에 재할당한다.

　4) 이전 프로젝트 및 조직 프로세스 자산(OPA)에
　　 서 배운 교훈을 검토한다.

77 프로젝트 팀은 고객 요구사항을 이해한 후 사
용자 스토리를 작성했다. 프로젝트가 진행되
면서 프로젝트 관리자는 변경 요청이 너무 많
다는 것을 발견했다. 팀은 자신들이 작업 중인
결과가 고객 요구사항과 일치하지 않는다고
생각한다. 프로젝트 관리자는 무엇을 해야 하
는가?

　1) 과거에 진행된 유사 프로젝트에 대해서는 형상
　　 관리 지식베이스를 참고한다.

　2) 결과에서 기대되는 비즈니스 가치를 이해하기
　　 위해 고객과 워크숍을 준비한다.

　3) 팀과 협력해 작업할 고객 대표를 포함시킨다.

　4) 현재 팀에 개선이 필요하다는 점을 인정하고
　　 자격을 갖춘 팀원을 더 많이 채용한다.

78 프로젝트 관리자는 전 세계에서 일하는 팀원
들과 함께 프로젝트를 관리하고 있다. 프로젝
트 관리자는 각 팀원의 결과물이 요구사항을
충족하지 않는다는 사실을 발견했다. 프로젝
트 관리자는 무엇을 먼저 해야 하는가?

　1) 규정을 준수하지 않는 결과물이 더 제출되면
　　 징계 조치가 취해질 것임을 알리기 위해 전화
　　 회의를 통해 프로젝트 팀을 소집한다.

　2) 잠재적인 오해가 있는지 확인하기 위해 프로젝
　　 트 팀과 함께 비준수 결과물을 만드는 데 사용
　　 된 프로세스에 대해 논의한다.

　3) 결과물 재작업에 소요되는 시간으로 인해 프
　　 로젝트 일정이 늦어지고 있음을 알리기 위해
　　 프로젝트 스폰서와 시간을 잡는다.

　4) 프로젝트 지연을 피하기 위해 규정을 준수하
　　 지 않는 산출물을 재작업하고 즉시 제출해야
　　 함을 설명하기 위해 프로젝트 팀을 만난다.

79 석유 및 가스 프로젝트가 프로젝트에 대한 전
액 자금을 확보하지 못한 채 시작되었다. 나

머지 자금은 프로젝트 실행 중에 확보될 예정이었다. 남은 자금의 인수가 몇 달 지연되면서 모든 계약업체의 작업이 중단되었다. 이러한 일이 발생하지 않도록 프로젝트 관리자는 무엇을 했어야 하는가?

1) 이해관계자가 나머지 자금에 대한 재정적 종결을 달성하는 데 장애가 될 것으로 예상하는지 확인해야 했다.

2) 적절한 이해관계자가 위험을 적절하게 평가하고 완화했는지 확인해야 했다.

3) 추가 자금을 제공할 이해관계자가 프로젝트에 계속 관심을 갖도록 해야 했다.

4) 프로젝트 팀이 프로젝트 위험 관리대장을 정기적으로 모니터링하고 검토했는지 확인해야 했다.

80 한 프로젝트 관리자는 매일 오후 12시에 작업을 시작하는 대체 작업 일정을 마련해 달라는 팀원의 요청에 동의했다. 이러한 방식은 프로젝트에 잘 적용되었지만 회사의 핵심 근무 시간이 오전 9시에 시작되기 때문에 최근 다른 프로젝트 팀의 팀원에 의해서 면밀히 조사되어졌다. 이러한 상황을 예방하기 위해 프로젝트 관리자는 무엇을 했어야 하는가?

1) 상황을 세분화해서 근본원인을 파악했어야 한다.

2) 의사소통 방법 및 채널을 결정했어야 한다.

3) 합의를 위한 협상 범위를 분석했어야 한다.

4) 기본 규칙 위반사항에 대한 관리 및 시정을 했어야 한다.

81 변경통제위원회(CCB)는 제품 내에 새로운 구성요소를 추가하기 위한 변경 요청을 승인했다. 운영 관리자는 승인 후 변경사항을 발견하고 변경사항 실행으로 인해 생산 라인에 심각한 중단이 발생할 것이라고 불평했다. 프로젝트 관리자는 무엇을 먼저 해야 하는가?

1) 운영 관리자의 우려를 공식적으로 인정하고 제조상의 어려움으로 인해 프로젝트가 지연되고 예산을 초과할 수 있다는 새로운 위험을 제기한다.

2) 구성 요소를 추가하기로 한 결정은 생산 라인에 지장을 주더라도 많은 이점을 제공하므로 문제를 프로젝트 스폰서에게 에스컬레이션한다.

3) 설계 팀과 함께 근본원인 분석 워크숍을 주도해 생산 라인과 호환되지 않는 구성요소를 추가하기로 결정하게 된 실패를 식별한다.

4) 운영 관리자를 만나 변경 배경을 설명하고 변경에 대한 운영 관리자의 우려 사항을 이해한다.

82 프로젝트 관리자는 마감 기한이 엄격하고 각 마일스톤 전달에 최소한의 시간만 있는 빠르게 진행되는 프로젝트를 이끌고 있다. 프로젝트 관리자는 프로젝트 수행을 위해 많은 노력을 기울이는 원격팀원 중 한 명이 현장팀원에게 속마음을 털어놓았다는 사실을 발견했다. 원격팀원은 자신의 업무에 대해 적절한 보상과 인정을 받지 못하고 있다고 느끼고 있다. 프로젝트 관리자는 무엇을 해야 하는가?

1) 팀원을 다른 기존 프로젝트로 재배치하기 위해 자원의 기능 관리자와 협의한다.

2) 원격팀원에게 참여 계약서 사본을 보내고 해당 팀원이 계약에 포함된 내용을 받을 자격이 있음을 명시한다.

3) 인사(HR) 관리자에게 이 상황을 알리고 이 소식이 퍼지지 않도록 한다.

4) 원격팀원을 참여시키고, 공감하고, 원격 근무 상태에 관계없이 그들의 기여에 감사함을 알린다.

83 한 금융회사에서는 예측적 접근방식을 활용한 전략 프로젝트를 기획했다. 프로젝트 계획 중에 제품 리더는 검토를 위해 마일스톤을 제출하도록 요청했다. 프로젝트를 완료하기 위해 정의된 범위와 정해진 기한이 있다. 제품 리더의 기대에 부응하려면 프로젝트 관리자가 먼저 무엇을 해야 하는가?

1) 접근 방식이 달라질 것임을 나타내기 위해 프로젝트 헌장을 변경한다.

2) 제품 리더에게 프로젝트가 끝날 때까지 기다려야 한다고 알린다.

3) 소프트웨어 팀과 만나 월간 마일스톤 검토 가능성을 검토한다.

4) 마일스톤을 통합하기 위해 애자일 프레임워크를 사용하도록 프로젝트 관리 계획을 수정한다.

84 프로젝트 팀은 이해관계자를 위한 보고서를 준비하고 있다. 팀에서는 상태 보고서에 포함될 많은 양의 데이터를 수집하고 분석하려고 한다. 프로젝트 관리자는 다음에 무엇을 해야 하는가?

1) 팀이 이해관계자 보고서 작성을 위한 표준 운영 절차(SOP)를 준수하는지 확인한다.

2) 보고서의 모든 데이터를 그래픽으로만 표현하도록 팀에 지시한다.

3) 보고서를 최종 확정하기 전에 이해관계자들과 회의를 실시하도록 팀에 지시한다.

4) 보고서에 데이터를 포함하기 전에 데이터를 분석하고 해석하도록 팀에 지시한다.

85 프로젝트 관리자는 범위가 이미 설정된 후에 프로젝트에 기능을 추가해 달라는 요청을 받았다. 프로젝트 관리자는 무엇을 해야 하는가?

1) 요구사항 관리 프로세스를 따른다.

2) 이해관계자 참여 프로세스를 따른다.

3) 위험관리 프로세스를 따른다.

4) 변경관리 프로세스를 따른다.

86 프로젝트 관리자는 기술 영역에 대한 전문 지식을 가지고 있다. 프로젝트 관리자는 다른 팀원들에게 용납할 수 없는 행동을 자주 보여주고 있다. 그러나, 직면했을 때 프로젝트 관리자는 이러한 행동을 부정한다. 프로젝트 관리자의 행동에 대한 이유는 무엇인가?

1) 프로젝트 관리자에게 필요한 공감 능력이 부족하다.

2) 프로젝트 관리자는 감성 지능(EI)이 부족하다.

3) 프로젝트 관리자가 적절한 교육을 받지 못했다.

4) 프로젝트 관리자가 잘못된 프로젝트 역할을 맡고 있다.

87 시스템 개발 업무 경험이 부족한 프로젝트 팀원이 성과를 잘 내지 못하고 있다. 현재 해당 작업을 완료할 수 있는 자격을 갖춘 다른 직원은 없다. 프로젝트 관리자는 무엇을 해야 하는가?

1) 팀원의 개발 요구사항을 평가하고 팀원이 교육을 받을 수 있도록 준비한다.

2) 새로운 자원을 고용하기 위한 프로젝트 예산 예비비의 일부를 사용하기 위해 프로젝트 스폰서로부터 승인을 구한다.

3) 기능 관리자와 협력해 팀원이 프로젝트를 완료하도록 하는 인센티브를 결정한다.

4) 시스템 개발 작업에 더 숙련된 새로운 리소스를 갖춘 팀원을 대신할 사람을 요청한다.

88 한 스타트업 회사에서 프로젝트 경험이 없는 CEO를 방금 임명했다. CEO는 자신이 가진

자원으로 프로젝트를 실행하기를 원하며 프로젝트 관리자를 임명했다. 프로젝트 관리자는 CEO에게 무엇을 먼저 추천해야 하는가?

1) 프로젝트 실행을 정당화하기 위한 프레임워크를 만든다.
2) 향후 모든 프로젝트에 애자일 접근 방식을 활용한다.
3) 프로젝트 성공을 지원하는 프레임워크를 만든다.
4) 향후 모든 프로젝트에 예측 접근 방식을 활용한다.

89 현장에서 업무를 수행하기 위해 프로젝트 팀을 고용했지만 팀 전체가 원격으로 작업해야 하는 예상치 못한 상황이 발생했다. 일부 팀원은 고향으로 돌아갔고, 현재 운영비 지출에 대한 정산을 요청하고 있다. 프로젝트 관리자는 무엇을 해야 하는가?

1) 예산을 검토하고 정산을 위한 자금을 할당한다.
2) 발생한 비용으로 프로젝트 관리 계획을 업데이트한다.
3) 정산을 처리하기 전에 팀원에게 근거 초안을 작성하도록 요청한다.
4) 통합 변경 관리 수행 프로세스에 따라 변경 요청을 제출한다.

90 한 프로젝트 관리자가 정부기관의 금융시스템 구축 프로젝트를 진행하고 있다. 예측 접근 방식을 사용하는 주요 이해관계자 중 한 명은 채팅, 작업 추적기 등과 같은 가상 도구를 좋아하지 않는다. 그들은 이메일, 전화 통화, 대면 회의를 선호한다. 프로젝트 관리자는 이 상황에 어떻게 접근해야 하는가?

1) 정기적인 화면 공유 세션을 사용해 이해관계자에게 진행 상황을 보여준다.
2) 의사소통 접근 방식에 대해 이해관계자와 조정하고 동의한다.
3) 관리자에게 가상 의사소통 도구와 온라인 대시보드를 사용하도록 요청한다.
4) 관리자의 정보 요구사항을 충족하는 디지털 대시보드를 만든다.

91 해외에 여러 사이트를 가진 프로젝트에서 지연 추세가 표시되었다. 문제를 조사하던 중 프로젝트 관리자는 주요 활동 중 일부가 해외 지사에서 휴가 기간 동안 예정되어 있다는 사실을 알게 되었다. 프로젝트 관리자는 다음에 무엇을 해야 하는가?

1) 공휴일을 반영해 일정을 업데이트하고 프로젝트 스폰서에게 완료 지연을 알린다.
2) 연휴 기간 동안 추가 업무량을 감당하기 위해 임시로 추가 인력을 고용한다.
3) 일정 차질 완화를 위해 해외지사에 초과 근무를 요청한다.
4) 공휴일을 반영해 일정을 업데이트하고 사무실 간 업무량을 공유해 일정 지연을 완화한다.

92 자체 구성 팀의 새로운 팀원이 프로젝트에 사용되는 새로운 기술로 인해 제공이 어렵다는 것을 알고 있다. 이런 상황에서 프로젝트 관리자는 어떻게 해야 하는가?

1) 다른 팀원에게 이 팀원의 작업을 완료하도록 위임한다.
2) 팀원을 멘토링하고 필요한 교육을 제공한다.
3) 해당 팀원에게 다른 팀으로의 이동을 요청한다.
4) 인사(HR) 요청을 통해 개선 프로그램에 팀원을 포함시킨다.

93 프로젝트 관리자는 전문적인 건축 서비스가 필요한 프로젝트를 관리하고 있다. 이 프로젝트는 조직에 있어 위험성이 높은 것으로 확인되었다. 프로젝트 관리자는 고도로 전문화된 외부 건축가와 협력하고 있다. 그러나, 건축가는 다른 회사의 제안을 받아들였기 때문에 곧 사임할 예정이다. 프로젝트 관리자는 다음에 무엇을 해야 하는가?

1) 이에 대해 프로젝트 팀과 논의하고 영향을 평가한 후 따라야 할 적절한 조치를 결정한다.

2) 건축가에게 새 고용주의 연락처 정보를 문의하고 회계 관리자에게 전화한다.

3) 회계 관리자에게 전화한 후 인센티브를 제공해 전문가를 유지하도록 요청한다.

4) 문제를 조달 부서에 에스컬레이션하고 공급업체와 논의하도록 요청한다.

94 한 프로젝트 관리자가 이해관계자가 100명이 넘는 다국적 프로젝트를 진행하고 있다. 프로젝트 관리자는 성공적인 프로젝트 제공에 필요한 적절한 이해관계자 참여와 참여 수준에 관심을 갖고 있다. 프로젝트 관리자는 무엇을 해야 하는가?

1) 이해관계자와 소통해 해결책을 찾는다.

2) 프로젝트 이해관계자와 함께 이슈 로그를 검토한다.

3) 이해관계자 참여 평가 매트릭스를 평가한다.

4) 이해관계자 가정 및 제약 분석을 수행한다.

95 새로운 엔지니어가 프로젝트에 배정되었다. 엔지니어는 해당 작업에 적합한 기술을 갖추고 있지만 작업을 수행하기 전에 항상 프로젝트 관리자의 승인을 기다린다. 프로젝트 관리자는 무엇을 해야 하는가?

1) 새로운 팀원에 대한 관련 교육을 받는다.

2) 적절한 의사결정 권한 수준을 결정하고 엔지니어에게 권한을 부여한다.

3) 작업 흐름을 원활하게 유지하기 위해 엔지니어를 위해 모든 결정을 내린다.

4) 숙련된 엔지니어로 리소스를 교체한다.

96 선임 프로젝트 관리자는 신입 프로젝트 관리자를 프로젝트 팀의 일부로 포함시켰다. 코칭 세션 중에 신입 프로젝트 관리자는 선임 프로젝트 관리자에게 효율성을 높이고 재작업을 줄이는 방법을 물어보았다. 선임 프로젝트 관리자는 어떻게 대응해야 하는가?

1) 작업분류체계(WBS)를 사용해 프로젝트 및 리소스 요구사항을 기반으로 프로젝트 일정을 만든다.

2) 자원 할당을 모니터링해 팀원이 하루 8시간 근무하는지 확인한다.

3) 프로젝트 일정을 달성하기 위해 팀의 기술에 관계 없이 팀에 프로젝트 작업을 할당한다.

4) 프로젝트 관리 계획의 효율성을 평가하기 위해 주요 이해관계자와의 일일 회의 일정을 계획한다.

97 애자일 팀이 비즈니스 가치를 제공하기 위해 2주간의 스프린트를 진행하고 있다. 스프린트가 시작된 후 약 1주일이 지나면서 팀원들은 자신들이 만들고 있는 제품 증분에 대해 확신을 갖지 못하고 있다. 그들은 스프린트가 끝날 때까지 기다리기를 원하지 않으며 지금 제품 소유자와 함께 제품 증분을 확인하려고 한다. 이 위험을 완화하기 위해 프로젝트 관리자는 무엇을 해야 하는가?

1) 추가 작업이 필요한 제품 소유자의 피드백을 예상해 스프린트 종료 날짜를 연장한다.

2) 제품 소유자와 함께 추가 임시 데모 일정을 잡

는다.

3) 회고의 일환으로 문제를 해결한다.

4) 팀에게 원래 스프린트 종료 날짜를 맞추기 위해 스프린트가 끝날 때까지 초과 근무를 하도록 요청한다.

98 애자일 팀이 다섯 번의 스프린트를 완료했다. 최종 제품은 앞으로 세 번의 스프린트를 거쳐 출시될 예정이다. 프로젝트 관리자는 기술 자원 관리자로부터 개발자 중 한 명이 앞으로 4주 동안 휴가를 받아야 하며 임시 교체가 불가능하다는 전화를 받았다. 이는 결과물에 큰 영향을 미칠 것이다. 프로젝트 관리자는 무엇을 해야 하는가?

1) 격차를 메울 수 있는 새로운 자원을 확보하기 위해 스폰서에게 추가 자금을 요청한다.

2) 고객에게 영향을 즉시 알리고 에스컬레이션을 준비한다.

3) 원래 일정에 맞춰 최종 제품을 완성할 수 있도록 제공 팀을 더욱 확대하도록 제품 소유자에게 요청한다.

4) 영향 분석을 수행하고 필요에 따라 일정을 재조정하고 변경사항을 고객에게 전달한다.

99 원격으로 작업할 프로젝트 팀을 이끌 프로젝트 관리자가 새로 임명되었다. 프로젝트 관리자는 이전 프로젝트에서 잘 작동했던 도구 세트를 사용하기로 결정했다. 그러나, 일부 팀원은 이 계획에 만족하지 않고 있다. 이를 방지하기 위해 프로젝트 관리자는 무엇을 했어야 하는가?

1) 협업 도구 선택 책임을 프로젝트 기술 책임자에게 위임해야 했다.

2) 프로젝트 팀과 만나 공동 작업 요구사항과 가장 잘 작동하는 도구를 확인해야 했다.

3) 프로젝트 팀원이 이 프로젝트에 가장 적합한 도구를 사용할 수 있도록 허용해야 했다.

4) 시중에서 판매되는 최신 공동 작업 도구를 구입하려면 프로젝트 스폰서에게 승인을 요청해야 했다.

100 일일 체크인 회의에서 팀원은 사용될 구성요소 중 하나에 대한 라이선스가 몇 달 후에 만료될 것이라고 프로젝트 팀에 알렸다. 라이선스 비용이 상당하다. 프로젝트 관리자는 다음에 무엇을 해야 하는가?

1) 라이선스 미갱신으로 인한 영향을 평가한다.

2) 라이선스 문제를 제품 소유자에게 에스컬레이션한다.

3) 대체 설계를 위해 백로그에 스파이크를 추가한다.

4) 갱신을 보장하기 위해 변경 요청을 제기한다.

101 프로젝트 관리자가 모바일 채팅 애플리케이션 개발 프로젝트를 이끌고 있다. 숙련된 개발자 중 한 명이 다른 팀원과 끊임없이 갈등을 발생시키고 있다. 결과적으로 다른 팀원들은 개발자와의 협력을 거부하고 있다. 개발자는 성과가 높기 때문에 팀을 떠나면 프로젝트 목표에 부정적인 영향을 미칠 수 있다. 이런 상황에서 프로젝트 관리자는 어떻게 해야 하는가?

1) 개발자를 만나서 다른 팀원을 존중하고 팀으로 함께 일하도록 요청한다.

2) 팀원 및 개발자를 개별적으로 만나 상황을 이해하고 그에 따른 실행 계획을 수립한다.

3) 팀의 피드백을 수집해 인사(HR)에게 보내 갈등을 해결한다.

4) 팀 빌딩 교육 세션을 마련하고 모든 팀원이 참석하도록 요구한다.

102 프로젝트 관리자는 다양한 이해관계자로부터 프로젝트 상태에 대한 정보를 요청하는 이메일을 받기 시작했다. 앞으로 이런 일이 발생하지 않도록 프로젝트 관리자는 어떻게 해야 하는가?

1) 고객 및 내부 자원을 포함한 모든 이해관계자와 주간 프로젝트 상태 회의를 계획한다.

2) 프로젝트 의사소통 전략을 계획하는 동안 프로젝트 이해관계자의 요구사항을 포함한다.

3) 이러한 이해관계자의 이메일에 응답할 팀원을 지정한다.

4) 모든 프로젝트 상태 의사소통에 이해관계자의 이메일을 포함시킨다.

103 프로젝트 팀은 고객을 위한 소프트웨어를 설치하고 지식을 운영에 전달하고 최종 보고서를 보내고 축하했다. 그리고, 1주일 후에 고객은 충족되지 않은 요구사항 목록을 보내왔다. 고객은 초기 예산 내에서 신속하게 문제를 해결해 줄 것을 요청하고 있다. 이러한 일이 발생하지 않도록 프로젝트 관리자는 무엇을 했어야 하는가?

1) 인수기준을 검토해 고객 승인을 받아야 했다.

2) 출시 후 개선을 위해 위험 예산을 할당해야 했다.

3) 고객의 성능 매개변수를 이해하기 위해 파일럿을 실시해야 했다.

4) 프로젝트 단계 전반에 걸쳐 고객과의 회의를 마련해야 했다.

104 증분적 접근 방식을 사용하는 프로젝트에서 팀원을 같은 위치에 배치하고 칸반 보드를 사용해 진행 중인 작업(WIP)을 시각화하려고 한다. 중요한 외부 이해관계자는 상태 보고서가 배포될 때까지 모든 프로젝트 활동

을 보류해 줄 것을 요청했다. 이러한 상황을 피하기 위해 프로젝트 관리자는 무엇을 했어야 하는가?

1) 프로젝트 문서를 공유 폴더에 저장해야 했다.

2) 외부 이해관계자들과 월별 회의를 개최해야 했다.

3) 모든 이해관계자를 일일 스탠드업 미팅에 초대해야 했다.

4) 모든 이해관계자에게 주간 상태 업데이트 보고서를 보내야 했다.

105 높은 성과를 내는 팀이 새로운 도메인의 프로젝트에 참여하고 있다. 팀이 예상대로 서비스를 제공할 수 없다. 프로젝트 관리자는 무엇을 해야 하는가?

1) 팀이 개발 영역을 식별하고 격차를 해소하도록 지원한다.

2) 팀을 해산하고 팀원을 기존의 다른 팀에 포함시킨다.

3) 어려움을 겪고 있는 팀원을 파악하고 팀에서 내보낸다.

4) 팀이 이전 프로젝트에서와 마찬가지로 제공해야 하는 명확한 기대치를 설정한다.

106 프로젝트 회의에서 프로젝트 관리자는 보고서를 제때에 전달하는 것이 중요하다고 표현했다. 이러한 개별 보고서는 단일 보고서로 통합된다. 팀원의 보고서 중 하나가 제때에 전달되지 않아 해당 보고서를 다른 보고서와 통합할 수 없었다. 이는 팀워크 부족을 나타내며 프로젝트 성공에 영향을 미친다. 이 문제를 해결하려면 프로젝트 관리자는 어떻게 해야 하는가?

1) 팀의 다른 사람에게 작업을 할당한다.

2) 팀원과 비밀스럽게 논의한다.

3) 프로젝트 회의에서 이 문제를 논의한다.

4) 이 항목을 위험 등록부에 포함시킨다.

107 프로젝트가 6개 중 두 번째 반복을 시작하고 있다. 일일 회의 중에 팀원이 도움을 요청했다. 결과물을 완성하려면 설계 부서의 승인이 필요하다. 프로젝트 관리자는 무엇을 해야 하는가?

1) 설계 관리자를 만나 필요한 승인을 요청한다.

2) 다음 일일 회의에 설계 팀원을 초대한다.

3) 이슈 로그를 업데이트하고 프로젝트 스폰서에게 에스컬레이션한다.

4) 이 반복 결과물을 방해 요소가 없는 결과물로 교체한다.

108 판매된 복권 정보를 저장하는 IT 프로젝트를 이끌기 위해 프로젝트 관리자가 배정되었다. 프로젝트 진행 중 시스템 장애로 인해10개의 숫자가 두 번 판매되었다. 상금이 올해 최고 수준이었기 때문에 수요가 가장 많았던 달에 이런 일이 일어났다. 프로젝트 팀은 해당 티켓 중 하나가 승자가 될 수 있다고 우려하고 있다. 프로젝트 관리자는 무엇을 먼저 해야 하는가?

1) 이러한 위험이 실현될 확률은 극히 낮다는 점을 설명해 의뢰자를 안심시킨다.

2) 이벤트의 높은 발현성으로 인해 시스템이 다시 장애를 일으키지 않는지 테스트한다.

3) 위험 목록을 검토해 이 문제가 고려되었는지 확인하고 세부 조치 계획을 실행한다.

4) 스폰서에게 문제에 대해 알리고 충분한 자금을 사용할 수 있도록 요청한다.

109 프로젝트 관리자가 중요한 건설 프로젝트를 진행하고 있다. 합의된 계획의 일부는 대부

분의 팀원이 가상으로 작업하기 때문에 초고속 인터넷 서비스에서 실행되는 서버와 함께 클라우드 기반 시스템을 사용하는 것이었다. 회사는 가능한 한 운영 비용을 줄여야 하며 경영진은 이제 프로젝트에서 기존 전화 접속 서비스에서 실행되는 시스템을 사용할 것이라고 주장하고 있다. 프로젝트 관리자는 다음에 무엇을 해야 하는가?

1) 경영진의 의견에 동의하고 프로젝트 관리 계획을 계속 진행한다.

2) 이 결정의 영향을 평가하고 경영진과 소통한다.

3) 회사의 비용 절감을 돕기 위해 가상으로 일하는 일부 팀원을 교체한다.

4) 결정에 대해 경영진과 만나서 다른 프로젝트 관리자를 구하도록 요청한다.

110 프로젝트 범위기술서가 승인되었고 프로젝트 관리자와 핵심 팀이 프로젝트에 배정되었다. 갑자기 프로젝트 관리자가 응급 상황으로 인해 임시 휴직을 하게 되었다. 프로젝트 관리자가 휴가 중인 동안 팀은 프로젝트 일정을 수립한다. 프로젝트 관리자가 돌아오면 세부 일정이 거의 완성된다. 프로젝트 관리자는 무엇을 해야 하는가?

1) 일정이 비전 및 목표와 일치하는지 확인한다.

2) 규정 준수 문제를 프로젝트 관리 사무소(PMO)에 에스컬레이션한다.

3) 팀을 축하하고 실행 단계로 넘어간다.

4) 팀 및 프로젝트 스폰서와 함께 새로운 세부 일정을 개발한다.

111 프로젝트 관리자는 교량 건설 프로젝트를 관리한다. 프로젝트 관리자는 규제 이해관계자로부터 교량의 한 지점을 엔지니어링 설계에

추가하라는 주요 변경 요청을 받았다. 프로젝트 관리자는 변경 요청을 준비했으며 변경 통제위원회(CCB)에서 이를 검토하고 승인했다. 이제 프로젝트 관리자는 무엇을 해야 하는가?

1) 변경 요청 승인을 프로젝트 팀에 알린다.

2) 설계에 교량의 새로운 지점을 포함시킨다.

3) 변경을 요청한 이해관계자에게 결정 내용을 전달한다.

4) 프로젝트 관리 계획의 조정 사항을 평가한다.

112 프로젝트가 거의 완료되었지만 예정보다 늦어지고 있다. 비상사태 예산은 이미 사용 중이지만 남은 예산은 프로젝트를 완료하기에 충분할 것이다. 프로젝트에 배정된 유일한 주제 전문가(SME)는 그의 관리자로부터 운영 부서의 문제를 해결하도록 요청 받았다. 프로젝트 관리자는 무엇을 해야 하는가?

1) 상황을 프로젝트 스폰서에게 전달한다.

2) 운영 우선순위를 처리하기 위해 리소스를 확보한다.

3) 관리자에게 변경 요청서를 제출하도록 요청한다.

4) 이 상황에 맞는 협상 전략을 설계한다.

113 교육 프로젝트에 배정된 프로젝트 관리자는 애플리케이션 개발 인력을 교육해야 한다. 교육 센터 제공은 고객이 담당하며, 첫 교육 시작 기한은 2주 후이다. 고객이 예상치 못한 문제로 인해 2주 후에 센터를 이용할 수 없다고 전화했다. 프로젝트 관리자는 다음에 무엇을 해야 하는가?

1) 계약 조건에 대해 위약금을 적용한다.

2) 예상 교육 날짜를 반영해 변경 요청을 발행한다.

3) 고객이 교육을 시작할 수 있는 대체 장소를 찾도록 도와준다.

4) 새로운 교육 날짜로 프로젝트 일정을 업데이트한다.

114 많은 수의 팀원이 참여하는 복잡한 기술 프로젝트에서는 지식 공유가 최우선 과제이다. 프로젝트 실행 단계에서 프로젝트 관리자는 모든 팀원으로부터 유용한 정보가 포함되어 있지만 용량이 많아 관리할 수 없는 지식 공유 이메일로 과부하가 걸린다는 수많은 불만을 받았다. 이 문제를 해결하기 위해 프로젝트 관리자는 무엇을 해야 하는가?

1) 팀이 지식과 교훈을 공유할 수 있는 비공식 의사소통 방법을 확립한다.

2) 지식 저장소와 학습된 교훈에 접근하기 위한 풀(PULL) 의사소통 방법을 확립한다.

3) 지식과 교훈을 공유하기 위해 이해관계자 간 쌍방향 의사소통 방식을 확립한다.

4) 팀이 지식과 교훈을 공유할 수 있는 푸시(PUSH) 의사소통 방법을 확립한다.

115 한 고객이 애자일 접근 방식을 사용해 여행 산업을 위한 혁신적인 소프트웨어를 만들고 싶어한다. 고객이 요청한 세부사항 및 견적 작업을 위해 회사로부터 프로젝트 관리자가 할당되었다. 프로젝트 관리자는 고객에게 정보를 보내기 전에 무엇을 해야 하는가?

1) 견적이 포함된 작업을 백로그에 넣고 프로젝트에 어떠한 예비도 필요하지 않음을 명확히 한다.

2) 추정치와 함께 작업 순서를 지정하고 소프트웨어 개발에 사용할 표준 위험 예비비를 추가한다.

3) 작업을 분석하고 견적을 제공하며 프로토타

입 데모를 포함해 고객에게 직접 보낸다.

4) 팀과 협력해 그들의 견해를 이해하고 적절한 종속성과 위험을 추가한다.

116 지난 7일간의 스프린트에 대한 번 업 차트에 따르면, 프로젝트 리더는 제품 소유자 및 팀과 함께 무엇을 다루어야 하는가?

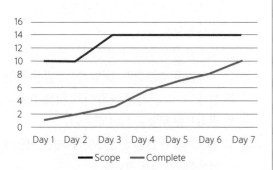

1) 제품 소유자는 팀에게 스프린트 합의를 변경하도록 요청해서는 안 된다.

2) 팀은 스프린트가 시작된 후 스프린트에서 너무 많은 작업을 수락하고 있다.

3) 팀이 제품 소유자의 기대에 부응하지 못하고 있다.

4) 팀은 4일차에 멈추고 새로운 스프린트를 시작해야 했다.

117 두 개의 대기업이 합병된 후 프로젝트 관리자가 프로젝트에 배정되었다. 회사는 정보 보안에 모범 사례가 사용되고 있는지 확인하기 위해 컨설턴트를 고용했다. 반복 중에 컨설턴트는 시장 요구사항을 충족하지 못한다고 주장하면서 소프트웨어 구성 요소에 대한 변경을 요구했다. 프로젝트 관리자는 무엇을 해야 하는가?

1) 반복을 계속하고 요청된 변경사항을 추가한다.

2) 반복을 계속하고 고객과 함께 변경사항을 검토한다.

3) 반복을 취소하고 제품 소유자를 만난다.

4) 반복을 취소하고 요청된 변경사항을 추가한다.

118 프로젝트 관리자는 프로젝트 범위를 관리하고 팀원들과 함께 작업분류체계(WBS)를 작성하고 있다. 프로젝트 관리자는 WBS를 어떻게 구성해야 하는가?

1) 고객 지향

2) 팀 중심

3) 비용 중심

4) 산출물(deliverable) 중심

119 발전소 건설 프로젝트가 자연보호 구역 근처에 있다. 한 환경 운동가 단체는 이 프로젝트의 필요성에 대해 의문을 제기하고 있다. 고객은 프로젝트를 지원하지 않으므로 그 단체를 무시하라고 프로젝트 관리자에게 알려왔다. 프로젝트 관리자는 다음에 무엇을 해야 하는가?

1) 고객에게 활동가 그룹에 연락해 프로젝트 진행 상황과 완료 날짜를 알려주도록 요청한다.

2) 활동가 그룹을 이해관계자 목록에 추가하고 이들이 프로젝트 제공에 미칠 수 있는 영향을 분석한다.

3) 고객은 프로젝트의 자금을 조달하는 가장 중요한 이해관계자이므로 고객의 지시를 따른다.

4) 프로젝트 팀에게 활동가 그룹의 모든 의사소통을 무시하고 프로젝트 작업을 계속하도록 요청한다.

120 프로젝트 관리자가 실행 단계에 있는 프로젝트를 이끌고 있다. 회사 개편으로 인해 일부

핵심 프로젝트 팀원이 프로젝트를 떠날 가능성이 높다. 프로젝트 관리자는 다음에 무엇을 해야 하는가?

1) 영향을 받은 팀원과 이 문제를 논의하고 전환 중에 지원한다.
2) 일정이 지연되는 것을 방지하기 위해 가능한 한 빨리 대체 인력을 찾기 시작한다.
3) 프로젝트 스폰서와 협력해 이러한 변경이 프로젝트 실행에 영향을 미치지 않는지 확인한다.
4) 프로젝트에 대한 영향을 결정하고 프로젝트 관리 계획에 따라 완화 조치를 구현한다.

121 프로젝트 팀은 프로젝트 관리자에게 작업 시간을 크게 줄일 수 있는 애플리케이션을 구입하도록 강력히 권장했다. 어플리케이션이 없을 경우 마감일을 놓칠 수 있다. 그러나, 구매는 프로젝트 비용에 영향을 미친다. 스폰서는 팀이 시간을 절약할 수 있는 저렴한 애플리케이션을 찾고 싶어한다. 프로젝트 관리자는 무엇을 해야 하는가?

1) 변경 요청을 한다.
2) 의사 결정 나무(decision tree)를 만든다.
3) 애플리케이션을 구매한다.
4) 가정과 제약을 분석한다.

122 프로젝트 관리자가 엔지니어링 프로젝트를 이끌고 있다. 프로젝트 매니저는 3개월 내로 예정된 양산에 앞서 일부 인증을 취득해야 한다. 인증 절차에는 최소 6개월이 소요된다. 프로젝트 관리자는 다음에 무엇을 해야 하는가?

1) 프로젝트 스폰서와 양산 일정을 3개월 연장하는 것에 대해 논의한다.
2) 인증 프로세스를 분석 및 평가하고 최상의 시나리오와 최악의 시나리오를 이해한다.
3) 일정 요구사항을 충족하기 위해 컨설턴트를 고용해 인증 프로세스를 단축한다.
4) 고위 경영진과 만나 프로젝트 일정 연장 가능성에 대해 논의한다.

123 대형 프로젝트의 실행 단계에서 해당 프로젝트에 대해 잘 모르는 새로운 이해관계자가 이사회에 합류해 프로젝트 의사결정에 영향을 미치고 있다. 이 변경사항은 프로젝트 진행에 영향을 미친다. 프로젝트 관리자는 무엇을 먼저 해야 하는가?

1) 고객에게 변경사항을 알린다.
2) 새로운 위험으로 위험 관리대장을 업데이트한다.
3) 이해관계자에게 프로젝트에 대해 프리젠테이션을 한다.
4) 프로젝트 일정을 수정한다.

124 반복 검토 세션 중에 제품이 생산 환경에 출시될 때 높은 운영 비용으로 인해 일부 제품 기능이 취소될 위험이 있다. 이러한 상황을 피하기 위해 프로젝트 리더는 어떤 유형의 분석을 수행해야 하는가?

1) 이점 분석(Benefits analysis)
2) 위험 분석(Risk analysis)
3) 용량 분석(Capacity analysis)
4) 격차 분석(Gap analysis)

125 프로젝트 관리자가 모바일 애플리케이션 개발을 위해 하청업체를 이용하고 있다. 프로젝트 팀은 애플리케이션을 테스트할 때 해당 애플리케이션이 새로운 회사의 사용자 인터페이스 표준을 준수하지 않는다는 사실을 깨 달았다. 이러한 새로운 표준이 작업명세

서(SOW)에 포함되지 않았더라도 하청업체는 이 추가 작업에 대한 대가를 즉시 지불하는 한 추가 범위에 동의했다. 프로젝트 관리자는 무엇을 해야 하는가?

1) 새로운 작업을 반영해 하청업체의 수정된 견적을 바탕으로 새로운 가격을 협상한다.
2) 변경 요청을 시작하고 계약서를 검토해 응답하기 전에 지불 옵션을 평가한다.
3) 제품이 프로젝트 요구사항에 부합하지 않는다는 이유로 하청업체의 지급요구를 거부하고 프로젝트를 종료한다.
4) 하청업체의 요청에 따라 계약에 즉시 지급 마일스톤을 포함하도록 변경을 시작한다.

126 프로젝트의 팀 리더가 조직을 떠났고 경영진은 엔지니어 A를 이 직위로 승진시키고 싶어한다. 프로젝트 관리자는 엔지니어 A를 선택하면 프로젝트에 문제가 추가될 것이라고 확신하고 엔지니어 B가 이 역할에 더 적합하다고 믿는다. 프로젝트 관리자는 경영진과 모든 주장을 논의했지만 그들의 결정은 변함이 없다. 프로젝트 관리자는 무엇을 해야 하는가?

1) 프로젝트 관리자가 이 결정을 내릴 권한이 있으므로 대신 엔지니어 B를 승진시킨다.
2) 엔지니어 A가 이 새로운 역할에 익숙해지고 엔지니어 B가 계속 동기를 부여받을 수 있도록 도와준다.
3) 엔지니어 A가 실패할 경우 엔지니어 B가 이 역할을 수행할 준비를 갖추도록 코치한다.
4) 엔지니어 A가 이 역할을 수행하지 못할 경우 엔지니어 B가 승진되도록 경영진의 승인을 요청한다.

127 애자일 프레임워크를 사용해 제공될 새 프로젝트에 프로젝트 관리자로 배정되었다. 스폰서는 비즈니스 케이스를 구축하기 위해 비용 견적을 요청하고 있다. 프로젝트 관리자는 무엇을 해야 하는가?

1) 고객 대리인이 견적에 참여하는지 확인한다.
2) 추정치에 20%의 우발사태 예비비가 포함되어 있는지 확인한다.
3) 유사한 프로젝트의 완료비용을 검토한다.
4) 유사한 프로젝트에서 배운 교훈을 검토한다.

128 한 회사가 생산 라인 중 하나에서 생산 비용을 절감하는 데 관심이 있다. 프로젝트 헌장이 승인되려고 할 때 주요 이해관계자 중 한 명이 프로젝트의 가치에 의문을 제기해 승인이 지연되었다. 이러한 좌절을 피하기 위해 프로젝트 관리자는 무엇을 했어야 하는가?

1) 벤치마킹을 개발했어야 한다.
2) 타당성 및 영향 평가를 했어야 한다.
3) 프로젝트 헌장을 자세히 설명했어야 한다.
4) 이해관계자 분석을 했어야 한다.

129 프로젝트의 결과물이 완료되었다. 그러나, 이해관계자들은 결과물이 비즈니스 요구사항을 충족하지 못하기 때문에 결과물을 승인하지 않았다. 이러한 상황을 피하기 위해 프로젝트 관리자는 어떤 조치를 취했어야 하는가?

1) 프로젝트 관리 계획을 정의하고 프로젝트 목표와 비즈니스 요구사항을 충족하는지 확인해야 했다.
2) 프로젝트가 올바르게 진행되고 있는지 확인하기 위해 이해관계자가 일일 회의에 참여했는지 확인해야 했다.
3) 프로젝트 시작 시 이해관계자와 프로젝트 팀에게 스프린트 백로그를 제공하고 설명해야

했다.

4) 조기 피드백을 얻기 위해 개발 단계에서 산출물의 빈도를 변경하도록 팀에 요청해야 했다.

130 A사와 B사는 첨단기술 제품을 공동개발하고 있다. 고객 피드백을 바탕으로 마케팅 부서에서는 2주 후에 새로운 기능을 긴급하게 요청했다. A 회사의 전방 작업은 준비가 되어 있지만 B 회사는 완전한 후방 작업을 제공하는 데 4주가 걸리고 현재 릴리스로 바쁘다. 양사의 동의와 마케팅의 수용을 얻기 위해 프로젝트 관리자는 어떻게 해야 하는가?

1) 비즈니스 가치를 조기에 선보일 수 있도록 2주 안에 최소 실행 가능 기능 제공을 계획한다.

2) 새로운 기능을 완전히 작동하고 제공하기 위해 현재 릴리스 작업을 4주 동안 중단한다.

3) 현재 릴리스로부터 4주 후에 특별 릴리스를 만들어 새 기능 전체를 제공한다.

4) 다음 릴리스 목록에 새 기능을 추가하고 현재 릴리스에서 계속 작업한다.

131 새로운 소프트웨어 도구를 작업하고 있는 팀원 중 일부는 공개 공간에서 코딩을 완료하는 대신 새로운 기능을 코딩하는 것에 대해 논쟁을 벌이고 있다. 프로젝트 관리자는 이 상황을 어떻게 처리하고 팀이 작업을 완료하도록 해야 하는가?

1) 인사(HR) 부서에 연락해 공공장소에서 논쟁이 있으므로 즉시 개입해야 한다고 말한다.

2) 공공 장소에서 기능에 대한 기대치를 설명하고 작업 공간으로 돌아가도록 조언해 대화에 참여한다.

3) 가까운 곳에서 주장을 듣고 상황을 파악한 후, 팀이 차분해졌을 때 기능에 대한 통찰력을 제공한다.

4) 팀원들을 회의실로 데려가 새로운 기능에 대해 논의하고 필요한 코딩에 대한 공통된 이해를 얻는다.

132 프로젝트 결과에 중대한 영향을 미칠 수 있는 여러 이해관계자로 구성된 새로운 프로젝트 팀에 프로젝트 관리자가 배정되었다. 프로젝트 관리자는 이해관계자를 네 가지 그룹으로 분류하고 의사소통 전략을 정의하려고 한다. 프로젝트 관리자는 의사소통을 어떻게 처리해야 하는가?

1) 영향력 있는 이해관계자들과의 의사소통을 정의하고 직접 전달한다.

2) 이해관계자를 위한 의사소통 전략을 개발하고 정의한다.

3) 모든 그룹에 걸쳐 통일된 의사소통 구조를 활용한다.

4) 프로젝트 이해관계자 매트릭스의 네 그룹을 설명한다.

133 한 팀이 증분 납품이 포함된 프로젝트를 한동안 진행해 왔다. 프로젝트 관리자는 팀원 중 한 명이 팀 회의에 덜 참여하고 제시간에 제공하지 못한다는 사실을 알아차렸다. 의욕 상실의 원인을 논의하는 동안 팀원은 프로젝트 관리자에게 이것이 새로운 작업을 처리하는 기술이 부족하다는 느낌 때문이라고 알렸다. 프로젝트 관리자는 이 문제를 어떻게 해결해야 하는가?

1) 필요한 교육과 기술을 이미 갖춘 다른 팀의 리소스로 팀원을 교체한다.

2) 팀원이 어떤 작업을 더 수행하고 싶은지 검토한 후 해당 작업을 팀원에게 할당한다.

3) 팀원과 같이 성장 및 개발 요구사항을 논의하고 그에 따라 학습 기회를 제공한다.

4) 학습 진행 상황에 대한 체크포인트를 포함해 업무 시간 동안 팀원과 함께 자기 주도 학습 계획을 수립한다.

134 프로젝트 개발팀은 전 세계 여러 지역에 위치해 있다. 지난 주에는 개발자 중 한 명이 모든 사람에게 전송된 이메일에 제때에 응답하지 않았기 때문에 매우 중요한 릴리스가 지연되었다. 개발자가 이메일을 읽지 못한 것 같다. 이러한 상황을 피하기 위해 프로젝트 관리자는 무엇을 해야 하는가?

1) 이해관계자 참여 계획을 검토한다.
2) 자원관리 계획을 검토한다.
3) 위험관리 계획을 검토한다.
4) 의사소통관리 계획을 검토한다.

135 스프린트 중에 팀원 중 한 명이 문제를 발견했다. 팀원과 제품 소유자에 따르면 이 문제는 스프린트 내의 다른 기능보다 중요도가 높지만 그것을 완료하는 것이 장애물은 아니다. 프로젝트 리더는 프로젝트 팀에게 무엇을 요청해야 하는가?

1) 변경하려는 유혹을 피하고 다음 스프린트에서 문제를 해결한다.
2) 문제 해결 계획을 공식적으로 평가하고 승인받기 위해 문제를 변경통제위원회(CCB)에 제출한다.
3) 이 문제는 동일한 스프린트의 나머지 기능보다 우선순위가 높으므로 해결한다.
4) 스프린트에 설정된 기능을 제공해 스프린트 계획을 따르고 백로그에서 문제의 우선순위를 지정한다.

136 외부 프로젝트 관리자가 대기업의 새 회사 사무실 건설을 관리하고 있다. 프로젝트 관

리 계획에는 중요한 프로젝트 구성 요소를 수정하고 검증하기 위해 고도로 훈련된 외부 리소스와 계약해야 한다고 명시되어 있다. 고객은 프로젝트 예산 범위 내에도 불구하고 비용이 높다는 이유로 외부 리소스 채용을 거부했다. 이 문제를 해결하려면 프로젝트 관리자는 어떻게 해야 하는가?

1) 다른 프로젝트의 자원을 평준화해 내부적으로 작업을 수행해 본다.
2) 고객에게 회의를 요청하고 작업이 수행되지 않을 것이라고 설명한다.
3) 결과를 평가하고 고객과 만나 가능한 시나리오를 설명한다.
4) 프로젝트 목표를 달성하기 위해 자원을 고용한다.

137 프로젝트 관리자는 중요한 팀원이 고객과 지속적으로 논쟁을 벌이고 있음을 발견했다. 이것이 회의에 부정적인 영향을 미치기 시작했다. 프로젝트 관리자는 이 문제를 어떻게 해결해야 하는가?

1) 상황을 강조하기 위해 고객과 개인적으로 대화한다.
2) 프로젝트 팀원에게 시나리오의 영향을 설명한다.
3) 향후 모든 회의에서 프로젝트 팀원을 제외한다.
4) 프로젝트 팀원에게 성과 개선 계획을 권고한다.

138 소프트웨어 개발 프로젝트 도중에 수석 설계 프로그래머가 경쟁사의 제안을 수락했다. 프로젝트 관리자는 다가오는 목표를 달성하기 위해 대체자를 찾아야 한다. 프로젝트 관리자는 무엇을 해야 하는가?

1) 리스크 대응 계획을 참조한다.
2) 자원 달력을 업데이트한다.
3) 변경통제위원회(CCB)에 요청서를 발행한다.
4) 다른 팀원에게 작업을 할당한다.

139 애자일 프로젝트에서 팀은 일일 스크럼을 위한 순환 진행자 그룹을 구성하기로 결정했다. 전반적으로 대부분의 진행자들은 성장했고 이 역할을 훌륭하게 수행했다. 그러나, 그 중 일부는 비효율적인 일일 스크럼을 실행하는 경향이 있다. 프로젝트 관리자는 다음에 무엇을 해야 하는가?

1) 팀의 자기 조직화와 성장을 칭찬하고, 필요에 따라 진행자와 일대일로 작업한다.
2) 평가판 기간이 종료되었으므로 이제 스크럼 마스터를 일일 스크럼의 진행자로 다시 사용한다.
3) 잘하고 있는 진행자에게 계속 진행하도록 요청하고 다른 진행자는 진행을 중단하도록 권장한다.
4) 접근 방식의 일관성을 보장하기 위해 일일 스크럼 촉진에 대해 모든 팀원을 재교육한다.

140 50% 완료된 프로젝트의 IT 프로젝트 관리자는 중요한 팀원이 곧 다른 국가로 이전할 계획이라는 것을 알게 되었다. 팀원은 프로젝트의 나머지 기간 동안 필요하다. 프로젝트 관리자는 팀 역학을 어떻게 개선해야 하는가?

1) 주간 프로젝트 검토를 위해 모든 팀원이 물리적으로 참석하도록 요구한다.
2) 팀원에게 프로젝트가 끝날 때까지 머물도록 인센티브를 제공한다.
3) 팀원을 비슷한 자격을 갖추고 더 가까운 곳에 있는 사람으로 교체한다.
4) 팀의 작업 진행 상황을 모니터링하기 위해 주간 화상 회의를 준비한다.

141 제품 개발팀에는 4개 국가에 위치한 팀원이 있다. 선임 관리자에게는 이 프로젝트와 가상팀을 관리할 프로젝트 관리자를 모집하는 임무가 할당되었다. 프로젝트 관리자가 이 팀을 성공적으로 관리하려면 어떤 기술이 필요한가?

1) 높은 성과를 내는 가상팀을 이끌기 위해 강력한 대인 관계 기술을 보유해야 한다.
2) 예상치 못한 상황을 피하기 위해 팀 결과물의 모든 측면을 계획하고 통제할 능력이 필요하다.
3) 여러 언어를 구사하며 여러 나라에서 살아본 경험이 있어야 한다.
4) 프로젝트에 대한 조직의 표준 및 프로세스를 구현할 수 있어야 한다.

142 한 선임 프로젝트 관리자가 아직 수익을 내지 못하는 회사에서 일하고 있다. 그러나 회사는 개발 중에 많은 혁신적인 프로젝트들을 진행하고 있다. 대부분의 프로젝트 일정이 늦어지고 직원들은 압도당하고 있다. 회사가 재무 목표를 달성하도록 돕기 위해 프로젝트 관리자는 무엇을 해야 하는가?

1) 프로젝트의 우선순위를 정해 이익을 증가시킬 수 있는 프로젝트에 더 높은 우선순위를 부여한다.
2) 모든 프로젝트의 품질이 우수하고 적시에 납품되도록 보장한다.
3) 상위 경영진에게 프로젝트 지원을 위한 추가 직원 채용을 요청한다.
4) 지연된 일정을 복구할 수 있도록 프로젝트가 신속하게 진행되는지 확인한다.

143 건 건설 프로젝트에 프로젝트 관리자가 배정되었다. 프로젝트 관리자는 애자일 과정을 수강했으며 프로젝트에서 애자일 방식을 사용하려고 한다. 프로젝트 관리자는 무엇을 해야 하는가?

1) 이러한 유형의 건설 프로젝트에서 구현할 수 있는 애자일 사례를 선택하고 적용한다.

2) 건설 프로젝트에 애자일을 적용할 수 있는지에 대한 2차 의견을 제공하기 위해 컨설턴트를 고용한다.

3) 애자일 자원에 대한 추가 예산을 할당하기 위해 프로젝트 단계를 검토한다.

4) 프로젝트에 애자일 방식을 구현하기 위해 스크럼 마스터를 프로젝트에 할당한다.

144 프로젝트 실행 중에 글로벌 프로젝트 팀은 일일 회의를 지원하기 위해 화상 회의 도구를 사용하고 있었다. 그러나 이러한 회의 중에 적극적으로 참여하는 팀원은 소수에 불과했다. 그러다 보니 오해도 많이 생겼다. 이 문제를 해결하기 위해 프로젝트 관리자는 무엇을 해야 하는가?

1) 팀원들과의 최초 합의사항을 검토하기 위해 회의의 기본 규칙을 확인한다.

2) 회의를 진행하기 위해 라운드 로빈 체크인을 사용해 모든 참가자가 발언할 기회를 갖도록 한다.

3) 매일 회의 중에 발언하지 않는 팀원과의 일대일 회의를 예약해 업데이트를 받는다.

4) 일일 회의에서 발언하고 팀 업데이트를 공유할 팀 대표 한 명을 지정한다.

145 한 회사에서 혁신 프로젝트가 진행 중이다. 계획 세션 중에 여러 이해관계자가 지속적으로 의견 차이를 보이며 자신의 입장을 뒷받

침하기 위해 개인적인 주장을 사용하는 경우가 많다. 팀원들은 이 상황에 좌절하고 있다. 이러한 상황을 피하기 위해 프로젝트 관리자는 무엇을 했어야 하는가?

1) 토론이 시작되기 전에 기본 규칙을 정해야 했다.

2) 상위 경영진의 의사결정권을 강화해야 했다.

3) 이견 수위를 줄이기 위해 고위 스폰서를 회의에 초청해야 했다.

4) 이해관계자들에게 회의 중 발언을 자제해 달라고 요청해야 했다.

146 작업 현장에서 프로젝트를 모니터링하는 동안 프로젝트 관리자는 현장팀의 작업 휴식 시간이 매주 몇 분씩 증가한 것을 발견했다. 프로젝트 관리자는 이에 어떻게 접근해야 하는가?

1) 휴식 시간 정책을 준수하지 않은 일부 근로자를 해고한다.

2) 모든 시간제 근로자에게 휴식 시간 지각에 대해 공식 서면 경고를 발행한다.

3) 팀과 회의를 통해 문제를 논의하고 해결책을 제안한다.

4) 휴게시간 연장으로 인한 근로자 지급액을 삭감한다.

147 프로젝트 관리자가 건설 프로젝트를 진행하고 있다. 회사 소유주는 프로젝트 관리자에게 4시간 이내에 새 장식 프로젝트에 대한 비용 견적을 제공하도록 요청했다. 프로젝트 관리자는 이 작업을 어떻게 완료할 수 있는가?

1) 가장 적절한 접근 방식을 파악하기 위해 프로젝트 팀과의 회의를 소집한다.

2) 소유자에게 대략적인 규모가 제공될 것이라고 말한다.

3) 주제 전문가(SME)에게 조언과 상담을 요청한다.

4) 해당 작업에는 더 많은 시간과 전문 지식이 필요함을 회사 소유주에게 알린다.

148 프로젝트 관리자는 높은 불확실성으로 인해 많은 위험에 직면한 혁신 프로젝트를 주도하고 있다. 애자일 접근 방식을 사용해 이러한 위험을 관리하려면 프로젝트 관리자가 어떤 전략을 사용해야 하는가?

1) 프로젝트의 불확실성을 추적, 평가 및 평가하기 위한 애자일 위험 매트릭스를 개발한다.

2) 프로젝트 종료 시 위험을 분석하기 위해 스크럼 위험 회고를 구현한다.

3) 프로젝트 위험을 더 잘 이해하고 추적할 수 있도록 애자일 위험 관리자를 지정한다.

4) 프로젝트가 진행됨에 따라 위험을 지속적으로 평가하고 작업 우선순위를 다시 지정한다.

149 한 실험실에서 고정된 출시 날짜와 함께 여덟 번의 반복을 통해 실행되도록 정의된 신제품을 출시하려고 한다. 두 번째 반복이 시작될 때 프로젝트 관리자는 프로젝트 백로그에 중요한 규제 기능이 누락되어 있음을 인식했다. 프로젝트 관리자는 무엇을 해야 하는가?

1) 제품 소유자에게 누락된 기능을 백로그에 추가하도록 요청한다.

2) 규제 기능 추가의 영향에 대해 논의하도록 이해관계자를 초대한다.

3) 관련 비용을 추정하고 사업 연장을 요청한다.

4) 놓친 기능을 포함하도록 팀의 역량을 높인다.

150 애자일 팀에서 일부 팀원이 나서서 프로젝트에 대한 더 많은 자율성을 요구하고 있다. 이

런 상황에서 프로젝트 관리자는 어떻게 해야 하는가?

1) 팀 리더가 결정을 내리도록 장려한다.

2) 팀원들이 결정을 내리도록 장려한다.

3) 갈등이 생길 수 있으므로 장려하지 않는다.

4) 이 요청은 관리팀을 위한 것이므로 권장하지 않는다.

151 애자일 프로젝트는 암호화폐의 고정 가격을 기반으로 고객에게 제공된다. 암호화폐의 변동성으로 인해 양측은 매 반복이 끝날 때마다 암호화폐 가치의 범위를 조정하고 합의된 가격에 도달하면 프로젝트를 중단하기로 합의했다. 이 상황에서는 어떤 접근 방식을 사용해야 하는가?

1) 가장 작은 스토리부터 시작하는 흐름 기반 접근 방식

2) 가장 높은 가치의 에픽부터 시작하는 반복적 접근 방식

3) 짧은 단계의 예측 접근 방식

4) 최소 실행 가능 제품(MVP)를 사용한 점진적 접근 방식

152 프로젝트를 막 시작했다. 프로젝트 관리자는 고객이 적절한 지식 관리 시스템을 갖추고 있지 않으며 이에 대한 요구사항도 없다는 것을 발견했다. 프로젝트 관리자는 무엇을 해야 하는가?

1) 요청 시 고객에게 적시에 지식을 제공한다.

2) 클라우드 위키를 활용해 필요한 지식을 수집한다.

3) 팀에게 현지에서 지식을 수집하고 프로젝트가 끝나면 공유하도록 요청한다.

4) 팀 및 프로젝트 이해관계자와 협력해 지식을 수집한다.

153 팀에는 각 팀원마다 개별적으로 일일 시작 시간이 있다. 때로는 팀원의 근무 시간이 겹치는 시간이 짧다. 그러한 이유로 팀으로서의 상호 작용과 작업은 줄어들고 비효율적이다. 프로젝트 관리자는 무엇을 해야 하는가?

1) 늦게 합류하는 팀원들에게 일찍 합류해 함께 일할 수 있도록 알려준다.

2) 팀원별로 겹치는 시간을 할당하고, 일정을 준수하도록 요청한다.

3) 팀 헌장을 정의하고 핵심 근무 시간에 동의하도록 팀에 요청한다.

4) 팀의 최대 근무 시간을 확보하기 위해 팀에 동시에 시작하도록 요청한다.

154 다양한 국적의 다양한 전문가로 구성된 프로젝트 팀이 프로젝트 결과물을 달성하기 위해 고군분투하고 있다. 프로젝트 관리자는 무엇을 해야 하는가?

1) 팀이 스스로 문제를 해결할 수 있도록 지원을 제공한다.

2) 프로젝트 스폰서에게 알리고 전체 팀을 교육한다.

3) 인사(HR) 부서에 성과교육 실시를 요청한다.

4) 기능부서장에게 팀원 교체를 요청한다.

155 대기업의 프로젝트 관리자가 고객 경험 프로젝트를 감독하도록 배정되었다. 프로젝트 내에서 고객 만족은 큰 문제이며 매일 해결되지 않은 고객 문의가 많이 있다. 프로젝트 관리자는 고객 서비스 팀이 이러한 해결되지 않은 문의사항으로 인해 어려움을 겪고 있다는 통보를 받았다. 이 문제를 해결하기 위해 프로젝트 관리자가 취해야 할 두 가지 조치는 무엇인가? (2개를 선택하세요.)

1) 고객에게 일괄적으로 연락해 현재 문제를 해

결 중임을 알린다.

2) 실제 문제를 감지할 수 있는 설문 조사 및 기타 분석을 수행해 문제가 실제로 존재하는지 확인한다.

3) 가능한 한 빨리 쿼리를 추적하고 우선순위를 지정하며 해결하는 솔루션을 배포한다.

4) 고위 경영진에게 고객 서비스 관리자를 보다 자격 있는 사람으로 교체하도록 요청한다.

5) 고객 서비스 팀이 이번 주에 접수된 문의사항에 대한 작업을 우선적으로 수행하도록 요청한다.

156 프로젝트가 합의된 제품 요구사항을 충족했으며 종료되고 있다. 일정에 남은 시간이 있고 예산은 초과되어 있는 상태이다. 리소스가 아직 다른 프로젝트로 이동되도록 예약되지 않았다. 몇몇 제품 챔피언은 제품에 계속해서 기능을 추가하기를 원한다. 프로젝트 관리자는 무엇을 해야 하는가?

1) 남은 시간과 자원을 사용해 프로젝트 예산을 지출하지 않고 프로젝트에 추가 범위를 추가한다.

2) 제품에 대한 추가 품질 점검에 남은 자원과 시간을 투자해 제품 품질을 보장한다.

3) 프로젝트 종료 기준이 충족되었음을 확인하고 나머지 예산과 자원을 해제한다.

4) 남은 예산으로 프로젝트 결과물에 추가 기능을 추가하기 위해 스폰서로부터 승인을 얻는다.

157 한 회사는 업계의 선구자가 되기를 원하며 새롭고 혁신적인 제품의 출시일을 발표했다. 첫 번째 스프린트 계획 이후 팀은 필요한 시간 내에 모든 기능을 제공하는 것이 불가능하다는 것을 깨달았다. 성공을 보장하기 위

해 프로젝트 관리자는 무엇을 해야 하는가?

1) 출시일에 맞춰 백로그를 줄여달라고 고객에게 요청한다.

2) 완료된 백로그를 제 시간에 전달할 수 있도록 팀의 역량을 강화한다.

3) 출시일까지 최소 실행 가능 제품(MVP)을 정의하는 데 팀을 지원한다.

4) 비상 계획을 검토하기 위해 이해관계자들과 회의 일정을 잡는다.

158 애자일 프로젝트가 2주의 기간을 가진 세 번째 반복을 실행 중이다. 예측 배경만 갖고 있는 새로운 운영 이사가 회사에서 일하기 시작했다. 프로젝트 관리자와의 첫 번째 회의에서 책임자는 주간 프로젝트 상황 보고를 요구했다. 프로젝트 관리자는 무엇을 해야 하는가?

1) 일일 스탠드업 회의에 디렉터를 초대한다.

2) 이를 팀과 공유하고 디렉터에게 보고할 보고서를 작성하도록 요청한다.

3) 디렉터에게 애자일 측면을 소개하고 해결책에 합의한다.

4) 애자일 프로젝트에는 실시간 보고서가 있다는 점을 디렉터에게 설명한다.

159 프로젝트 팀이 예측 접근 방식에서 애자일 접근 방식으로 전환하고 있다. 프로젝트 관리자는 제품 생산 시 발생하는 지원 문제를 최소화하려고 노력하고 있다. 특히 어려운 점 중 하나는 일반적으로 문제가 발생하는 운영으로의 전환이다. 이 시나리오를 개선하기 위해 프로젝트 관리자는 무엇을 해야 하는가?

1) 회고 및 데모 세션에 운영팀을 참여시키고 프로젝트 활동에 대한 피드백을 통합한다.

2) 제품 매뉴얼과 운영 가이드 등 지원 요구사항을 포함하는 백로그 항목에 중점을 둔다.

3) 백로그 논의 초기에 이해관계자를 참여시켜 이해관계자 참여를 촉진한다.

4) 지원팀/운영팀에게 일일 스탠드업 미팅에 참여해 프로젝트 진행에 기여하도록 요청한다.

160 프로젝트 관리자는 공급업체와 계약을 체결한 후 공급업체가 지속적으로 조달 작업기술서(procurement statement of work) 변경을 요구하고 있음을 발견했다. 이러한 변화는 프로젝트 결과를 향상시킬 것이다. 프로젝트 관리자는 다음에 무엇을 해야 하는가?

1) 입찰을 위해 선정된 공급업체 목록을 참조하고 공급업체 변경 가능성을 평가한다.

2) 일정에 영향을 미칠 수 있는 원치 않는 변경을 방지하기 위해 조달관리 프로세스를 수정한다.

3) 상황을 개선의 기회로 평가하고 위험 분석을 수행한다.

4) 조달 프로세스에 대한 감사를 실시하고 감사 결과를 공급업체에 알린다.

161 한 프로젝트 관리자가 국가 간 파이프라인 프로젝트에 대해 획득가치관리(EVM)를 수행하고 있다. 프로젝트 관리자는 프로젝트의 실제 비용(AC)에 대한 획득 가치(EV)의 비율을 결정했으며 계산된 결과는 0.9024임을 확인했다. 이 값은 프로젝트에 무엇을 의미하는가?

1) 프로젝트가 계획했던 것보다 적은 가치를 창출하고 있다.

2) 프로젝트가 계획된 비용을 초과하기 시작했다.

3) 프로젝트가 계획보다 더 많은 가치를 얻었다.

4) 프로젝트가 계획된 비용의 초과에 근접했다.

162 한 고객이 지금까지 공개된 사용자 스토리에 전문 용어가 너무 많고 제품에 대한 기대치가 반영되지 않는다고 불평한다. 프로젝트 관리자는 다음에 무엇을 해야 하는가?

1) 제품의 기술적 비전을 포함하도록 스토리를 다시 작성한다.

2) 선임 개발자에게 모든 스토리를 다시 작성하도록 요청한다.

3) 고객과 소통하고 모든 스토리를 다시 작성한다.

4) 팀 교육 실시를 위해 회사 임원에게 승인을 요청한다.

163 예상치 못한 사건으로 인해 공공사업 프로젝트가 4주 동안 중단되었다. 주요 경로에 대한 활동은 프로젝트 일정에 비해 뒤쳐지고 있다. 프로젝트 관리자는 무엇을 해야 하는가?

1) 일정에 4주를 추가하고 추가 리소스를 요청한다.

2) 일을 계속하기 위해 스폰서에게 특별 작업 허가를 받도록 요청한다.

3) 일정을 순조롭게 유지하기 위해 자원 관리 계획을 압축(crash)한다.

4) 프로젝트 관리 계획을 검토해 지연 가능성이 미치는 영향을 확인한다.

164 정기 프로젝트 진행 회의에서 CEO는 주요 이해관계자가 프로젝트의 최근 진행 상황을 인지하지 못했다고 프로젝트 관리자에게 알렸다. 프로젝트 관리자는 이해관계자가 이해관계자 등록부에서 정당하게 식별되고 분류

되었는지 확인하려고 한다. 이 문제의 원인을 확인하기 위해 프로젝트 관리자는 어떤 프로젝트 문서를 검토해야 하는가?

1) 요구사항 추적 매트릭스

2) 이슈 로그

3) 이해관계자 관리대장

4) 이해관계자 참여 평가 매트릭스

165 한 의료 기관은 의료 규정 준수 요구사항이 충족되도록 하기 위해 새로운 규정 준수 전문가를 고용했다. 팀으로부터 새로운 규정 준수 전문가에 대해 받은 피드백은 평균이었다. 새로운 규정 준수 전문가의 발전을 돕기 위해 프로젝트 관리자는 무엇을 해야 하는가?

1) 상황을 평가하기 위해 전문가와 일대일 회의를 준비한다.

2) 가능한 해결책을 찾기 위해 이 상황을 해당 영역의 관리자에게 에스컬레이션한다.

3) 전문가가 프로젝트 속도에 적응할 수 있는 시간을 제공한다.

4) 팀의 피드백에 대해서 인사(HR) 관리자에게 연락한다.

166 한 회사가 비즈니스를 위한 디지털 전환 프로젝트를 추진하기 위해 혁신적인 디지털 제품을 개발하기 위한 다기능 팀을 선택했다. 비즈니스 가치가 조기에 전달되도록 프로젝트 관리자는 무엇을 해야 하는가?

1) 신속한 제공을 장려하기 위해 팀원들에게 강력한 인센티브를 제공한다.

2) 상세한 프로젝트 계획을 수립하고 지연을 기능 관리자에게 에스컬레이션한다.

3) 결과물을 스프린트로 나누고 점진적으로 가치를 제공한다.

4) 적시 납품을 보장하기 위해 프로젝트를 빠르게 추적하고 작업을 면밀히 모니터링한다.

167 예측적 접근 방식을 사용하고 규제가 심한 시장에서 운영되는 회사는 제품 수명 주기가 경쟁사보다 길기 때문에 수익성을 잃고 있다. 이 시나리오를 변경하기 위해 새로운 프로젝트 관리자가 고용되었다. 프로젝트 관리자는 어떤 접근 방식을 제안해야 하는가?

1) 주로 반복적 접근 방식에 초점을 맞추고 점증적인 수명 주기를 다음 단계로 남겨두고 애자일 모델로 마이그레이션한다.

2) 주로 점증적인 수명 주기에 초점을 맞추고 반복적 접근 방식을 다음 단계로 남겨두고 애자일 모델로 변경한다.

3) 예측 접근 방식을 유지하되 문제를 예측하고 지연을 방지하기 위해 더 나은 계획 및 추적에 중점을 준다.

4) 회사 업계의 일부 측면을 존중하면서 애자일 접근 방식의 이점을 활용하는 하이브리드 접근 방식을 제안한다.

168 한 회사가 신제품을 출시하기 위해 애자일 접근 방식을 사용하고 있다. 두 번째 스프린트에서 팀은 이전에 직면한 적이 없는 기술적 문제에 직면했다. 프로젝트 관리자는 무엇을 해야 하는가?

1) 문제를 분석하기 위해 팀과 함께 조기 회고를 구성한다.

2) 제품 소유자에게 관련 사용자 스토리에 대한 사양을 작성하도록 요청한다.

3) 문제 분석을 위해 팀과 함께 문제 해결 세션을 진행한다.

4) 팀이 직면한 문제를 프로젝트 스폰서에게 알린다.

169 한 프로젝트 관리자는 대량의 기술 보고서 작성에 짝을 지어 작업하도록 팀원들을 배정했다. 때때로 프로젝트 관리자는 중요한 정보가 팀 내에 제대로 공유되지 않는다는 사실을 발견했다. 이로 인해 납품이 지연되고 궁극적으로 프로젝트를 완료하지 못하게 되었다. 이 문제의 근본원인은 무엇인가?

1) 구현 중 잘못된 의사소통 기술이 적용됨

2) 문서 계획에 대한 팀원 교육 부족

3) 팀원 페어링에 대한 부적절한 업무 할당

4) 팀원들이 2인 1조로 일을 하여 팀의 응집력이 상실됨

170 비즈니스 혁신 프로젝트에는 4단계 제공 계획이 있다. 프로젝트 팀은 프로젝트의 한 단계를 성공적으로 전달했다. 팀 성과를 더욱 향상시키고 팀원에게 권한을 부여하기 위해 프로젝트 관리자가 취해야 할 두 가지 조치는 무엇인가? (2개를 선택하세요.)

1) 팀원이 프로젝트 관리자와 결정을 교차 확인하도록 권장한다.

2) 실행 전에 모든 결정을 검토한다.

3) 팀원이 제한된 결정을 내릴 수 있도록 허용한다.

4) 팀원이 강점을 갖고 있는 업무를 구성하고 할당한다.

5) 팀원이 자신의 강점 분야에서 결정을 내릴 수 있도록 지원한다.

171 프로젝트에서 품질 문제가 발생했다. 다음 중에서 프로젝트 문제점에 대한 근본원인을 분석할 수 있는 도구 2가지를 고르시오.

1) 몬테카를로

2) 5 WHY

3) 이시가와 다이어그램

4) 파레토 다이어그램

5) 산점도

172 프로젝트 관리자는 주요 이해 관계자, 프로젝트 스폰서, 제품 소유자와의 회의를 주도해 다음 반복 이후에 출시될 기능을 정의하고 있다. 회의의 목적은 과거 반복 동안 일부 결과물이 완료되지 않았다는 점을 고려해 제품 백로그 우선순위를 검토하는 것이다. 회의 중에 제품 백로그 우선순위를 검토하고 업데이트하기 위해 먼저 고려해야 할 두 가지 항목은 무엇인가? (2개를 선택하세요.)

1) 복잡성과 개발 비용

2) 업계 동향 및 기술적 접근

3) 비즈니스 가치에 비해 일부 기능을 지연시키는 비용

4) 다른 제품의 부품 재사용

5) 각 기능이 백로그에 있었던 시간

173 한 프로젝트 팀이 애자일 소프트웨어 개발 프로젝트를 진행하고 있다. 프로젝트 관리자는 가상팀이 본사에 함께 배치된 팀만큼 효과적이지 않을 수 있다는 점을 우려하고 있다. 팀이 성과 기대치를 충족하는지 확인하기 위해 프로젝트 관리자가 활용해야 하는 두 가지 조치는 무엇인가? (2개를 선택하세요.)

1) 월별 개인 상태 보고서를 요구한다.

2) 매일 가상 회의를 열어 진행 상황을 검토한다.

3) 웹 기반 칸반 보드를 활용한다.

4) 책임을 촉진하는 기능 관리자를 할당한다.

5) 팀원에 대한 시간 관리 소프트웨어를 구현한다.

174 하이브리드 프로젝트에서 고객은 분기별 결과물을 명시하는 계약을 체결했다. 고객은 이해관계자에게 1분기에 실질적인 결과를 보여주고 싶어하며 두 번째 마일스톤을 1분기로 옮기기를 원한다. 프로젝트 관리자는 두 번째 마일스톤에 대한 요구사항이 변경되지 않는 한 불가능하다고 고객에게 설명했다. 프로젝트 관리자는 어떤 두 가지 조치를 취해야 하는가? (2개를 선택하세요.)

1) 두 번째 마일스톤에 대한 요구사항과 관련해 고객의 우선순위를 물어본다.

2) 문제를 해결하기 위해 문제를 상위 경영진에게 에스컬레이션한다.

3) 두 번째 마일스톤은 그대로 두고 변경하지 않도록 고객을 설득한다.

4) 마일스톤 이동이 프로젝트 비용에 매우 큰 영향을 미친다는 점을 고객에게 알린다.

5) 개발팀으로 돌아가서 1분기에 어떤 두 번째 마일스톤 요구사항을 수행할 수 있는지 논의한다.

175 애플리케이션 개발 인력을 교육할 목적으로 교육 프로젝트에 프로젝트 관리자가 배정되었다. 결과물 중 하나는 고객의 활성 프로젝트에서 최고의 학생에게 인턴십을 제공하는 것이다. 그러나 고객이 현재 진행 중인 프로젝트가 충분하지 않다. 프로젝트 관리자는 인턴십을 보장하기 위해 여러 내부 프로젝트를 만들기로 결정했다. 고객에게 비용을 추가하지 않고 이 시나리오를 이행하기 위해 프로젝트 관리자가 취해야 할 세 가지 조치는 무엇인가? (3개를 선택하세요.)

1) 내부 프로젝트를 가지고 새 범위의 작업분류체계(WBS)를 만든다.

2) 새로운 내부 프로젝트의 범위에 대해서 변경 요청을 생성한다.

3) 프로젝트의 우발사태 예산을 사용한다.

4) 새로운 프로젝트를 시작하도록 고객에게 영향을 준다.

5) 제공 품질을 관리한다.

176 대규모 다년간의 프로젝트에는 성공적인 제공을 위해 고도로 숙련된 직원이 필요하다. 관리팀과 프로젝트 스폰서는 자원 요구사항을 분석하고 잠재적인 예산 초과를 방지하기 위해 프로젝트에 정규 직원을 고용하기로 합의했다. 그러나, 프로젝트 진행 중에 직원 이직이 발생할 위험이 있으며 이는 프로젝트의 결과물 제공에 영향을 미칠 수 있다. 이 위험을 완화하기 위해 프로젝트 관리자가 취해야 할 두 가지 조치는 무엇인가? (2개를 선택하세요.)

1) 경영진과 만나 프로젝트를 소규모 프로젝트로 나누는 것에 대해 논의한다.

2) 고위 경영진에게 외부 직원을 고용하도록 설득한다.

3) 교육, 멘토링, 코칭을 통해 프로젝트 팀의 역량을 강화한다.

4) 자원에 대한 백업을 생성하기 위해 훈련된 직원을 늘린다.

5) 자원 성과에 동기를 부여하고 보상하기 위한 표창 프로그램을 도입한다.

177 다양한 국가의 특정 사용자와 프로젝트를 완료한 후, 프로젝트 관리자의 상사는 프로젝트 사용자가 프로젝트 실행 방식에 만족하는지 물었다. 프로젝트 관리자가 취해야 할 두 가지 조치는 무엇인가? (2개를 선택하세요.)

1) 프로젝트 참여자에게 설문지를 보내고 피드백을 구한다.

2) 의사소통 관리계획을 참조한다.

3) 다양한 국가로부터 새로운 프로세스에 대한

공식 승인을 얻는다.

4) 프로젝트 단계에서 배운 교훈을 준비한다.

5) 프로젝트 자료를 사용자에게 전달하고 의견이 있는지 확인한다.

178 한 회사가 현재의 비즈니스 모델을 바꾸고 있다. 변화하려면 여러 애자일 팀을 사용해 복잡한 프로젝트를 구현해야 한다. 테스트 팀이 테스트 메커니즘으로 채택하도록 해야 하는 세 가지 옵션은 무엇인가? (3개를 선택하세요.)

1) 스토리 테스트

2) 행위 기반 테스트와 테스트 주도 개발

3) 독립적인 개인 테스트

4) 보안 및 성능 테스트

5) 가능한 모든 선택을 포괄하는 실험적 접근 방식

179 한 프로젝트 팀은 최근 회사의 자동화된 급여 시스템을 개발하기 위한 초기 스프린트를 완료했다. 프로젝트 관리자는 다음에 작업해야 할 기능을 논의하기 위해 제품 소유자 및 팀원과 함께 스프린트 계획 회의를 계획했다. 이 회의를 생산적이고 효과적으로 진행하기 위해 프로젝트 관리자에게 필요한 두 가지 정보는 무엇인가? (2개를 선택하세요.)

1) 회사의 사명과 비전

2) 스프린트 목표

3) 스프린트 차터

4) 제품 백로그

5) 번 다운 차트

180 프로젝트 기술을 현대화하기 위한 노력의 일환으로 프로젝트 관리자는 프로젝트 팀과 위험 우선순위 지정에 대해 논의해 왔다. 프

로젝트 관리자는 프로젝트 위험을 반복적으로 평가하고 우선순위를 지정하기 위해 추가 매개변수가 필요하다고 결정했다. 왼쪽의 프로젝트 관리자 목표를 오른쪽의 관련 위험 매개변수와 연결하시오.

목표	위험 매개변수
1. 위험이 하나 또는 그 이상의 목표에 영향을 미치기까지의 시간을 평가	가. 휴면기
2. 위험이 다른 개별 프로젝트 위험들과 연관되어 있는지 평가	나. 긴급성
3. 위험 대응을 효과적으로 수행하기 위해 얼마나 신속하게 구현해야 하는지 평가	다. 접속성
4. 위험이 발생한 후 그 영향이 발견되기까지 얼마나 오랜 기간이 경과했는지 평가	라. 근접성

최종 모의고사
정답과 해설

정답

번호	1	2	3	4	5	6	7	8	9	10	11	12	13	14	15	16	17	18	19	20
정답	2	1	4	3	4	2	3	2	4	4	2	3	1	3	3	2	4	4	1	1
번호	21	22	23	24	25	26	27	28	29	30	31	32	33	34	35	36	37	38	39	40
정답	2	4	2	2	1	2	2	2	4	1	4	1	4	1	4	2	4	2	1	1
번호	41	42	43	44	45	46	47	48	49	50	51	52	53	54	55	56	57	58	59	60
정답	1	3	3	3	3	3	4	1	1	3	1	4	1	1	4	4	1	3	3	1
번호	61	62	63	64	65	66	67	68	69	70	71	72	73	74	75	76	77	78	79	80
정답	4	1	2	4	2	3	3	4	3	2	3	2	4	1	4	1	2	2	4	3
번호	81	82	83	84	85	86	87	88	89	90	91	92	93	94	95	96	97	98	99	100
정답	4	4	3	4	4	2	1	1	3	2	4	2	1	3	2	1	3	4	2	1
번호	101	102	103	104	105	106	107	108	109	110	111	112	113	114	115	116	117	118	119	120
정답	2	2	1	4	1	2	1	3	1	3	3	3	2	1	4	2	2	4	2	4
번호	121	122	123	124	125	126	127	128	129	130	131	132	133	134	135	136	137	138	139	140
정답	2	2	2	1	2	2	3	2	1	1	4	2	3	4	4	3	2	1	1	4
번호	141	142	143	144	145	146	147	148	149	150	151	152	153	154	155	156	157	158	159	160
정답	1	1	1	1	1	3	1	4	1	2	4	4	3	1	2,3	3	3	3	1	3
번호	161	162	163	164	165	166	167	168	169	170	171	172	173	174	175	176	177	178	179	
정답	2	3	4	3	1	3	4	3	1	4,5	2,3	1,3	2,3	1,5	1,2,3	4,5	1,4	1,2,4	2,4	

번호	180			
정답	1-라	2-다	3-나	4-가

01 정답은 보기 2)이다. 제품 백로그를 추가, 수정, 삭제할 권한은 제품 소유자밖에 없기에 제품 소유자가 제품 백로그에 추가한 기능은 개발을 해야 한다. 예측형 같으면 프로젝트 관리자가 기술 임원(CTO), 제품 소유자를 불러서 조정을 해야 하지만 적응형에서는 프로젝트 관리자에게 그러한 권한이 없다. 또한, 제품 소유자가 기술 임원은 이해관계자가 아니라고 했으므로 더욱 그러한 일을 할 필요가 없다. 적응형에서 프로젝트 팀은 제품을 개발해 증분하는 역할만 한다.

정답 2)

02 그동안 PERT 문제가 출제되지 않았는데 모처럼 출제되었다. 삼각 분포법으로 계산을 하든지 베타 분포법으로 계산을 하든지 기간 값은 5개월이다. 따라서, 5개월로 계산해야 한다.

매월 인건비 = 1,400 + 1,600 = 3,000

매월 추가 비용 = 2,000

그러므로, 5,000 X 5개월 = 25,000이 나온다.

작년에 지급한 60,000달러에서

25,000달러를 빼면 35,000달러이다.

정답 1)

03 문제에서는 암호화폐의 가격변동으로 프로젝트의 전체 예산이 한정될 수 있다는 것을 의미하고 있다. 이러한 경우 최소 기능성 제품(MVP) DMF를 먼저 개발하고 나머지는 예산의 여유에 따라 증분형으로 개발하는 것이 좋다.

정답 4)

04 프로젝트 팀의 사기를 올리기 위해서는 내적 보상(동기부여 등)과 외적 보상(승인, 인센티브 등)을 할 수 있다. PMBOK에서는 내적 보상이 외적 보상보상보다 효과가 높다고 이야기하고 있다. 따라서, 첫 번째 감으로는 보기 1)을 정답으로 생각할 수 있다. 그러나, 문제에서는 계속된 프로젝트로 사기가 저하되고 있다고 했으므로 휴식을 주는 것이 더 좋은 보상이 될 수 있을 것이다. 따라서, 정답으로는 보기 3)이 더 좋아 보인다.

정답 3)

05 개인적인 갈등의 일차적인 해결은 각각의 개인에게 있다. 그러나, 갈등이 프로젝트에 영향을 미치면 프로젝트 관리자가 참여해야 한다. 문제에서 좀처럼 해결될 기미가 보이지 않고 있고, 지연되고 있다고 했으므로 프로젝트 관리자가 참여해야 한다. 따라서, 보기 1)은 정답이 될 수 없다. 또한, 설계 단계이므로 워터폴로 진행되고 있는 상태여서 보기 2)처럼 다른 팀원에게 조언을 구하는 것은 좋은 방법이 아니다. 정답은 보기 3)과 4) 중에서 선택해야 한다. 개인적으로는 보기 3)이 어려운 일이라고 생각되어 보기 4)가 할 수 있는 최선이라고 생각한다.

정답 4)

06 정답은 보기 2)밖에 없다. 팀에 들어오고 싶어하지 않는 사람을 팀에 끌어들이는 방법은 좋지 않기 때문에 보기 3)은 정답이 될 수 없다. 팀이 특정 주제 전문가(SME)와 같이 회고를 하는 방법이 가장 좋아 보인다.

정답 2)

07 문제에 인도물이 완료되었다는 언급이 없으므로 보기 1)은 정답이 될 수 없고, 보기 2)는 프로젝트 종료 시 가장 나중에 해야 할 일이어서 정답이 될 수 없다. 정답은 보기 3)이다.

정답 3)

08 보기 1)은 프로젝트 관리자의 역할을 벗어나는 일이어서 정답이 될 수 없다. 보기 3)은 애자일 프로젝트의 책임과 역할을 위배하는 일이어서 정답이 될 수 없다. 보기 4)는 제품 소유자의 능력을 키우는 일과 관련이 없어서 정답이 될 수 없다. 정답은 보기 2)이다.

정답 2)

09 보기 2)는 문제에서 팀 구성이 완료되었다고 했으므로 또 다시 기능 관리자에게 인력을 요청하는 경우라서 정답이 될 수 없다. 보기 3)은 프로젝트 스폰서와 논의한다고 되어있어서 정답이 될 수 없다. 스폰서는 프로젝트의 세부적인 사항에 관여하지 않는다. 정답은 보기 1)과 보기 4) 중에서 선택해야 한다. 보기 1)보다는 보기 4)가 프로젝트 관리자로서 좀 더 책임 있는 자세이기 때문에 정답은 보기 4)이다.

정답 4)

10 문제에서 '스프린트'라는 용어가 사용되었으므로 애자일 프로젝트임을 알 수 있다. 보기 1)은 협력업체를 변경하는 것이므로 쉽게 결정할 수 있는 사항이 아니다. 따라서, 정답으로 보기 어렵다. 보기 2)는 애자일 프로젝트에서는 위험관리 계획이 없으므로 정답이 될 수 없다. 보기 3)도 애자일 프로젝트에서는 잘 하지 않는 방법이므로 정답이 될 수 없다. 문제의 요점은 의사소통이 잘 안되고 있다는 것이므로 보기 4)가 정답이다.

정답 4)

11 보기 1)은 경영진이 애자일 실무를 굳이 알아야 할 필요가 없기 때문에 정답이 될 수 없다. 보기 4)는 문제의 취지와 다르기에 정답이 될 수 없다. 정답은 보기 2)와 3) 중에서 선택해야 한다. 애자일 도입에 어려움이 있는 경우 혼합형으로 시작해서 점증적으로 변경해도 괜찮다.

정답 2)

12 프로젝트 착수 단계라고 했는데, 프로젝트 헌장이 승인이 되었는지 안 되었는지 불명확하다. 일단, 보기 1)과 2)는 계획수립(planning)이 끝나야 산출되는 문서이므로 정답이 될 수 없다. 정답은 보기 3)과 4) 중에서 정답을 선택해야 한다. 보기 4) 타당성 분석 자료는 프로젝트 관리자의 책임이 아니기에 정답은 보기 3)으로 하는 것이 좋겠다.

정답 3)

13 계획수립 중에 위험을 식별했으므로 위험 대응 계획이 수립되어 있을 것이다. 따라서, 위험 관리대장에 기술된 위험 대응 전략을 구현하는 것이 가장 좋다. 보기 2)는 보기 1)을 한 후에 하거나 팀이 회의를 하여 그것이 위험 대응 전략으로 좋다고 결론이 지어졌을 때 할 수 있는 방안이다. 보기 3)은 작업을 제외하는 것이므로 위험 대응 전략 중에 하나가 될 수는 있지만 바람직한 방법은 아니다. 보기 4)는 논리상 맞지 않다.

정답 1)

14 보기 1)과 2)는 바로 컴퓨터를 구입한다는 것이어서 정답으로

보기 어렵다. 보기 3)이 정답으로 좋아 보인다. 보기 4)는 책임을 팀원에게 전가하는 것이어서 정답으로 보기 어렵다.

정답 3)

15 보기 1)은 협력업체인 공급업체의 표준에 맞게 수정한다는 것이 논리에 맞지 않으므로 정답이 될 수 없다. 보기 4) 회고는 개선을 위한 회의이기 때문에 이해관계자가 굳이 포함될 필요가 없어 정답이 될 수 없다. 정답은 보기 2)와 3) 중에서 선택해야 한다. '반복 검토 회의'라는 것은 있지만 반복 검토 계획라는 것은 없기에 보기 2)도 정답이 될 수 없다. 약간 약한감은 있지만 정답이 될 수 있는 것은 보기 3)뿐이다.

정답 3)

16 애자일 프로젝트에서는 한번 반복 기간을 정하면 정말 특별한 경우가 아니면 변경하지 않는다. 반복 기간과 업무 생산성은 특별한 연관관계가 없기 때문이다. 따라서, 보기 1)은 정답이 될 수 없다. 보기 2) 백로그 개선은 제품 백로그에 신규 요구사항 추가 또는 기존 요구사항 삭제, 요구사항의 우선순위 변경, 요구사항의 분할 등의 활동을 의미한다. 따라서, 불분명한 요구사항으로 인해서 완료에 어려움을 겪고 있다고 했으므로 요구사항을 좀 더 세분화하는 작업이 필요하다. 정답은 보기 2)이다.

정답 2)

17 기존의 프로젝트 관리자가 신규 프로젝트 관리자를 만나지 않게 되었다고 했으므로 문서로 이 이해관계자에 대한 내용이 전달되어야 한다. 문제에서 이해관계자의 의사소통에 대한 이슈를 이야기하는지 참여 미흡에 대한 이슈를 이야기하는지 확인해야 한다. 문제에서는 참여 미흡보다는 의사소통에 초점을 맞추고 있다. 따라서, 의사소통 관리 계획을 업데이트하는 것이 바람직하다. 참여 관리 계획은 예를 들어 '저항(resistance)'으로 되어 있는 이해관계자를 '지원(support)'으로 상승시키기 위한 계획을 담고 있는 문서이다.

정답 4)

18 보기 없이 문제에서 해결 방법을 생각해 보면 프로젝트에서 품질 문제가 발생하면 팀원들과 함께 품질 문제의 원인을 찾

고 해결책을 도출하는 것이 가장 먼저 해야 할 일이다. 해결책을 찾았으면 실행해야 하는데 비용과 시간이 기준선 이상으로 필요하면 변경요청서를 발행해서 일정이나 원가 기준선을 변경할 수도 있다. 다시 문제로 돌아와서 보면 이미 재작업을 하고 있으므로 원인 파악과 해결책은 도출된 것으로 보아야 한다. 다만, 일정이 기준선 이상으로 필요한 상황이다. 따라서, 보기 2)나 4)의 조치를 취해야 한다. 보기 2)는 프로젝트 팀에서 일정을 임의로 조정하는 것처럼 느껴져서 정답으로 하기 어렵다. 보기 4)에 변경요청을 한다는 문구가 있다면 명확하게 정답인데 그러한 문구가 없어서 애매하다. 그러나, 정답이 될 수 있는 것은 보기 4)뿐이다. 보기 1) PMO는 프로젝트의 표준을 수립하고 프로젝트를 지원하는 조직이어서 프로젝트의 이슈사항을 보고할 의무는 없다. 따라서, 정답이 될 수 없다.

정답 4)

19 애자일 프로젝트는 팀의 속도에 맞게 제품 백로그에서 해야 할 일을 선택하는 것이므로 보기 2)처럼 일정에 여유 시간을 포함시킬 수 없다. 보기 3)은 아직 스폰서에게 보고할 정도의 일이 아니므로 정답이 될 수 없다. 애자일 프로젝트에서는 변경 요청서 작성이 없기에 정답이 될 수 없다. 개선을 하기 위해 회고 같은 관행에 성과데이터를 제공해 팀에 피드백 하는 것이 가장 좋은 방법이다.

정답 1)

20 개인적으로는 마음에 드는 정답이 없다. 계약서라는 것은 상호간의 신의를 바탕으로 이루진 공식 문서이기에 계약서에 따라 진행하는 것이 맞기 때문이다. 그러나, 보기에 계약서에 의거해 진행한다는 것이 없으므로 나머지 보기 중에서 최선의 정답을 선택해야 한다. 보기 2)는 고객에게 협박을 하는 것 같기에 정답이 될 수 없고, 보기 3)과 4)도 논리에서 벗어나서 정답이 될 수 없다. 그나마 정답으로 조금이나마 고려할 수 있는 것은 보기 1)밖에 없다.

정답 1)

21 문제에서 요점은 고객이 검토에 잘 참여하지 않는다는 것이다. 따라서, 보기 2)를 하는 것밖에 방법이 없다. 보기 4)는 고객이 편할 때 결과물을 검토하라는 것이어서 개선될 것 같지 않다.

정답 2)

22 보기 1)은 추가 인력을 요청하는 것으로 이해관계자들과 먼저 협의한 후에 시행해도 되는 방안이어서 정답이 될 수 없다. 보기 2)는 위험한 행동이어서 정답이 될 수 없다. 보기 3)은 담당자를 넘어서 상위 관리자에게 이야기를 하는 것이므로 PMP 시험에서는 정답이 될 수 없다. 정답은 보기 4)밖에 없다.

정답 4)

23 프로젝트 관리자가 혼란스러워 하고 있으므로 정확한 원인을 파악하고 이에 대응하는 것이 가장 좋은 방법이다.

정답 2)

24 개인 성과는 좋은데 팀 전체의 성적이 안 좋은 것은 팀에서 협업이 잘 안 되는 것이고, 팀워크가 좋지 않음을 의미한다. 따라서, 보기 2)처럼 의사소통을 촉진하거나 팀 빌딩을 하는 것이 좋겠다. 보기 4)는 의사소통 관리 계획 검토 및 업데이트는 주간보고와 월간보고, 이슈보고가 되지 않을 때 하는 방법이다.

정답 2)

25 정답은 보기 1)과 4) 중에서 선택해야 한다. 문제는 최근 구현된 새로운 시스템을 이해하지 못한다는 것이므로 현장 교육을 통해 이를 배우는 것이 가장 먼저 해야 할 일이다. 따라서, 정답은 보기 1)이다.

정답 1)

26 프로젝트에서 가장 우선해야 하는 것은 고객의 요구사항이다. 고객에게 가치를 주지 않는 프로세스는 의미가 없다.

정답 2)

27 프로젝트의 거버넌스는 프로젝트 팀에서 자체적으로 협의해 만들어야 하기에 보기 1)은 정답이 될 수 없다. 보기 3)은 문제의 요점에서 벗어나 있어서 정답이 될 수 없다. 정답은

보기 2)와 4) 중에서 선택해야 한다. 프로젝트 관리 계획서에는 팀원들의 책임과 역할이 명시될 수 있어서 정답은 보기 2)이다. 애자일로만 구성된 프로젝트가 아니고 하이브리드이기 때문에 자체 구성 팀은 어울리지 않는다.

정답 2)

28 보기 1)은 '위험을 평가한다'까지는 좋았는데, '에스컬레이션한다' 때문에 정답이 될 수 없다. 큰 문제가 아닌 것은 스폰서에게 보고하지 않는다. 보기 3)는 2)를 먼저 해보고 해도 되는 일이어서 먼저 해야 할 일은 아니다. 보기 4)도 마찬가지이다.

정답 2)

29 '예측형 프로젝트에서 언제 필요한 기술력을 파악해야 하는가?'가 문제의 핵심이다. 당연히 WBS를 만들면서 즉, 계획수립 단계에서 기술력을 파악해야 한다. 파악된 기술력은 자원관리 계획서나 프로젝트 관리 계획서에 명시를 해야 한다. 보기 3)의 안착은 프로젝트 팀원을 선발하는 것을 의미하며 이때 팀원의 기술력은 파악할 수 있겠지만 프로젝트에서 필요한 기술력을 파악할 수는 없다. 따라서, 정답은 보기 1)과 4) 중에서 선택해야 한다. 단, 보기 1)은 스폰서에게 확인을 요청하도록 한다고 했으므로 정답이 될 수 없다. 정답은 보기 4)이다.

정답 4)

30 프로젝트에 어떠한 영향을 얼만큼 미치는 줄 알아야 대응책을 정확하게 마련할 수 있다. 쉬운 문제이다.

정답 1)

31 애자일 프로젝트이므로 회고를 통해 개선을 하는 것이 가장 좋은 방법이다.

정답 4)

32 이해관계자가 변경되어 요구사항이 변하면 요구사항에 대한 검토와 평가를 선행해야 한다. 보기 2)는 그러한 평가 없이 바로 승인을 요청한다고 했으므로 정답이 될 수 없고, 보기 3)은 요구사항 변경에 대해 스폰서에게 에스컬레이션한

다고 했으므로 정답이 될 수 없다. 보기 4)는 이해관계자의 변경요청을 받지 않겠다는 것이어서 정답이 될 수 없다.

정답 1)

33 보기 1)은 해결책이 아니어서 정답으로 하기 어렵다. 보기 2)도 팀원이 어려워하는 내용과 동떨어져 있어서 정답으로 하기 어렵다. 보기 3)도 틀린 이야기는 아니나 최고의 정답으로 보기 어렵다. 보기 4)가 명확한 정답이다.

정답 4)

34 보기 3)처럼 예측형으로 돌아가는 것은 정답이 될 수 없다. 보기 4)처럼 단순히 정보만 제공하는 것도 의미가 없다. 고객에게 정식 애자일 교육프로그램을 권장하는 것이 가장 좋은 방법이다. 일일 회의가 일일 스탠업 미팅이라면 그 관행에서는 애자일 지식 전달 세션을 진행할 수 없다.

정답 1)

35 숙련된 팀원의 생산성이 떨어졌을 때 가장 먼저 해야 할 일은 직접 만나서 면담을 하는 일이다. 따라서, 정답은 보기 4)이다.

정답 4)

36 애자일 개발팀의 인원수는 9명에서 12명이 최적이다. 그런데, 프로젝트가 너무 커서 개발팀 인원이 많이 필요하게 되면 개발팀을 나누어서 작업한다. 그렇다고 해도 제품이 하나라면 제품 백로그도 하나이고, 제품 소유자도 한 명이어야 한다. 그런데, 문제와 같이 개발팀 간에 종속성이 발생하면 개발팀 간에 서열이 있는 것은 아니기에 협의해서 진행해야 한다. 보기 3)과 4)는 프로젝트 관리자의 권한을 넘어서는 일이기에 정답이 될 수 없다. 정답은 보기 1)과 2) 중에서 선택해야 한다. 보기 2)가 정답으로 더 적합해 보인다.

정답 2)

37 보기 1), 2), 3) 전부 해야 할 일이고 맞는 이야기이다. 그러나, 가장 먼저 할 일은 영향 평가와 변경요청이다.

정답 4)

38 문제가 마음에 안 드는 부분이 있다. 그것은 프로젝트 헌장에 이미 어떠한 개발 방식을 사용할 것인지 명시되어야 한다는 것이다. 헌장 작성 후에 어떤 접근 방식을 사용할 것인지 결정한다고 되어 있어서 좋은 문제는 아니다. 문제의 정답을 고르는 것은 쉽다. 요구사항이 명확한 하드웨어 영역에는 예측형 접근 방식을 사용하고, 요구사항이 불명확한 영역인 소프트웨어 부분은 애자일을 사용하는 것이 좋다. 따라서, 하이브리드 접근 방식을 사용해야 한다.

정답 2)

39 일반적으로 예측형 프로젝트에서는 프로젝트 관리자가 먼저 배정이 되고 그와 협의해 헌장을 작성하도록 되어 있다. 그러나, 헌장이 먼저 승인되고 프로젝트 관리자가 배정될 수도 있다. 이러한 경우 '예산이나 기타 여러 가지 측면에서 잘못되었을 경우 어떻게 처리를 해야 하는가?'하는 문제이다. 예측형 프로젝트에서는 기준선(baseline)이 확정되기 전이라면 언제든지 변경을 할 수 있고, 변경 통제 프로세스를 따르지 않는다는 원칙을 기억해야 한다. 또 한 가지 기억해야 할 것은 기준선은 프로젝트 계획서에 명시되어야 하고 이는 경영층 또는 고객의 승인을 받아야 한다는 것이다. 문제로 돌아와서, 보기 2)는 '리스크 로그'라는 것이 없기에 정답이 될 수 없다. 보기 3)은 추후에 처리하자는 것이어서 정답이 될 수 없다. 보기 4)는 예산에 맞추기 위해 품질을 줄인다는 것이므로 절대로 정답이 될 수 없다. 정답은 아직 기준선이 확정된 것이 아니므로 즉시 해결하는 보기 1)이다.

정답 1)

40 갈등의 당사자인 두 명 모두와 대화를 해보는 것이 중요하다.

정답 1)

41 '혁신'이라는 단어가 들어가면 '요구사항에 변화가 많겠구나, 요구사항에 확정되지 않은 부분이 많겠구나'하고 생각해야 한다. 또한, 경쟁업체가 유사한 제품을 개발하고 있다는 의미는 빨리 시장에 내놓아야 한다는 의미로 받아들여야 한다. 따라서, 애자일 방식이 제일 좋겠다. 애자일 방식은 보기 1)밖에 없다. 보기 3)과 4)는 애자일 방식의 일부분만을 표현하는 방법이다. 애자일은 반복 증분형 방식이다.

정답 1)

42 애자일을 모르는 이해관계자에 대해서는 이해관계자의 중요도에 따라 교육이나 멘토링을 하는 것이 좋겠다.

정답 3)

43 고위 관리자가 사용자 승인 테스트 계획을 승인하지는 않기에 보기 1)은 정답이 될 수 없다. 백로그를 추정하는 것과 품질 예측은 아무 관계도 없기 때문에 보기 4)는 정답이 될 수 없다. 정답은 보기 2)와 3) 중에서 선택해야 한다. 문제에서 품질 표준을 충족하지 못할 것이라는 우려가 있다고 했는데 '표준이 있다는 것을 알리는 것이 효과가 있을까?'하는 생각이 든다. 정답은 보기 3)이 좋겠다.

정답 3)

44 이해관계자는 프로젝트 관리자가 선택할 수 있는 것이 아니므로 보기 2)는 정답이 될 수 없다. 지식 이전은 모든 이해관계자가 참여해서 해야 하는 일이어서 위임할 수 없다. 따라서 보기 3)은 정답이 될 수 없다. 보기 4)는 문제의 초점에서 벗어나 있어서 정답이 될 수 없다. 문제에서 프로젝트가 완료되고 있다고 했기 때문에 지식 또는 교훈을 이전해서 보관해야 한다. 따라서, 정답은 보기 1)이다.

정답 1)

45 문제에서 핵심은 '규제를 미리 고려했는가?'이다. 따라서, 정답은 보기 3)밖에 없다.

정답 3)

46 보기 2)처럼 관리 계획을 따르도록 요청하는 것은 사후적인 방법이다. 정기적인 검토를 하는 것이 가장 좋은 방법이었다.

정답 3)

47 문제에서 '프로젝트 종료 보고서에 서명을 하기를 원하지 않는다'는 문구가 있으므로 지금 프로젝트의 범위는 다 했는데 고객이 새로운 요구사항을 제시하고 있다고 판단된다. 가장 좋은 방법이 프로젝트를 끊고 가는 것이다. 지금까지 완료한 것에 대해서 완료 확인을 받아서 프로젝트를 종료하고 새로

운 프로젝트로 시작하는 것이다. 보기 1)은 변경 요청에 대해 변경통제위원회의 승인이 있었을 때 가능한 이야기이기 때문에 정답으로 하기 어렵다. 보기 2)는 변경 승인을 변경통제위원회에서 진행하지 의회에서 하는 것은 아니므로 정답이 될 수 없다. 보기 3)이 처음에는 정답인 줄 알았다. 그러나, 지금 프로젝트를 완료하지 않고 새로운 프로젝트를 출범시키는 것은 위험한 일이다. 그나마 보기에서 정답으로 선택할 수 있는 것은 보기 4)밖에 없다.

정답 4)

48 시장을 선점하기 위해서 최소 상품성 제품(MVP)을 시장에 출시하는 것이 좋은 방법이다. 다른 방법은 시장 상황과 무관한 내용이다.

정답 1)

49 정답은 당연히 하이브리드이다. 특별한 해설이 불필요하다.

정답 1)

50 조직 프로세스 자산(OPA) 중에 하나는 교훈인데 주로 예측형 프로젝트에서 사용한다. 따라서, 이를 보고 완화 계획을 평가한다는 것은 논리상 맞지 않다. 따라서, 보기 1)은 정답이 될 수 없다. 보기 2)는 섬김형 리더로서 해야 할 일을 물어보고 있으므로 정답이 될 수 없다. 보기 4)는 애자일 프로젝트에서 변경요청이 없으므로 정답이 될 수 없다. 섬김형 리더로서 할 수 있는 일은 이러한 어려움을 극복하기 위해 팀의 역량을 강화하는 일밖에 없다.

정답 3)

51 애자일 프로젝트에서는 요구사항의 우선순위를 조정해 프로젝트 일정에 대응한다. 일정을 위해 요구사항을 수정하지는 않는다. 따라서, 보기 2)는 정답이 될 수 없다. 보기 3)은 예측형 프로젝트의 일정 단축 방법이어서 정답이 될 수 없다. 일일 스크럼 회의는 개발자들의 프로젝트 정보 교환을 위한 회의여서 문제의 초점과 거리가 멀다.

정답 1)

52 문제가 약간 애매하다. '누락된 프로세스가 있었다'는 것을 '해결책을 찾았다'라고 보아야 하는가 하는 문제이다. 나머지 보기를 보았을 때 '해결책을 찾았다'라고 보는 것이 합당하겠다. 교훈은 단계가 끝날 때 또는 프로젝트가 끝날 때 기록하는 것이 좋은 방법이므로 보기 2)는 정답이 될 수 없다. 보기 3)도 정답 후보이기는 한데 구현 중에 있으므로 아직 교훈이 작성되지 않았을 가능성이 많기에 정답으로 보기 어렵다. 정답은 보기 1)과 보기 4) 중에서 선택해야 하는데, 보기 1)은 문제가 해결되지 않았는데 계속 배포하는 것이므로 정답이 될 수 없다.

정답 4)

53 문제에서는 일정 준수가 중요하고 새로 추가되는 업무 범위가 있을 것이라는 이야기를 하고 있다. 또한, 스폰서가 바뀌었다는 것을 말하고 있는데 스폰서는 프로젝트에 자금을 지원하는 역할을 담당하는 사람 또는 조직이다. 따라서, 특별히 법에 저촉되지 않는 이상 스폰서의 요구사항은 프로젝트에서 수용되어야 한다. 수용상 어려움이 있는 경우에는 스폰서의 판단에 따른다(일정이 중요한지, 범위가 중요한지, 원가가 중요한지 등). 보기 3)은 '브리핑에 초대한 것만으로 추가 지원을 요청하는 것이 가능할까?' 생각해 보면 의문이 든다. 따라서, 정답으로는 부족해 보인다. 보기 4)는 여러 가지 검토없이 스폰서의 요구사항을 거부하는 것이므로 정답이 될 수 없다. 정답은 보기 1)과 보기 2) 중에서 선택해야 한다. 먼저, 스폰서와 업무 범위에 대한 재설정이 이루어져야 이것에 따라 일정과 원가가 조정될 수 있기 때문에 정답은 보기 1)이다.

정답 1)

54 초과 근무와 금전적 보상을 프로젝트 중간에 지급하는 것으로 미루어 예측형 프로젝트로 추정할 수 있다. 예측형 프로젝트이므로 보기 4)를 정답 후보로 생각할 수도 있고, 개인들이 원하는 보상을 할 때 가장 동기부여가 많이 되므로 보기 1)을 정답 후보로 생각할 수 있다. 보기 2)는 너무 구체적이어서 오히려 정답으로 하기 어렵고, 보기 3)은 복잡한 일을 또 해야 하므로 정답으로 하기 어렵다. 정답은 보기 1)이 논리상 적합해 보인다.

정답 1)

55 보기 1)은 하이브리드 개발에서는 대면 대화를 좋아하기에 '뉴스레터'라는 부분이 잘못되었다. 보기 2)와 3)은 프로젝트가 여러 개로 나누어져 있다는 부분이 문제에 없는데 추정해 설명한 것이어서 정답이 될 수 없다. 정답은 보기 4)이다. 프로젝트는 하나여도 개발팀은 여러 개가 될 수 있다. 또한, 종속성을 파악하는데 있어서 가장 중요한 것은 프로젝트 팀내에서의 활발한 의사소통이다.

정답 4)

56 리소스가 줄어들면 당연히 속도도 줄어든다. 따라서, 속도를 다시 산정하는 것이 필요하다. 그래야 한 번의 반복에서 완료할 수 있는 요구사항을 정확하게 산정할 수 있기 때문이다. 보기 1)은 속도가 영향을 받았다고 해서 백로그의 우선순위를 재평가할 필요는 없기 때문에 정답이 될 수 없다. 보기 2)는 리소스가 줄었기에 속도도 줄어들 필요가 있어서 동일한 속도를 유지한다는 전제가 잘못되었다. 보기 3)은 새로운 요구사항과 속도는 관계가 없기에 정답이 될 수 없다. 보기 4)는 리소스가 줄어들어서 속도가 영향을 받았기 때문에 프로젝트 일정을 재평가할 필요가 있다.

정답 4)

57 쉬운 문제여서 해설 불필요.

정답 1)

58 애자일 프로젝트에서는 요구사항 변경이 당연한 일이므로 보기 1)처럼 이슈로 등록하지 않고 스폰서에게 에스컬레이션하지도 않는다. 기능의 추가 여부는 제품 소유자가 결정을 하므로 보기 2)도 초점에서 벗어난 설명이다. 정답은 보기 3)이다.

정답 3)

59 프로젝트 진행 중 이해관계자는 언제라도 변할 수 있다. 새로운 이해관계자가 식별이 되면 해당 이해관계자 얼마나 중요한 이해관계자인지 분석을 실시하고 그에 따라 행동하면 된다. 필요하다면 당연히 의사소통 계획서도 변경이 될 수

있다.

정답 3)

60 일단은 고객이 일부 결과물이 충족되지 않았다고 주장하고 있으니 요구사항 추적 매트릭스를 이용해 확인하는 것이 먼저이다. 또한, 변경 요청은 변경통제위원회에 제출을 해야 하므로 보기 2)는 정답이 될 수 없다. 범위 기준선은 변경요청이 변경통제위원회를 통과했을 때만 수정이 가능하다. 따라서, 보기 3)은 정답이 될 수 없다. 요구사항 추적 매트릭스가 없다면 프로젝트 헌장을 기준으로 범위를 검토할 수 있다. 그러나, 요구사항 추적 매트릭스가 있는 경우에는 상세화가 떨어지는 프로젝트 헌장을 사용할 이유가 없다.

정답 1)

61 고객에게 품질 측정 결과를 보여 주는 것이 가장 좋은 방법이다. 보기 1)의 허용 오차와 통제 한계는 기준을 나타내는 것이지 결과치가 아니므로 정답이 될 수 없다. 보기 3)도 과거에 대한 기록이므로 정답으로 보기 어렵다. 정답은 보기 2)와 4) 중에서 선택해야 한다. 품질 통제 측정치는 지금까지 시행한 모든 품질 활동들에 대한 결과치이므로 개인적으로는 보기 4)가 정답이라고 생각한다.

정답 4)

62 문제만 가지고는 예측형인지 적응형인지 알 수가 없다. 어떤 생애주기를 가진 프로젝트이든지 상관없이 문제는 해결하고, 위험은 예방하면 된다. 보기 1)이 상투적이지만 정확하게 정답을 표현하고 있고, 나머지 보기들은 전부 맞는 이야기이지만 문제의 초점하고는 상관이 없다. 보기 4)는 품질 문제가 발생했을 때 취해야 하는 행동이어서 정답이 될 수 없다.

정답 1)

63 보기 1)처럼 상위 경영진에게 보고하는 것은 PMP 시험에서 정답이 될 수 없다. 보기 4)는 문제의 초점에서 벗어나 있어서 정답이 될 수 없다. 정답은 보기 2)와 3) 중에서 선택해야 한다. 보기 2)가 '딱 정답스러운' 표현이다.

정답 2)

64 문제와 보기를 보니 예측형 프로젝트라는 것을 알 수 있다. 문제에서 요점은 범위 확정에 대한 우려가 있는데 이것을 예방할 방법이 있는가 하는 것이다. 보기 1)도 충분히 정답 후보가 될 수 있다고 생각한다. 다만, 모든 주요 이해관계자가 동의한다는 것이 쉽지 않을 수 있어서 후보일 뿐이다. 보기 2)는 프로젝트 관리자 혼자서 판단하면 안 되기 때문에 정답이 될 수 없다. 보기 3)은 프로젝트에서 범위변경은 빈번히 발생하는 일인데 이것을 거부한다는 것이므로 정답이 될 수 없다. 보기 4)가 아주 좋은 정답이다.

정답 4)

65 문제에서 요점은 제품 소유자가 파일 저장소에 업로드해 놓았다고 했는데 프로젝트 팀에서는 설계문서를 찾느라고 고생하고 있다는 의미이다. 보기 1)처럼 결과물을 관리할 팀원을 지정하는 것은 조금 과한 조치이기에 정답이 될 수 없다. 보기 3)은 의사소통 프로토콜의 문제가 아니기에 문제의 초점에서 벗어나 있다. 보기 4)도 문제의 초점에서 벗어 났기에 정답이 될 수 없다. 보기 2)의 감사(audit)는 무엇이 잘못되었거나 잘못될 것이라는 생각이 있을 때 실시하는 것이어서 정답이다. 여기서 감사를 외부 감사로 생각하면 안된다. 팀 내에서 개선을 위해 실시하는 감사이다.

정답 2)

66 보기 2)는 위험을 위험 관리대장에 포함시키는 것이 컨설턴트의 책임이 아니므로 정답이 될 수 없다. 보기 4)는 비즈니스 분석가에게 모든 책임을 돌리는 것이므로 정답이 될 수 없다. 정답은 보기 1)과 3) 중에서 선택해야 한다. 보기 1)은 기능 부서장과 만나 협의한다고 했으면 정답일 수 있으나 에스컬레이션한다고 해서 정답으로 보기 어렵다. 일반적으로 프로젝트 관리자와 기능 부서장은 동급으로 프로젝트의 문제를 해결하기 위해 협의가 가능한 관계이지 에스컬레이션하는 관계는 아니다.

정답 3)

67 보기 1)처럼 프로젝트 관리 계획을 업데이트한다고 해서 범위 확장 가능성이 줄어들지 의문이며, 프로젝트 성공을 위해서라도 합리적인 범위변경은 프로세스를 통해 받아들여야

한다. 보기 2)도 나쁜 방법은 아니나 최고의 방법은 아니어서 정답으로 하기에는 미흡하다. 보기 4)는 변경사항을 추적 관리한다고 해서 프로젝트 완료를 보장한다고 보기 어렵기 때문에 정답으로 보기 어렵다. 정답은 보기 3)이다. 조금 어려운 문제인데 주요 이해관계자들과 적극적으로 의사소통을 하는 것이 변화가 심한 복잡한 프로젝트의 성공 요인이다.

정답 3)

68 제품 배송 후 결함 사항에 대한 비용처리 여부가 문제의 핵심이다. 이것을 예방하기 위해서는 계약 시에 양쪽의 책임과 역할을 명확하게 정의하는 것이 가장 중요했을 것으로 생각된다. 그러나, 보기에는 없다. 보기 1)은 계약사항에 포함되어 있다면 시행했어야 하는 일이나 그렇지 않다면 굳이 할 필요가 없어 보이고 문제의 초점에서도 벗어나 있다. 보기 2)의 품질관리 계획은 프로젝트 진행 중 하는 일이기에 정답이 될 수 없다. 보기 3)은 시간 자재 계약방식으로 이미 계약을 진행했는데 고정 비용 기준으로 제안을 했어야 한다고 하고 있으므로 문제의 초점에서 완전히 벗어난 답변이어서 정답이 될 수 없다. 보기가 전부 마음에 들지는 않지만 굳이 정답을 고르라면 보기 4)가 가장 좋을 것 같다.

정답 4)

69 문제에서는 '차량을 조달하기 위해 어떤 조치를 취해야 하는가?'를 묻고 있다. 따라서 보기 1)과 2)는 문제의 초점에서 벗어나 있다. 보기 4)는 변경통제위원회의 승인을 거치지 않고 변경을 한다는 것이므로 정답이 될 수 없다. 정답이 될 수 있는 것은 보기 3)밖에 없다. 보기 3)은 변경을 하지 않고 조달을 할 수 있는 방법을 모색하고 있기 때문이다. 더 좋은 방법으로는 등록협력업체 목록(Qualified seller list)를 통해 대체 협력업체를 찾는 방법이 있는데 보기에는 없다.

정답 3)

70 문제의 요점은 고객사의 공급업체 관리시스템을 이용해야 하는데 정작 고객사의 공급업체 관리팀은 어떠한 이점도 없을 때 어떻게 하는 것이 좋은가 하는 것이다. 보기 1)처럼 고객사의 특정인을 주제 전문가로 고용하는 것은 바람직한 일이 아니기에 정답이 될 수 없다. 보기 3)의 의사소통 관리계

획은 프로젝트 팀에서 작성하는 것이므로 스폰서와 함께 수립한다는 부분이 잘못되었다. 또한, 아무리 스폰서라고 하더라도 공급업체 사람이기에 고객사의 인력에 대해 영향력을 행사하는 것이 쉽지 않아서 정답이 될 수 없다. 보기 4)는 이미 문제에서 공급업체 관리팀은 어떠한 이점도 없다고 했으므로 정답이 될 수 없다. 고객사의 사람을 움직이기 위해서는 고객사 측과 우리 회사의 경영진이 포함된 운영위원회를 이용하는 것이 가장 좋은 방법이다.

정답 2)

71 보기 1)은 추가 리소스를 적용한다고 했기 때문에 정답이 될 수 없다. 보기 4)는 문제의 초점에서 벗어나 있어 정답이 될 수 없다. 정답은 보기 2)와 3) 중에서 선택해야 한다. 프로젝트의 조기 이익실현이 고객에게 나쁠 것은 없기 때문에 변경관리를 통해 조기 이익실현 여부에 대해 협의해 보는 것이 좋겠다. 보기 2)보다는 3)이 정답에 더 가깝다.

정답 3)

72 보기 1)은 굳이 그렇게 할 필요가 없는 과잉 행동이어서 정답이 될 수 없다. 보기 3)은 효과도 적고 교훈 문서의 목적에도 부합하지 않아서 정답이 될 수 없다. 보기 4)도 보기 2)보다 효과가 적어서 정답으로서 부족하다.

정답 2)

73 보기를 보지 않고 정답을 말하면 반복 계획에서 작성한 계획대로 일을 하면 된다. 즉, 반복 백로그(또는 스프린트 백로그)에 나와 있는 작업의 우선순위에 따라 일을 하면 된다. 보기 1)은 스탠드업 미팅 중에 하는 일이 아니어서 정답이 될 수 없다. 스탠드업 미팅에서 말할 수 있는 것은 세 가지로 엄격하게 제한되어 있다. 보기 2)는 제품 백로그의 우선순위 지정은 제품 소유자만이 할 수 있는 일이어서 정답이 될 수 없다. 보기 3)은 프로젝트 계획이 아니라 반복 계획이라면 정답인데 프로젝트 계획이라고 되어 있어서 정답으로 보기 어렵다. 프로젝트 백로그라는 용어는 없어서 보기 4)는 정답이 될 수 없다. 보기 중에는 정답이 없다, 굳이 정답을 고르라면 보기 3)과 4) 중에서 선택해야 한다. 개인적으로는 보기 4)를 선호한다.

정답 4)

74 건설팀이 B지점 옵션을 사용하면 비용을 절감할 수 있다고 했지만 프로젝트에서는 이것을 정확하게 하기 위해 이에 대한 비용 편익 분석을 수행하는 것이 좋다.

정답 1)

75 예측형 프로젝트 관리자는 지금 책임을 맡고 있는 프로젝트를 성공적으로 완수할 책임이 있다. 따라서, 조직의 명령 없이 프로젝트에 방해가 되거나 프로젝트 헌장에 명시되지 않은 일을 해서는 안된다. 다만, 보기 4)처럼 준비 상태를 평가하는 정도는 할 수 있다. 보기 4)에 '프로젝트 내의'라는 문장이 있었으면 더욱 좋았을 것 같다.

정답 4)

76 문제에서 요점은 일일 스탠드업 회의 내용이 원격팀에 잘 전달되지 않는다는 것이다. 따라서, 의사소통 도구를 변경할 필요가 있다. 정답은 보기 1)이다. 보기 2)와 3)은 기존의 원격팀이 아닌 다른 팀을 사용한다고 했으므로 정답이 될 수 없다. 보기 4)는 애자일 프로젝트에서는 교훈 검토를 중요하게 생각하지 않기에 정답이 될 수 없다.

정답 1)

77 애자일 프로젝트에서 변경 요청이 많다는 것은 특별히 문제가 되지 않는다. 문제는 작업 중인 결과가 고객 요구사항과 일치하지 않는다는 점이다. 반복 계획 활동을 강화하거나 근본적으로 고객과 프로젝트가 추구하는 가치에 대해서 깊이 있게 논의할 필요가 있다. 따라서, 정답은 보기 2)이다. 보기 3)은 이미 제품 소유자가 그 역할을 하고 있으므로 불필요한 행동이다.

정답 2)

78 보기 1)은 문제를 개선하기 보다는 징계 위주로 문제를 해결하려고 했으므로 정답이 될 수 없다. 보기 3)은 필요한 일이기는 하지만 급한 일은 아니어서 정답이 될 수 없다. 정답은 보기 1)과 4) 중에서 선택해야 하는데 프로세스를 개선하는 것이 문제의 지속적인 양산을 막을 수 있으므로 가장 먼저해

야 할 일이다. 보기 4)는 문제에서 제시되지 않은 내용이 포함되어 있어서 정답으로 보기 어렵다.

정답 2)

79 남은 자금이 들어오지 않는 것은 프로젝트에서 커다란 문제이다. 따라서, 이것을 미리 위험으로 등록해놓고 관리했어야 한다. 보기 1)도 맞는 이야기이지만 프로젝트 관점에서 보고 있지 않다. 보기 2)는 위험을 평가하고 완화하는 일은 프로젝트 관리자의 책임하에 프로젝트 팀 차원에서 진행되어야 하는 일이지 적절한 이해관계자에게 맡겨서 하는 일은 아니기에 정답으로 부족하다. 보기 3)도 맞는 이야기이지만 프로젝트 관리 관점으로 해석하고 있지 않기에 정답이 될 수 없다. 정답은 보기 4)이다. 위험으로 등록해놓고 정기적으로 모니터링하고 검토하는 것이 가장 적합한 프로젝트 관리 측면에서의 접근이다.

정답 4)

80 보기 1)은 근본원인을 파악할 문제가 아니어서 정답이 될 수 없다. 보기 4)는 프로젝트 관리자가 팀원의 요청에 동의한 것이므로 기본 규칙 위반이 아니다. 따라서, 정답이 될 수 없다. 정답은 보기 2)와 3) 중에서 선택해야 한다. 팀원이 오후 12시에 작업을 시작할 수 있도록 해 달라고 요청했을 때 회사 규정상 어디까지 가능한지 검토할 필요가 있었다. 따라서, 정답은 보기 3)이다.

정답 3)

81 변경통제위원회는 프로젝트의 모든 변경요청을 공식적으로 승인하는 권한을 가지고 있다. 즉, 공식적인 행위라는 것이다. 또한, 운영 관리자의 불만은 사실인지 아닌지 아직 확인되지 않았기에 프로젝트 관리자가 확인할 필요성은 있다. 보기 1)은 운영관리자의 불평이 사실인지 아닌지 아직 확인도 되지 않은 상태에서 프로젝트 관리자가 공식적으로 인정한다는 것은 옳지 않기에 정답이 될 수 없다. 보기 2)도 아직 확인되지 않은 사실을 말하고 있으므로 정답이 될 수 없다. 보기 3)도 실패를 인정하고 있어서 정답으로 보기 어렵다. 정답은 보기 4)이다.

정답 4)

82 보기 1)은 열심히 일하는 원격팀원에게 할 수 있는 일이 아니기에 정답이 될 수 없다. 보기 2)는 팀원에게 참여 계약서를 보여줄 필요가 없기에 정답이 아니다. 보기 3)은 외부의 힘을 통해 일을 해결하는 방법이기에 적절하지 않다. 정답은 보기 4)밖에 없다.

정답 4)

83 보기 1)은 프로젝트를 예측적 접근 방식으로 기획을 했는데 아무런 이유 없이 접근 방식을 변경한다는 것이므로 정답이 될 수 없다. 보기 2)는 제품 리더의 기대에 부응하는 방식이 아니므로 문제의 초점과 맞지 않기에 정답이 될 수 없다. 프로젝트의 접근방식을 결정하는 것은 프로젝트의 중요한 이해관계자이다. 프로젝트 진행 중 프로젝트 관리자가 마음대로 변경할 수 있는 것이 아니다. 따라서, 보기 4)도 정답이 될 수 없다.

정답 3)

84 보기 2)는 회사의 사정에 따라 전부 다르기에 꼭 필요한 일이라고 생각하기 어렵다. 따라서, 정답이 될 수 없다. 보기 3)은 이해관계자를 위한 보고서를 작성하는 것인데 그들과 회의를 한다는 것은 논리상 맞지 않다. 다만, 사전에 그들이 필요로 하는 정보가 무엇인지는 파악할 수 있다. 정답은 보기 1)과 4) 중에서 선택해야 한다. 보기 1)의 표준운영절차(standard operating procedures)는 PMBOK에 없는 용어이다. 보기 4)는 당연한 지시사항이다. 정답은 보기 4)이다.

정답 4)

85 쉬운 문제이다. 정답은 당연히 변경관리 프로세스를 따르는 것이다. 보기 1)의 요구사항 관리 프로세스는 요구사항을 수집하고 확정하는 프로세스를 의미한다.

정답 4)

86 문제에서 프로젝트 관리자가 행한 용납할 수 없는 행동이 무엇인지 구체적으로 나와 있지 않아서 문제가 더욱 어렵게

느껴진다. 공감능력은 상대방의 사고나 감정을 나의 내면에서 비슷하게 느낄 수 있는 능력을 말한다. 문제의 상황에서는 공감능력 부족으로 해석하기에는 무리가 있어서 보기 1)은 정답이 아니다. 보기 4)도 전혀 틀린 말이 아니지만 문제의 초점에서 벗어나 있다. 정답은 보기 2)와 3) 중에서 선택해야 한다. 감성 지능은 자신과 타인의 감정과 정서를 이해하고 그것의 차이를 식별하며 생각하고 행동하는 능력을 의미한다.

정답 2)

87 보기 2)와 4)처럼 인력을 교체하는 것은 문제의 취지에도 맞지 않고 PMP 시험에서는 정답일 확률이 없다. 경험이 부족하기에 보기 3)처럼 인센티브로는 해결을 할 수 없다. 정답은 보기 1)밖에 없다.

정답 1)

88 이 문제는 프로젝트 접근방식에 대한 문제가 아니고 프로젝트 시작에 대한 문제이다. 따라서, 보기 2)와 4)는 정답이 될 수 없다. 정답은 보기 1)과 3) 중에서 선택해야 하는데 보기 1)을 먼저하고 보기 3)을 시행하는 것이 좋기 때문에 정답은 보기 1)이다. 일반적으로 프로젝트에서는 프로젝트를 하는 이유를 적는 타당성 분석 자료를 먼저 만들어야 하는데 그것을 비즈니스 케이스라고 한다. 비즈니스 케이스는 프로젝트 시작 전에 작성이 되며 이것이 추후 프로젝트를 공식적으로 시작하게 하는 문서인 프로젝트 헌장으로 연결된다. 그 후 이해관계자 참여 관리 등을 통한 프로젝트 성공지원 체계를 구축하면 된다.

정답 1)

89 아주 어려운 문제이다. 왜냐하면, 보기 4개가 전부 정답이 될 수 있기 때문이다. 당초 계획에서 변경된 것이므로 통합 변경통제 프로세스를 수행하는 것이 가장 좋은 방법이다. 해당 이해관계자가 현장(on-site)이 아니라 원격(remote)으로 변경한다는 것에 대해서 변경요청서를 발행하고 이를 변경통제위원회(CCB)가 승인하면 프로젝트 계획을 수정해야 하고 팀원들을 재배치해야 한다. 이러한 경우 필요하면 신규

팀원들을 선발해야 하며 기존 팀원들 중 해제를 원하는 사람들은 해제를 해주되 그 동안의 비용에 대한 정산을 해주어야 한다. 정산을 할 때는 근거 자료에 대한 초안을 받아서 이를 근거로 정산을 위한 자금을 할당하고 정산한다. 문제에서 일부 팀원이 고향으로 돌아갔다고 했으므로 변경요청에 대한 변경통제위원회의 승인이 났다고 보는 것이 타당하다. 승인 없이 팀원들을 해제 발령이 할 수 없기 때문이다. 또한, 프로젝트 계획 수정도 완료되었다고 판단해야 한다. 따라서, 시간 순서상 보기 3)이 정답이다.

정답 3)

90 프로젝트 의사소통의 기본 원칙은 이해관계자의 의사소통 요구사항을 파악해 이를 의사소통 관리계획서에 기록한 후 그 요구사항에 맞추어서 의사소통을 진행하는 것이다. 다만, 조정이 필요할 경우에는 이해관계자와 프로젝트 관리자가 조정을 할 수 있다. 정답은 보기 2)밖에 없다.

정답 2)

91 보기 1)은 스폰서에게 알린다는 것이 잘못되었다. 스폰서에게는 사소한 일정 변경에 대해서 일일이 보고 하지 않기 때문이다. 보기 2)는 추가 인력을 고용한다는 것이 잘못되었고, 보기 3)은 초과 근무를 한다는 것이 잘못되었다. 정답은 보기 4)밖에 없다.

정답 4)

92 기술력이 부족한 팀원에게는 교육을 제공하는 것이 가장 좋은 방법이다.

정답 2)

93 전형적인 PMP 문제이다. 항상 문제에 대한 영향 평가를 먼저하고 그 다음에 적절한 조치를 강구하는 것이 가장 좋은 방법이다.

정답 1)

94 어려운 듯 쉬운 문제이다. 보기의 내용이 전부 맞는 것 같지만 PMBOK을 기준으로 보면 이해관계자 관리를 잘하기 위

해서는 식별, 이해, 분석, 우선순위 지정, 참여, 모니터링 순으로 진행해야 한다. 보기 3)의 이해관계자 참여 평가 매트릭스는 이해관계자에 대한 현재 참여 수준과 희망하는 참여 수준을 평가해 기록한 문서로 이를 근거로 모니터링도 하고 참여 수준을 높이기 위한 활동도 진행한다. 따라서, 정답은 보기 3)이다.

정답 3)

95 프로젝트를 원활하게 진행하기 위해 의사결정 권한 수준을 결정하고 엔지니어에게 권한을 부여하는 것이 가장 좋은 방법이다.

정답 2)

96 보기 2)와 3)은 설명이 필요 없을 정도로 당연하게 정답이 될 수 없다. 정답은 보기 1)과 4) 중에서 선택해야 한다. 보기 4) 처럼 주요 이해관계자들과 일일 회의를 한다고 해서 프로젝트 효율성이 높아지고 재작업이 줄어들지는 않는다. 따라서, 정답은 보기 1)이다. 작업분류체계(WBS)를 잘 만들면 효율성을 높이고 재작업도 줄일 수 있다.

정답 1)

97 보기 1)처럼 스프린트 종료 일자를 연장하는 것은 애자일의 원칙에 맞지 않기에 정답이 될 수 없으며 또한, 보기 4)처럼 초과 근무를 하는 것도 애자일의 원칙에 맞지 않기 때문에 정답이 될 수 없다. 정답은 보기 2)와 3) 중에서 선택해야 한다. 보기 2)처럼 추가 데모를 하는 것은 애자일 원칙에 없는 것이기에 정답이 될 수 없다. 스프린트 기간이 2주밖에 되지 않기에 스프린트가 종료된 후 회고의 일환으로 문제를 해결하는 것이 좋은 방법이다. 문제 외적으로 이러한 일이 왜 발생했는가를 생각해 보면 스프린트 계획 회의에서 제품 소유자와 개발팀 사이에 충분한 협의와 합의가 없었기 때문이다. 이를 회고에서 근본적으로 개선하는 것이 가장 좋은 방법이다.

정답 3)

98 프로젝트에서 이슈가 발생했을 때 가장 먼저 해야 하는 일은

이슈의 영향을 분석하고 이에 따라 대응책을 수립하고 실행하는 일이다. 따라서, 정답은 보기 4)이다. 나머지 보기들은 영향 분석이 끝난 후 필요에 따라 실행할 수도 있는 대응책이다.

정답 4)

99 보기 1)처럼 기술 책임자에게 위임하는 것도 한 가지 방법일 수는 있지만 가장 좋은 방법은 아니다. 보기 4)는 문제의 초점에서 벗어나 있어서 정답이 될 수 없다. 정답은 보기 2)와 3) 중에서 선택해야 한다. 보기 3)처럼 하면 개인들이 사용하는 도구가 모두 다르게 되어 소통과 통합에 있어서 문제가 발생할 수 있기에 정답으로 보기에는 무리가 있다. 정답은 보기 2)이다.

정답 2)

100 이슈나 위험이 발생했을 때 가장 먼저 해야 할 일은 이슈나 위험에 대한 영향 평가이다. 그래야 정확한 대책을 수립할 수 있다. 나머지 보기들은 그 이후에 해야 할 대책들이다.

정답 1)

101 갈등관리에서도 항상 정확한 현황파악이 우선되어야 한다. 따라서 보기 2)가 정답이다. 보기 3)은 프로젝트의 갈등을 외부로 보내는 것이기에 절대로 정답이 될 수 없다. 보기 1) 과 4)는 보기 2)를 한 후에 하는 것이 좋다.

정답 2)

102 다양한 이해관계자로부터 프로젝트 상태에 대한 정보를 요청하는 이메일을 받기 시작했다는 것은 의사소통 계획이 잘못되었다는 것을 의미한다. 의사소통 계획을 잘 수립하기 위해서는 이해관계자들의 의사소통 요구사항을 파악하는 것이 가장 중요하다. 따라서, 정답은 보기 2)이다.

정답 2)

103 프로젝트는 고객의 완료 승인을 받으면 종료된다. 문제의 내용만 보면 프로젝트는 종료된 것으로 보이는데 고객이 충족되지 않은 요구사항 목록을 보내왔다는 것은 정확한

인수기준을 만들고 그에 따라 승인을 받지 않았다는 것은 의미한다. 따라서, 정답은 보기 1)이다.

정답 1)

104 증분적 접근방식은 기능 등을 점진적으로 개발하는 방식을 의미한다. 즉, A기능을 개발하고 시간이 지나면 B를 만들어서 A에 붙이고 또 시간이 지나면 C를 만들어서 A+B에 붙이는 방식이다. 애자일 방식과의 차이는 일정한 기간을 갖는 반복을 활용하지 않는다는 점이다. 애자일 방식에서는 모든 이해관계자가 칸반 보드와 같은 시각적 업무 진행 상황판을 통해 진척상황을 공유한다. 문제에서 증분 방식이라고 했으므로 모든 이해관계자가 전부 칸반 보드를 통해 진척상황을 공유하지는 않을 것이다. 특히, 외부 이해관계자 같은 경우에는 별도의 진척상황을 공유하는 체계를 갖추었어야 한다. 보기 1)처럼 공유 폴더를 사용하는 것은 프로젝트 팀원끼리는 상관이 없지만 모든 이해관계자에게 모든 프로젝트 문서를 공유하게 될 수도 있으므로 바람직하지 않다. 이해관계자들이 원하는 것은 상태 보고서이지 모든 프로젝트 문서가 아니기 때문이다. 보기 2)도 상태 보고서를 원하는 것이기에 외부 이해관계자들과 굳이 월별 회의를 개최할 필요는 없다. 보기 3)의 일일 스탠드업 미팅은 프로젝트 팀원들만의 회의이므로 굳이 초대할 필요가 없다. 가장 효과적인 방법은 보기 4)이다.

정답 4)

105 보기 2)와 3)은 과격한 대책이어서 정답이 될 수 없다. 정답은 보기 1)과 4) 중에서 선택해야 한다. 새로운 도메인에서 일을 함으로써 성과가 잘 나오지 않는 것이므로 개발 영역을 식별하고 격차를 해소하는 것이 옳은 방법이다.

정답 1)

106 항상 팀원에 대한 질책성 논의는 공개된 자리에서 하면 안된다. 개인적으로 하는 것이 좋다.

정답 2)

107 프로젝트 관리자는 프로젝트의 방해물을 제거할 책임이

있다. 따라서, 설계 관리자를 만나서 협의를 하는 것이 가장 좋은 방법이다. 보기 2)는 일일 회의의 성격에 맞지 않기 때문에 정답이 될 수 없고, 보기 3)은 스폰서에게 에스컬레이션하는 것은 추후에 해도 되는 일이어서 정답이 될 수 없다. 보기 4)는 이슈를 회피하는 일이어서 정답이 될 수 없다.

정답 1)

108 보기 1)은 이슈를 무마하는 활동이므로 정답이 될 수 없다. 보기 4)는 이슈에 대한 원인 파악과 대책 수립 없이 바로 자금 이야기를 하는 것은 적절하지 않기 때문에 정답이 될 수 없다. 정답은 보기 2)와 3) 중에서 선택해야 한다. 테스트도 원인 파악이 되어야 할 수 있는 것이기 때문에 보기 2)보다는 보기 3)이 더 좋다. 이슈가 발생하면 이것이 위험 관리대장에 있는 것인지 먼저 확인하고 다음 행동을 하는 것이 좋다.

정답 3)

109 보기 3)과 4)는 과격한 결정이고 문제의 초점에서 벗어나 있기 때문에 정답이 될 수 없다. 정답은 보기 1)과 2) 중에서 선택해야 한다. 프로젝트가 초고속 인터넷 환경에서 진행되기로 합의했으나 그것보다 안 좋은 환경에서 진행해야 하는 것이므로 이 결정의 영향을 분석하고 경영진과 협의하는 것이 가장 좋은 방법이다.

정답 2)

110 보기 2)와 3)은 문제의 초점에서 벗어나 있어서 정답이 될 수 없다. 보기 4)는 불필요한 일이고 더욱이 스폰서는 프로젝트 일정 수립에 참여를 하지 않기 때문에 정답이 될 수 없다. 정답이 될 수 있는 것은 보기 1)밖에 없다.

정답 1)

111 보기 2)가 가장 나중에 할 일이며, 보기 2)보다 조금 먼저 할 일이 보기 4)이다. 정답은 보기 1)과 3) 중에서 선택해야 한다. 둘 중에 무엇을 먼저 해야 하는지에 대해서는 PMBOK은 물론 필자가 읽은 다른 프로젝트 관리 책에도 나와 있지 않다. 그리고 둘 중에 무엇을 먼저 하는지가 의미가 있는지도

의문이다. 개인적으로는 보기 3)을 먼저 하는 것이 좋겠다고
생각한다.

정답 3)

112 변경은 공식적으로 처리되어야 한다. 따라서, 변경요청서를
받는 것이 가장 중요하고 먼저 해야 할 일이다.

정답 3)

113 보기 1)처럼 하는 것은 모든 것이 잘 되지 않았을 때 맨 마지
막에 하는 것이어서 정답이 될 수 없다. 보기 2)와 4)도 할 수
있는 일이지만 자원이 일을 할 수 없기에 좋은 방법은 아니
다. 지금 가장 중요한 것은 대체 장소를 찾는 일이기 때문에
정답은 보기 3)이다.

정답 3)

114 '프로젝트에서 대용량의 업무를 어떻게 처리하는 것이 좋
겠는가?'하는 문제이다. 많은 팀원들이 있거나 복잡한 프로
젝트에서는 공통 서버를 활용하거나 지식 저장소에 각 팀
원이 지식을 저장하고 이를 필요한 인력이 꺼내어 사용하
는 방식이 가장 유용하다. 이것을 PULL 방식 의사소통이라
고 한다.

정답 2)

115 애자일 프로젝트에서는 예비비가 필요 없기 때문에 보기 1)
과 2)는 정답이 될 수 없다. 고객은 혁신적인 소프트웨어를
만들고 싶어 하기 때문에 애자일 방식을 택했다. 따라서, 보
기 3)처럼 작업을 분석하거나 프로토타입을 제작하는 것은
거의 불가능하다. 보기 4)처럼 견해를 이해하고 종속성과
위험을 판단하는 정도가 가장 합리적이다.

정답 4)

116 그래프에서는 반복 진행 중에 업무 범위가 늘어난 것을 보
여주고 있다. 또한, 초기 업무 범위가 10인데 완료된 업무도
10이어서 업무 범위가 늘어나지 않았으면 반복 내에 업무를
완료할 수 있었다는 것도 보여주고 있다. 따라서, 보기 3)과
4)는 정답이 될 수 없다. 정답은 보기 1)과 2) 중에서 선택해

야 하는데 둘 다 맞는 설명이다. 업무 범위가 늘어난 것은 보
기 1) 말고도 다양한 경우가 있을 수 있기 때문에 정답은 보
기 2)이다.

정답 2)

117 애자일 프로젝트에서는 반복을 취소할 권한이 프로젝트 관
리자에게는 없고, 제품 소유자에게만 있다. 따라서, 문제에
서 프로젝트 관리자는 무엇을 해야 하는가? 라고 물었기 때
문에 보기 3)과 4)는 정답이 될 수 없다. 또한 변경사항의 추
가는 고객, 정확하게는 제품 소유자만이 할 수 있기 때문에
정답은 보기 2)이다.

정답 2)

118 WBS는 산출물 중심의 계층적 분할이다. WBS의 정의를 물
어보는 아주 쉬운 문제이다.

정답 4)

119 프로젝트 활동에 영향을 미칠 수 있는 활동가 그룹도 주요
이해관계자이다. 따라서, 프로젝트에서는 이들을 이해관계
자 목록에 추가하고 분석하는 것이 바람직하다.

정답 2)

120 문제에서 팀원이 떠날 가능성 높다고 했으므로 아직 발생
한 이슈는 아니고 발생할 가능성이 높은 위험이다. 따라서,
위험 관리대장에 등록하고 정성적 분석과 정량적 분석을
수행한 후 위험의 대응책을 실행하면 된다. 따라서, 보기 4)
가 정답이다.

정답 4)

121 의사 결정 나무(decision tree)는 정량적 분석을 도와주는 기
법으로 구매했을 때와 그렇지 않았을 때, 저렴한 것을 구매
했을 때로 나누어서 어느 쪽이 가장 비용 효율적인가를 결
정할 수 있도록 도와준다. 따라서, 정답은 보기 2)이다.

정답 2)

122 위험이나 이슈 사항이 발생하면 발생 가능성과 영향도에
대해서 분석하고 평가하는 것이 가장 먼저 해야 할 일이다.

그 다음에 대응책을 수립하고 시행하면 된다. 보기 1)과 4)는 같은 의미로서 대응책에 해당하기 때문에 시급한 일은 아니다. 보기 3)도 대응책이기에 정답이 될 수 없다.

정답 2)

123 보기 1)과 4)는 문제의 초점에서 벗어나 있기 때문에 정답이 될 수 없다. 정답은 보기 2)와 3) 중에서 선택해야 한다. 프로젝트 입장에서는 새로운 이해관계자의 합류가 위험이 될 수 있으므로 위험 관리대장에 등록을 하는 것이 올바른 방법이다. 대응책으로는 보기 3)처럼 프리젠테이션을 하는 방법도 있고, 참여관리를 하는 방법도 있고 다양하게 있을 수 있다. 문제에서 무엇을 먼저 하냐고 했기 때문에 보기 2)가 정답이다.

정답 2)

124 문제의 상황에서는 비용편익 분석(cost-benefit analysis)이 가장 좋은 방법이다. 비용편익분석은 투자한 비용 대비 얼마의 이익이 발생할 것인가를 추정하는 기법이다.

정답 1)

125 협력업체와의 작업명세서(SOW)에 없는 내용을 추가하는 것이므로 대금을 지급하고 업무 범위를 추가하는 것이 올바른 방법이다. 따라서, 보기 3)은 정답이 될 수 없다. 보기 4)는 계약서 변경을 의미하는 것으로 지급 금액이 명시되는 것이 필요하지 지급 일정은 그렇게 중요한 일이 아니어서 정답이 될 수 없다. 정답은 보기 1)과 보기 2) 중에서 선택해야 한다. 견적보다 먼저 진행해야 하는 것은 변경요청이다. 따라서, 정답은 보기 2)이다.

정답 2)

126 보기 3)과 4)는 엔지니어 A가 실패한다는 전제로 대책을 만드는 것이기에 정답이 될 수 없다. 정답은 보기 1)과 2) 중에서 선택해야 한다. 프로젝트 팀원에 대한 선발은 기능부서장과 프로젝트 관리자가 협의해 정하지만 승진은 경영진의 의중이 반영되어야 한다. 따라서, 경영진의 의지대로 엔지니어 A를 승진시키고 그를 지원하는 것이 가장 좋은 방

법이다. 또한, 실망했을 수도 있는 엔지니어 B는 동기부여를 해주어야 한다.

정답 2)

127 보기 1)과 2)는 문제의 초점과 관련이 없어서 정답이 될 수 없다. 정답은 보기 3)과 4) 중에서 선택해야 한다. 견적을 할 때는 유사한 프로젝트의 완료비용을 검토하는 것이 좋다 (유사 추정, analogous estimating). 교훈에는 금전적인 것보다는 프로젝트를 진행하면 잘된 점과 잘못된 점이 주로 기술된다.

정답 3)

128 문제에서 프로젝트 가치에 의문을 제기했다고 했으므로 프로젝트가 가치가 있다는 것을 제시하면 된다. 따라서, 타당성 분석 및 영향 평가를 하여 미리 제시했어야 한다.

정답 2)

129 보기 2)처럼 이해관계자와 일일 회의를 하는 것은 과도한 행동이기에 정답이 될 수 없다. 보기 3)의 스프린트 백로그는 스프린트(반복) 동안 해야 할 백로그이다. 이것을 프로젝트 시작 시 제시할 수 없기에 정답이 될 수 없다. 보기 4)는 결과물의 빈도를 변경한다는 것이 이치에 맞지 않기에 정답이 될 수 없다. 예측형에서 산출물은 작업패키지가 끝날 때마다 산출되며 적응형에서는 반복이 끝나야 산출물이 나온다. 즉, 이미 산출물이 나오는 시기가 정해져 있기에 빈도를 변경하는 것은 불가능하다. 예측형에서는 프로젝트 관리계획서를 통해 프로젝트 목표와 비즈니스 요구사항을 충족하는지 확인해야 했다.

정답 1)

130 A, B 두 회사와 마케팅 부서를 모두 만족시키기 위해서는 최소 실행 가능 기능을 제공하는 방법밖에는 없다.

정답 1)

131 보기 1)은 프로젝트 일을 인사부서에 알릴 필요가 없기에 정답이 될 수 없다. 보기 2)는 공공장소에서 기능의 기대치를

설명하는 것이 올바른 일이 아니기에 정답이 될 수 없다. 보기 3)은 엿듣는다는 의미도 있고 보기 2)와 마찬가지로 공공장소에서 논의하면 안 되기에 정답이 될 수 없다. 보기 4)가 가장 바람직한 방법이다.

정답 4)

132 보기 1)은 영향력 있는 이해관계자만 정의하고 직접 전달하는 것이 항상 좋은 방법은 아니기에 정답이 될 수 없다. 보기 3)은 모든 그룹에 동일한 의사소통 구조를 가지고 가는 것이 좋은 것은 아니기에 정답이 될 수 없다. 보기 4)는 이해관계자 매트릭스를 활용한다는 의미 같은데 꼭 좋은 방법은 아니다. 당연한 이야기지만 보기 2)처럼 이해관계자를 위한 의사소통 전략을 개발하고 정의하는 것이 좋겠다.

정답 2)

133 문제에 불필요한 부분이 많이 포함되었지만 요점은 팀원들의 기술 부족이 의욕상실의 원인이라는 점이다. 기술이 부족할 때는 교육을 보내는 것이 최선의 방법이다.

정답 3)

134 문제가 단순해서 문제에 함정이 있는지 다시 한번 검토하게 하는 문제이다. 문제에서 이메일에 제때에 응답을 하지 않았다는 문구가 있는 것으로 봐서 의사소통 문제이다. 따라서, 정답은 보기 4)이다. 이해관계자 참여 계획은 이해관계자들의 참여 정도가 무인지, 저항, 중립 등일 때 참여 정도를 높이기 위한 계획을 의미한다. 자원관리 계획은 프로젝트 팀원들의 투입, 해제, 교육, 보상 등의 내용을 계획한 문서이다.

정답 4)

135 보기 1)은 반드시 다음 스프린트에서 해결한다는 보장이 없기 때문에 정답으로 볼 수 없다. 보기 2)는 애자일 프로젝트에서는 변경통제위원회가 없기 때문에 정답이 될 수 없다. 정답은 보기 3)과 4) 중에서 선택해야 한다. 애자일 프로젝트에서 반복 중에 이슈가 발견되면 즉시 처리하지 않고 기능 개발에만 집중한다. 발견된 이슈는 프로젝트 팀이 협의

해 해결책을 개발하고 제품 소유자와 프로젝트 팀이 협의해 제품 백로그에 우선순위를 지정해 해결책을 반영한 후 그에 따라 해결한다.

정답 4)

136 자원 평준화는 특정 기간에 자원이 너무 많이 투입되거나 너무 적게 투입되는 것을 예방하기 위해 취하는 행동으로 문제의 초점에서 벗어나 있어서 정답이 될 수 없다. 보기 2)는 특별한 조사나 분석 없이 고객에게 이야기하는 것으로서 정답이 될 수 없다. 보기 4)는 고객이 반대하는 내용을 협의 없이 진행하는 것이므로 정답이 될 수 없다. 고도로 훈련된 외부 리소스가 투입되지 않았을 경우의 결과를 평가하고 발생 가능한 시나리오를 가지고 고객을 설득하는 것이 가장 좋은 방법이다.

정답 3)

137 보기 1)처럼 고객과 대화하는 것은 개선 효과도 의문이고 팀원부터 만나는 것이 순서여서 정답으로 보기 어렵고, 보기 3)은 과격한 행위여서 정답으로 보기 어렵다. 보기 4)는 문제의 초점에서 벗어나 있다. 정답은 보기 2)로 팀원에게 행동별 시나리오를 설명해 주는 것이 좋은 방법이다.

정답 2)

138 변경통제위원회에서 승인 또는 기각을 하는 것은 업무에 대한 변경요청서에 대해서 행하는 것이지 인력 변동에 대해서 하는 것이 아니다. 따라서, 보기 3)은 정답이 될 수 없다. 보기 4)는 문제의 초점에서 벗어나 있다. 정답은 보기 1)과 2) 중에서 선택해야 한다. 보기 2)의 자원 달력은 인력별로 언제 투입되고, 언제 해제 발령되고, 언제 휴가를 가고, 언제 일하는지 등이 기록된 문서이다. 따라서, 인력이 변동되면 업데이트를 하는 것이 맞다. 그러나, 문제의 초점에서 벗어나 있다. 문제에서는 대체자를 찾아야 된다고 했으므로 리스크 대응 계획을 먼저 보고 거기에 기록된 대로 리스크 대응 계획을 실행하는 것이 더 중요하다.

정답 1)

139 대부분의 진행자들이 역할을 잘 수행하고 있기 때문에 보기 2)처럼 다시 진행방식을 변경하는 것은 좋지 않다. 또한, 보기 3)처럼 일부 인력에 대해 진행을 못하도록 하는 것도 팀원의 사기 때문에 좋은 방법은 아니다. 정답은 보기 1)과 4) 중에서 선택해야 한다. 보기 4)는 잘 하고 있는데 모든 팀원을 재교육한다는 것은 과잉행동이라고 판단된다. 보기 1)처럼 칭찬을 하고 필요시에만 일대일 교육을 하는 것이 좋겠다.

정답 1)

140 다른 국가로 이전한다는 것이 회사를 그만둔다는 것인지가 불명확하다. 일단 보기 1)과 2)는 정답에서 제외한다. 중요한 팀원이 회사를 그만두는 것이면 보기 3)이 정답이다. 팀원이 회사를 그만두는 것이 아니면 보기 4)가 정답이다. 문제에서 회사를 그만둔다는 말은 없으므로 보기 4)를 정답으로 하는 것이 좋을 것 같다.

정답 4)

141 4개 나라에 흩어져 있는 가상팀이라면 의사소통 문제가 발생할 확률이 높다. 의사소통을 원활하게 할 수 있는 인력이 필요하다. 따라서, 보기 2)과 3)은 정답에서 멀어 보인다. 정답은 보기 1)과 4) 중에서 선택해야 한다. 대인관계기술에는 의사소통 능력도 포함되므로 정답은 보기 1)이다.

정답 1)

142 문제에서 '회사가 재무적인 목표를 달성하도록 돕기 위해'라고 되어 있으므로 보기 1)이 정답이다. 다만 프로젝트 관리자가 프로젝트의 우선순위를 정할 수 있는 권한이 있는지는 생각해 볼 사항이다. 만약 1)이 정답이 아니라면 보기 3)이 일정 지연과 직원들의 압박을 해결할 수 있는 유일한 방법이기에 보기 3)도 좋을 것 같다. 개인적으로는 보기 1)을 정답이라고 생각한다.

정답 1)

143 애자일 방식을 적용하기 위해서는 팀원들을 포함한 이해관계자 교육이 우선되어야 한다. 그러나, 보기에는 없다. 프로젝트 접근방식을 어떻게 설정할지는 프로젝트 관리자와 경영진 등 주요 이해관계자가 결정을 한다. 문제에서 애자일 방식으로 하기로 결정을 했는데 또다시 적용 가능 여부에 대해서 컨설턴트를 고용하는 것은 과도해 보인다. 따라서, 보기 2)는 정답이 될 수 없다. 보기 3)은 애자일 접근 방식이라고 해서 추가 예산을 할당하는 것은 불필요하기 때문에 정답이 될 수 없다. 보기 4)는 프로젝트 관리자가 스크럼 마스터 역할을 수행하는 것이므로 정답이 될 수 없다. 가장 적합한 정답은 보기 1)이다.

정답 1)

144 문제에서 일일 회의를 애자일 프로젝트의 일일 스탠드업 미팅과 헷갈리면 안된다. 일상적인 일일 회의이다. 그래서, 적극적으로 참여하지 않는 팀원이 발생할 수 있다. 보기 3)과 4)는 바쁜 프로젝트에서 비효율적이고 유익하지 않은 방법이다. 보기 3)은 서로 돌아가면서 이야기하는 방법인데 약간의 강제성이 있어서 좋아 보이지 않는다. 팀 헌장과 같은 팀의 기본 규칙을 활용하는 것이 가장 좋은 방법이다.

정답 1)

145 프로젝트 관리자는 특정인의 의사결정권을 강화할 수 있는 권한이 없다. 특히, 그 대상이 고위 경영진이라면 더욱 그렇다. 따라서, 보기 2)는 정답이 될 수 없다. 또한, 보기 4)처럼 회의 중에 발언을 자제해 달라고 요청하는 것은 문제가 있다. 이야기할 의견이 있는 사람들의 발언권을 막는 것은 더욱 큰 문제를 야기할 수 있기 때문이다. 정답은 보기 1)과 3) 중에서 선택해야 한다. 한국적 상황이라면 보기 3)이 좋겠다. 고위 스폰서를 모셔오면 아무래도 눈치를 볼 수 있기 때문이다. 그러나, 올바른 방법은 아니며, PMP 시험에서는 정답이 될 수 없다. 토론이 시작되기 전에 토론하는 기본 규칙을 정해 놓으면 회의가 그나마 올바르게 진행될 수 있다.

정답 1)

146 팀과 협의하는 것이 가장 좋은 방법이다.

정답 3)

147 일반적으로 4시간 내에 비용 견적을 제공하는 것은 어려운 일이다. 그런데도 회사 소유주가 비용 견적을 요구한 것은 대략적인 견적임을 알고 시킨 것이다. 따라서, 보기 2)와 보기 4)처럼 말하는 것은 불필요한 일이고 또한, 문제에서 '어떻게 완료할 수 있는가?'라고 물었으므로 질문의 초점과도 다르기에 정답이 될 수 없다. 보기 3)은 시간이 오래 걸리는 일이어서 정답이 될 수 없다. 정답은 보기 1)이 가장 적합해 보인다.

정답 1)

148 애자일 위험 매트릭스, 위험 회고, 위험 관리자 지정은 애자일 프로젝트에 없는 내용이다. 위험을 지속적으로 평가하고 이를 통해 작업의 우선순위를 재지정함으로써 위험에 대처하는 것이 애자일 프로젝트에서는 가장 좋은 방법이다. 보기 4)는 우선순위를 프로젝트 관리자가 지정하는 것처럼 표현되어 있어서 약간 께름칙하지만 그냥 우선순위 지정을 지원한다고 생각해주면 좋겠다.

정답 4)

149 일단은 제품 소유자가 누락된 기능을 추가하는 것이 먼저이다. 그런 일은 거의 일어나지 않겠지만 제품 소유자가 추가하지 않겠다고 할 수도 있는 것이다. 누락된 규제 기능이 제품 백로그에 추가되고 나면 이러한 추가로 인해서 얼마나 더 예산과 일정이 필요한지 알아보아야 하고 그 후에 제품 소유자가 다른 기능을 삭제할지 스폰서에게 이야기해서 자원을 추가로 얻을지 정해야 한다.

정답 1)

150 애자일 프로젝트에서는 팀원들에게 자율성을 부여하는 것이 좋으므로 보기 2)가 정답이다.

정답 2)

151 합의된 가격에 도달하면 프로젝트를 중단하기로 합의했으므로 최소한의 기능성 제품을 먼저 만들고 향후 추가시켜 나가는 방식이 좋다.

정답 4)

152 문제의 보기가 전부 맞는 문장이다. 이러한 문제가 정말 어려운 문제이다. 다 맞는 문장인데 정답을 어떻게 선택해야 할까? 프로젝트에서 지식을 수집하는 것은 고객이 지식 관리 시스템을 갖추고 있어야 가능한 일이다. 따라서, 지금 프로젝트를 막 시작했다고 했으므로 지식을 제공하는 것보다는 지식을 어떻게 수집할 것인가에 초점을 맞추는 것이 좋겠다. 따라서, 정답은 보기 2)와 보기 4) 중에서 선택해야 한다. 보기 4)가 올바른 지식 수집방법이다.

정답 4)

153 보기 1)과 보기 2)는 근무시간을 프로젝트 관리자가 조정한다는 의미가 있기 때문에 정답이 될 수 없다. 팀 헌장은 팀원들이 지켜야 할 기본 규칙을 정한 문서로서 팀원들이 협의해 결정한다. 따라서, 팀 헌장을 통해 결정하는 것이 가장 좋은 방법이다.

정답 3)

154 보기 2)는 스폰서에게 알릴 일이 아니어서 정답이 될 수 없다. HR부서에서 회사의 기본 규정에 대한 교육은 할 수 있지만 성과교육은 불가능하기에 보기 3)은 정답이 될 수 없다. 보기 4)는 비논리적인 이야기여서 정답이 될 수 없다.

정답 1)

155 보기 4)는 인력 교체에 대한 내용이므로 정답에서 가장 먼저 제외한다. 보기 5)도 먼저 들어온 것을 먼저 처리하는 것이 올바른 일이므로 정답에서 제외한다. 문제가 있을 때는 문제를 분석하고 이에 대한 해결책을 구하는 것이 가장 중요한 일이다. 따라서, 정답은 보기 2)와 보기 3)이다.

정답 2), 3)

156 요구사항을 충족했으면 별도의 변경요청서가 제출되지 않는 한 프로젝트가 끝난 것이다. 따라서, 보기 3)이 정답이다.

정답 3)

157 모든 기능을 계획된 일정 내에 제공할 수 없으면 먼저 MVP

를 제공하는 방법을 사용하는 것이 가장 좋은 방법이다.

정답 3)

158 일일 스탠드업 회의는 세 가지 질문에만 답을 하는 회의이 므로 여기에 디렉터가 참여해도 프로젝트의 상황을 알 수 없기에 보기 1)은 정답이 될 수 없다. 또한, 애자일 프로젝트 에서는 가급적 불필요한 보고서는 작성하지 않기 때문에 보기 2)도 정답이 될 수 없다. 애자일 프로젝트에는 실시간 보고서라는 것이 없기 때문에 보기 4)도 정답이 될 수 없다. 정답은 보기 3)이다.

정답 3)

159 운영에서의 문제를 해결하기 위해서는 운영팀을 프로젝트 진행 시 자주 참여시키는 것이 좋다. 보기 2)는 운영팀과의 의사소통보다는 백로그에 지원 요구사항을 추가하는 것 에 그치고 있으므로 정답으로 보기 어렵다. 보기 3)은 일반 적인 설명이어서 정답으로 보기 어렵다. 보기 4)의 일일 스 탠드업 미팅은 개발 팀원들이 진행상황과 정보를 공유하는 관행으로서 이 관행에 운영팀이 참여하는 것은 무의미하 다. 정답은 보기 1)이 좋겠다.

정답 1)

160 조달 작업기술서는 협력업체가 해야 할 일을 적어 놓은 문 서이다. 공급업체가 변경을 요구할 경우 변경요청서를 정 식으로 받아서 변경여부를 결정해야 한다. 문제에서 프로 젝트의 결과를 향상시킬 것이라고 했으므로 기회로 평가 하고 위험 분석을 수행하는 것이 좋겠다.

정답 3)

161 AC값과 EV값으로 알 수 있는 것은 CPI이다. CPI가 1보다 적다는 것은 원가를 초과하고 있다는 의미이다. 따라서, 정 답은 보기 2)이다. EVM은 분석은 가치와는 상관이 없다.

정답 2)

162 애자일 프로젝트에서는 사용자 스토리를 제품 소유자가 작성하도록 되어 있다. 그러나, PMP 시험에서는 종종 프로

젝트 관리자도 작성하는 것으로 보고 있다. 그러나, 정확하 게 설명하면 제품 소유자가 작성하는 것을 지원하는 것이 다. 어쨌든 보기에서 정답을 선택하자면 보기 3)밖에 없다.

정답 3)

163 일정이 지연된다고 해서 바로 추가 리소스를 요청하는 것 은 정답이 될 수 없고, 또한 특별한 작업 허가를 받을 필요 도 없다. 정답은 보기 3)과 보기 4) 중에서 선택해야 한다. 보기 3)에서 압축(crash)을 보고 정답으로 선택하면 안 된 다. 자원관리 계획을 압축한다는 개념은 없다. 일정지연이 프로젝트에 얼마나 영향을 미치는 지를 먼저 파악하고 그 에 따라 대책을 수립하는 것이 올바른 방법이다.

정답 4)

164 문제에서 요점은 주요 이해관계자가 프로젝트의 최근 진행 상황을 인지하지 못했다는 점이다. 따라서, 정답은 보기 3) 과 4) 중에서 선택해야 한다. 의사소통 관리 계획서가 보기 에 있었다면 그것이 정답이었을 수 있다. 이해관계자 참여 평가 매트릭스는 일반적으로 이해관계자 관리대장에 포함 되는 내용이다. 따라서, 정답은 보기 3)이다. 또한, 이해관 계자 참여 평가 매트릭스는 이해관계자의 현재 참여 수준 과 목표로 하는 참여 수준을 보여주는 문서로 문제의 초점 과는 거리가 있다.

정답 3)

165 문제에서 '새로운 규정 준수 전문가의 발전을 돕기 위해'라 고 되어 있다. 어떻게 해야 그 사람의 발전을 도울 수 있는 가? 가장 좋은 방법은 보기 1)이다.

정답 1)

166 문제에서 '혁신적인 디지털 제품을 개발' '다기능 팀'이라는 문장을 보고 애자일 프로젝트와 MVP를 떠올렸어야 한다. 정답은 보기 3)이다.

정답 3)

167 문제에서 '제품 수명 주기가 경쟁사보다 길기 때문에 수익

성을 잃고 있다'라고 했으므로 애자일 접근 방식 또는 반복적 접근방식을 사용하는 것이 좋겠다. 따라서, 정답은 보기 1)과 4) 중에서 선택해야 한다. 둘 중에서는 문제에서 규제가 심하다고 했으므로 하이브리드 방식을 사용하는 것이 좋겠다.

정답 4)

168 애자일 프로젝트에서 회고는 스프린트가 완료된 후에 진행하는 관행(practice)이기에 조기에 진행할 수는 없다. 따라서, 보기 1)은 정답이 될 수 없다. 보기 2)는 문제의 초점에서 벗어나 있다. 보기 4)는 모든 문제를 스폰서에게 알리지는 않기 때문에 정답이 될 수 없다. 정답은 보기 3)이다. 일일 스탠드업 미팅에서 문제가 알려지게 되면 애프터 파티 등을 통해 문제의 근본원인을 분석한다.

정답 3)

169 문제에서 중요한 정보가 공유되지 않아서 프로젝트가 실패했다고 말하고 있다. 따라서, 의사소통 문제로 프로젝트가 실패한 것이다. 정답은 보기 1)이다. 페어(pair)로 개발하는 방법은 주로 애자일 방법론 중 XP에서 많이 사용하는 방법으로 지식의 전달과 공유, 빠른 결함 발견을 목적으로 하고 있다. 팀 내 정보 전달과는 특별한 관계가 없다.

정답 1)

170 예측형 프로젝트이다. 적응형 프로젝트는 반복이 완료될 때마다 제공하기 때문이다. 또한, 팀 성과를 향상시키기 위해서 일부 권한을 팀원에게 부여하는 것은 좋은 방법이다. 보기 1)과 2)는 잘못된 결정을 예방하기 위한 활동으로 적합할 수 있으나 옳은 방법도 아니고 팀 성과 향상에 도움이 된다고 볼 수 없기에 정답이 될 수 없다. 보기 4)는 팀원이 강점을 갖고 있는 업무를 구성하고 할당하는 것은 팀 성과 향상과 팀원 권한 부여에 도움이 되기에 정답이다. 나머지 한 개의 정답은 보기 3)과 5) 중에서 선택해야 한다. 보기 5)는 팀원에 대한 동기부여가 될 수 있기에 정답이다.

정답 4), 5)

171 보기 1) 몬테카를로는 무작위 추출된 난수를 이용해 원하는 함수의 값을 계산하기 위한 시뮬레이션 방법이다. 따라서, 모델을 이용한 수치분석에 사용되는 것으로 문제의 근본원인 파악에는 일반적으로 활용되지 않는다. 보기 2)의 5why 기법은 '왜?'라는 질문을 다섯 번하여 질문자가 좀 더 근원적인 원인에 접근할 수 있도록 하기 위한 것이다. 따라서, 정답이다. 보기 3)의 이시가와 다이어그램은 피쉬본 다이어그램이라고도 불리는 것으로 문제점과 원인과의 관계를 한 눈에 볼 수 있도록 그린 그림이다. 따라서, 정답이다. 보기 4)의 파레토 다이어그램은 X축에 요소들을, Y축에는 발생정도를 나타내어 그 수치를 막대그래프로 표현한 그림이다. 즉, 파레토 도표는 불량품에 대해서 불량 원인별로 데이터를 취해 그 영향이 큰 것 순으로 나타낸 도표이다. 파레토 도표는 품질에 대한 불량 등이 발생한 경우 그 원인을 찾아서 대책을 세울 때 무엇부터 고려해야 할지를 알려준다. 따라서, 정답이 될 수 없다. 보기 5) 산점도는 두 변수 간의 관계를 보여주는 그림으로 문제의 근본원인 분석에는 사용되지 않는다.

정답 2), 3)

172 백로그 우선순위를 고려할 때 중요하게 생각해야 하는 요인은 고객만족, 사업적 가치, 복잡성, 위험과 기회, 비용 등이다. 따라서, 정답은 보기 1)과 3)이다.

정답 1), 3)

173 애자일은 개인별 상태보고서를 작성하지 않는다. 따라서, 보기 1)은 정답이 될 수 없다. 책임을 촉진하는 기능 관리자를 할당하는 것도 애자일 원칙에 맞지 않기에 보기 4)도 정답이 될 수 없다. 시간관리 소프트웨어도 개인 감시의 느낌이 있어 보기 5)도 정답이 될 수 없다.

정답 2), 3)

174 상위 경영진에게 보고하는 고자질의 의미가 있고 프로젝트 내부의 일을 그 이상으로 발전시키는 것이므로 보기 2)는 정답이 될 수 없다. 보기 3)은 고객이 원하는 바와 다르므로 정답이 될 수 없다. 보기 4)는 문제에 없는 상상의 내용이므로 정답이 될 수 없다.

정답 1), 5)

175 내부 프로젝트를 생성하기 때문에 프로젝트의 업무 범위가 변경되었다. 따라서, 보기 2)처럼 변경요청도 생성해야 하고 보기 1)처럼 새로운 작업분류체계(WBS)도 만들어야 한다. 보기 3)의 우발사태 예산은 프로젝트에서 우발사테에 사용하기 위해서 책정해 놓은 비용으로 프로젝트의 예산 안에 있으므로 고객에게 비용을 전가시키지 않는다. 보기 4)는 변경통제라는 정상적인 절차를 의미하지 않기에 정답이 될 수 없다. 보기 5)는 문제의 초점에서 벗어나 있는 일반적인 이야기이므로 정답이 될 수 없다.

정답 1), 2), 3)

176 보기 1)과 2)는 프로젝트 팀원의 이직 위험을 완화하기 위한 대책으로 볼 수 없어서 정답이 될 수 없다. 보기 4)는 위험 완화를 위한 좋은 대책이며, 보기 5)는 확실한 동기부여 대책이므로 정답이다.

정답 4), 5)

177 보기 2)의 의사소통 관리계획은 프로젝트 진행 중 의사소통에 관한 것으로 완료 후 설문조사에서는 별 도움이 되지 않는다. 보기 3)처럼 다양한 국가로부터 새로운 프로세스에 대한 공식 승인을 얻는다는 것은 논리상 맞지 않다. 국가의 누구한테 승인을 받는다는 의미인가? 사적 회사의 프로세스에 대해 국가의 승인을 받을 필요는 없기 때문에 정답이 될 수 없다. 보기 5)처럼 프로젝트 자료를 사용자에게 전달하는 것은 바람직하지 않은 행동이기에 정답이 될 수 없다. 보기 1)은 실제 설문조사를 하는 활동이므로 필요하며, 보기 4)는 피드백이 왔을 때 비교하기 위해서 필요하다.

정답 1), 4)

178 보기 3)의 독립적인 개인 테스트는 개인이 실수했을 경우 다른 인력이 잘못을 발견할 가능성이 없기 때문에 바른 테스트 방법이 아니다. 보기 5)에서는 실험적 접근 방식이 잘못되었다. 테스트는 근거를 가지고 명확하게 하는 것이지 실험적으로 할 수 없다.

정답 1), 2), 4)

179 보기 1)의 회사 사명과 비전은 스프린트 계획 시 필요하지 않다. 보기 3)의 스프린트 차터라는 것은 없는 용어이다. 보기 5)의 번 다운 차트는 프로젝트의 진척도를 보기 위한 차트이므로 필요 없다.

정답 2), 4)

180 해설 불필요.

PM+P 문제집(*PMBOK 지침서 7판 문제집*)

초판 펴낸날 | 2022년 12월 9일
개정판 펴낸날 | 2024년 6월 22일

지은이 | 유정근, 김병호

펴낸곳 | 소동
등록 | 2002년 1월 14일(제 19-0170)
주소 | 경기도 파주시 돌곶이길 178-23
전화 | 031·955·6202   070·7796·6202
팩스 | 031·955·6206
이메일 | sodongbook@gmail.com

펴낸이 | 김남기
편집 | 하지현
디자인 | 시옷공작소
영업 | 남규조

ISBN 978 89 94750 22 4
값 26,000원

소동출판사는 꼭 필요한 프로젝트 관리서를 출간하는 동시에,
질 높은 실용서의 새 지평을 열어가겠습니다.